R & L

ROSEMARIE SCHUDER

DER KETZER VON NAUMBURG

RÜTTEN & LOENING
BERLIN

Dieser Roman entstand mit Unterstützung
des Kulturfonds
der Deutschen Demokratischen Republik
und des Schriftstellerverbandes
der Deutschen Demokratischen Republik

17. Auflage 1989

Einbandgestaltung Günter Lerch/Gerhard Kruschel
Fotos Foto-Marburg; Fritz Hege, Naumburg; Heinrich Nickel,
Halle a. d. Saale; Ludwig Richter, Mainz
Lichtsatz INTERDRUCK Graphischer Großbetrieb Leipzig – III/18/97
Druck und Binden III/9/1 Grafischer Großbetrieb
Völkerfreundschaft Dresden
Printed in the German Democratic Republic
Lizenznummer 220. 415/4/89
Bestellnummer 617 823 4
00790

ISBN 3-351-00266-5

ERSTER TEIL

DER WEG NACH NAUMBURG

DAS STRASSBURGER FEUER

Juli 1233

Die Steinmetzen am Mainzer Dom legten die Meißel aus den Händen. Bauleute, Gesellen und Meister standen in Gruppen auf dem Bauplatz. Sie waren von den Gerüsten geklettert, hatten den Stein, wie sie ihn gerade greifen wollten, liegenlassen. Eine schlimme Botschaft lähmte ihnen die Arme.

„Verbrannt!" Einer flüsterte, schrie es dem anderen zu: „Verbrannt! Verbrannt!", bis sie es alle gehört hatten. Schwer hingen ihnen die Arme herab, als ob sie der Schrekken erstarrt hätte.

„In Straßburg haben sie achtzig Menschen verbrannt! Bürger, Handwerker, Bauern und auch geringe Edle – als Ketzer!"

Die Hände verkrampften sich zu Fäusten. Ohnmächtig. Diese Hände, die den gröbsten Stein zu meistern vermochten, waren hilflos gegen das Gericht in Sachen des Glaubens, gegen die Inquisition.

„Und der Brandmeister sitzt jetzt bei uns in der Stadt!"

„Was? – Dann, Teufel, kann es morgen oder übermorgen bei uns auch brennen."

„Das weiß niemand – vielleicht doch einer –"

„Wer denn?"

„Sifrid, der Erzbischof, der hat ihn ja eingeladen."

Einer wußte es anders, der Meister Matthias: „Hähä, eingeladen sagst du. Vorgeladen wurde er. Er soll sich verantworten, weil er jetzt einen Grafen, den Herrn Heinrich von Sayn, als Ketzer verbrennen will. Ja, vorgeladen wurde der Brandmeister vor die Großen des Reichs. Er soll sich verantworten."

„Was wollt ihr alle, dann ist doch alles recht, wenn der Konrad von Marburg also doch nicht machen kann, was er will!“ Befriedigt sah der alte Johannes in die Runde der Steinmetze. Schon als Junge hatte er den Bauleuten am Dom Steine zugereicht. Seitdem mauerte er alle seine Lebensjahre in das Steinhaus zu Gottes Ehren. Wohl war er nur ein bescheidener Handlanger geblieben, aber er griff mit einem unnachahmlichen, sicheren Stolz zu. Sollte erst einmal einer der Meister noch mit dreiundsechzig Jahren sich aufs Gerüst schwingen und nicht müde dabei werden. Er hat noch längst keine Zeit, ans Müdesein zu denken; es gilt, noch viele Steine für den Westchor und den Lettner dort zurechtzuschlagen.

Meister Matthias lachte. „Glaubst du das wirklich? Denk nach. Warum denn soll er sich verantworten? Weil er einen Grafen verbrennen will, hörst du, einen Grafen! Nicht darum, weil er achtzig Bauern, Bürger und ähnliches geringes Gesindel auf dem Scheiterhaufen hat verbrennen lassen!“

Der alte Johannes war in seiner Zufriedenheit gestört. „Das heißt – du willst sagen, daß die Bauern und Handwerker und die gemeinen Leute von ihm – genauso verfolgt werden können – wie vorher?“

„Bah – antworte dir doch selbst!“

„Ja – wozu dann –“, der alte Johannes dachte angestrengt nach, „die Reichsversammlung?“

„Dazu, daß er sagen kann: ‚Seht her, auch ich bin einem Gericht unterworfen, nicht nur ihr. Und ich habe mich dem Gericht gestellt.‘ Soll ich, Matthias, Baumeister am Dom zu Mainz, dir ein Geheimnis verraten? Diese Reichsversammlung ist für dich gemacht!“

„Für mich?“

„Was wunderst du dich; du sollst doch an die Rechtmäßigkeit der Herren glauben, du und ich und unseresgleichen. Sie, die Richter und der Angeklagte, die Erzbischöfe und der Konrad – sie sitzen jetzt zusammen im erzbischöflichen Palast beim Festessen.“

Und der gutgläubige alte Johannes schwieg bestürzt.

„Und ‚er‘ wird seine Liste an verdächtigen Namen auf eine Pergamentrolle gekritzelt haben – er wird sie im Ärmel seiner Kutte tragen –, vielleicht steht auch dein Name drauf.“

„Das lügst du!“ fuhr der Alte auf.

„Ich sagte vielleicht. – Weißt du denn, daß es nicht so ist?“

„Teufel, ja, ich weiß es nicht!“

„Und nach dem Festessen wird er aus der Stadt reiten – er hat hier, damit sie der Form genügen, einen Verweis bekommen –, morgen aber und an jedem folgenden Tag darf er weiter brennen – wenn es nur keine Grafen sind. Und hier in unserer Stadt wird er seine Mordgesellen zurückgelassen haben, die werden nur darauf warten, was er ihnen anweist ...“

„Und die ganze Reichsversammlung, Matthias, meinst du, war nur ...“ Der alte Johannes machte eine deutliche Handbewegung.

„Leute –“, der Meister Matthias sah sich um, „das darf aber doch nicht sein.“

„Und – was – sollen wir tun?“

Die Steinmetze und Gesellen blickten auf die Meister. Niemand jedoch wußte einen brauchbaren Rat, niemand einen Weg. Nur eines wußten sie, jeder einzelne: Es darf nicht geschehen, daß nach dem Gutdünken dieses einen Mannes unschuldige Menschen ins Feuer gebracht werden – es sollen nicht noch mehr gemeine Menschen sterben, darum, daß einer sie verdächtigte, von ihnen sagte: Der ist ein Ketzer. Wenn diese Aufspürer, die Sendboten Roms, in den Gesichtern der Menschen forschen, dann ist niemand vor ihnen sicher. Nicht ein Bürger – auch wenn er reich ist, und nicht ein Steinmetzmeister – auch wenn er in der Gemeinschaft der Bauhütte steht und der Gerichtsbarkeit der Stadt nicht unterstellt ist. Der Inquisition sind alle verantwortlich. Niemand kann von sich sagen, daß er ausreichend vor einem Richter der Inquisition geschützt sei; so ein Richter kennt kein vorgeschriebenes Gesetz und kein festgelegtes Verfahren. Auf einen bloßen Verdacht hin kann er verhaften. Auf der Folter werden die Geständnisse erpreßt. Als Zeugen können auch Verbrecher, Mitschuldige und Ehrlose auftreten. Aller Besitz der Verurteilten wird beschlagnahmt. Wir wissen ja, wo er bleibt.

Einer der Meister auf dem Bauplatz schüttelte die Unentschlossenheit ab, stieg auf einen groben Steinbrocken.

„Hört mir zu!“ Seine Stimme klang dunkel, aber nicht hart. Einige der Männer wandten sich um, stießen andere an. „Das ist der aus Reims!“

„Laßt hören, was er weiß!“

„Der Reimser will sprechen!“

Es gab kaum einen unter ihnen, der nicht zuhörte, als der untersetzte, lebhafte Mann das Wort an sie richtete. Er wußte klar und verständlich zu reden, eindringlich und überzeugend. Das hatte er wohl in der Zeit gelernt, als er in Frankreich gewesen war, in Amiens oder in Reims. Man erzählte sich überhaupt mancherlei über ihn; man wollte wissen, daß er aus der Schule des großen Meisters der Reimser Heimsuchung nicht nur die Fertigkeit, Steine kunstvoll zu Figuren zurechtzumeißeln, mitgebracht hätte. Man wollte auch wissen, daß er dort in Frankreich sich zu seinem Umgang merkwürdige Menschen ausgesucht hatte, Menschen, die im Süden dieses Landes zu Hause waren, um Alby herum. Seid vorsichtig, sagt nicht so bedenkenlos „Ketzer“. Es braucht wohl nicht immer so zu sein, daß einer ein Ketzer ist, auch wenn er aus einer Gegend kommt, in der er viel an ketzerischen Äußerungen gehört hat. Obwohl der Reimser jünger war als die meisten der Meister zu Mainz, hatte seine Stimme Gewicht.

„Niemand von uns will, daß hier in Mainz eines Tages auch der Scheiterhaufen brennt. Wir müssen den Konrad von Marburg beschwören, bei allem, was uns heilig ist, er möge unsere Leute schonen; er soll uns versprechen, daß er nicht einen Mainzer auf die Liste der Ketzer setzt!"

„Gut, Reimser!" Der alte Johannes stimmte ihm freudig zu. „Aber glaubst du, dieser Mann wird auf Bitten hören?"

„Nicht gut! Wir haben nichts zu bitten!" rief Matthias heftig.

„Recht! Hast recht, Matthias!" stimmten ihm einige Bauleute zu. Einer brachte den Vorschlag: „Wir wollen aus den Stadtmauern rücken, bis an die Grenze unserer Feldgemarkung. Dort draußen wollen wir auf den Konrad warten. Dann, wenn er nicht mehr von Erzbischöfen und Geistlichen umgeben ist, wollen wir ihn sprechen. Ihn allein!"

„Aber nicht als Bittende", rief Matthias, „jetzt wollen wir ihm Fragen stellen! Wir wollen wissen, was er mit all denen gemacht hat, die er als ketzerische Waldenser verschreit!"

„Ja! Recht!" Auch die Zögernden unter ihnen wurden entschlossen. „Er ist kein Mönch – ein Henker! Jetzt sind wir die Richter über den falschen Konrad!"

„Kommt, wir wollen die Meißel mitnehmen! *Wir* halten heute Gericht!"

„Nein!" sagte der Reimser. Die Aufgebrachten sahen zu ihm hin.

„Wir brauchen die Meißel nicht! Mit der blanken Hand treten wir vor ihn! Wir wollen mit ihm sprechen. Wir wollen ihm vorhalten, er sei unserer Meinung nach ein unwürdiger Priester, der seine Amtsgewalt mißbraucht! Wir wollen ihm sagen, daß wir es nicht zulassen werden, daß auch nur einer von uns verbrannt wird!"

„Er soll zurück nach Rom! Dorthin, wo seine eigentlichen Herren sitzen!"

In ihren groben, ungebleichten leinenen Arbeitsjacken zogen sie durch die Gassen von Mainz, durch das Stadttor im Norden auf die juliheiße Landstraße. Einige geringe

Ritter erfuhren von dem Vorhaben der Bauleute und schlossen sich ihnen an. Wenn Gericht über den Marburger gehalten werden sollte, dann wollten sie auch mit dabeisein.

WIR SIND NICHT DEINE BRÜDER

Durch das Nordtor, die Straße auf Marburg zu, ritten drei Menschen, ein Ritter und ein Mönch und in ihrer Mitte ein hagerer Mann in schwarzer Mönchskutte. Mit Blicken hatten sich die beiden Begleiter verständigt. Sie wagten nicht zu sprechen, weil der Mann in der Kutte nichts redete.

Es war das Gewissen, das diesen Reiter zwischen dem Ritter und dem Mönch schweigen ließ. Dieser Mann, der hochberühmte Sendbote Roms, mußte sich, ob er es wollte oder nicht, mit solchen Dingen befassen wie mit einem Gewissen. Und dieses Gewissen war doch unverschämt aufdringlich:

Glaubst du, Konrad, daß diese achtzig Menschen, die vor wenigen Tagen vor deinen Augen auf dem Scheiterhaufen in Straßburg bei lebendigem Leibe verbrannten, samt und sonders schuldig waren?

Sie alle haben bei der peinlichen Befragung gestanden. Alle achtzig, die Bürger, die Handwerker, die Tagelöhner, die Bauern, die niederen Edlen und auch die Frauen, wurden von den Richtern der Inquisition für schuldig befunden. Schuldig der elenden Ketzerei gegen die alleinige Kirche.

Ja, sie haben gestanden, du weißt es genau, weil ihnen die Angst Geständnisse auf die Zunge trieb. Geständnisse, die sie niemals ausgesprochen hätten, wenn die Folter nicht gewesen wäre – und nicht die Angst, diese entsetzliche Angst, die einen Menschen um den Verstand bringen kann. Deine von dir angeleiteten Richter haben diesen Menschen die Seele verbrannt, noch bevor sie Feuer an ihre Körper legten. Es sind deine Hände, Konrad, an denen dieses Blut klebt.

Nun, wohlan! Ich weiß, der Gerechte muß viel leiden – und es ist gerecht, wenn ich jedes Abweichen von der alleinigen Kirche mit Feuer und Schwert und Wort ausrotte!

Du bist stolz auf deine Gerechtigkeit, mit der du nur nach Rom siehst und die Befehle von dort gewalttätiger ausführst, als sie ausgegeben werden. Und glaubst du wirklich, du bist immer so gerecht, wie du meinst? Wie war das mit den Katzenbriefen und den Krötenberichten nach Rom? Hast du dich bei diesen deinen Schreiben über die „ketzerischen Waldenser“ an der Weser, die Stedinger, nicht zum Übertreiben hinreißen lassen?

Ich sehe mich nicht danach um, was wohl für zarte Gemüter übertrieben sein könnte – wenn es gilt, ein Ziel zu erreichen, dann übertreibe ich eben auch in Gottes Namen. Das ist nicht wichtig. Wichtig ist, daß das Ziel erreicht wird! Ja, ich habe Boten zu Seiner Heiligkeit nach Rom geschickt, mit den Unterlagen, die mir der Erzbischof von Bremen übermittelte. Ich habe danach geschrieben: Diese Stedinger sind die ärgsten Feinde der Menschheit. Sie treiben es schlimmer als Heiden. Kröten beten sie an, und sie versteigen sich dazu, diesen ekligen Geschöpfen die Hinterteile zu küssen. Schwarze Kater verehren sie, als seien sie gottgleich. Wahrhaft, Satan ist unter sie gefahren. Wenn diese Teufelsbrut nicht mit der Wurzel ausgerottet wird, so verspritzt sie ihr schleichendes Gift weiter, und es wird andere anfallen und ins Verderben ziehen. Es wird fromme, ehrsame Menschen in die höllische Verdammnis bringen. Ist dieses Gesindel nicht schon so unverschämt geworden, daß es seine Hände gegen Gottes geweihte Diener ausstreckt? Einen Priester aus dem Bremer Bistum haben sie umgebracht. Ein Bauer hat ihn erschlagen.

Ja, Konrad, ein Bauer hat einen Priester erschlagen. Hast du aber auch nach Rom berichtet, warum? Hast du von der

Frau des Bauern berichtet? Hast du mitgeteilt, wie sie mit ehrfürchtigem Eifer zu diesem Priester zur Beichte geeilt war – was wird sie schon groß zu beichten gehabt haben –, wie sie zwei Körbe mitgebracht hatte, den einen voller Äpfel, in dem anderen eine Gans, als Abgabe für den Beichtiger. Hast du, Konrad, in deinem Briefe an Rom ihre heillose Wut geschildert, wie sie sah, daß dieser habgierige Mann, bevor er ihr die Beichte abnahm, die Tücher über den Körben lüpfte und hineinsah; hast du geschrieben, wie er in aller Hast genau den Wert des Mitgebrachten berechnete und dabei herausfand: es sei für seine Mühe zu gering? Hast du angezeigt, Konrad von Marburg, daß dieser Priester aus seinem Beutel eine kleine Münze nahm, die nach seiner Meinung dem Wert der Gabe der Bauernfrau entsprach; hast du angegeben, daß dieser Priester seine schmutzige Münze der Frau auf die Zunge legte! Statt einer Hostie. Du hast nur mitgeteilt, daß der Bauer seine Mistgabel aus dem Kuhstall holte und den Priester niederschlug, daß der nicht wieder aufstand. Du hast weggelassen, warum es so kam. Ist das deine Gerechtigkeit, Konrad? Und hast du nicht auch absichtlich „vergessen", nach Rom zu berichten, was die eigentliche Ketzerei dieser Bauern an der Weser war? Die friesischen Bauern hatten sich geweigert, ihr altes Recht auf Freiheit aufzugeben – sie hatten dem Grafen von Oldenburg nicht gehuldigt. Und diese Bauern hatten sich geweigert, dem Bremer Erzbischof den geforderten Zehnten abzuliefern. – Als dann der erzbischöfliche Fluch nichts nützte, als der Bann ihm auch nicht zu seinem Zehnten verhalf, da reichte der geistliche Mann dem Oldenburger Grafen und seinen Rittern den Arm: daß sie gemeinsam das widerspenstige Bauerngesindel schlügen. Du weißt genau, Konrad, ein trockenes Schreiben über den wahren Sachverhalt hätte nicht das in Rom erreicht, was deine Greuelberichte über Katzen und Kröten und dergleichen ausrichteten. Und du bist sicher, keiner von den maßgebenden Männern dort wird die Mühsal einer weiten Reise auf sich nehmen, um sich zu überzeugen, wie das „friesische Gesindel" vom Wege des Heils abgerät. Darum auch genügten deine Berichte denen in Rom, aufzurufen zum Feldzug gegen die freien Bauern an der Weser. Verzeih, du und deinesgleichen, ihr sagt dazu: Kreuzzug gegen die Ketzer.

Aber es muß doch jeder Einsichtige begreifen, daß die Einheit der Kirche zerbröckeln kann, wenn wir erst einmal anfangen, diesen hier nachzugeben, ihnen den Zehnten an den Bremer Erzbischof etwa zu erlassen, dann fordern morgen an anderer Stelle andere das gleiche, und so die Reihe fort. Nur mit unerbittlicher Strenge kann unser gewaltiges Werk zum Siege geführt werden.

Ja, und du hast dich dabei, auf diesem deinen Siegeswege, mit dem Oldenburger Grafen gemein gemacht. Du hast ihm mit deinen Werbern mehr als vierzigtausend Männer für das „Kreuzheer" zugetrieben, das nun unter seinem Befehl steht. Der Geistliche hat dem Ritter die Rüstung geputzt.

Es hat Gott gefallen, ihn zu seinem Arm für diese große Tat auszuwählen.

Lüge! Freilich eine fromme Lüge. Warum bist du nicht einmal vor dir ehrlich? Du sagst Gott? Den Herren in Rom hat es gefallen. Darum haben sie ihn als Führer des Heeres der „Kreuzritter" anerkannt – und darum auch haben sie dich eingesetzt, in Deutschland die Inquisition zu vollstrecken. Und du glaubst jetzt – auch nach dieser Reichsversammlung, die dich nur tadeln konnte, mehr konnte sie nicht –, du bist der mächtigste Mann im Lande – und der gerechteste.

Nein, das glaube ich nicht nur, es ist so. Auch hier in Mainz habe ich es wieder gesehen: Die Höchsten des Reichs müssen mich ehren, denn hinter mir steht die Inquisition. Und so müssen sie mich alle achten, der Edle wie der Kaiser, der Handwerker wie der Kaufmann.

Hast du auch einmal überdacht, Konrad, daß unter der Achtung, die sie dir entgegenbringen, auch Haß sitzen kann?

Ich fürchte mich nicht vor kleinlichen Anwürfen – und die Mainzer Reichsversammlung hat mir bestätigt, wie recht ich habe. Nicht einer hat es gewagt, mir ernstlich zu widersprechen, als ich in meiner Verteidigungsrede sagte: „Die Ketzerei muß ausgerottet werden."

Und doch hast du ihnen versprechen müssen, den Grafen nicht zu greifen.

Den Grafen, den Grafen – was liegt mir an dem Grafen! Mir liegt an dem Ziel! Mag ihnen heute der Graf geschenkt sein. Dafür wird morgen von ihnen mehr gefordert werden. Wir werden sehen – ob Rom stärker ist oder die Reichsversammlung.

Du sprichst sehr viel von deinem Ziele, Konrad, und du willst, es sollen sich alle danach richten: Der Mensch soll sich schon im Leben von allem, was die Welt überhaupt erst lebenswert macht, lösen. Hier gibt es keine Freude, keine Hoffnung, keine Liebe, kein Glück – dies alles findet der Mensch erst im Jenseits. Darum auch soll er schon heute und hier anfangen, sich auf dieses Glück vorzubereiten. Ein Glück, an dem der Körper nicht teilhat – nur für den Geist soll das alles vorbehalten bleiben – später – nach dem Tode. Laß mich fragen, Konrad, ob du auch so sicher bist, daß die Menschen, zu denen du von Rom aus geschickt wurdest, dein Bemühen um solch ein Ziel wirklich wollen; meinst du, daß sie es überhaupt sehen? Sie sehen Blut und Tränen, Konrad, und sie zählen deine Opfer – es ist eine lange Rechnung –, und auf deiner Seite steht sie noch offen – –

„Hoi, he!" riefen die beiden Begleiter des Marburgers fast gleichzeitig aus. Der Mönch griff die Zügel seines Pferdes fester, daß es aus dem Traben fast zum Stehen kam. Der andere richtete sich im Sattel auf, hielt die Hand über die Augen. Die blendende Julisonne nahm ihm die Sicht über die Wegebiegung da vor ihnen. Seine Augen fingen an zu tränen. Verflucht, das war ihm geblieben vom letzten Kreuzzug her. Er war zwar nur bis nach Süditalien geraten, nicht ins Gelobte Land. Das schleichende Fieber hatte ihn aufs Lager geworfen; statt der erwarteten Beute hatte er Krankheit mit nach Hause gebracht. Jetzt aber, beim Kreuzzug im eigenen Lande gegen das störrische Bauernpack, wird er alles, was er im Gelobten Lande versäumt haben sollte, nachholen.

„Was sind das für Leute da vorn an der Waldecke? Es scheint ein ganzer Haufe zu sein. Ich sehe etliche noch am Wege auf den Feldern liegen." Der Marburger wies mit seiner linken Hand über den Hals seines Pferdes die Richtung.

„Möglich, daß die Bauern der nahe gelegenen Dörfer Euch Abschiedsgeschenke bringen." Der Ritter lächelte in der Erinnerung an das gute und reichliche Festmahl beim Erzbischof Sifrid von Mainz. Es war doch von Gewinn, mit so einem hochberühmten Mann zusammen zu reisen. Von den religiösen Dingen verstand er zwar nicht viel, das ging ihn jedoch auch nichts an; er hatte nur auf den Mann zu achten, daß ihm nichts Unangenehmes zustieß. Aber von der Ehrerbietung, die diesem Manne überall an den Fürstenhöfen entgegengebracht wurde, fiel auch auf ihn, den ritterlichen Begleiter, ein Schein. Und – er nahm an jeder Festtafel seinen bestimmten Platz ein. Der Ritter hatte große Freude an gutem Essen. Die Leckerbissen der Bauern hier wären zur Abwechslung auch nicht zu verachten.

„Das glaube ich nicht." Der Mönch widersprach dem Ritter. „Ich sehe nicht, daß sie eine besondere Festtracht tragen, auch kann ich keine Gabenkörbe oder dergleichen bei ihnen erkennen."

„Es scheinen einfache Leute zu sein", schnitt Konrad seine Betrachtungen ab. „Vielleicht haben sie von meinem Kommen gehört und wollen eine Gunst erbitten."

Die Pferde des Marburgers und des Ritters hatten sich dem langsamen Schritt angepaßt, in den das Pferd des Mönchs gefallen war. Weder der Marburger noch der Ritter gaben ein Zeichen, den Ritt zu beschleunigen.

„Ich weiß nicht, ich weiß nicht", fing der Mönch wieder

an, „die sehen mir nicht so aus, als ob sie uns um etwas bitten wollten. Eher noch könnte man sie für eine Rotte räuberischer Wegelagerer halten. Ich meine – wir sollten umkehren. Wir sollten zurück nach Mainz reiten und dort abwarten, bis sich die Bande verzogen hat."

„Umkehren, umkehren", redete ihm der Ritter nach, „das kommt dem Mönch gerade recht. Was habt Ihr denn in Mainz vergessen? Ein Weibchen, was? Seht Euch doch Eure Räuber genauer an. Die meisten dieser Leute da tragen helle, grobe Leinenjacken – wie Bauleute. Auslachen würden die uns, wenn wir vor ihren Augen umkehrten."

Nicht einmal den Kopf schüttelte Konrad über den Streit seiner Begleiter. Nur die Mundwinkel zog er etwas herunter, als der Mönch meinte, man brauche seinetwegen durchaus nicht umzukehren, man könne sich ja vielleicht so weit verständigen, daß man quer durchs Feld reite und den Haufen so umgehe.

„Ihr wollt doch nicht das Getreide niederreiten", wies Konrad den Mönch zurecht.

Sieh an, schwirrte es dem Ritter durch den Kopf, da sorgt der Herr Konrad sich um Kornhalme – und kommt von einem Scheiterhaufen, auf dem achtzig Menschenleiber brannten.

„Warum soll ich den Leuten ausweichen? Ich habe bisher noch niemanden getroffen, der es gewagt hätte, mir unehrerbietig entgegenzutreten."

Noch einmal warnte der Mönch: „Haltet Euch doch zurück, Vater Konrad, Ihr kennt die Meinung des gemeinen Volks nicht – und Ihr seid unbewaffnet!"

Statt einer Antwort gab der Marburger seinem Pferd einen leichten Schlag mit der Hand und ritt in seiner gewohnten aufrechten Haltung den beiden voran. Denen blieb nichts weiter übrig, als dicht hinter ihm zu folgen. Dabei vergaß der Mönch nicht, sorgfältig den Weg nach beiden Seiten auszuspähen, wie der Boden rechts und links beschaffen sei, ob er sich für einen schnellen Ritt eigne.

Etwas träge waren die Liegenden aufgestanden. Die Julisonne stach. Das Warten hatte müde gemacht. Jetzt stellten sie sich mitten auf den Weg zu den anderen, starrten mit ihnen den drei Reitern entgegen, nicht gesonnen, auch nur um einen Schritt zu weichen.

„He, beiseite!" rief der Ritter, leise Besorgnis schwang in seiner befehlenden Stimme, „macht Platz für unseren Meister, den Herrn Konrad von Marburg!"

„Der ist nicht unser Meister!" murrten die Vorderen und rührten sich nicht.

„Was soll das, meine lieben Brüder ...", versuchte der Mönch zu vermitteln und den herrischen Ton des Ritters zu mildern.

„Wir sind nicht deine Brüder!" schrien sie ihn nieder.

„Zum Teufel, was wollt ihr!" Konrad machte mit der linken Hand eine Geste, als wolle er die Männer da vor sich wegwischen.

Er hätte nicht fluchen sollen, stellte der Mönch besorgt bei sich fest.

„Er hat uns gefragt, was wir wollen – und hat uns als seinen guten Gruß einen Fluch geboten!" Auch die Müdesten fuhren auf, gereizt, aufgebracht.

„Sprechen wollen wir mit dir, Konrad!"

Heftig drangen sie auf sein Pferd ein; die weiter hinten Stehenden schoben die Vorderen.

„Aber nicht so, so ist er uns zu hoch, zu unerreichbar!"

„Herab, Konrad! Steig von deinem Gaul, wenn wir mit dir reden wollen!"

Noch beschimpfen sie ihn nicht, bemerkte der Mönch für sich. Wenn er nur einsichtig wäre und absteigen wollte. Ich glaube, er käme im guten mit ihnen aus. Aber Sankt Peter und Sankt Paul, steht mir bei, wenn er ihnen in seiner oft so schroffen, ich will nicht sagen hochfahrenden Art antwortet. Er ließ sein Pferd unbemerkt sich sacht einen Schritt rückwärts bewegen. Die Aufmerksamkeit der gereizten Menge schien ausschließlich auf den Marburger gerichtet.

Der Mönch blickte sich um, atmete hoch auf. Er konnte, wenn es nötig sein würde, leicht nach hinten ausbrechen.

Konrad reckte sich im Sattel auf. „Ich habe mit Wegelagerern nichts zu reden! Beiseite! Den Weg frei!"

„Ho, wenn du nicht willst – aber jetzt wollen wir!"

Da hatten sie ihm schon die Zügel aus der Hand genommen, ihn vom Gaul gezogen.

Jäh ließ der Mönch sein Pferd ausbrechen. Es gelang ihm, freizukommen. Er jagte den gleichen Weg zurück, den sie schweigend hergeritten waren. „Haltet den Dominikaner!" schrien sie hinter ihm her. Doch sein Pferd lief schneller, als die Bauleute und die Ritter ihm folgen konnten.

Hätte Konrad sie doch nicht so greulich, fast unflätig beschimpft, als sie ihm die Zügel aus der Hand rissen, hasteten die Gedanken des Mönchs. Er hatte ihre Wut nur vergrößert. Verloren ist er. Mit der blanken Faust werden sie ihn erschlagen. Oder – die Ritter werden ihre Schwerter gebrauchen – doch das kommt am Ende auf eins heraus. Sie wollten mit ihm sprechen – und er hat es ihnen verweigert. Diese Leute waren ihm zu gemein, da er es doch gewohnt war, vor allem nur mit vornehmen Edlen Worte zu wechseln; mit Menschen wie mit der Landgräfin Elisabeth von Thüringen, deren überzartes Gemüt er so zerbrochen hatte, daß er sich vor Rom rühmte: „Freuet euch mit mir, ich habe ihr Verlangen nach Irdischem getötet."

Das war sein höchstes Ziel.

DIE LÖWEN DES ERZBISCHOFS

Der Türhüter vor dem Haupttor des erzbischöflichen Palastes war eingeschlafen. Er lehnte im Schatten der Türnische, wo ihn die Julisonne nicht erreichte. Seine Lanze hatte er sorglich quer vor die Tür in die Mauerritzen eingepaßt, daß sie wie ein langer Riegel die Torflügel versperrte. Er hatte am Morgen nach der Reichsversammlung den Hinweis bekommen, heute niemanden vorzulassen. Der Erzbischof erwarte für den Nachmittag hohen Besuch und wünsche sich dafür im Gebet vorzubereiten. Auch war nicht anzunehmen, daß in der mittäglichen Hitze jemanden der Weg hierherführte. Ein zufriedenes Lächeln stand in seinem breitknochigen Gesicht. Er träumte. Sah den Erzbischof in seiner prächtigen Amtstracht, im roten, brokatenen, golddurchwirkten Mantel wohlwollend auf sich zukommen, sah, wie der Erzbischof winkte, und an seine Seite trat eine edle Frau, dem Gewande nach eine Fürstin. Den grünen, seidenen Mantel trug sie mit unnachahmlicher Lässigkeit. In den beiden Fibeln am Halse glänzten zwei Edelsteine. Sie lächelte, trat auf ihn, den Türhüter, zu. Er starrte sie an, steif, wollte sich aufrichten, sie ehrerbietig zu grüßen, konnte sich nicht rühren. Da neigte sie sich zu ihm nieder. – Teufel, das war ein Fußtritt.

„He", schrie einer, „bist du am hellen, lichten Tage besoffen?"

Der Türhüter torkelte hoch, benommen von dem jähen Erwachen, griff nach der Lanze, blinzelte gegen das grelle Sonnenlicht nach dem, der vor ihm stand. Ein Mönch.

Hund, verfluchter! Er wollte den Fußtritt mit Worten heimzahlen, erkannte an der weißen Kutte den Dominikaner, beugte leicht den Kopf und fluchte nicht. „Gott sei mit dir!" grüßte er nicht allzu höflich. Hund, dachte er dabei wieder, mich mit einem Fußtritt zu wecken.

„Und mit dir", erwiderte der Mönch. „Sage mich bei dem Herrn Erzbischof Sifrid an", forderte er so bestimmt und dabei voll drängender Hast, daß der Türhüter abschätzend die Augen zusammenkniff und ihn ausführlich musterte.

„Komm morgen wieder", sagte er dann mit solch einer Ruhe und Würde, wie sie nur einem Türhüter des erzbischöflichen Palastes zu Mainz eigen sein konnte. Wer auch sonst im gesamten Abendlande wollte von sich behaupten, er sei das Auge des Stellvertreters des Papstes, das vor seinem Hause über alle Dinge wacht. In seiner Stimme schwang jedoch auch Verdrießlichkeit. Wie dreist von diesem Mönch, seinen bemerkenswerten Traum zu unterbrechen – gerade in dem Augenblicke, da er das Schönste versprach. Mit der Lanze in der rechten, die linke Hand auf dem Gürtel am Knauf des kurzen Schwertes, setzte er sich zu seinem üblichen Wachgang in Bewegung. Den anderen beachtete er nicht weiter.

„Du!“ Der Mönch faßte ihn am Ärmel seines Rockes, bemerkte dabei, daß der Türhüter unter der Seide ein Kettenhemd trug. „Wenn du mich nicht sofort beim Erzbischof ansagst, schlage ich Lärm!“ Er griff nach dem großen kupfernen Türklopfer mit dem Löwenkopf. „Sag ihm, der Begleiter des Konrad von Marburg ist da!“

Der Ton des Türhüters klang etwas achtungsvoller, als er sagte: „Wenn dich der Herr Konrad schickt, ist das was anderes. Was hat er denn vergessen?“

Der andere antwortete nicht. Während der Türhüter das schwere, eisenbeschlagene Eichentor von innen verriegelte, redete er vor sich hin: „Hätte so einen berühmten Mann für höflicher gehalten – dem ersten Kirchenfürsten im deutschen Lande einen Boten ausgerechnet um die Mittagszeit zu schicken – wo er vorhin erst weggeritten ist – bis zum Nordtor hat ihn der Herr Erzbischof durch die Stadt geleiten lassen –“

Der Mönch trat ungeduldig von einem Fuß auf den anderen, dabei klatschten seine Sandalen auf den Steinfliesen. „Der wird nie mehr höflicher werden“, gab er dem Türhüter Bescheid. Der dachte sich dabei nichts weiter, als daß eben auch berühmte und gelehrte Männer in mancher Hinsicht nicht mehr zu belehren seien.

Der Erzbischof hat sich eingerichtet wie ein Ritter in seiner Burg, dachte der Mönch, während sie den Innenhof überquerten und über eine breite Freitreppe in einen geräumigen Saal gelangten. Er muß sorgen, daß er in seiner eigenen Stadt so geliebt wird, daß er sich mit Bedacht darauf

Kriegsleute hält – unter einem Vogt. – „Ich geb's zu", wandte er sich an den Türhüter, „in diesen bewachten, festen Mauern kann sich jeder sicher fühlen."

„Wir brauchen's auch – warte eine Weile hier."

Der Mönch sah sich kopfschüttelnd im Saal um. Wir brauchen's auch, die Worte gaben ihm zu denken. – Der Erzbischof schien das Licht zu lieben. Drei Kronleuchter, ebenso aus Kupfer wie der Türklopfer und auch mit Löwenköpfen geschmückt, hingen von der geschnitzten Balkendecke herab. Der Mönch zählte laut die Kerzen: „Fünfundzwanzig Stück." Er schüttelte noch immer den Kopf, als er auf den Fußboden sah. Der Estrich war mit farbigen Marmorplatten ausgelegt. „Als ob ich in einen üppigen orientalischen Palast geraten bin", murmelte er vor sich hin, als er an die Wände trat, die Muster der ausgespannten Teppiche zu betrachten. „Ei, das kenne ich doch – der Teufel auch", er fuhr nachdenklich mit den Fingern über die Figuren. Da, lang ausgestreckt das geschlagene, einhöckrige Kamel mit dem weit aufgerissenen schwarzen Auge, und darüber, den Schweif hoch aufgepeitscht, mit greifenden Pranken der Leu. Auf dem Rücken des Kamels der Löwe. Im Orient, wo sie das Muster ausgedacht, hatte das den Sieg des Sarazenischen Königs über allen dummdreisten Widerstand bedeutet. Und als der Sarazene selbst besiegt wurde, übernahm der Sieger, der Staufenkaiser, das gleiche Zeichen. Der Löwe auf dem Rücken des Kamels bedeutete jetzt: Die Christenheit siegt über die Heiden. Hieß aber auch: Alle Macht dem Kaiser. Und der Mönch überlegte: Waren diese Teppiche zufällig oder absichtlich an den Wänden angebracht – und wenn es Absicht war, was bedeutete dann hier der Löwe –, und wer sollte das Kamel sein? Bevor er sich schlüssig wurde, kam der Türhüter zurück.

„Du magst dich eine Weile gedulden, Herr Sifrid betet noch. Er hat den Wunsch geäußert, dich später anzuhören."

Unmutig warf der Mönch die Unterlippe auf. Als ihm

jedoch der Türhüter ankündigte, der Küchenmeister werde sich um ihn kümmern, da schob er die Unterlippe wieder zurück, nickte zufrieden. Der andere ging, wieder das Tor zu bewachen.

Wir brauchen's auch – die Worte des Türhüters wollten ihm nicht aus dem Sinn kommen. Er sah sich die geschnitzten Stühle aufmerksam an. Eiche. Auch darein geschnitzt der Löwenkopf. Eine Vorliebe für den Leu schien der Hausherr zu hegen. Mit beiden Händen befühlte er die Platte des breiten Tisches, der einen großen Teil des Raumes füllte. Wie glatt das Holz gehobelt war. Er ging zum Fenster, sah hinaus auf den Hof; einige Kriegsknechte liefen dort umher. Er konnte die Güte des ärmellosen Überwurfs, den sie über den feinmaschigen Kettenpanzern trugen, genau erkennen: Seide. Seide, eingeführt aus Italien, Seide, teuer geworden im Handel. Er hörte in seinem Rücken leichtes Klirren von Glas. Langsam wandte er sich um.

Der Küchenmeister hantierte am Tisch. Neugierig forschend sah er seinem Gast ins Gesicht. Ein wohlmeinendes Lächeln ging über seine Züge, als er sah, wie der Dominikaner verständig die Augen beim ersten Probeschluck schloß. Breiter wurde sein Lächeln, als sein Gast nach der dritten saftigen Scheibe Schweinefleisch langte. Der Bruder Dominikaner verstand sich aufs Trinken, und er war auch nicht faul im Essen. Wie einer bei Tische zugriff, danach beurteilte ihn der Küchenmeister. Der Mönch mit den staubigen Füßen in den grob gebundenen Sandalen gefiel ihm. Er zog sich einen Stuhl heran und sah ihm zu, vergaß dabei nicht, ihm den Wein von den Hängen am Main nachzuschenken. Und wenn der da beim Schmausen ihn nicht beachtete, setzte er selbst den Krug zu einem kräftigen Schluck an.

Auch während des Essens plagte den Mönch dieser halbe Satz: Wir brauchen's auch. Prüfend blickte er dem Küchenmeister ins gerötete Gesicht. Dieser wohlbeleibte Mann sah nicht so aus, als ob er bei seiner täglichen Aufgabe, für den

Magen der ihm Anvertrauten zu sorgen, auf nichts weiter achtgebe. Er wird wohl bei den Empfängen des Erzbischofs ein Auge auf die Gäste haben. Nicht nur auf das wird er achten, was sie essen, was sie trinken, sicherlich auch auf das, was sie sprechen. Der Mönch wischte sich mit dem Tuch von feinem Leinen die Mundwinkel aus, fuhr sich damit übers Kinn, lehnte sich im Stuhl zurück. „Höre, Küchenmeister", er legte das Tuch gefaltet auf den Tisch zurück, „deine Speisen sind vortrefflich – so vortrefflich, wie die Kriegsleute auf eurem Hof ausschauen." Das war grob.

Der Küchenmeister lächelte über die handgreifliche Deutlichkeit; aber er war mit seinem Gast so zufrieden, daß er ihm den offensichtlich erwarteten Nachtisch nicht verweigern wollte. Er faltete die Hände über seinem gewölbten Leib, wartete, ob der Dominikaner noch eine Frage vorbringen würde. Doch der hatte erneut nach dem Tuch gegriffen, beschäftigte sich eingehend damit, sich die Finger abzuwischen.

„Ja, unsere Kriegsleute sind sorglich gekleidet. Sie bekommen auch gutes Essen – und ihre Waffen sind von der neuesten Art –"

Da drehte der Mönch den halben Satz des Türhüters zu einer Frage um. „Das braucht ihr?"

Der Küchenmeister nahm die Hände nicht vom Leib, streckte beide Beine vor. „Ich merke, du kommst von weiter her, sonst würdest du nicht so fragen."

„War fast ein Jahrzehnt in Rom ..."

„Ja", der Küchenmeister dehnte seine Worte, „Rom ist weit – sehr weit. Willst du aber eine Antwort auf deine Frage hören, muß ich dir eine Geschichte erzählen – eine Geschichte aus unserer Stadt. Es ist noch gar nicht so lange her – zwei Menschenalter etwa. Mein Großvater war damals Kürschner in der erzbischöflichen Kammer. Von ihm weiß ich's." Während seiner Worte schenkte er noch einmal dem Gast den Becher voll. „Damals, als der erste Friedrich, der Staufer, als Kaiser herrschte, war Arnold von Selenhofen hier Erzbischof. Und damals waren die Wände hier bemalt. Diese Teppiche mit den Löwen sind erst unter dem Herrn Sifrid hierhergekommen. Ich habe diese Bilder an den Wänden nicht gesehen; aber mein Großvater schilderte sie mir oft so, daß ich vermeinte, sie greifen zu können: diese Heiligen mit den fromm geneigten Köpfen und den sorglich umgelegten grünen oder roten Mänteln – und die üblen Teufel, die sie versuchten. Schlüpfrige Schlangen waren das und schlanke Weiber mit listig gerafften Röcken und weißer Haut – schade, daß sie diese Teufel abgekratzt haben – eh, ich meine Bruder, sie könnten uns so recht belehrsam abschrecken. Doch auch all die lehrreichen Bilder dieser Teufel waren dem Erzbischof Arnold nichts nütze. – Willst du noch einen Schluck Wein? Trink zu! Auf das Glück deines Meisters!"

Hart stellte der Mönch den Silberbecher auf den Tisch zurück.

Der Küchenmeister erschrak. „Was ist dir? Schmeckt der Wein nicht?"

Der Mönch bedachte sich kurz. Es ist nicht gut, dem Dienstmann vor dem Herrn Neuigkeiten zu berichten. Er nahm den Becher wieder auf. „Doch, er ist trinkbar. Nur dein Spruch ist schlecht. – Laß uns nicht vom Glück sprechen, bevor du um das Ende eines Menschen weißt."

„Wohl", rief der Küchenmeister etwas verärgert über die Zurechtweisung, „wenn du so vorsichtig mit dem Glück bist, dann setze ich den Krug an und trinke darauf, daß mein Herr ebenso fröhlich zum Ende kommen mag wie der deine! Trink zu, Mönch, trink zu!" Angeregt vom kräftigen Schluck merkte er nicht, daß der Mönch ihm nicht Bescheid tat. Er stand auf, trat einen halben Schritt auf den Dominikaner zu. „Siehst du, Bruder, das Mainzer Volk hat einen harten Nacken, und es kann nicht auf den Weg der Rechtschaffenheit zurückgeführt werden, wenn man es nicht mit Ruten und Skorpionen peitscht. Daher muß der Mainzer Erzbischof wie ein Zwingherr sein! So sprach

Arnold von Selenhofen über die Bürger seiner Stadt." Vertraulich beugte sich der Küchenmeister zu dem Gast, redete nahe bei seinem Ohr: „Mein Großvater zog jedesmal ein eigenartiges Gesicht dabei, wenn er mir diese Worte vorsagte – aber das gehört eigentlich nicht zur Geschichte." Er setzte sich wieder. „Hör genau zu, Bruder Dominikaner, was war. Arnold von Selenhofen hatte von allen Mainzern, von den Kaufleuten, von den Handwerkern und von den Ackerbürgern, Abgaben für den Römerzug des Kaisers gefordert. Aber die Stadt pochte auf alte Privilegien, niemand gab etwas heraus, nicht Geld, nicht Waffen, nicht Nahrung. Da holte der Erzbischof Vasallen mit Kriegsknechten aus Thüringen heran. Jetzt sollten die Leute in Mainz mit Gewalt dazu gebracht werden, ihm die Abgaben zuzubringen. Und die Stadt erklärte sich bereit zu verhandeln. Arnold schickte die Krieger nach Hause – sicherlich fraßen sie ihm zuviel weg –, und er erwartete vor der Stadt auf der Anhöhe im Kloster zu Sankt Jakob die Unterhändler. Sie kamen. Es waren keine Reichen und auch keine Edlen. Ackerbürger waren es, einfache Leute ohne besondere Würden, mit nur einem Recht: sie waren Bürger von Mainz. Da weigerte sich der Erzbischof, mit diesen Männern zu verhandeln. Er wies sie höhnisch ab. Und sie kehrten um, nach Hause, in die Mauern der Stadt zurück. Sie waren beleidigt, sie waren unzufrieden, sie waren maßlos empört. Und sie wußten sich nicht anders zu helfen, sie läuteten mit allen Glocken Sturm, sie griffen sich Fackeln und Leitern und Äxte und Messer. So zogen sie hinaus vor die Stadt auf die Anhöhe zu Sankt Jakobs Kloster." Der Küchenmeister atmete erregt, als geschehe das, was er erzählte, jetzt eben und als sei er mitten unter denen, die zu dem Kloster eilten. Er nahm einen Schluck aus dem Krug, achtete dabei nicht auf das verwunderte Gesicht des Gastes, er wurde ruhiger und sprach langsamer. „Ich möchte dir für dein Anliegen beim Herrn Sifrid einen Rat geben, Bruder Dominikaner, sprich nichts von einer Johannisnacht. Und um aller Heiligen willen, laß nicht einmal den Namen Arnold verlauten, selbst wenn dein leiblicher Bruder so heißen sollte. Der Erzbischof Sifrid will die Erinnerung an Tag und Namen ausgelöscht wissen. Warum?" Er beantwortete die Frage selbst. „Zur Johannisnacht haben die Mainzer den Erzbischof Arnold von Selenhofen totgeschlagen – mit Pechkränzen legten sie Brand an die Klosterkapelle zu Sankt Jakob – das war ein beißendes Johannisfeuer. – Und dann hielt der Kaiser über die Stadt Gericht: Es sollten alle Mauern und Festungswerke und Schutzwehren zertrümmert und abgetragen werden. Fortan sollte Mainz eine offene Stadt bleiben – ohne das Recht, das Zerstörte wiederaufzubauen –, preisgegeben den Räubern und Dieben und Wölfen und Hunden – –"

Jäh nahm der Küchenmeister die Hand vom Glaskrug, mit dessen silbernem Deckel er gespielt hatte. Der beleibte Mann sprang rasch auf, neigte seinen Kopf achtungsvoll, wollte gehen. Der Mönch sah sich nicht um, wer wohl hereingekommen sein könnte. Die Erzählung hatte ihn aufgerührt. Und an das, was er eben gehört hatte, setzte er den Satz: Wir brauchen's auch. Jetzt also wußte er, wovor der Erzbischof Sifrid sich fürchtete. „Bleibt hier, Küchenmeister!" hörte er eine Stimme. Der Mönch fuhr aus seinen Gedanken auf, beugte die Knie vor dem Eingetretenen, bückte sich, hob den Saum des erzbischöflichen Mantels, drückte ihn an seine Lippen, richtete sich auf und sah dem mächtigen Mann ins Gesicht. Noch nie zuvor hatte er so nahe vor ihm gestanden. Entschlossene, fast harte Züge eignen ihm, überlegte er hastig; wie wenig gleicht er meinem Meister. Der war ein Geistlicher, ein fanatischer Gelehrter, durchdrungen von seiner Sendung. Dieser Mann hier ist bei Gott kein Geistlicher – eher ein Ritter. Und seine Augen sehen nicht so aus, als ob sie diesseitige Freuden nicht kennten. Sankt Peter und Sankt Paul, helft mir! Alles will ich glauben – aber ich kann nicht glauben, daß dieser Erzbischof selig werde. Zwei Schwerter schwingt er in seiner Hand – das geistliche und das weltliche. Er führt Kriege, blutige Kriege. Und auf den Sold seiner Krieger muß er mehr bedacht sein als auf das Heil ihrer Seelen. In seiner Verwirrung vergaß er die Anrede und fand kein einleitendes Wort.

„Konrad von Marburg ist tot! Erschlagen!“

Klirrend fiel der Weinkrug auf die Marmorfliesen. Das Glas zersplitterte, und der silberne Deckel rollte gegen die Wand, bis er unter einem der Löwenteppiche liegenblieb. Der Küchenmeister hatte ihn mit einer jähen, ungeschickten Bewegung vom Tische gestoßen, als er sich schwer auf die Tischplatte stützte. Der Kopf sank dem Mann auf die Brust. Dann hob er ihn plötzlich hoch, angstvoll starrten seine weit aufgerissenen Augen.

„... daß mein Herr ebenso fröhlich zu Ende kommen mag wie der deine – Hilf, Maria! – – Ich habe gesagt, daß mein Herr Sifrid ebenso fröhlich enden mag wie der Herr Konrad von Marburg – – Hilf, Maria!“ schrie er gequält auf, ohne den Erzbischof und den Mönch zu beachten. „Ich bin nicht schuld, wenn sie Herrn Sifrid erschlagen – ich nicht! Ich habe nicht gewußt, daß sie den Marburger umgebracht haben – Maria, hilf!“

Mit einer kurzen Handbewegung bedeutete Sifrid von Eppenstein einigen auf das Geschrei herbeigeeilten Kapitelbrüdern, den Küchenmeister wegzuführen. Er zuckte nur mit den Schultern. Dann wandte er sich an den Mönch. „Warst du in der letzten Stunde des Herrn Konrad von Marburg dabei, Mönch – wie ist dein Name?“

„Ja, ehrwürdigster Herr Erzbischof, ich, den sie in meinem Orden Clemens nennen, sah, wie sie ihn überwältigten.“

„Wer?“

„Mir schienen es Bauleute ...“

„Was, Bauleute von meinem Dom?“

„Das mag wohl so sein, ehrwürdigster Herr Erzbischof. Und wie ich glaube, waren auch geringe Ritter dabei ...“

„Genug!“ Mit seiner rechten Hand winkte der Erzbischof

ab. Am Zeigefinger glänzte der breite goldene Reif mit dem Rubin. „Bauleute von meinem Dom –" Er schob den Daumen seiner linken Hand unter den schmalen, gedrehten Lederriemen, der den roten Brokatmantel über der Brust zusammenhielt, und musterte nachdenklich den Unglücksboten von der Kapuze bis zur Zehe.

Als ob er den geweihten Bischofsmantel über einer Rüstung trägt – eine weltliche Haltung im geistlichen Gewand, bemerkte Clemens bei sich. Vor dem forschenden, geraden Blick Sifrids schlug er die Augen nieder, kniff sie dabei zusammen, sah genauer zu. Das lange Obergewand des Erzbischofs berührte fast den Estrich, die Seide von reinem Weiß war sorglich in weiten Falten angeordnet.

„Bauleute von meinem Dom –" Der Erzbischof wandte sich weg von dem Mönch, der noch immer mit niedergeschlagenen Augen vor ihm stand. Er schritt an der Fensterseite des Saales entlang, blieb plötzlich stehen, rief mit lauter Stimme hinunter in den Hof: „He, Bursche, Ludolf! Geh zum Dom und hol den Reimser!"

„Ja", klang eine helle Stimme herauf, „ich laufe schon!"

Die Stimme eines Kindes, stellte Clemens verwundert fest. Kinder und Krieger unter einem Dache – und alles dem Erzbischof zu Diensten. Sifrid schritt weiter durch den Saal. Vor einem der Löwenteppiche blieb er stehen. Wird der Reimser heute auch die Augen niederschlagen – so wie der Mönch, der Begleiter des Marburgers? Er betrachtete eingehend den aufgerissenen Rachen des Löwen auf dem Rücken des Kamels. Mußtest du erst in mein Erzbistum kommen, um hier geschlagen zu werden, Konrad von Marburg? – Nein, zu meinen Freunden hast du nicht gezählt. – Wir beide kannten Rom zu gut. Und wir beide brauchten Rom – um in Deutschland Macht zu haben. – Vielleicht wollten wir das gleiche: die Menschen auf dem allein richtigen Weg zur alleinigen Kirche zu bringen. Doch dein Weg sah anders aus als der meine – du konntest ihn nicht bis zum Ende gehen. Wärest du ihn bis zum Ende gegangen? Vielleicht warst du im unermüdlichen Geiste stärker als ich – aber wolltest du nicht auch gerade nach Waffen greifen? Wozu brauchtest du den Oldenburger Grafen? Wozu ein Kreuzheer? Nur um die Stedinger zu bekriegen? Und was wolltest du dann mit dem Kreuzheer anfangen, Konrad von Marburg? Davon hast du vor der Reichsversammlung nichts gesagt – es hat dich aber auch niemand danach gefragt. Und darum hast du auch keinen Verweis bekommen. Wegen eines Grafen wurdest du getadelt. Du hast dich vor der Reichsversammlung in aller Form entschuldigt, hast versprochen, du würdest den Grafen nicht verbrennen lassen. Doch ich hab's dir an den Augen abgelesen: Noch während du dabei warst, dich zu entschuldigen, dachtest du nach, wie wir dein Entgegenkommen bezahlen sollten. Wer weiß, wie weit und wie hoch deine Hände greifen wollten. Nun – der Herr hat dich geschlagen – Gottes Fingerzeig – fast im Angesicht meines erzbischöflichen Stuhles. Ich bin nicht traurig darüber, nein, ich bin wirklich nicht traurig darüber – aber – ich muß traurig sein, weil du in meinem Erzbistum umkamst. Ausgerechnet einen Tag nach der Reichsversammlung. Und ausgerechnet auf dem Wege von Mainz – von meinem Mainz – eh – zum Teufel, man könnte denken, ich hätte das bestellt. Das weiß Gott, ich habe das nicht bestellt! Aber leid ist es mir nicht. – Doch ich muß einen Schuldigen finden – und ich werde ihn finden. Und sollte keiner dasein, werde ich ihn machen. Er muß vor den Augen der Welt bestraft werden, daß jeder erfährt: Recht, göttliches Recht herrscht in den Gebieten unter meinem Krummstab.

Schritte klangen die Steintreppen zum Saal herauf. Die helle Knabenstimme rief munter: „Hier ist der Baumeister!“ Sifrid wandte sich weg von den Löwen, blickte kurz zu Clemens. Der hatte beide Arme unwillkürlich von sich gestreckt, als er zwei Männer in den kurzen Leinenjacken in den Saal treten sah. Der Erzbischof merkte, wie sich der Mönch angestrengt zurückhielt, nicht auf sie zu stürzen.

„Allergnädigster Herr Erzbischof – bei Gottes Gerechtigkeit", Clemens flüsterte, um seine Stimme in der Gewalt zu halten, daß er nicht schreie wie ein verwundetes Tier. Sein zischendes Flüstern stand unheimlich im Raum: „Das sind sie – sie waren mit dabei! Mörder!" Er hielt sich den Ärmel seiner Kutte vor sein Gesicht. „Gott verschone meine Augen – ich will sie nicht sehen! Verfluchte!"

„Mäßige dich doch." Sifrid schüttelte verweisend seinen Kopf, unangenehm erschien ihm der greinende Mönch. „Sieh dir die beiden Männer genau an – haben sie die Gesichter von Mördern? Sprich, bei dem Heil deiner Seele, und bedenke dich nicht!"

„Das kann man so einem nicht aus dem Gesicht ablesen, wie etwa aus einem beschriebenen Pergamente." Mißtrauisch nahm Clemens den Ärmel herunter und sah auf die beiden Männer in den Leinenjacken, die abwartend bei der Tür an der Freitreppe standen.

„Doch, Dominikaner, man kann es!" Lebhaft trat der kleinere und jüngere von beiden auf den in der Kutte zu. „Du siehst das nicht? Geh, dann mußt du es lernen – du mußt es greifen können – du mußt es zwischen den Fingern spüren – du mußt es –", er unterbrach sich mit einem Blick auf den Eppensteiner, „verzeiht, hochwürdiger Herr Erzbischof, ich nahm vor Euch das Wort."

Sifrid lächelte, gewinnend, freundlich, nicht herablassend, ohne jedoch die Schranken zu verwischen. „Ich weiß, das Fürsprechen habt Ihr in Reims gelernt – werden wir das, wovon Ihr sprecht, in Euren Arbeiten finden?"

„Ich bitte Euch, selbst zu urteilen – und ich bitte, mich und meinen Begleiter Johannes als Sprecher für uns Steinmetze der Mainzer Bauhütte anzuhören. Der Konrad von Marburg kam ..."

„Wir wissen es", winkte Sifrid ab, „und wir sind nicht gesonnen, die Schuldigen ungestraft zu belassen. Ist die Arbeit am Dom in Verzug geraten?"

„Alle Bauleute haben die Geräte wieder aufgenommen." Der Reimser blickte frei zu dem fast einen Kopf größeren Mann auf. Er forschte in dessen Zügen. Warum, fragte er sich, hat ihn der Erzbischof rufen lassen – nicht um von ihm über das Unglück um den Marburger zu hören? Kein Wort äußerte er bisher darüber, er erkundigte sich nach der Arbeit. Er beachtete jetzt in seiner, des Reimsers, Anwesenheit den Mönch kaum – wie dem der Haß in die Augen trat.

„Seid Ihr mit dem Stein zufrieden?"

Der Reimser lächelte. Sein Lächeln saß in den Mundwinkeln und in den Augenfältchen, und sein Gesicht blieb dabei doch ernst. Da fragt er mich nach dem Stein, als ob kein Mönch dasäße, der darauf brennt, uns verurteilt zu sehen. „Es ist ein guter Stein, hochwürdiger Herr Erzbischof, der da am Main wächst. Fein im Sande – weich liegt er unter der Hand – und doch wünschte ich ihn mir manchmal mehr grob im Korn – die Gesichter, meine ich, gerieten mir bei etlichen Figuren vielleicht dann besser ..."

„Eh, Reimser, das ist nicht recht; der Herr Sifrid möge mir vergeben, daß ich meinem Meister in die Rede falle, aber ich sage dir, solange dir der Stein nicht recht gefällt, wirst du auch nichts Ordentliches zustande bringen."

„Nein, Johannes, ich sage nicht, daß er mir nicht gefällt. Ich habe Sorge, wollte ich aus dem Relief heraus ein mächtigeres Bildwerk schaffen – anders als die Gruppen der Verdammten und Seligen, etwa einen Reiter –, ich habe Sorge, daß es mir nicht gelingen würde, ein kräftiges Roß in den feinen Sandstein zu bringen ..."

„Nicht doch", wieder unterbrach ihn der alte Johannes, „es ist nicht, weil es der Stein nicht hergibt – alles liegt im Stein –, nur bei uns hat sich noch keiner darangewagt, einen Reiter und sein Pferd in unseren Sandstein zu meißeln. Das ist es – weil sie immer nach Vorbildern schielen – abwarten, daß ein anderer sich erst die Finger daran zerhämmert, und dann, auch noch zögernd, machen sie es nach."

„Du hast nicht unrecht.“ Der Erzbischof saß am breiten Eichentisch, winkte den beiden Steinmetzen, am anderen Ende des Tisches Platz zu nehmen. „Ich wünschte mir, ich hätte den Mann in meiner Bauhütte, der mir hier in Mainz das hinstellt, was sie andrerorts nicht können – oder nicht wagen.“ Er sah während seiner Worte von dem Reimser und dem alten Johannes auf den Mönch. „Was meinst du, Clemens, ich sehe einen Menschen zu Pferde, wie er im Winter über Land reitet. Ein Bettler stellt sich ihm in den Weg, fast nackt. Und der Reiter erbarmt sich, trennt mit seinem Schwerte die Hälfte seines Mantels los, gibt sie dem Armen.“

„Der heilige Martin – Gott hat ihn begnadet.“ Der Dominikaner senkte kurz zur stillen Andacht seinen Kopf. Seine Gedanken arbeiteten. Dieser Mensch da, der ihn zurechtgewiesen hatte – ein einfacher Steinmetz in einer schlechten Leinenjacke –, beanspruchte die volle Aufmerksamkeit des Erzbischofs für sich. Aber nicht, weil der seinen Meister mit erschlagen hatte, sondern weil er es noch nicht einmal fertigbrachte, Pferde in Stein zu hauen. Und doch saß der so dreist und so selbstbewußt hier im Saale. Und nicht ein Anklang von Reue oder Zerknirschung stand in seinem Gesicht. Ärger kam in ihm auf. Doch er hütete sich, seinen Haß in seiner Stimme mitschwingen zu lassen. Sachlich sprach er, ruhig und überlegend. Er war ein Schüler des Konrad von Marburg, und er hatte es gelernt, sich zu beherrschen. „Ich will es wohl glauben, daß dieser Meister – oder was er sein mag – sich bedenkt. Seht, ehrwürdiger Herr Erzbischof Sifrid, sind es doch nicht weniger als sieben Vorgänge, die in eine Schau zu pressen wären: das Schreiten des Pferdes und das Sitzen des Reiters, sein Wenden zum Bettler, sein Griff zum Mantel, ihn mit dem Schwert zu zertrennen, das Schenken des Mantelteiles – – und gar der Bettler – sein gleichzeitiges Flehen und Nehmen. – Und wer will sich vermessen, außer dem Darstellen des Handelns die barmherzige Güte des heiligen Martin glaubhaft in Stein zu hauen? Ich sollte meinen, ehrwürdiger Herr Erzbischof, es ist ein unmögliches Unterfangen – und keiner hat's ja auch bisher gekonnt!"

Längst achtete der Reimser nicht mehr auf die Rede des Mönchs. Der heilige Martin, arbeitete es in seinem Innern, einer, der hoch zu Roß einherkommt und doch nicht hochfahrend ist. Ein Mensch, der die Hälfte seines einzigen Mantels gibt. Er schwingt sein Schwert wie einer, der streiten will, aber er wird nicht schlagen, um zu töten, er wird den Streich führen – um zu wärmen. Und das Pferd muß dabei im Schritt verhalten. Mit dem Gesicht des Martin wird er sich lange auseinanderzusetzen haben. Die Güte darf nicht herablassend sein, die Geste des Schenkens nicht wegwerfend. Er wird jedoch auch ein deutliches Zurückhalten bei aller Freundlichkeit zeigen. Und es wird dabei bleiben – einer, der ein Pferd hat, ist ein anderer als einer, der keines hat. Er merkte nicht, daß der alte Johannes ärgerlich die Finger ineinander verkrampfte; er spürte nicht, wie der Alte darauf wartete, daß der Reimser endlich dem Mönch auf seine Reden erwidere. Verstand er denn nicht, wie ihn der Dominikaner mit Absicht vor dem Erzbischof verhöhnte? Ein Wort von ihm bedurfte es nur, dieses Gerede gegenstandslos zu machen. Er bräuchte nur zu sagen: „Ich will's in den Stein bringen!" Warum sagte er es nicht? Die Knöchel wurden ihm weiß, so angestrengt hielt der Alte die Finger gegeneinander. Und der Reimser hörte auch nicht, wie der Lanzenstiel des Türhüters unten im Hof hart auf die Steinplatten schlug. Er wird etwas aus dem Gesicht des Erzbischofs Sifrid mit in die Züge des Martin schreiben, wofür sie bisher nur ein Wort erfunden haben: ritterlich. Das aber, was an dieser Worterfindung zum inneren Gehalte fehlt, wird er dem Stein einfurchen.

Ein Schatten fällt über die Steinstufen. Von draußen hat der Türhüter das Portal zum Saal aufgestoßen. Der alte Johannes richtet sich auf. Erstaunen läßt ihm den Mund offenstehen. Unwillkürlich greift er mit beiden Händen nach der leinenen Jacke, sie faltenlos zu ziehen. Auf springt der Mönch, steht und starrt. Der Erzbischof neigt um ein weniges seinen Kopf, lächelt verbindlich, weltlich und erhebt sich. Der Reimser bemerkt, aus seinen Gedanken gerissen, die jähe Veränderung der drei Männer. Langsam wendet er sich um nach der Tür, schaut, ohne aufzustehen und ohne zu grüßen – betroffen, läßt seinen Blick nicht von dem Gesicht der Frau, erkennt sein unziemliches Benehmen, schiebt seinen Stuhl beiseite, beugt seine Knie, ohne aber dabei seinen Kopf zu senken. Begierig ist er, in ihre Augen zu sehen. Und sie weicht seinem Blick nicht aus – den Augenblick eines Herzschlags lang.

„Ich habe Euch erwartet, Fürstin, willkommen!" Der Erzbischof verwehrte der Frau zuvorkommend den Kuß auf den Saum seines Brokatmantels, reichte ihr zur Begrüßung die Rechte mit dem Ring. Flüchtig neigte sie darüber ihr Gesicht.

„Und ich kam ja auch", hörte der Reimser ihre Erwiderung. Fern schien ihm der Klang ihrer Stimme, unerreichbar fern. Gewaltsam fand er sich zurecht. Hier der Dominikaner mit dem Haß in seinen Augen, neben ihm der alte Johannes in seiner leinenen Jacke, und dort der Erzbischof, von dem ihn die Breite des Tisches trennte, an seiner Seite, im Wuchs um nichts kleiner als er, die Frau im weiten Mantel aus schwerer, grüner Seide, abgesetzt mit silbernen Borten, und an den Wänden die Teppiche mit dem Muster, ersonnen im Orient: Löwe und Kamel. Ungewöhnlich rauh klang seine Stimme, als er beim Erzbischof für sich und den alten Johannes um Urlaub ersuchte. Ungeschickt und steif schienen ihm seine Schritte, als er zur Tür ging.

GERTRUDE

Sehr aufrecht, sehr jung saß die Babenbergerin dem Erzbischof gegenüber. Aufmerksam sah sie zu ihm hin, während er das Wort an sie richtete. Aber ihre Gedanken schweiften ab. Sie war verwirrt. Mit großer Sorgfalt hatte sie sich heute morgen von den Mädchen das breite, gesteifte Leinenband fest um Kinn, Schläfen und Stirn legen lassen. Lange gewählt hatte sie, welches Schapel auf das Gebände gesetzt werden sollte. Schließlich hatte sie zu einem einfachen, bis auf drei grüne Edelsteine schmucklosen Silberreif gegriffen, von dem sie wußte, daß er zu ihrem schmalen Gesicht besser als eine hohe Krone stand. Mit Absicht hatte sie heute den schweren, seidenen Mantel von dunklem Grün nicht am Halse mit den Fibeln geschlossen; lose hing er über der Schulter, nur gehalten vom Riemen. Sie legte Wert darauf, das lange weißseidene Obergewand zu zeigen. Ein Kenner würde die Güte des Gewebes ersehen, wie es fein gewirkt war, daß man mindestens zwei Jahre Arbeitszeit dafür annehmen mußte. Und trotz der vierzig Ellen an Stoff schien es so zart zu sein, daß man die Hand darüber schließen konnte, legte man es zusammen. Was war das für ein Mann, der all diese sorgfältig angelegte Kunst nicht zu beachten schien? Dieser Mann hatte ihr Gesicht betrachtet – nicht das Seidengewand, ihre Augen – nicht das Schapel. Und sie hatte sich durch diesen Blick verleiten lassen, zu ihm hinüberzuschauen. Sie, Gertrude von Babenberg, die Nichte des streitbaren Herzogs Friedrich von Österreich, hat diesem Menschen in der kurzen, leinenen Jacke in die Augen gesehen – wenn auch nicht länger als einen Atemzug –, und sie fand diese Augen schön. Eine brennende Neugier faßte sie. Wer war dieser Mann? Sie stellte dem Erzbischof die Frage noch nicht. Zur gegebenen Zeit würde sie es erfahren.

Seit Monaten bereits gehörte es zur Gewohnheit des Erzbischofs, sich mit dieser Frau auch über wichtige Tagesfragen zu beraten. Die Babenbergerin war nicht nur bemerkenswert schön und erfreulich jung, sie hatte auch Verstand. Entgegen der Meinung ihres Oheims hatte sie damals noch im Winter auf die Einladung des Mainzer Erzbischofs hin die Reise nach dem Rhein angetreten. Zuvorkommend hatte Sifrid ihr die alte Burg Theres eingeräumt, den früheren Sitz der Babenberger, der vor dreihundert Jahren während eines Streites mit dem Erzbischof Hatto diesem Fürstenhause an das Erzbistum Mainz verlorengegangen war. Sein Vorhaben, die Fürstin aus dem Einfluß des kinderlosen Herzogs von Österreich und Steiermark zu nehmen, schien ein greifbarer Erfolg zu werden. Noch kein Anzeichen ließ darauf schließen, daß sie abzureisen wünsche. Und es war ihm wichtig, daß sie blieb. Galt sie doch allgemein als die Erbin von Österreich und Steiermark – wenn nicht etwas dazwischenkam. Doch vielleicht würde Gott es so fügen, daß der Herzog eher sterben als Kinder in die Welt setzen würde. Und vielleicht auch könnte man Gott dabei ein wenig behilflich sein. Es ärgerte Sifrid, daß ihm diese Angelegenheit mit dem Marburger zwischen seine Pläne geraten mußte. Wer konnte wissen, was Rom daraus schließen würde, daß der Vorfall sich gerade in seinem Erzbistum zugetragen hatte. Spätestens morgen mußte er einen Boten in die Stadt des Heiligen Vaters schicken, mit genauen Berichten, mit seinem Urteil über die Schuldigen und mit der Versicherung, daß er den Papst höher achte als den Kaiser – auch wenn er dessen Kanzler sei. Vielleicht wird er ein Wort hinzufügen. Vielleicht wird er ein „noch“ in diesen Satz bringen. Der Erzbischof wußte, daß man in Rom zu lesen verstand.

„Sifrid von Eppenstein“, redete Gertrude ihn an; sie kam seinem ausdrücklichen Verlangen nach, ihn lediglich bei seinem Namen zu nennen, wenn sie ohne einen Dritten waren. „Ihr seid heute so nachdenklich, so finster. Was wollte der Mönch von Euch?“ Sie fragte nicht: Was wollten die beiden Männer in den leinenen Jacken.

„Er brachte eine schlechte Nachricht. Leute haben nicht weit vor den Toren meiner Stadt den Konrad von Marburg erschlagen."

„Nun seid Ihr um den hochgelehrten Mann betrübt?"

„Nein", erwiderte er knapp, setzte hinzu, „mehr um die Schuldigen."

Verwundert schaute sie zu ihm auf, sah an seinem sorgenvollen Gesicht, daß er nicht scherzte.

„Sind sie bekannt?"

„Man sagte mir, Bauleute von meinem Dom ..."

Unwillkürlich griff sie zum Mantel, und als ob es sie fröstelte, zog sie ihn über der Brust zusammen. Einen Augenblick ließ sie ihre Hand dort, nahm sie dann ruhig wieder herunter auf den Schoß. Nichts sonst verriet ihren Schreck. Sie brachte sogar ein Lächeln in ihr Gesicht. „Und – ist es erwiesen, daß sie ihn erschlugen?"

„Der Dominikaner berichtete so."

Sie sah überlegend auf ihre Hände. Sie wußte um ihren Einfluß auf den Mann, der da in seinem brokatenen Mantel, groß an Wuchs, vor ihr saß. Sie kannte aber auch ihre Grenzen und bedachte, ob ihr Vorschlag, den sie ihm vorbringen wollte, nicht diese Grenzen überschreiten würde. Besser, sie wird ihm nichts vorschlagen, sie wird ihn fragen.

„Ist es nicht verwunderlich, daß dieser Mönch so heil und unversehrt vor uns stehen konnte, während sein Meister tot liegt? Und ist es nicht ebenso eigenartig, daß er nichts über den Verbleib des anderen Begleiters wissen will? Sollte der Meister Konrad etwa an zwei Männer geraten sein, die ihre Pflicht als zuverlässige Begleiter nicht wichtig genug nahmen?"

Fast heftig wies der Erzbischof ab: „Er ist einer aus dem Orden der Dominikaner!"

„Was wollt Ihr damit sagen?" Als verstände sie seinen Einwurf nicht, zuckte sie leicht mit den Schultern. „Der Marburger ist tot – das ist gewiß."

„Ich muß die Schuldigen bestrafen – und ich sehe keinen Ausweg. Gott weiß, ich schätze den Baumeister aus Reims, weil ich glaube, er besitzt eine Fertigkeit, in der ihm so leicht kein zweiter nachkommt. – Und mein Dom soll die anderen an Kunstwerken überragen – dazu aber brauche ich Meister, die etwas können."

„Ihr meint, dieser Reimser ist der Mann, der sich auf diese Kunst versteht?" Dahin hatte sie das Gespräch gebracht.

„Ja, der kleine Mann, der uns eben verließ."

Ist er denn klein, wollte sie fragen; ihr war er nicht so erschienen. „Aber der Mönch sagt, er ist schuldig", meinte sie, griff dabei nach dem Mantelriemen am Halse, löste ihn, ließ den Mantel hinter sich gleiten. Das feingewirkte Obergewand schmiegte sich eng an ihren Körper. „,. . . also kann er Euren Dom nicht schmücken." Er antwortete nicht, besah aufmerksam die weiße Seide ihres Gewandes mit den weiten, langen Ärmeln. „Dann werdet Ihr einen anderen finden müssen", sie stellte die Füße nebeneinander, vielleicht aus der Straßburger Bauhütte –." Sie sah an ihm vorbei zu dem schmalen, hohen Fenster, bemerkte, wie er sich auf die Feinheiten des seidenen Gewebes wohl verstand. „Von dort her kam ja auch der Mönch. Vielleicht weiß der uns einen zu nennen."

Sifrid von Eppenstein erhob sich, ging an der Babenbergerin vorüber. Jetzt fielen ihre dichten blonden Zöpfe unter dem Gebände hervor auf ihren Rücken. Der Mantel hatte sie verdeckt. Sifrid bückte sich, hob ihren Mantel auf, berührte dabei leicht ihre Schulter, ging wieder zurück zu seinem Stuhl ihr gegenüber und setzte sich. Ungeheuerlich, was diese Frau ihm zumutete. Ihre Worte bedeuteten nichts anderes als einen Hinweis auf die Möglichkeit, die Frage der Schuld zu verschieben und statt der Leute aus Mainz die Begleiter des Erschlagenen als die Verantwortlichen für die Tat anzusehen. Unerhört und kühn, wie die Babenbergerin für ihn abzuwägen verstand. Sie wußte, wieviel ihm am Dom lag. Mainz, die Metropole des einflußreichsten deutschen Erzbischofs, ihm, Sifrid von Eppenstein, untergeordnet die Suffragane von Worms, Speyer, Eichstädt, Augsburg, Bamberg, Hildesheim, Paderborn, Chur, Tongern, Verden, Prag und andere, ihm zugesprochen das Recht, auf allen deutschen und französischen Konzilien zu präsidieren, ihm vorbehalten, den deutschen König zu krönen – Mainz, seine Stadt sollte seine Macht greifbar zeigen – im Dom – in kunstvollen Werken. Und diese Frau, sein Gast aus Österreich, schien wie er Anteil an seinem Dom zu nehmen. Sie sagte: Der Mönch hat auf seinen Meister nicht achtgegeben. So wenig sorgte er um ihn, daß er ihn nicht hinderte, die offenbar gefährdete Straße nach Norden zu reiten – er brachte sich in Sicherheit und überließ seinen Meister dem Verderben. Was hat er getan, ihn vorm Unglück zu bewahren? Nichts. Dieses Nichtsgetanhaben ist seine größte Schuld, die wird ihm niemand abnehmen können. Nicht einmal über den Verbleib des Ritters weiß er etwas zu sagen. Und dieses Nichtwissen wird ebenfalls zur Schuld. Schuldig wird der Ritter – schuldig ist der Mönch. Als oberster Gerichtsherr in seinem Erzbistum wird er über den flüchtigen Ritter mit unbekanntem Aufenthalt den Bann aussprechen, daß niemand ihm die Hand zur Hilfe reiche. Den Mönch wird er zu strenger Zucht in ein entlegenes Kloster verweisen. In reuiger Buße mag er dort eingeschlossen seine Tage beenden.

Gertrude beugte sich leicht vor, als Sifrid ihr berichtete, was er nach Rom schreiben würde. Tief atmete sie, daß sich die Seide über der Brust dehnte. Die Augen senkte sie, daß er nichts darin lese. Und während er ihr noch seine Pläne vorlegte, fand sie heraus, daß sie lange nicht im Dom gewesen sei. Die Messe besuchte sie in der Kapelle der Burg Theres. Der Erzbischof hatte ihr einen Kaplan hingeschickt. Nicht die Messe wollte sie im Dom hören, sie wollte sich von dem Fortgang der Arbeiten am Westlettner überzeugen. Der Erzbischof versagte ihr den Wunsch nicht. Sie würde sich von allen fünf Frauen ihres Hofes, die sie von Österreich an den Rhein mitgenommen hatte, begleiten lassen – und das Volk würde staunen: So eine Fürstin ist das, diese Babenbergerin, verständig in den Angelegenheiten der Kunst.

Wie mit einem vertrauten Ratgeber besprach der Erzbischof mit ihr die Sache, die ihm gegenwärtig am nächsten lag: den Streit zwischen ihrem Oheim Friedrich und dem Bayernherzog und Pfalzgrafen bei Rhein, Otto, den Schmeichler den Erlauchten nannten. Friedrich behauptete, Otto hätte gegen das Gebot des Königs einen Landtag abgehalten. Der Babenberger bot sich dem König Heinrich, dem Sohn des Staufenkaisers, als rechte Hand an. Zusammen mit den königlichen Kriegern rückte er in die Ländereien des Bayern ein, ließ Felder verwüsten, Burgen zerstören, Hütten niederreißen. Als die Frau im Studierzimmer des Erzbischofs bedauernd den Verlust an Menschen und Gut beklagen wollte, hob Sifrid die Hand, winkte ab. Sie sollte über diese Nichtigkeiten schweigen. Er sah in ihr schönes, schmales Gesicht.

„Fürstin, ich sehe weiter als auf zerstampfte Äcker und heulende Bauern. Hinter diesem Streit zwischen den Herzögen vermute ich mehr als einen Zank zwischen zwei Häusern. Und meine Beobachtungen bestätigen sich – es wird Unfrieden geben zwischen dem Vater und dem Sohn Heinrich, der das Unglück hat, der siebente seines Namens zu sein."

„Und wo steht Ihr?" Die Fürstin Gertrude war noch sehr jung, so daß sie eine gerade Antwort erwartete. Er lächelte, beugte sich vor, griff ihre beiden Hände von ihrem Schoß und hielt ihre schlanken Finger mit seiner Rechten umschlossen. „Ich stehe nur bei erlauchten Frauen – nie aber bei ‚erlauchten' Männern –."

Es besaß aber Otto der Erlauchte in diesen Tagen die gut ausgebaute Starkenburg an der Bergstraße. Um Handbreite lag sie an den Ländereien, die dem Erzbistum Mainz zugehörten. Sifrid behauptete, sie liege in seinem Gebiet, und erhob Besitzrecht auf das wehrhafte Steinhaus. Der Streitfall war noch nicht entschieden.

Sicher war nur, daß der Eppensteiner bisher stets bei den Gegnern Ottos stand. Nicht sicher war, ob er diese Gewohnheit beibehalten würde, wenn er den Kaiser auf der gegnerischen Seite sähe. Den Fall gesetzt, der zweite Friedrich würde den Gewaltstreich seines Sohnes gegen den Bayern verurteilen – dann müßte der Kanzler sich gegen seinen Kaiser stellen, wollte er seiner alten Politik der unbedingten Feindschaft gegen den erlauchten Otto treu bleiben.

DIE SELIGEN UND DIE VERDAMMTEN

Die Nachricht vom Tode des Marburgers erregte in der Stadt großes Aufsehen. Auf den Gassen sprachen die Leute darüber, in den Stuben, in den Werkstätten. Gut war es, daß dieser Mann seine Strafe gefunden hatte. Aber würde der Fall dieses einen etwas Entscheidendes an der Inquisition selbst ändern? Mußte man nicht nach wie vor zittern, als ein dem Irrglauben Verfallener ergriffen zu werden? Galt nicht nach wie vor das Verbot, über Dinge der Religion zu sprechen, und sei es auch nur unter sechs Augen? Die Kunde über die Strafe für die beiden Begleiter ließ die Leute in der Stadt aufhorchen. Auffällig schien der Beschluß des Erzbischofs, den Ritter mit dem Bann zu belegen und den Mönch in ein entferntes Kloster weit im Norden zur Buße zu verweisen. Als jedoch über den Ritter nichts weiter bekannt wurde und als auch das Gerede über den Bruder Clemens verstummte, gerieten Konrad von Marburg und seine beiden Begleiter in Vergessenheit.

Weit wichtigere und erfreulichere Dinge standen bevor. Endlich hatte sich der Kaiser, der zweite Friedrich, in Deutschland angesagt. Reichstag sollte gehalten werden –

in Mainz. Gewiß mochten noch einige Monate ins Land gehen, bevor Friedrich in Italien aufbrechen würde; doch jetzt war eine begründete Aussicht nicht mehr abzustreiten, der Kaiser selbst werde sich um die Angelegenheiten in den deutschen Landen kümmern. Die Nachricht von dem Besuch war allen Bürgern der Reichsstädte und der nicht reichsunmittelbaren Städte, allen Fürsten, geistlichen und weltlichen, und den Rittern bekanntgegeben worden.

Der alte Johannes saß in der aus Steinen roh zusammengetragenen Bauhütte unweit vom Dom, gegen seine Gewohnheit untätig. Der Alte ärgerte sich über den Gleichmut, mit dem dieser Mann aus Reims, den er mehr verehrte als irgendeinen der Meister, unter denen er dem Dom bisher Steine zugetragen hatte, dem Kommen des Kaisers entgegensah.

„Hör, Reimser, mit diesen meinen alten Augen werde ich den Kaiser anschauen – zum Teufel, Reimser, lächle nicht, ich glaube, er wird auch uns sehen, uns gemeine Leute. Hat er nicht etlichen Städten Freiheiten gegeben und Vorrechte, von denen manche Pfahlbürger, die vor wenigen Jahren noch Unfreie waren, zu Zeiten ihrer Hörigkeit nicht einmal träumen durften? Warte nur, er wird Recht sprechen und die Fürsten ermahnen, endlich – bei allen Heiligen –, endlich Frieden untereinander zu halten –“

„Wenn die Fürsten sich mahnen lassen.“

„Du zweifelst, Reimser? Immer zweifelst du. Immer bist du ernst. Immer bist du traurig. Und jetzt bist du sogar schweigsam geworden – seit wir das letztemal zusammen beim Erzbischof saßen.“

„Ich weiß nicht, warum er nicht mit uns über den Marburger gesprochen hat.“

„Was grübelst du, warum. Genug, er hat es nicht getan. Du magst mich einen Träumer schelten, wenn ich von meinem Kaiser spreche, aber glaube mir, es mag sein, ich träume weniger als du. Merkst du denn nicht, daß der Erzbischof viel von dir erwartet? Wozu wohl hat er dir die

Geschichte vom heiligen Martin erzählt? Um uns zu unterhalten, he? Freue dich doch, Reimser, Teufel auch, freue dich! Du hast sein Vertrauen!"

„Ja", entgegnete der untersetzte Mann knapp, „er kann sich jederzeit meine Arbeit ansehen."

Unzufrieden schüttelte der Alte den Kopf, trat auf den Meister zu, griff ihn bei der Jacke und zog ihn dicht zu sich heran. „Willst du bei mir auf den Meister pochen? Ich weiß, du bist Meister – könntest dabei doch mein Bub sein, soviel an Jahren bin ich dir über – ach, geh doch – was will ich denn – ich hab' eben geglaubt, du tätest mir vertrauen."

„Und das glaubst du jetzt nicht mehr?"

„Weiß es nicht –"

„Johannes!"

„Nein, Reimser, ich mag nicht betteln: Komm, sprich mit mir. Habe gedacht, gut wär's für dich, wenn du an einen Menschen deine Gedanken los wirst. Kannst doch nicht alles in den Stein bringen – leichter wird's einem, wenn ein anderer die Sache mit überdenkt."

„Bleib da, Johannes, und sieh mich nicht so vorwurfsvoll an." Der Alte, der sich zum Gehen gewendet hatte, drehte sich in der Tür um. „Ich will dir zeigen, wie ich mir den Lettner für den Westchor vorstelle." Langsam ging der Alte wieder in den Raum zurück. „Sie wollen das große Weltgericht am Jüngsten Tage sehen – dazu gehören die Seligen, und dazu zählen auch die Verdammten. Über diese beiden Gruppen habe ich lange nachgedacht, brachte den Entwurf auf ein Pergament. Sieh dir's an – und urteile." Der Reimser nahm von dem ungefügen Tisch, der an die Wand unters Fenster gerückt war, zwei zusammengerollte Bogen Pergament. Die Tränen wollten Johannes in die Augen treten, als er danach griff. Er war gewiß nicht rührselig, aber es freute ihn mehr, als er sich eingestehen wollte, daß der Reimser nach seinem Urteil fragte. Und er hatte geglaubt, der sei mürrisch gegen ihn geworden. Sorgfältig und mit Ehrfurcht vor der Arbeit des anderen rollte er einen Bogen auf, trat damit zur Tür, daß er die Zeichnungen im vollen Tageslichte sehe. Er ließ sich beim Betrachten Zeit.

Einen Bischof also hat er in die vordere Reihe der Seligen gestellt, ihm nachgeordnet einen König, hinter diesen einen Mönch und als letzten unter den Vorderen ein Kind. Dieser Bischof hat keine auch nur entfernte Ähnlichkeit mit dem Mainzer, stellte Johannes mit einiger Erleichterung fest. Wer weiß, welche Folgen sich sonst daraus ergeben würden. – Dieser Bischof, der bei den Seligen steht, kam dem Alten so selig denn doch nicht vor. Eher schien er erstaunt zu sein, als glaubte er es selbst nicht recht, wo er sich befand. In seinen Augen saß noch der Zweifel, und seinen Mund zog er ungläubig herab. Johannes wußte nicht, ob der Bischof seine rechte Hand hob, zu beteuern, daß sein Wandel rein gewesen sei, oder ob sie segnen sollte. Vom Hintergrund hervor schaute noch ein zweiter Geistlicher. Feist standen dem die vollen Backen im Gesicht, die breiten Lippen über dem schwammigen Doppelkinn mußte er offenlassen, sonst würde es ihm bei seiner Fettleibigkeit am Atem gefehlt haben – doch spottet nicht darum, daß ihm das Fett seinen Leib aufschwemmte, seht seine Augen an. Darum wurde er selig, weil darin die Güte eines Vaters wohnt.

Johannes wunderte sich. Kein Schwert trägt dieser König unter den Seligen; als hätte er den Auftrag erhalten: Lege dein Schwert beiseite, leicht ist es wohl, mit der Waffe in der Hand die Menschen niederzuhalten. Selig der Herrscher, der es versteht, ohne Schwert menschlich und weise zu regieren. Fast beschreibt die rechte Hand des Königs die gleiche Geste wie die des Bischofs. Nur um eine Kleinigkeit erscheint sie anders: Sie ist nicht zum Segnen gehoben und auch nicht zum Schwören, sie hält sich mit dem Daumen am Mantelriemen über der Brust – so wie es bei Rittern üblich ist. Mit der linken Hand rafft er sein langes, ärmelloses Obergewand, daß es ihm beim Schreiten nicht hinderlich sei. Jung ist sein Gesicht und verträumt – aber doch nicht weltenferne. So also sieht der Reimser einen Mann, bedachte sich der alte Johannes, dem von Gott ein hohes Amt unter den Menschen übertragen wurde. Ein Herrscher ohne Schwert? sann der Alte und war nicht recht überzeugt. Solange er denken konnte, hat man ihm von großen Herren immer nur im Zusammenhang mit Waffen erzählt – ein großer Name braucht ein Schwert. Und wenn er Fürsten zum Besuch in den Dom kommen sah, dann ging keiner ohne Schwert. Nein, nicht einmal vor Gott wird so ein großer Mann ohne Schwert treten.

Warum, überlegte der alte Mann, während er die Entwürfe der Gesichter auf dem Pergament betrachtete, hat der Reimser diesen Mönch, den Clemens, dem der Haß so offen in den Augen stand, in die Reihe der Seligen gestellt? Ja, das ist sein Gesicht, wie es lächelnd, aber hintergründig lächelnd, aus der Kapuze schaut. Das ist seine Haltung, wie er den Rücken leicht krümmt. Das ist seine Art, den Strick um die weiße Kutte so eng zu ziehen, daß sie faltig um seinen Leib steht. Wovor fürchtet sich der Mann aus Reims, dachte der Alte nach, daß er glaubt, einen Dominikaner so auffällig unter die Seligen stellen zu müssen? Hat er etwa auch Angst vor der Inquisition? Hat er denn Grund zu solcher Angst? Will er durch diesen lächelnden Mönch in der Mitte die Aufmerksamkeit von dem eigentlichen Mittelpunkt, von dem friedfertigen König, ablenken? Es gibt Menschen, der alte Johannes wußte es, denen gilt die Friedfertigkeit aller untereinander als höchste Ordnung, Menschen, die es ablehnen, mit dem Schwerte oder was auch sonst für einer Waffe andere zu schlagen. Das sind Menschen, von denen er hörte, sie sollen in ihren Lebensgewohnheiten noch andere Eigenarten haben – sie schwören keine Eide, sie sollen auch die Heiligen nicht anbeten und wohl sogar nicht einmal an das Fegefeuer glauben. An den Gesichtern aber kann man keinem ablesen, ob er zu diesen Leuten gehört; es ist nichts Auffälliges daraus zu entnehmen. Und in ihrem täglichen Umgang sollen sie sich auch sonst von anderen nicht unterscheiden. Sie laufen wie alle auch zur Messe in die Kirche.

Nur, so wird von ihnen erzählt, sollen sie vor dem Eintritt in dieses Steinhaus in aller Stille dreimal bei sich sagen: „Caverne des brigands, Dieu te confonde!“ – „Räuberhöhle, Gott verderbe dich!“

Wie denn, die Gedanken des Alten wollten sich verwirren, kann einer, der zu diesen Menschen, den waldensischen Brüdern, hält, der den äußeren Glanz der Kirche verabscheut, kann einer dann daran arbeiten, eine Kirche zu schmücken? Dann müßte er sich doch selbst widersprechen – wenn er Heilige, die er nach einem Bekenntnis zu den Brüdern nicht achten kann, in den Stein bringt. Und wenn er sie doch in den Stein bringt – wozu dann? Will er sich etwa in seinem Werke dagegen stellen, daß man auch andere im Gebet anruft, und nicht nur Gott – und Gottes Sohn? Dem Alten wurde unheimlich bei seinen Gedanken. War er selbst etwa schon der unseligen Ketzerei verfallen, daß er überhaupt so weit dachte? Hol's der Teufel, verdammt viele haben sich schon dadurch ins Unglück gebracht. Und das Feuer in Straßburg war kein Freudenfeuer gewesen. Er blickte weg von dem Mönch auf das Kind. Das ist die einzige wirklich fröhliche Gestalt unter den Seligen, fand der Alte heraus. Wie das Kind den Mund breit verzieht zum fröhlichen Lachen! Der Reimser versteht es, dem Kleinen eine jubelnde Freude in die Augen zu geben, daß selbst die kugeligen Pausbacken von diesem Frohsinn überstrahlt sind – und welche Bewegung in dem Kleinen! Dem Alten schien es, als höre er die Hände klatschen, die der Kleine so vergnügt gegeneinanderpatscht. Woher er das kann? Woher weiß der Reimser, wie ein Kind aussieht, wenn es glücklich ist? Er hat nichts dazugelogen, stellte der Alte genau abwägend fest. Er übertreibt das Jubeln nicht, daß es eine leere Gebärde wird. Wenn er das so in den Stein bringt, so beweglich und so klar – dann – der Alte schloß die Augen, überwältigt, als hätte ihn die gleiche kindliche Fröhlichkeit ergriffen –, dann wird er auch den Martin schaffen – den heiligen Martin auf dem Pferde. So erfüllt war er von seiner

Freude, daß er gar nicht mehr daran dachte, was ihn eben noch so geplagt hatte: ob denn dieser Meister einer von denen sei, die es ablehnen, die Heiligen anzurufen – einer von den waldensischen Brüdern.

Sorgfältig rollte er das Pergament wieder zusammen, ging zurück von der Tür in den Rahmen zu dem Tisch, an dem der andere saß. Schweigend reichte er ihm die beiden Pergamentrollen, umfaßte mit einem Blick den Mann, der fragend zu ihm aufblickte.

„Du hast dir nur ein Blatt angesehen?"

„Da stand so viel drin, daß ich's mir noch lange überdenken muß. Sehe ich jetzt auch das zweite, ich fürchte, ich werd's nicht fassen."

„Und – wie findest du das eine?"

„Reimser, ich glaube, du wirst den Reiter meistern."

Der Mann auf der Bank vor dem ungefügen Tisch bewegte seine rechte Hand. Johannes wußte nicht, ob es Zustimmen oder Ablehnen bedeutete, auch aus dem Gesicht des Reimsers konnte er es nicht erkennen. Er setzte sich neben ihn und redete mit halblauter Stimme, als sei er im Gespräch mit sich selbst befangen: „Der Kaiser müßte das sehen. Wenn er nach Mainz kommt – dann müßte er in den Dom gehen, aufmerksam werden und beim Lettner im Westen vor dem Chor stehenbleiben. ‚Wer ist der Meister dieser Figuren?' wird er fragen und sich im Raume umschauen. ‚Ich will ihn sprechen!' wird er befehlen, und –"

„Was träumst du von dem Kaiser", unterbrach ihn der Reimser, „der Kaiser ist ein großer Mann und hat wenig Zeit."

„Wer diese Figuren sehen wird, der muß die Zeit haben, auch mit dem Meister zu sprechen." Der Alte wollte sich von der ihm liebgewordenen Vorstellung nicht trennen.

„Du meinst, Johannes, der Entwurf ist gut?" fragte der Reimser.

„Ich weiß es!" antwortete der, und mit der Beharrlichkeit eines Mannes, der in einem langen Leben stetig Stein um

Stein der gleichen Sache zugetragen hat, wiederholte er: „Der Kaiser muß das sehen!"

„Das ist mir das Wichtigste nicht – weißt du, Johannes, dieser Kaiser wird sicher nur ein einziges Mal hierher nach Mainz reisen, und es wird auf eins herauskommen, ob er den Lettner sieht oder nicht. An andere denke ich, die jeden Tag in den Dom gehen werden, ob es vor denen Bestand haben wird."

„Wen meinst du, Reimser?"

„Du hast vorhin von ihnen gesprochen, weißt du, Johannes, von den einfachen Leuten in der Stadt – und vielleicht, Johannes, wird einmal einer von den Brüdern kommen."

Mit großen Augen sah der Alte auf den Meister. „Gelten dir denn die Brüder mehr als der Kaiser?" Er sagte das „die Brüder" scheu, als wären es fremde, ungewohnte Worte.

Der Reimser antwortete ihm nicht. Er hätte ihm auch ein „bah" ins Gesicht sagen können, wie damals der Meister Matthias, als der Alte nach dem Sinn der Reichsversammlung gefragt hatte. Aber der Alte war ihm mehr wert als ein „bah". Darum schwieg er.

DER KAPLAN

Kaplan Antonius saß im Turmstübchen der Burg Theres und spitzte sich eine Reihe von Federkielen. Die Öllampe, die er sich noch aus Mainz mitgebracht hatte, brannte trübe. Es würde heute ein langes Schreiben werden: so beschloß er, noch ein zweites Licht dazuzusetzen. Er lächelte breit vor sich hin, während er die andere Lampe zurechtrückte. Einen merkwürdigen Auftrag hatte er da vom Erzbischof Sifrid übernommen. Gar nicht recht war es ihm gewesen, als er vor einigen Monaten den Hinweis bekam, er solle sich auf der alten Burg Theres einfinden. Dort sei ein Gast des Erzbischofs eingetroffen. Seine Aufgabe solle es sein, diesem Gast die Messe zu lesen und die Beichte abzunehmen. Wie schön erschienen ihm bei dieser Aussicht, einsame Tage auf einer abgelegenen Burg verbringen zu müssen, die Jahre in der Stadt, seit Sifrid auf dem erzbischöflichen Stuhl in Mainz saß. Gleich in den ersten Tagen hatte er ihn beauftragt, eine Lebensbeschreibung über ihn aufs Pergament zu bringen. Alle Vorrechte, die ihm dieses Amt einräumte, wußte er sich im Mainzer Leben zu verschaffen. Er brauchte niemandem außer dem Erzbischof über seinen Tageslauf Rechenschaft abzulegen. Und der Erzbischof fragte nicht danach. Niemanden also gab es, der ihm etwas nachreden konnte, wo er seine Abende verbrächte. Einmal traf ihn ein Franziskaner, gerade als er seine Hand auf dem Schoße einer schönen Bürgersfrau aus dem Hause der Meingotts liegen hatte. Und der Franziskaner bekam aus der erzbischöflichen Kanzlei einen Verweis für seine Anzeige: Wenn der Kaplan Antonius einer Frau seine Hand auf den Schoß legt, dann geschieht es nur darum, diese Frau zu segnen.

Gewiß, es galt als eine besondere Auszeichnung, daß der Erzbischof ihm das Vertrauen bewies und ihn zu einer so bedeutsamen Mission auf die Burg Theres schickte. Beim Abschied hatte er ihm noch einmal dringend nahegelegt, wie wichtig es ihm sei, genau Bescheid zu wissen, womit sich der Gast den Tag über beschäftigt, welche Leute er spricht, welche Bediente er mitbringt, was er beichtet, ob er regelmäßig die Messe besucht und dergleichen mehr. Unerfreulich schien dem Kaplan Antonius dieser Auftrag. Tag für Tag mit einem Fremden zusammen zu sein, sein albernes Geschwätz zu hören, die Mühe der Beichte auf sich zu nehmen und für all das auf die Mainzer Freuden verzichten zu müssen. Wenn er allein an seine Bücher dachte, die er im Domkapitel zurücklassen müßte, Bücher, die außer dem Vorleser und einigen Kapitelbrüdern nur noch er einsehen durfte. Mürrisch hatte er sich auf den Weg zu der Burg gemacht – und wie war er erstaunt, als er das erstemal diesem Gast des Erzbischofs gegenüberstand. Weggewischt war sein Unmut – ja, er konnte sich nicht einmal mehr erinnern, daß er eben noch irgendwelchen Büchern oder sonstigen Unterhaltungen in Mainz nachgetrauert hatte. Für diese Fürstin, die Frau Gertrude, hätte er mit Freuden einen weit größeren Verzicht an Annehmlichkeiten auf sich genommen. Mit der Zunge fuhr er sich über die Lippen – diese Frau würde er täglich beichten hören. Sie würde keinen Schritt tun können, ohne daß er darum wußte, sie würde kein Wort aussprechen, das er nicht erfuhr – und er würde bald jeden ihrer Gedanken kennen. Tag und Nacht würde er um sie sein – und sie sollte nicht einmal ahnen, wie er sie beobachtete. Denn größte Vorsicht und strengstes Stillschweigen hatte ihm der Erzbischof auferlegt. Sein Gast sollte nicht belästigt oder durch irgendeine Zudringlichkeit verstimmt werden.

Kaplan Antonius war das erstemal in seinem Leben dem Erzbischof wirklich dankbar. Und bescheiden und zurückhaltend las er die Messe. Schweigend hörte er ihre Beichte, und mit geschmeidiger Stimme erteilte er Absolution. Sonst war er unsichtbar für die Fürstin. Das einzige, was sie von dem stillen Kaplan Antonius wußte, war, daß er Abend für Abend oben im Turmstübchen beim Lampenlicht saß und das Leben des Erzbischofs Sifrid beschrieb. Nicht wußte sie, daß er auch jeden Abend sorgfältig in das Pergament eintrug, womit sie ihre Zeit verbrachte. Und sie wußte auch nicht, daß der Kapitelbruder, der regelmäßig mit einem Pferdekarren aus Mainz mit neuen Lebensmitteln kam, auf dem Rückweg diese Berichte für den Erzbischof mitnahm.

Kaplan Antonius stand noch einmal von seinem Schreibpult auf, schloß den Fensterladen. Draußen zwischen den alten Bäumen am Berghang schrie ein Käuzchen. Das störte ihn. Er ging zurück zu seinem Pult, setzte sich, nahm einen Gänsekiel und Pergament und schrieb:

„Die Fürstin wünschte heute morgen zu baden. Ich hörte

es aus dem Geschrei der keifenden Mägde, die unter ihrem mir so widerlichen Gelächter – weil ihre Stimmen so gewöhnlich klingen – in der Küche Feuer unter den großen Wasserkessel legten. Ich hörte auch, wie sie im Vorraum zum Frauengemach den breiten Holzzuber aufstellten. Dabei lachten diese nichtsnutzigen Weiber immer noch. Dann liefen zweie in den Burggarten, um Rosen zu schneiden. Ich weiß, sie legen die Blütenblätter auf die Oberfläche des Wassers, daß diese während des Bades die Blöße der Herrin verhüllen mögen. Gesehen habe ich es nicht – ich lag zu dieser Zeit auf meinen Knien in der Kapelle zur Andacht."

Ärgerlich blickte Kaplan Antonius von seiner Schreibarbeit auf. Sogar durch den geschlossenen Fensterladen kam das Geschrei des Käuzchens so aufdringlich krächzend herein und störte seine Gedanken. Er horchte und wartete, ob der Vogel nicht endlich davonflöge. Als er die Feder wieder aufnahm, fing er einen neuen Abschnitt an. Er unterließ es, den vorhergegangenen um einen Zusatz zu ergänzen: Die Kapelle lag gegenüber dem Grund der Burg etwas erhöht. So konnte man, wenn man sich am Altar vom Gebet erhob und nach dem Westen wandte, durch das kleine runde Fenster über der Tür ohne Mühe in diesen Vorraum der Burg blicken. Und wenn die nachlässigen Mägde nicht die Fensterläden heranzogen – –. Wer wollte sich wundern, daß es Morgenstunden gab, in denen der fromme Kaplan Antonius seine einsamen frühen Andachten über die gewöhnliche Länge ausdehnte?

„Ich wunderte mich, daß die Herrin heute eine Stunde früher als üblich bei mir nachfragen ließ, ob ich ihr die Morgenandacht lesen wollte. Sie mußte wohl die Zeit für das Frühstück nach dem Bade abgekürzt haben. ‚Ich will hernach auf Mainz reiten und bitte Euch mitzukommen, wenn es Eure Zeit erlaubt', redete sie mich mit ihrem liebenswürdigsten Lächeln an. Sie konnte mit ruhigem Gewissen so unnahbar fürstlich lächeln, denn sie wußte nicht,

was alles ich an ihr zwischen Kehle und Fuß beschaut –."
Mit groben Strichen fuhr Kaplan Antonius über den letzten Satz, daß er unleserlich wurde. „Antonius", sagte er dabei laut vor sich hin, „nimm dich zusammen, Antonius, der Sifrid könnte dich für einen lächerlichen, lüsternen Kerl halten, wenn er das liest. Achte auf deine Hand, Antonius, und auf deine Augen." Er hatte es sich angewöhnt, sich selbst laut zur Ordnung zu rufen. Statt des ausgestrichenen Satzes schrieb er: „... denn sie wußte, wie wohl gebunden und gekleidet sie ihre Mägde hatten. Mich aber kümmert nicht der Glanz ihrer kostbaren Gewänder –. Auf dem Ritt von der Burg nach Mainz geschah nichts Besonderes – nur einige Bettler, dem Augenschein nach abgerissene Krieger mit zerschlagenen Gliedern, baten uns um Almosen. Die Fürstin trug nichts bei sich, was sie geben konnte – oder wollte. Ich fand in meiner Kutte einige kleine Scheidemünzen und warf sie ihnen nach. Sie plauderte lässig mit den fünf Damen ihrer Begleitung über nichtssagende Dinge, die es aufzuschreiben nicht lohnt. Als wir gegen Mittag in die Stadt gelangten, hielt ich es für angebracht, sie darauf hinzuweisen, daß der Erzbischof es gewiß gern sähe, wenn sie an seiner Tafel speise. Sie nahm jedoch nur einen kleinen Imbiß zu sich, den sie sich in einem der unteren Räume des Palastes reichen ließ, ohne sich beim Herrn Sifrid anzusagen. Hier erst, beim flüchtigen Mahle, teilte sie mir den Grund des Rittes nach der Stadt mit: sie wünschte die neuen Arbeiten im Dom zu sehen. Und sie war sehr in Eile, daß sie noch bei Tageslicht wieder nach Theres käme. Anfangs führte ich darauf ihre leichte Unstetigkeit und ihre mir ungewöhnlich zerfahren erscheinenden Bewegungen zurück. Aber der Tag belehrte mich eines anderen. – Es ist doch ein mächtiges Steinhaus, das sie da zu Ehren Gottes in der Stadt aufgebaut haben; wie lieblich grüßt seine Fassade zum Rhein hin. Und wenn ich's recht bedenke, so will mir unser Dom als einer der prächtigsten weithin erscheinen. – Die Fürstin ließ sorgen, daß unsere Pferde im

Stalle des erzbischöflichen Palastes stehenblieben. So gingen wir, die Herrin, ihre fünf Frauen und ich, der Kaplan, langsam durch die Straßen der Stadt zum Domplatz. Ich hörte die Leute tuscheln und sah sie gaffen – ich weiß aber nicht recht, was die Leute hier in der Stadt für eine Meinung über die hohe Frau haben. Mir scheint, trotz ihrer Schönheit, an der sich wohl mancher nicht satt zu schauen vermöchte, ist sie nicht so beliebt, wie sie es sein könnte. Mag sein, die Mainzer kümmern sich nicht so besonders viel um Fürstenhuld – immer noch steckt wohl der aufrührerische Geist in ihren Knochen, mit dem ihre Großväter sich sogar gegen ihren Erzbischof Arnold stellten." Der Schreiber hielt inne, überlas den letzten Satz. „Antonius", tadelte er sich selbst, „was soll das, du weißt doch genau, davon will der Sifrid nichts hören. Er will sich selber und alle anderen glauben machen, daß kein Mensch mehr an diese Geschichte denkt. Da mußt du mitmachen, Antonius, wenn du Kaplan bei ihm bleiben willst. Wenn er betrogen werden will, dann betrüge ihn also." Er strich auch den letzten Satz aus, schrieb weiter: „Ich glaube aber, es liegt ihr selbst nicht viel daran, von den geringen Leuten herzlich bewillkommt zu werden. Es ist ja auch ein zu niedrig Ding – das gemeine Volk. Heute aber ging sie doch mitten unter die Leute, sogar unter solche, die als die maulfertigsten und handgreiflichsten unter ihnen bekannt sind: die Bauleute. Und ich weiß nicht, ich weiß nicht, mich dünkt es bald, es sei ihr mehr daran gelegen, mit diesen Steinmetzen zu sprechen als den Dom zu besichtigen. Nachdem sie in stummer Andacht vor dem Altar und den Bildern unserer Heiligen gestanden hatte, wandte sie sich, ohne auf anderes zu achten, zum Westchor. Sie lief, fast schien es mir zu eilig, durch das Mittelschiff. Ihre Frauen vermochten nicht, ihr so schnell zu folgen. Auch ließen sie ihre Blicke überall im Raume umherschweifen, über all die Kostbarkeiten, die goldenen geweihten Gefäße mit Reliquien, die Schnitzereien, daß sie ihrer Herrin wenig achthatten. In geziemender Entfernung folgte ich ihr. Sie rief mich etwas zögernd, sie wußte nicht recht, wie sie diese Steinmetze ansprechen sollte. Fünf oder sechs Männer werkten mit ihren Arbeitsgeräten am Mainsandstein, ihn für den Lettner zurechtzuschlagen. Nicht einer unterbrach seine Arbeit, nicht einer blickte zu uns herüber; und das schien die Fürstin zu verärgern. Einen Alten sah ich, der durch das Seitentor hereintrat, einige Steine zutrug. ‚He, du!‘ rief ich ihn an, ‚die Fürstin von Babenberg ist so gütig, sich um den Fortgang der Arbeiten am Lettner zu bekümmern! Weise uns doch den Meister, daß er uns das Nötige erkläre!‘ Der Alte nickte, brachte die Steine an ihren Ort, kehrte zu uns zurück, sah der Fürstin ins Gesicht und sagte zu mir Worte, deren Sinn ich nicht begriff: ‚So ist sie also doch gekommen!‘ Und er wandte sich an die Frau Gertrude: ‚Ich will sehen, ob er sich die Zeit nimmt –.‘

‚Ob er sich die Zeit nimmt!‘ fuhr ich auf. ‚Wie großartig, was für ein bedeutender Mann – ob er sich die Zeit nimmt! Er kann sich freuen, daß wir uns die Zeit nehmen, seine Arbeiten anzusehen!‘ Doch der Alte war schon gegangen, ohne auf mein Reden zu achten. Ich sah mich nach der Fürstin um, aber sie schien mir gar nicht aufgebracht. Im Gegenteil, sie lächelte. Ich gab mir redliche Mühe, nachzudenken, worüber sie wohl bei allen Heiligen lächeln möge, aber ich fand nichts. Die Zeit, bis endlich einer dieser Steinmetzen kam, den sie hier Meister oder einfach Reimser nennen, kam mir ungebührlich lang vor. Ich sagte etwas darüber, aber auch jetzt wunderte sich die Fürstin eher über meine Ungeduld als über das unverschämte Säumen dieser Steinmetzen. Ich schätze den Mann, der an der Seite des Alten auf uns zukam, etwa an die vierzig Jahre. Neugierig war ich, wie dieser Mann die Fürstin begrüßen würde. Bevor er jedoch zeigen konnte, ob er in höfischen Bräuchen erfahren sei, nahm ihm der Alte eine der Pergamentrollen, die er mitgebracht hatte, aus der Hand. Der Alte achtete nicht auf das ärgerliche Gesicht des Meisters und auch nicht auf das verwunderte Lächeln der Frau. ‚Hier!‘ rief er und hielt ihr das Pergament drängend hin, ‚hier seht's Euch an, da steht's drin, wie er arbeitet!' Sie zögerte zu nehmen, sah fragend zu dem Meister; doch der hatte seine Augen zu Boden gerichtet. Wie ein ungeschickter Bube stand er da, unfähig zu sprechen. Wird mit seiner Arbeit nicht weit her sein, überlegte ich mir, als ich ihn so erbärmlich verlegen fand. Wie aber erstaunte ich, als ich der Fürstin über die Schulter in das Pergament sah, das sie inzwischen mit ihren zierlichen Fingern aufgerollt hatte. Hier waren mit einer bewundernswerten Fertigkeit Menschen entworfen, wie ich sie aufgezeichnet noch nie zuvor in dieser Vollkommenheit gesehen hatte. Und welch ein Griff mit den Fingern muß dazu gehören, derartige Figuren in Stein zu bringen! Wenn dieser Mann, der noch immer nicht seinen Blick hob, das wahrhaftig selbst auf das Pergament gebracht hat und wenn er der Steinmetz ist, der das auch in den Stein übertragen kann, dann muß er wohl ein kunstfertiger Meister sein – dann könnte er doch ebenso stolz sein wie ein Fürst. Und im Grunde ärgerte ich mich über die bescheidene Haltung, die er der Babenbergerin gegenüber einnahm. Hat er denn so große Ehrfurcht vor Namen? Ich ließ mir von dem Alten das andere Pergament geben und verglich es mit dem, das die Fürstin aus der Hand legte: Den Seligen stellt er die Verdammten gegenüber, wie am Jüngsten Tage Gericht über sie gesprochen worden ist. Ich erkundete eingehend, was für Leute er hier in diesen Entwurf gebracht und wie er sie aufgefaßt hat. Ich muß bekennen, das Betrachten dieser beiden Blätter fesselte mich so, daß ich nicht aufmerkte, was die Fürstin mit dem Meister sprach.

Auch bei den Verdammten stellt er vier Personen in den Vordergrund – das aber sind alles einfache, kleine Leute: Hörige, Knechte, Huren. Eine schwere Eisenkette mit groben Gliedern drückt sie alle in ihrer Verdammnis zusammen. Bei den Seligen lacht das fröhliche Kind über der Giebelschräge – hier, bei den Verdammten, senkt ein heulender Bube sein Gesicht über die linke Hand und wischt sich die Tränen aus. Mit der anderen Hand hält er das Ende der Kette. Die bloßen Füße schauen unter dem Hemd hervor. So traurig, so mutlos, so verloren hockt der kleine Körper da, daß ich mir verstohlen über die Augen fahren mußte. Und neben dem Kleinen krümmt ein Kerl, der wie ein unseliger Knecht aussieht, seinen Rücken. Zweimal ist die Kette um seinen Leib geschlungen – doppelt hat er sich in seinen Sünden verstrickt. Beide Hände schlingt er ineinander und ringt sie in namenlosem Grauen. Der große Schrecken steht in seinem Gesicht. Und ich fragte mich, woher der Meister um so einen entsetzlichen Schrecken weiß. Der breite Mund des Knechts ist qualvoll verzerrt, die schräggestellten Augen sind zusammengekniffen, als könnten sie dieses Übermaß an Grauen nicht mehr ertragen. Und wo drüben bei den Seligen der König steht, da hat der Meister bei den Verdammten eine Frau hingestellt – die einzige Frau im Vordergrund. Nur aus der zweiten Reihe der Verdammten lugt noch ein anderer Frauenkopf mit einem Witwenschleier über dem vollen Gesicht hervor. Merkwürdig, überlegte ich mir, dieser Mann, der da die Entwürfe aufzeichnete, sucht die Frauen zuerst bei den Verdammten. Und ich sah mir die Frau genau an, wie er sie zeigte: Ein gewöhnliches Bürgerweib – und offenbar eine von den Schlimmsten, eine, die ihren Leib dem und jenem, der gerade Lust daran hat, bietet. Und augenscheinlich fährt sie nicht schlecht dabei, denn sie trägt ein hübsches und auch wertvolles Schapel über ihrem Gebände. Das fiel mir auf: Bei allem Schmerz über die Verdammnis will sie doch noch ihren Körper gefällig wirken lassen; wie reizvoll und zierlich sie das rechte Bein leicht vorsetzt, so daß das Gewand die Formen von Knie und Schenkel eher betont als verhüllt. Weiß der Teufel, dieser Meister versteht sich darauf, durch Gewänder zu sehen. Auch diese gefällige Frau ringt erbärmlich die Hände; jedoch nicht so wie der Knecht hinter ihr, der seine Arme dabei weit von sich streckt; hübsch zierlich hält sie ihre Hände vor die wohlgeschnürte Brust. Trotz ihres großen Kummers neigt sie das schon zum Weinen verzogene Gesicht anmutig, immer noch darauf bedacht, zu gefallen. Tiefe Ringe zeichnen sich unter ihren Augen ab, und auch im Schmerz sind ihre Augen groß und schön. In ihrem Mund ist ihr ganzer Kummer einbeschlossen: daß nicht einmal ihre Schönheit ihr beim Letzten Gericht geholfen hat. Verdammt. Gerade darum verdammt. Und den ersten in der Reihe der Verstoßenen sah ich mir an. Bei den Seligen steht dort ein Bischof – hier ist es ein Höriger. Er trägt als einziger den kurzgeschnittenen Arbeitsrock, der ihm die Beine frei läßt. Drüben bei den Herren unter den Seligen, da reichen die Gewänder bis auf den Boden oder mindestens bis zu den Knöcheln an den Füßen. Weit und angstvoll reißt der Hörige seine Augen auf, scheu und furchtsam wendet er sich noch einmal etwas um, ob es nicht doch noch eine Rettung für ihn gibt. Auch ihm ist die schwere Eisenkette um den Leib gelegt. Mit der linken Hand faßt er sich ins Gesicht, hält sein Kinn und legt die Finger über den Mund, daß er nicht aufschreie vor Furcht. Ein geschlagener Mann, dieser Hörige. Und aus der hinteren Reihe der Verdammten sieht hinter dem Knecht ein alter Mann mit dichtem Bart um Backen und Kinn hervor. Offenbar ein Jude, denn er muß die Mütze mit dem dicken Knopf tragen, daß man ihn sogleich erkenne. Und der Meister gibt ihm ein auch im Schmerze gemäßigtes Gesicht, mit der Weisheit des Alters versehen, mit fast schönen, regelmäßigen Zügen. Und auch seine Augen, die jetzt vor Angst geweitet sind, erscheinen als die eines ruhigen und gütigen Greises. Ich wunderte mich, wie der zu den Verdammten gelangte, hat er doch das Aussehen eines freundlichen Menschen – sollte etwa der Meister mit dem Herzen bei ihm sein? Ei je, dann stände er ja auf der Seite der Verdammten, bei den Hörigen, den Knechten, den Huren, den Juden. Und doch erschien mir das als ein recht abwegiger Einfall, denn die Auswahl der Verdammten des Reimsers war richtig, so, wie sie vorgeschrieben wurde: Die gemeinen Leute sind auch die verdammten Leute – vor dem Gericht und nach dem Gericht. Und ich fand außer dem vielleicht etwas zu freundlich geratenen Juden nichts gegen die Ordnung.

Ich merkte erst wieder auf die Reden der anderen, als ich die beiden Pergamente zusammenrollte und sie dem Alten zurückgab. Ob denn der Meister wohl für die kleine Kapelle droben auf Burg Theres eine Heiligenfigur meißeln könne, fragte ihn die Fürstin. Erstaunt sah der Alte auf. Der Meister schwieg. Na, dachte ich, ist der denn immer noch so ein Tölpel, daß er so wenig spricht? Mit einem schweren, langen Blick sah er sie an. Dann schüttelte er sachte und kaum merklich bedauernd seinen Kopf. ‚Ich schicke Euch gern einen Steinmetzen mit einem Entwurf auf die Burg. Verzeiht mir, wenn ich nicht selbst kommen kann, aber ich – möchte meine Arbeiten hier in Mainz nicht unterbrechen. Der Herr Erzbischof wünscht bald die Relieftafeln im Stein hier am Lettner zu sehen.' Die Fürstin biß sich vor Ärger auf die Lippen, eine Blutwelle stieg ihr jäh ins Gesicht. Sie winkte ihren fünf Frauen, bedeutete mir mit einer Handbewegung, daß sie zu gehen wünsche, raffte ihren Mantel, daß sie schneller ausschreiten konnte, und verließ, ohne sich noch einmal umzuschauen, den Dom. Jetzt verlangte sie, beim Herrn Erzbischof gemeldet zu werden, jetzt wollte sie mit ihm zusammen speisen.

Als wir uns auf dem Heimritt befanden, lächelte sie. Und ohne besondere Betonung sagte sie mir, daß aus der Kanzlei des Erzbischofs an den Meister des Jüngsten Gerichts vom Westlettner ein Auftrag ergehen wird, er solle für die Kapelle der Burg Theres eine Bildgruppe in Stein meißeln. Während wir auf die Anhöhe ritten, mußte ich darüber nachdenken, warum der Fürstin mit einem Male soviel an der Kunst liegt. Kurz vor dem Burgtor riß sie mich mit einer Frage aus meinen Gedanken.

‚Habe ich recht gesehen, daß der Meister bei den vorderen

Figuren auf den Entwürfen nur eine Frau eingezeichnet hat?'

‚Ja', bestätigte ich ihr eilig, und ich konnte mir nicht anders helfen, ich mußte hinzusetzen: ‚Sie steht bei den Verdammten.'

Mit einem raschen, verweisenden Seitenblick sah sie mich an. Sie hatte mich verstanden."

Kaplan Antonius rollte das Pergament zusammen. Er schob den Fensterladen wieder beiseite, horchte hinaus in die Nacht. Das Käuzchen schien weggeflogen zu sein.

MEISSEL ODER SCHWERT

Pechfackeln steckten in den Mauerritzen der Steinhütte am Bauplatz vor dem Mainzer Dom. Die Steinmetzen waren längst nach Hause gegangen, die Meister, die Gesellen, die Zuträger. Dunkel lag der mächtige Bau des Domes, verlassen und still. Die am Tage hier werkten, streckten sich jetzt zur Ruhe, in den Hütten der Stadt bei ihren Frauen und draußen in den Dörfern auf ihren Lagern von Laub und Stroh. Eine graue Katze strich über den weiten Domplatz, vorüber an dem breiten Westportal. Mauzend rannte sie nach dem Lichtschein der Bauhütte, gelangte in den Raum, setzte mit einem Sprung auf den Tisch, holte den Käse herunter, der dort zum Nachtmahl bereitstand, und lief, die Beute im Maul, wieder davon, hinaus in die Nacht. Der Mann, der in der Hütte arbeitete, merkte nichts davon. Prüfend fuhr er mit dem Finger über den Stein; der Faltenwurf um das Knie der Frau unter den Verdammten schien ihm noch nicht gelungen. Wieder setzte er den Meißel an, schabte, schlug und glättete. Seine Mitarbeiter hatte er längst weggeschickt, und endlich auch den alten Johannes. Er wollte niemanden mehr um sich sehen. Drei- oder viermal hatte ihn der Alte gefragt, warum er es denn ablehnte, auf die Burg zu gehen und dort zum Gefallen der Fürstin ein Steinbild zu schaffen. Und drei- oder viermal hatte er ihm nicht geantwortet. Er wollte ja das Angebot gar nicht ausschlagen – aber da stand der Kaplan und sah ihn abschätzend und aufmerksam an, da warteten die fünf begleitenden Frauen mit neugierigen Augen auf seine Worte, da gab ihm der alte Johannes einen aufmunternden Stoß, da unterbrachen sogar die Steinmetzen am Lettner ihre Handreichungen und schauten zu ihm hinüber. Er konnte vor den Ohren der Fremden dieser Frau nichts sagen – nicht das Wort, das eine Wort, das ihn bewegte, seit er sie zum ersten Male sah: Herrin! Er fürchtete, den Spott in den Augen der Fürstin zu lesen. Ja, wenn er ein Ritter wäre, dann könnte er sich wohl das Recht anmaßen, sie Herrin zu nennen, seine Herrin! Und er könnte ihr seine Dienste antragen, daß sie über ihn gebiete. Und es wäre wohl nicht vermessen, auf Belohnung zu hoffen, wenn er ihr geduldig dienen würde. Aber er war nur ein Steinmetz und trug kein Schwert – und er würde auch nie eins tragen, und er würde nie in seinem Leben sich durch ritterliche Taten auszeichnen. Er würde nur mit seinem Meißel Formen in den Stein graben – niemals würde er mit einem Schwert Wunden schlagen, die irgendein Sänger lobend besingen könnte. Und was, er sah im Geiste ihren Mund sich spöttisch zur Frage verziehen, soll ein Steinmetz vom Frauendienst verstehen? Was, so würde sie weiter fragen, weiß er von der Frau, wie Gott sie erschuf als Spiegel der Wonne dieser Welt? Weiß er denn höfisch und ritterlich davon zu singen? Solange er lebt, würde er um eine Welt von ihr getrennt bleiben. Er weiß nicht einmal, ob sie denn ihre Mägde anwies, sie sollten darauf achten, wenn er die Knie vor ihr beuge, ob es auch in der vorgeschriebenen Form geschehe oder ob er etwa seine Füße ungeschickt stelle.

Mit dem Daumen fuhr der Reimser die Mundlinien der Frau unter den Verdammten nach, noch immer schienen ihm die Lippen nicht ausreichend geglättet. Er griff nach dem

Meißel und führte ihn mit leichter Hand über den Stein. Die Pechfackeln fingen an zu blaken, er setzte neue ein und trat die glimmenden Enden am Boden aus, daß der letzte glühende Funke verlöschte. Die Tür stand noch offen, und der Nachtwind strich herein, vom Flusse her klang das Glucksen des Wassers am Ufer. Antworten möchte er ihr: Ich weiß nichts von der höfischen Minne, die Euch die Spitze eines Schwertes weihen kann – aber seit ich Euch sah, bin ich krank – ich kann nicht schlafen, und ich habe keine Lust am Essen und Trinken – alles, alles gehorcht mir nicht mehr – die Sinne – das Herz – der Leib – und ich bin traurig und müde. Und das Sehnen zehrt – schlimmer als Sucht und Fieber – und es ist dennoch kein Leid – sondern unsagbar schön – Herrin – –. Und vor aller Augen verneigte er sich im Dome vor ihr und bedauerte mit nichtssagenden Worten, daß er ihren Auftrag nicht ausführen könne; es sei nötig, für den Herrn Erzbischof ohne Zeitverlust zu arbeiten. – Was sollte er denn auf der Burg Theres? Zusehen, wie Ritter bei ihr als Gäste weilten?

Am späten Abend kam ein Bote von der erzbischöflichen Kanzlei vor die Bauhütte. Suchend sah er sich um. Aber es war niemand mehr da, an den er sich um eine Auskunft hätte wenden können. Er mußte das Werken in der Hütte gehört haben, denn als der Mann bei seinem Relief sich umsah, stand der Bote mitten im Raum.

„Ich suche den Meister vom Westlettner."

„Der bin ich – was gibt's?"

„Dann bin ich recht. Ich komme mit einer Botschaft aus der erzbischöflichen Kanzlei!"

„Laßt hören", sagte der Meister müde und war nicht im mindesten begierig, die Nachricht zu erfahren. Sonst wurde er vom Erzbischof gerufen, über seine Arbeit zu berichten, aber seit dem Vorfall mit dem Marburger vor Monaten erhielt er keine Aufforderung mehr zum Besuch im erzbischöflichen Palast. So ungewöhnlich das Erscheinen des Boten zur Stunde auch war, so wenig gelegen kam er ihm.

„Ihr sollt Euch noch in diesem Monat auf Burg Theres einfinden und dort künstlerische Arbeit verrichten, über die Ihr an Ort und Stelle erfahren werdet. Ihr mögt jedoch Sorge tragen, daß das Werk am Lettner nicht in Verzug gerate. Soweit mein Auftrag. Gott zum Gruß!"

Der Meister sah ihm nach, hätte ihn gern noch einmal zurückgerufen: Halt doch! War denn das dein ganzer Auftrag? Du sagst, du kommst aus der Kanzlei? Wer will, daß ich auf die Burg gehe, der Erzbischof? Was soll dem daran liegen, daß ich meine Arbeiten hier am Dom unterbreche? – Die Fürstin? Habe ich die Frau durch meine Absage nicht so beleidigt, daß sie mir nicht einmal ein „Gott zum Gruß" zum Abschied sagte?

Und doch – je länger er nachdachte, desto sicherer wurde er in seinem Inneren: Wer anders als die Fürstin sollte ihn nach der Burg holen? Er nahm den Meißel nicht wieder zur Hand, setzte sich auf die Bank vor den Tisch und sann über diese merkwürdige Botschaft nach, sprang wieder auf, durchmaß in weiten Schritten den Raum, daß die Fackeln aufflackerten, stellte sich an die Tür und sah hinaus zum nachtdunklen Dom. In wenigen Tagen also würde er die Frau wiedersehen, die er aus seinen Gedanken nicht mehr lösen konnte. Sie selbst hatte ihn gerufen, und sie war auch zu ihm in den Dom gekommen. Sie hatte also seinen Blick damals beim Erzbischof verstanden, und sie hielt es der Mühe wert, sich nach dem Mann umzusehen, der ihr mit seinen Blicken sagte, daß er ihre Augen schöner fand als ihr kostbares Kleid. Sie selbst forderte ihn auf, ihr zu Diensten zu stehen. Er lächelte über seinen müden Unmut, mit dem er bedauert hatte, kein Ritter zu sein. Hoho, laßt sehen! Was soll ein Ritter gelten? Nicht mehr als einen Lanzenstich – nicht mehr als einen Schwerthieb. Mit dem Meißel gilt es zu beweisen, was ein Steinmetz dagegensetzen kann! Er breitete beide Arme weit aus, atmete die warme Nachtluft tief ein. Er war nicht mehr müde. Zurück ging er zu seiner Arbeit, zum Relief der Verdammten beim Jüngsten Gericht.

Prüfend besah er den Stein. Ja, die Gestalten in der vorderen Reihe traten fast wie Freifiguren abgerundet hervor. Anders, als die Meister in seiner Lehrzeit in Amiens ihm die Arbeit am Relief wiesen, verstand er jetzt den Stein zu behauen, körperlicher wurde er unter seiner Hand. Nicht umsonst hatte er lange Jahre nach Amiens seinen Lehrmeistern in Reims auf die Finger gesehen.

EIN ZUDRINGLICHER ALTER

August 1235

Mainz glich einem Heerlager. Und noch immer kamen neue bewaffnete Reiter herbei. Sie fanden in der Stadt kein Quartier mehr. Zelte wurden vor den Toren der Stadt aufgeschlagen. Weithin auf den abgeernteten Feldern leuchteten bunte Fahnen. Die Menschen drängten sich zu der Gasse, die zwischen den Zelten frei gelassen war. Jeder wollte viel sehen, möglichst viel. Die Gesandten aus Spanien waren bereits dort entlanggeritten. Jetzt sprengten Reiter aus Sizilien durch die Gasse. Die Hufe ihrer kleinen, schnellen Pferde wirbelten Staub auf. Den Allzuneugierigen flogen Erdklumpen ins Gesicht. Sie hatten noch nicht einen Satz zu Ende geflucht, schon hatten sie über dem Neuen das es zu sehen gab, ihren Ärger vergessen. Reiter aus der Provence nahten; stolz, langsam und gemessen ließen sie ihre Pferde im Schritt gehen. Posaunenklänge schallten über das weite Zeltlager vor den Toren von Mainz. Das Stimmengewirr ebbte ab, die Männer reckten die Hälse, jeder wollte in die Gasse zwischen den Zelten sehen. Auf der sonnenheißen Erde, die zur Straße getreten war, lagen noch Strohhalme und aus Ähren gefallene Körner. Die Bauern waren angewiesen worden, alle Felder rechtzeitig zu räumen, damit ihre Gesichter die Festgäste nicht stören sollten. Wieder klangen Posaunen auf, und jetzt ritten die so feierlich Angekündigten heran. An der Spitze des Zuges lenkten die drei rheinischen Erzbischöfe ihre Pferde langsam in die Gasse hinein, dann folgten die übrigen hohen geistlichen und weltlichen Würdenträger des Reichs. Dem Erzbischof von Köln und dem von Trier ritt Sifrid von Eppenstein um eine halbe Pferdelänge voraus. Der Stellvertreter des Papstes und Kanzler des Kaisers durfte niemanden auf gleicher Höhe mit seinem Pferde dulden. Er wendete nicht einen Blick zu den erwartungsvollen Menschen, die in dichten Scharen herbeigeeilt waren und zu beiden Seiten der Gasse zusammengedrängt standen. Wer von den Rittern genauer in das Gesicht des Mainzer Erzbischofs sah, konnte einen kaum versteckten verächtlichen Zug um seine Mundwinkel wahrnehmen und konnte auch erkennen, daß dieser Erzbischof mit seinen Sinnen sehr weit weg war von den erwartungsfrohen Menschen hier vor Mainz. Streng aufrecht saß er auf seinem weißen Zelter; mit großer Sorgfalt hatte er sich seinen erzbischöflichen Mantel aus Goldbrokat umlegen lassen, er hatte darauf geachtet, daß er ordentlich und gleichmäßig zu beiden Seiten herabfiel. Über die weißen Handschuhe mit den langen Stulpen hatte er an den Zeigefinger der rechten Hand den Goldreif mit dem Rubin gesteckt. Doch trotz seiner bewundernswerten Haltung war die wartende Menge enttäuscht. Die Ritter, die von weit her gekommen waren, zogen lange Gesichter. Mit einem leeren Lächeln ritt der Erzbischof vom Mainzer Stuhl an ihnen vorüber, als seien sie nichts anderes als solche Kornhalme, wie sie vor kurzem noch hier auf dem Felde gestanden hatten. Er rührte nicht eine Hand, sie zu segnen oder sie wenigstens zu grüßen. Was nützte es da, wenn der Kölner und der Trierer nach rechts und links mit freundlicher, huldreicher Geste winkten. Es war doch der rechte Segen nicht, denn der Stellvertreter des Papstes hatte sich nicht nach ihnen umgesehen.

Das schmale Gesicht der Fürstin Gertrude sah der Eppensteiner in Gedanken vor sich, wie sie ihn verwundert anschaute mit ihrem unnachahmlichen Lächeln, bei dem sie ihre Mundwinkel nur leicht verzog. „Ihr wollt wirklich zum Reichstag?“ fragte sie ihn, und sie wartete seine Antwort nicht ab. „Ihr habt allen Ernstes die Absicht, Euch mit Otto, dem Bayernherzog, an einen Tisch zu setzen? Mit einem Menschen, der von Euch gesagt hat: ‚Der Sifrid von Eppenstein ist immer nur ein halber Mann gewesen. Ein halber Mann beim Kaiser – ein halber Mann beim Papst.‘“ Daran erinnerte sie ihn, und sie setzte noch leise hinzu: „Es tut mir weh, Euch in dieser Gesellschaft zu wissen.“ Seine Einwände, der Kanzler dürfe bei einem Reichstag nicht fehlen, kamen ihm selbst nicht recht überzeugend vor. Es war schwer, das rechte Wort gegen dieses „Es tut mir weh“ zu finden. Und doch, wenn er sich überlegte, wie sie dann alle auf den Kaiser einflüstern werden, die Herzöge und die Bischöfe – und er selbst kann sein Wort nicht dazulegen; dann werden sie den Kaiser, der nach langem Aufenthalt in Italien sich in den deutschen Verhältnissen noch nicht recht auskennt, übel beraten. Sie werden über Dinge sprechen, die auch ihn, Sifrid, betreffen, und wenn er nicht dabei ist, werden sie seine Ansprüche übergehen. Lange hatte er auf die Gestalt der jungen Fürstin geschaut, wie sie da stolz und aufrecht und schlank und fordernd vor ihm stand, wie sie erwartete, er werde sich nicht zu den Feinden ihres Hauses setzen. Langsam nahm er ihre schmale weiße Hand und führte sie zum Kuß an seine Lippen. Und begütigend wie zu einem Kinde sprach er und glaubte, sich rechtfertigen zu müssen: „Es ist meine Pflicht, nicht zu fehlen, und meine Ehre verlangt es – und“, er richtete sich auf, ließ ihre Hand noch nicht frei, „Ihr werdet selbst sehen, am Festempfang, der den Reichstag beschließt, niemand wird an der Tafel sitzen, der sich vermessen kann, mich als seinesgleichen anzureden –“, und betont setzte er hinzu, „nicht einmal der Kaiser.“

Noch immer stand dieses Lächeln in den Mundwinkeln der Babenbergerin, liebenswürdig und zugleich unnahbar.

„Ich bedaure – ich werde an diesem Tage auf der Reise

zu den Gütern meines Oheims in Österreich sein." Und sie reichte ihm zum Abschied ihre Hand. Jäh trat er auf sie zu, betroffen von ihrem plötzlichen Entschluß. Woher nahm diese Frau den Stolz, ihn, den ersten Fürsten des Reichs, wie einen bedienten Burschen zu behandeln, mit dem sie launisch umspringen konnte. Er griff sie bei den Schultern, sah ihr in die Augen; sie wich ihm nicht aus.

„Ihr sollt nicht reisen!" rief er fast heftig. „Gerade jetzt dürft Ihr Mainz nicht verlassen! Wollt Ihr bei dem großen Fest fehlen? Wenn Ihr es wünscht, sollt Ihr neben dem Kaiser sitzen, zu seiner Linken, mir gegenüber! Es liegt an Euch, daß die Frauen alle Euch beneiden werden, wenn Ihr an der Ehrentafel Platz nehmt, schöner als die Isabella von England, die Frau, die der Kaiser sich vor einem Monat als drittes Weib ins Ehebett nahm! Alle, alle sollen die Knie vor Euch beugen, und Ihr, die Herrin, sollt über sie lächeln. Dieser Festtag soll Euer Tag sein!"

Und Gertrude von Babenberg reiste nicht. Sie bereitete sich auf Burg Theres für den großen Empfang vor, den der Kaiser auf den 22. des Augusts festgelegt hatte.

Daran dachte auch der Erzbischof, als er durch die Menge ritt: Er hatte Gertrude verschwiegen, was sein geheimer Bote ihm noch vom Hofe des Bayernherzogs Otto berichtet hatte. Im gleichen Kreise, vor dem Otto von ihm als dem halben Mann gesprochen, hatte er es erlaubt, daß ein Anverwandter von ihm sagte: „Erzbischof Sifrid, das Schwein!" Und der Bayer hatte sein Einverständnis mit Schweigen bekundet, hatte die hämischen Reden nicht abgewehrt.

Das bunte Bild der folgenden Bischöfe und Fürsten entschädigte die festlich gestimmten Ritter für ihre Enttäuschung um den Mainzer Erzbischof. Es fiel den Zuschauern schwer, zu entscheiden, wer kostbarer gekleidet sei, der Herzog von Österreich, der von Kärnten oder der von Lothringen. Mehr als siebzig hohe geistliche und weltliche Herren zogen auf ihren Pferden im langsamen Schritt aus dem erzbischöflichen Palast durch die Stadt hinaus auf die Festwiese. Vor dem Platz mit den aufgeschlagenen Holzbänken hielten sie an, stiegen ab. Burschen sprangen herbei und führten die Pferde weg. Unter höflichen Reden verteilten sich die Ersten des Reichs auf die im Halbkreis um einen erhöhten Sitz gruppierten Bänke. Und jeder achtete eifersüchtig darauf, daß bei der Platzverteilung nicht ein Übergriff in der Rangordnung geschehe, daß nicht etwa ein Markgraf zu nahe an einen Herzog rücke. Sie saßen steif, beengt durch ihre schweren Gewänder, und warteten. Nicht weit vor dem erhöhten Sitz für den Kaiser standen fünf gesonderte Bänke, die noch frei gehalten waren für die Beamten aus der nächsten Umgebung des Kaisers: für den Marschall, den Truchseß, den Kämmerer, den Schenken, den Küchenmeister. Aber kein Posaunenruf war zu hören, das Zeichen, daß der Kaiser aus dem Tor der Stadt reite. Die Männer wurden ungeduldig, sie steckten die Köpfe zusammen. Hatte Friedrich heute morgen nicht mit den Bischöfen und den Herzögen im Palast des Eppensteiners gespeist? Und war er nicht kurz nach diesen Herren mit seiner engsten Begleitung durch die Straßen von Mainz geritten, daß er dann auf dem Festplatz eintreffe, wenn alle Herren ihre Plätze eingenommen hatten? Die Unruhe wuchs. Gerüchte liefen durch die Zeltreihen, dem Kaiser sei etwas zugestoßen.

Kurz vor dem Stadttor gab es einen Zwischenfall. Der Marschall, der zusammen mit dem Truchseß vor der Leibwache des Kaisers ritt, wurde von einem alten Mann in einer abgeschabten Leinenjacke angehalten. Ja, so dreist war der Alte, daß er dem Pferd sogar in die Zügel griff, es zum Stehen zu bringen.

„Herr Marschall, Herr Marschall – ich bitte Euch, hört mich!"

Den lästigen Bittsteller rasch abzuschütteln, beugte sich der Marschall zu dem Manne, der ihn fordernd ansah.

„Herr Marschall, ich möchte gar so dringlich unsern

Herrn Kaiser sprechen! Sagt mir doch eine Stunde, wann ich zu ihm kann."

Abwehrend winkte der Marschall mit seiner rechten Hand im Lederhandschuh. „Das ist nicht möglich. Der Kaiser hat keine Zeit. Er verhandelt heute, morgen und übermorgen den ganzen Tag mit Fürsten und Rittern. Geht nach Hause, alter Mann. Haltet uns nicht auf!"

Der alte Johannes gab jedoch das Pferd nicht frei. „Herr Marschall, so hört doch! Ich will ja nichts für mich – der Kaiser soll sehen, was mein Meister ..."

Der Schenk, der Kämmerer und der Küchenmeister wurden aufmerksam, drängten ihre Pferde heran.

„Was will der Alte?"

„Er will den Kaiser sprechen!"

„Wenn da nun jeder Schuster käme!"

„Unerhört!"

„Ei, warum denn gar, wenn er Dringliches vorzutragen hat. Es ist doch sein gutes Recht!" Der Schenk war bekannt für seine freundliche Gemütlichkeit. Er stimmte dafür, der Alte sollte den Kaiser sprechen. Über den Kopf des Alten redeten die fünf Männer hoch zu Pferde hinweg. Sie gerieten in ihren Meinungen hart aneinander. Schließlich wurde der Schenk überstimmt. Währenddessen sah der alte Johannes mit heißem Gesicht von einem zum anderen. Was werden die fünf mächtigen Männer beschließen? Werden sie ihm die Erlaubnis geben, vor den Kaiser zu treten? Krampfhaft packte er noch immer die Zügel des Pferdes, als hinge eine bejahende Antwort davon ab, ob es ihm gelänge, das tänzelnde Pferd des Marschalls auf seinem Platz zu halten. Mainzer Bürger sammelten sich um die fünf Reiter und den Alten, neugierige Frauen mit Kindern auf ihren Armen, Handwerker in ihren leinenen Arbeitsschürzen. Die nachfolgenden Sarazenen der Leibwache des Kaisers stießen auf eine erregte Menschenmenge. Die Straße war verstopft. Der Kaiser hatte vor dem Betreten deutschen Bodens seinen Sarazenen den strengsten Befehl gegeben, unter gar keinen

Umständen die Waffe zum Angriff zu erheben; es sei denn, sie würden angegriffen. Nicht Blut fließen solle in den ersten Tagen seiner Wiederkunft. Stoße man irgendwo auf Schwierigkeiten, sei zu verhandeln. Dem Hauptmann der kaiserlichen Reiterschar trat der Schweiß unter seinem Helm auf die Stirn. Wie sollte er sich hier verhalten? Für eine derartige Gegebenheit war kein Befehl bekannt geworden. Die Menschen hier, die Mainzer Bürger, befanden sich ihnen ja nicht angreifend gegenüber. Sie drohten ihnen auch nicht, so daß kein Grund vorlag, die Waffe gegen sie zu erheben. Die Leute standen lediglich im Wege. Unmöglich konnte der Zug wenden, um mit dem Kaiser durch ein anderes Tor zu reiten. Das hieße ja, ein Unheil bereits am ersten Tage über den ganzen Reichstag heraufzubeschwören. Umkehr bedeutete Unglück. Der Hauptmann wischte sich mit dem Handrücken über die Stirn. Hinter ihm ritten fünfzig Sarazenen, und dann kam der Kaiser, nach ihm folgten wieder fünfzig Sarazenen. Es hieß schnell handeln, die Menge zu zerstreuen, daß der Kaiser nicht in Zorn gerate. Der zweite Hauptmann rief ihn an: „Laß die Posaunen das Signal zum Angriff blasen! Laß die Lanzen senken – gib aber Befehl, keinen zu stechen!"

„Weg! Weg!" kreischten die Frauen auf und preßten ihre Kinder an sich, als sie sahen, wie die Reiter nach den Lanzen griffen. Hastig gab der alte Johannes die Zügel des Pferdes, auf dem der Marschall saß, frei. An die Häuserwände und in die Türnischen drückten sich die erschreckten Bürger und ließen die Leibwache vorüber.

Und zum Greifen nahe sah Johannes den Kaiser an sich vorüberreiten. Er ist nicht älter als der Reimser – das war alles, was er in diesem Augenblick überlegte. Er vergaß darüber, in das Hochgeschrei der Leute einzustimmen. „Morgen", hatte der Schenke ihm zugerufen, als er ihm seine Verzweiflung anmerkte, daß niemand der Männer ihm Bescheid gab, „versuch's morgen!"

Und während der Kaiser auf seinem erhöhten Sitz Platz

nahm und den Reichstag eröffnete, ging der Alte zurück in die Bauhütte am Mainzer Dom, mit einer fröhlichen Zuversicht, daß ihm morgen gelingen würde, was ihm heute versagt geblieben war.

DIE MARIA VON REIMS

Als sei er ein täglicher Gast, so grüßte die Magd auf dem Hof der Burg Theres den Reimser.

„Seht da, die schmale Pforte in der Mauer. Dorthinaus geht's in den Burggarten. Die Herrin sitzt in der Laube und erwartet Euch!"

Sie nahm ihren Holzeimer vom Brunnenrand und ließ den Meister stehen. Der schüttelte seinen Kopf, verwundert, daß er erwartet wurde. Er hatte nicht ansagen lassen, daß er in der Woche während des Reichstages nach Theres käme. Die schweren Eisenbänder knirschten, als er die Tür bewegte. Überrascht blieb er stehen. Er hatte angenommen, in einen verwilderten, ungepflegten Garten zu geraten, da nur der Gast des Erzbischofs mit den Dienern und Mägden Theres bewohnte. Offensichtlich war er auf ihr Betreiben sorgsam gepflegt. Zwischen alten, gut geschnittenen Wacholderhecken leuchteten Blumenbeete auf, Rosen blühten in sommerlicher Fülle, von den Wegen war das Unkraut säuberlich entfernt, und gelbe Rosen rankten sich um die Laube, die unter einer weitästigen Linde stand. Steif blieb der Reimser draußen vor dem Eingang stehen. Alle erwartungsvolle Hast war von ihm abgefallen. Der Kaplan saß in der Laube auf einer Bank an dem kleinen runden Tisch in der Mitte, ihm gegenüber die Babenbergerin.

„Ist Euer Pferd gut versorgt?" unterbrach der Kaplan seine Begrüßungsworte.

„Ich bin ohne Pferd gekommen", entgegnete er einfach. Ingrimmig freute er sich, wie er sie die Augenbrauen ein wenig hochziehen sah. Da schien sich die Frau erst jetzt bewußt zu werden, daß sie einen armen Menschen zu sich eingeladen hatte, einen Menschen, der nicht einmal ein Pferd besaß. Und er blieb draußen vor der Stufe stehen, um die die Laube über den Erdboden erhöht lag. Während sie ihr Erstaunen darüber äußerte, daß man einen so weiten Weg zu Fuß nehmen könne, fand er Zeit, seine Enttäuschung abzuschütteln, daß der Kaplan bei ihr in der Laube saß.

„Ich kam, über den Auftrag zu hören", redete er sie an.

Sie winkte ab. „Das hat Zeit für später. Ihr sollt Euch erst stärken und dann unseren Garten besehen." Und den ganzen Tag lang verlor sie nicht ein Wort über seine Aufgabe. „Ihr bleibt unser Gast", bestimmte sie liebenswürdig über ihn. Er widersprach nicht. Und am Abend saßen sie noch um den Tisch zusammen im Speisesaal, der Kaplan, die Babenbergerin, der Meister. Er wartete auf den Augenblick, da sie von seiner Arbeit sprechen würde. Noch einmal fragen mochte er nicht. Wein ließ sie reichen. Selten hatte er bisher dieses Getränk zu kosten bekommen. Als er von seinem Weg von Reims nach Mainz des Abends bei Landleuten eingekehrt war, hatten sie ihm Met gegeben. Es war den Bauern nicht gestattet, Wein zu trinken; der blieb den Herren vorbehalten. Und der Bauerntrunk Met wurde auch den Bauleuten in Mainz verabfolgt. Nur an Fest- und Feiertagen gab es gelegentlich Wein. Die Fürstin schien ihm in ihrer häuslichen Umgebung anders zu sein als damals beim Erzbischof und auch anders als im Dom. Wie eine gute Hausfrau war sie auf das Wohl ihres Gastes bedacht. Das glänzende weiße Seidenhemd hatte sie mit einem einfachen Leinengewand vertauscht. Sie selbst füllte ihm den Becher, und sie sprach so ungezwungen mit ihm, als sei er ihresgleichen. Und er vergaß über seiner warmen Freude das gespannt beobachtende Gesicht des Kaplans. Antonius hatte sich nach dem reichlichen Essen in seinem Stuhl zurückgelehnt, die Hände faltete er über seinem Leib. Ab und an langte er nach seinem Becher, nahm bedachtsam einen

Schluck. Er blieb auch nach dem Essen gegen seine Gewohnheit schweigsam. Nachdenklich sah er aus dem weitgeöffneten Fenster hinaus in den dunklen Garten. Da sitzt dieser Steinmetz nun im Palas am Tisch mit einer Fürstin und denkt, wenn sie ihm den Wein einschenkt und wenn sie freundlich mit ihm spricht, er gehöre hierher, und meint, sie werde ihn besonders bevorzugen. Was ihm, dem Kaplan, nicht gelang, und er lebte doch schon lange Monate mit ihr zusammen in diesem einsamen Steinhaus auf dem Berge, das glaubte dieser wer weiß woher gekommene Steinmetz an einem Nachmittage von der Fürstin zu gewinnen. Wie eifrig er auf ihre Fragen Auskunft gab; er sprach viel, und er, der Kaplan, konnte sich's nicht verhehlen, seine Stimme klang nicht unangenehm, und was er vorbrachte, schien der Fürstin unterhaltend zu sein, denn sie sah aufmerksam lauschend zu ihm hin.

Eine unbeschreibliche Ruhe überkam den Meister. Weit weg rückte ihm die Zeit des unsteten Suchens und des zehrenden Sehnens. In dem heimatlosen Steinmetz stieg ein leises Ahnen auf, was es bedeute, zu Hause zu sein. In wie viele Städte hatte er seine Füße gesetzt. Gut war es, hier zu sein und zu der schönen Frau zu sprechen und vor einem Becher Wein sich an die Zeit des Wanderns zu erinnern – und nicht daran zu denken, daß die Zeit des Wanderns unweigerlich wiederkommen würde.

„Wir arbeiteten in Reims länger als neun Sommer, und wir galten als die jungen Gesellen unter den erfahrenen Meistern an der Kathedrale Notre-Dame. Einer von diesen Meistern, das war der große Mann, der die wundersamste Maria, die ich je sah, in Stein gebracht hat. Der Meister der Heimsuchung, so nannten sie ihn einfach nach seinem Werk. – Wer das könnte – noch einmal so eine Frauengestalt aus dem Stein zu meißeln, aber nicht nachgeahmt, sondern in eigener Schönheit erfunden, der erst mag sich neben diesem Manne noch einmal Meister nennen lassen.“

„Ein schlechter Schüler, der seinen Meister nicht übertrifft." Kaplan Antonius warf ihm den Satz hin. Er sprach leise, es klang etwas gelangweilt.

„Was wißt Ihr denn von unserem Meister, ob er seinen Lehrer nicht längst übertroffen hat? Kennt Ihr wohl die Maria in Reims?" Wie ein Kind freute sie sich über das betroffene Gesicht des Kaplans. Lebhaft wandte sie sich zu ihrem Gast. „Erzählt mir doch von der Maria! Was findet Ihr so unvergeßlich an dieser Steinfigur, daß Ihr noch nach mehr als zehn Jahren von ihr sprecht, als hättet Ihr gestern erst davorgestanden?"

Langsam nahm der Reimser den Becher hoch, sah zu der Frau hin. „Herrin, erlaubt mir zuvor, auf meinen Lehrmeister, den Meister der Maria in Reims, zu trinken. Das habe ich dort gelernt: danken, gedenken, nie vergessen!"

Wie ungeschickt, stellte der Kaplan bei sich fest, er kommt mit einem verspäteten Trinkspruch. „Ich leere meinen Becher auf die Gesundheit der hochherzigen, edlen Gertrude von Babenberg!" sagte er mit großer Geläufigkeit.

Einen Augenblick schwieg der Meister nachdenklich. Wie sollte er sich dieser deutlichen Herausforderung gegenüber verhalten?

Jäh kam der Babenbergerin wieder zum Bewußtsein: Sie hatte sich da einen Mann an ihren Tisch geladen, der noch nicht einmal um die einfachsten höfischen Bräuche wußte. Es war jedoch weniger das Erschrecken über das Ungewöhnliche, das sie sich selbst herangerufen hatte, als eine große Neugierde, die sie plagte, mehr von ihm zu erfahren, und sie bat noch einmal: „Erzählt von der Maria."

„Seht, Herrin, die Maria dürft Ihr Euch nicht als ein von anderen abgesondertes Bildwerk denken. Sie wurde geschaffen als eine Figur unter vielen – wenn der Plan ausgeführt ist, wird man einmal mehr als fünfhundert Skulpturen an der Westfassade der Reimser Notre-Dame-Kathedrale zählen. Ja, Ihr müßt Euch diese Seite vorstellen, wenn die Abendsonne die drei weiten Portale beleuchtet, dann scheint es, als strahle der Stein wie von rötlichem Gold überzogen. Und wie hoch der Bau sich dehnt! Überlegt, Herrin, allein für die Rose über dem Mittelportal brauchten die Baumeister einen Durchmesser von vierzig Fuß! Und in diesem Mittelportal, unter der großen Rose, da stehen die Steinbilder meines Lehrmeisters. Da stehen auf Sockeln erhöht unter Baldachinen die Gestalten von der Begebenheit, die wir die Heimsuchung der Maria nennen."

„Warum dann bei so vielen Bildwerken sprecht Ihr nur von der Maria?" unterbrach ihn Antonius.

Der Reimser beschaute den Kaplan, merkte den versteckten Spott in seiner Stimme. Er wandte sein Gesicht nicht von dem Kaplan. Er soll nicht spotten, nicht über mich und nicht über meinen Lehrmeister, und es wird an mir liegen, ihn davon abzubringen. Es wird an mir liegen, ob es mir gelingt, ihn zu gewinnen. Er soll begreifen, was es heißt, aus einem Brocken Stein einen beseelten Menschen zu schlagen. Er muß es doch begreifen. Und jetzt sprach er zu diesem Mann vor ihm, er sprach eindringlich, als hinge es allein von dem Kaplan ab, ob er, der Reimser, imstande sei, seinem Lehrmeister würdig nachzufolgen. Er sprach von seinem Traumbild.

„Die Maria in Reims ist für mich das vollkommenste Bild einer Frau, das ich bisher in Stein sah – nicht in Amiens haben die Bildhauer das erreicht – ich fand in den Gesichtern ihrer Figuren häufig ein leeres höfliches Lächeln, und es gelang ihnen noch nicht, die Körper durch den Fall der Gewänder rund und füllig erscheinen zu lassen. Wohl, auch in unserer Reimser Schule überwog das höfliche Lächeln, aber es wurde verbindlicher, sprechender. Und bei dieser Maria des Meisters der Heimsuchung glaubte ich das erstemal in meinem Leben wirklich daran, daß der Stein sprechen kann. Und wie sprach diese Maria mit mir, wenn sie so liebenswürdig und doch schon um das Leid ahnend zu mir herunterlächelte – sie blickte so unnahbar stolz und doch gleichzeitig so voll menschlicher Güte – und sie blieb trotz ihrer hohen

Sendung so erdhaft und so nahe, daß es kein törichtes Unterfangen war, wollte man das Wort an sie richten."

Der Reimser sah auf, suchte das spöttische Lächeln im Gesicht des Kaplans, aber der Kaplan lächelte nicht. Er blickte ernst vor sich hin, nicht gelangweilt und auch nicht übermäßig interessiert. Doch der Reimser merkte, daß der andere aufmerksam zuhörte. Und er redete weiter.

„Ich sehe noch deutlich ihr zartes Profil mit der schönen, hohen Stirn und der kaum merklich gebogenen Nase, dem kleinen Mund mit der knappen Oberlippe und dem runden, fraulichen Kinn. Und ich weiß nicht, ob ich die Meisterschaft, mit der mein Lehrer es verstand, sie ihr Gewand raffen zu lassen, mehr bewunderte als die Ausgeglichenheit in ihrem Gesicht. Mit der linken Hand hielt sie den Überwurf vor ihren Leib, und die Falten des Stoffes waren so in den Stein gegraben, daß sie gleichzeitig die körperlichen Formen verhüllten und preisgaben. Die rechte Hand hielt über der Brust das weite Tuch zusammen, das ihr über Kopf und Schultern gelegt war, doch so, daß der Beschauer den Scheitel ihres weich gewellten Haares sehen konnte. Als Zeichen, daß sie sich auf das Wort verstehe, trug sie in der linken Hand ein Gebetbuch. So erlebte ich die Maria in Reims – nicht eine strenge, nicht eine verzückte – die mütterliche Frau. Und was auch immer mir begegnen mag, nie werde ich sie vergessen."

„Ihr singt ja ein artiges Loblied auf die Schönheit der menschlichen Güte, aber ich meine", Kaplan Antonius hob überlegend den Zeigefinger seiner linken Hand an die Nase, „ich meine, gerade in diesen Jahren muß es doch wenig gütig in Frankreich zugegangen sein." Und er setzte hinzu, als der Meister ihn fragend ansah: „Sollte man im Norden des Landes nichts von dem verspürt haben, was im Süden vor sich ging?"

„Ihr meint den Krieg in der Provence?"

„Ja, ich meine den Kreuzzug gegen die Albigenser, aber davon habt Ihr gewiß nichts gehört – denn Ihr mußtet Euch ja mit anderen Dingen befassen, mit Falten am Gewand der Frau – im Stein." Der Kaplan griff sich die Bibel vom Tisch, blätterte darin, tat so, als suche er eine bestimmte Stelle. Er war etwas verlegen. Antonius, tadelte er sich in Gedanken, Antonius, du warst bissig. Gib es zu, das wäre nicht nötig gewesen. Was läßt du es denn den Steinmetzen entgelten, wenn du mit der Frau nicht weiterkommst.

Eifrig beugte sich der Meister vor; er sah, seine Erzählung um die Reimser Maria hatte die Fürstin nicht ermüdet, und sie schien geneigt, ihm weiter zuzuhören. So antwortete er dem Kaplan: „Ich kannte in Reims einen Mann, der kam aus dem Süden, und er hatte in der Bauhütte unseren Meister gebeten, ob er beim Bau der Kathedrale mit Steine zutragen dürfe – er redete gewöhnlich nicht viel – nur an jedem fünfzehnten Januar wurde er unruhig. Und in einem Jahre nun wurde er an diesem Tage krank. Er lag im Fieber, und es schien, daß es auf das Ende zuginge. Da ließ er mich rufen, weil er bei unserer gemeinsamen Arbeit Zutrauen zu mir gefaßt hatte. Und er erzählte mir seine Geschichte. Jahrelang hatte er sie vor jeder Beichte in sich verschlossen. Da erfuhr ich nun zum ersten Male, was der äußere Anlaß zum Krieg gegen die Leute in der Provence gewesen war. – Es ist jedoch eine lange und wenig erfreuliche Geschichte. Ich möchte Euch damit nicht behelligen", er sagte es zu Gertrude. „Ich wollte nur sagen", er wandte sich zum Kaplan, „daß wir im Norden sehr wohl wußten, wie sie im Süden geschlagen wurden."

„Warum wollt Ihr uns das verschweigen?" Gertrude war neugierig geworden – und ihr behagte der Klang seiner Stimme. „Unser Kaplan Antonius wollte doch auch darüber hören. Es ist noch weit vor Mitternacht, bevor er uns die Messe liest – kommt, Meister, erzählt, was war mit Eurem Mann aus dem Süden!"

Fragend sah der Reimser hin zu dem Kaplan, er glaubte, aus seinem Gesicht Zustimmung zu lesen. Das nahm ihm seine Befangenheit. Er bat Frau Gertrude noch um Wein, reichte ihr den Becher hin. Als sie ihn zurückgab, berührte sie dabei seine Hand. Antonius sah es. Und der Reimser begann zu erzählen.

GOTT KENNT DIE SEINEN

„Nicola hieß der Mann aus dem Süden. Und der fünfzehnte des Januars im Jahre 1208 wurde sein Tag. Es war kurz nach der Frühmesse, und er hatte die Tür zu seiner Hütte weit offenstehen. Sorgfältig wischte er mit dem linken Unterärmel seiner schäbig grauen Jacke die Spitze seiner Lanze ab. Dabei summte er eine weiche Melodie vor sich hin, wie sie im Süden Frankreichs überall gesungen wurde: Die Melodie des Liedes von dem schlanken, dunkeläugigen, armen Mädchen, das auf den Geliebten wartet, das aus Treue zu ihm die goldenen Ketten eines reichen Gecken hohnlachend in den Schmutz tritt und lieber die eisernen Ketten des Gefängnisses trägt und treu bleibt und wartet. Nicola hielt die Lanze gegen die Sonne. Ja, die Strahlen brachen sich darin und wurden zurückgeschickt. Blank war das Gerät wieder. Damit hatte es angefangen, daß dieses Lied verboten wurde. Und dann später andere, wie das Lied vom dicken Pater Valentin, das dreist spöttisch fragt, an wessen Tisch er denn gar so viel gespeist hätte. He, als ob man uns im sonnigen Süden das Singen abschneiden könnte! Nicola prüfte den linken Ärmel. Das Blut war in das Gewebe eingezogen. Schmutzig, dunkel und starr klebte es; als es auf dem Metall der Lanze stand, war es noch hell im Rot. Nicola sann nach beim Summen der Melodie. Der päpstliche Bevollmächtigte, der Zisterzienser Peter von Castelnau, hatte bei der Frühmesse in der Kirche Sankt Gilles üble Schimpfworte gegen seinen Herrn, den Grafen Raimund von Toulouse, gerichtet. Dessen Schuld allein sei es, wenn derart sündhafte, gegen die Kirche gerichtete Lieder gesungen würden. Und nicht allein, daß er das dulde, er schütze die ketzerischen Waldenser, diese Leute aus Alby, wo er nur könne. Absichtlich untergrabe er das Ansehen der Kirche. In mehr als fünfzig Städten seiner Grafschaft fördere er das Unwesen der Ketzer. Und in den Händen der Ketzer lägen nun fast in der gesamten Provence die Angelegenheiten des öffentlichen Lebens. In Bethäusern und Schulen hätten sie deutlich und unverschämt gegen die alleinige Kirche gesprochen. Jetzt aber sei die Zeit gekommen, diesem widerlichen Treiben ein Ende zu setzen. Rom habe ihn ausersehen und geschickt, die ketzerischen Menschen wieder auf dem gerechten und einzig möglichen Weg in den Schoß der Kirche zurückzubringen – und wenn nötig, mit Gewalt. Der Graf Raimund aber habe das Recht verloren, fortan in der kirchlichen Gemeinschaft zu stehen. Ausgeschlossen sei er, weil er sein Versprechen, keine Ketzer in seinen Ländereien zu dulden, gebrochen habe.

Da war Nicola mit heißem Gesicht und rascher Hand aufgesprungen. Und bevor noch der Gesandte aus Rom die Messe zu Ende gebracht hatte, waren ihm die Geräte aus der Hand gefallen. Mit einem kurzen Ruck hatte der Mann in der schäbig grauen Jacke seine Lanze aus dem Rücken des Zisterziensers blutig herausgezogen, war davongehastet zu seiner Hütte, die Lanze abzuwischen, sich ein Stück Käse und eine Brotrinde einzustecken für die Flucht.

Und während er noch an seiner Lanze herumwischte, fiel ein Schatten durch den Türrahmen, nahm den kalten Schein der Januarsonne von der Schwelle. Nicola stellte die Lanze beiseite an die Wand, gleichzeitig zwang er sich zu einem lässigen Lächeln. Ein Fremder trat in den Raum, ein Zisterziensermönch. Mit einem halben Blick auf die Lanze vergewisserte sich Nicola: ja, sie war gut gesäubert. Hunde, daß sie ihn so schnell aufgespürt hatten. Was würde der Mönch wissen? Was konnte er von ihm wissen? Er würde kein Wort sagen. Er würde nichts gestehen. Er wußte nichts.

Gemessen sprach der Zisterzienser seinen Gruß. Nicola neigte erwidernd seinen Kopf.

‚Ein hübsches blankes Ding habt Ihr da, und so leicht zu handhaben.' Der Mönch hatte die Lanze von der Wand genommen und abwägend mit der rechten Hand gegriffen.

‚Ja', sagte Nicola mit einem eigentümlich starren Blick. Unter Eid könnte er aussagen, der Mönch wollte sich seine Waffe aneignen und gegen ihn richten – und um ihm zuvorzukommen, mußte er sie gegen ihn wenden. Er fuhr sich mit der linken Hand über die Stirn, als könnte er so die Gedanken wegwischen, ärgerte sich über den harten Ärmel, der ihm dabei das Gesicht kratzte. ‚Ja', sagte er noch einmal und brachte in seinen Blick ein Lächeln, denn der Mönch hatte die Lanze wieder an die Wand gelehnt.

‚Ihr seid ein Dienstmann des Grafen Raimund?'

‚Ja.' Nicola zögerte, aber er setzte kein Wort weiter hinzu.

‚Bezahlt er gut?'

‚Ich weiß nicht, wie andere zahlen.'

‚Ihr wart doch heute auch in der Kirche zu Sankt Gilles?' Mit einer schnellen Bewegung wandte sich der Zisterzienser zu Nicola und sah ihm bei seiner Frage aufmerksam ins Gesicht.

Nicola war darauf vorbereitet. ‚Ich hatte anderes zu tun, als zu beten.'

‚Wir verstehen uns also.' Ein feines Lächeln stand im Gesicht des Zisterziensers. ‚Ihr konntet im Auftrage des Grafen nicht acht auf die Messe haben.'

‚Ich verstehe nicht', erwiderte Nicola einfach.

‚Dann wißt Ihr wohl auch nicht, daß bei dieser Messe der päpstliche Bevollmächtigte, Peter von Castelnau, erstochen wurde – mit einer Lanze.'

‚Ist der Täter bekannt?'

‚Wißt Ihr nicht etwas?'

Nicola wehrte ab. ‚Ich? Nein – ich weiß gar nichts – ich weiß überhaupt nichts.'

‚Doch, Ihr kennt die Leute des Raimund. Könnt Ihr aussagen, wer von ihnen mit einer Lanze zur Kirche geht?‘

‚Was soll's, ich kenne wohl einige, die ihre Lanzen mit zur Messe nehmen, aber das weißt du so gut wie ich, daß es der Brauch ist.‘

Unter seiner groben Kutte langte der Zisterzienser einen länglichen, schmalen Beutel hervor, hielt ihn auf der flachen Hand Nicola hin.

‚Wißt Ihr jetzt etwas?‘

‚Pfui! Nicht doch! Ich habe meinem Herrn einen Eid geschworen. Weiß ich, ob du meine Worte nicht gegen ihn drehst?‘

‚Versteht recht‘, bedächtig steckte der Zisterzienser den Beutel wieder unter die Kutte, ‚Euch sind nach einer genauen Aussage, die beweist, daß der Graf Raimund von Toulouse einem seiner Dienstleute den Auftrag gab, den Peter von Castelnau zu beseitigen, Schutz und Sicherheit zugesagt.‘

Nicola zog die Unterlippe zwischen die Zähne. Er dachte nach: Zum Teufel, daß er noch nicht auf der Flucht war. Hatte er schon gegen das Gebot gesündigt, nicht zu töten, das Gebot, das nach der Lehre des Waldus ein Mensch nie überschreiten durfte; sollte er nun auch noch seinen Herrn verraten und aussagen, der hätte ihn zu der Tat beauftragt? Niemand hatte ihm den Befehl gegeben. – Aber bei diesen Reden des päpstlichen Legaten gegen alles, was ihm lieb und teuer war, gegen alles, was sein Leben und das seiner Freunde bestimmte, da hatte ihm der wütende Haß die Besinnung genommen, und er war mit seiner Lanze zum Altar gestürzt, im Wahn, wenn er diesen Menschen zum Schweigen bringen würde, dann würde niemand mehr die verfolgen, die den einfachen und klaren Worten der Heiligen Schrift glaubten und den eitlen Glanz solcher Geistlichen ablehnten, die unter frommen Reden den Armen alles, auch das Letzte, abnahmen und sich dabei selber mästeten.

‚Was', begann er langsam, ‚heißt Schutz, was heißt Sicherheit. Beides kann ich nicht sehen. Was ich sehe, das ist mir sicher.'

‚Ah nun, verstehen wir uns also doch recht!' Auf der flachen Hand des Mönches lag, hervorgeholt aus der Kutte, neben dem einen schmalen, länglichen Beutel noch ein anderer von der gleichen Art. Nicolas Gedanken hasteten: Das ist ein Pferd – so viel Geld wie für ein Pferd. Schneller käme ich voran! Nach dem Norden könnte ich – weit weg – fliehen –

‚Wenn es so steht, daß ich unbeschadet bleibe, was auch immer ich aussage, so ist mir diese Sicherheit genug. Aber ich mag nur zu dir allein sprechen. Und nur hier bei mir. Und nur sogleich. Sonst könnte es mir wieder leid werden. Magst es aufschreiben, wenn du was an Pergament bei dir hast. Hier im Raum findest du einen Napf mit vertrockneter Tinte und wohl auch einen Pinsel.'

‚Könnt Ihr denn schreiben?'

‚Nein.'

‚Wie kommt Ihr dann zu dem Schreibzeug?'

Nicola hatte sich inzwischen die beiden Beutel sorglich hinter seinen breiten Ledergürtel gesteckt; er wiegte bedenklich den Kopf, musterte seinen Besucher abschätzend. ‚Weiß ich's, ob ich's dir erzählen soll. Gehört zu unserem Geschäft nicht – und du bist ein Zisterzienser. Es ist besser, du wunderst dich nicht, warum ich dieses Zeug hier habe.'

‚Laßt Euch doch nicht bitten wie ein zimperliches Mädchen.'

‚Nu, wenn du durchaus willst. Es ist eine hübsche Geschichte – aber nicht gemacht für Zisterzienserohren. Vielleicht kann sie dir aber gerade darum nützlich sein – etwas über Fulco –'

‚Ihr meint den Erzbischof von Toulouse?'

‚Eben den. Versprichst du mir, das, was du jetzt von mir über den Grafen Raimund erfahren wirst, erst morgen um die gleiche Zeit weiterzusagen, dann erzähle ich dir auch, wie die Tinte hierherkam.‘

Der Mönch setzte sich und zählte an den Fingern ab: Vierundzwanzig Stunden. ‚Wenn die Geschichte vierundzwanzig Stunden wert ist – gut. Erzähle, Nicola.‘

‚Du kennst doch das Lied von dem schönen Mädchen, das der Lust und den goldenen Ketten eiserne vorzieht?‘

‚Es ist verboten!‘

‚Ja. Weißt du, warum?‘

‚Man kann meinen, es ist gegen uns gerichtet. Unsere Geistlichen –‘

‚Ich weiß, ich weiß, sie tragen gern Gold. Und das Mädchen, das ist das einfache Volk, so sagt man uns heute. Und sie wollen es nicht wahrhaben, daß da Menschen leben, die solchem Golde den Turm mit Eisenketten vorziehen. Aber es gibt noch einen anderen Grund dafür, daß sie das Lied auslöschen wollen. Es liegt an dem Dichter –‘

‚Ich verstehe, ein Ketzer.‘

‚Nein. Schlimmer.‘

‚Wie denn, was sollte noch schlimmer sein?‘

‚Der Dichter war Fulco.‘

‚Was? Der Erzbischof?‘

‚Nein, Bruder, nicht Fulco, der Erzbischof von Toulouse, Fulco, der Frauenfreund, der vergnügte Genießer aus Genua.‘

‚Und – was hat der eine mit dem anderen zu schaffen?‘

‚Aus dem einen wurde der andere. Aus dem Troubadour der Liebe – dein Erzbischof. Ein frommer Mann. Ich bin freilich nur ein geringer Diener und nicht ausgestattet mit dem Verstand eines großen Herrn. Ich weiß nicht, wie es zugehen kann, daß eine einzige Menschenseele sich so völlig wandeln kann. Ich meine – ob er wirklich gewandelt ist? – Ich habe den Fulco gesehen, wie er noch Fulco war, weißt du, noch kein Erzbischof, er war damals noch ein Freund meines Herrn; der eine besuchte oft den anderen.‘

‚Und was hat das mit der Tinte zu schaffen?‘

‚Nur gemach, gemach –.‘

Nicola strich um den Tisch herum; wie der Mönch in die Tinte spuckte, blickte er rasch zur Tür. Wenn er doch fliehen könnte – in einem jähen Satz –, aber der andere würde ebenso schnell sein. War noch ein junger Bursche, keiner von den Behäbigen. Er stützte beide Fäuste auf den Tisch. ‚Es war da eine Wasserträgerin in unserer Stadt, die, obwohl von geringer Herkunft, hübscher war als alle fürstlichen Weiber – aber auch stolzer. Keiner, mit dem sie sich eingelassen hätte. Diese nun wollte Fulco haben.‘ Nicola verzog sein Gesicht. ‚Ausgerechnet Fulco. Und ich –‘, er schlug sich mit der Hand vor die Stirn, ‚ich ließ es geschehen – möglich, daß er sie wirklich liebte –.‘ Er machte eine wegwerfende Handbewegung. ‚Ich weiß nur, sie liebte ihn, liebte das erstemal in ihrem Leben. – Nun, so geschah's. Und hier in meiner Hütte traf er sie – und dann setzte er sich oft noch in später Stunde hierher zu mir in den Raum. Ich mußte für die Fackel Feuer schlagen. Und am Morgen sang sie die Lieder, die er nachts mit dieser Tinte hier und mit diesem Gänsekiel aufs Pergament gebracht hatte. – Mittags sang sie ganz Toulouse – und am Abend pfiffen die Leute sie schon in den anderen Städten der Provence.‘

Der Zisterzienser hatte die Tinte wieder zurechtgerührt, er strich zur Probe mit dem Gänsekiel über das Pergament. Nicola nahm das für ein Zeichen der Ungeduld.

‚So warte nur, die Geschichte ist noch nicht zu Ende damit. Die Tinte, ja, die stand hier und blieb stehen. Das Mädchen aber, die Wasserträgerin, trug kein Wasser mehr. Die erste Amtshandlung des Erzbischofs Fulco war, daß er das Mädchen zum Schweigen brachte. Sie sollte nicht mehr seine Lieder singen.‘

Rasch sah der Zisterzienser auf. Nicola merkte, was er fragen wollte. ‚Oh, nein, sie lebt noch, sie atmet sogar noch die Luft von Toulouse – in einem Turm.‘

Nur um überhaupt etwas zu äußern, fragte der Mönch: ‚Wie hieß denn das Mädchen?‘

‚Petronella', sagte Nicola langsam, ‚die Wasserträgerin Petronella von Toulouse oder', seine Stimme klang schwer, ‚die Hure Petronella, die Freundin des Fulco.' Er unterdrückte den Haß, daß der Zisterzienser ihn nicht aus dem Ton seiner Worte heraushören konnte; leise fügte er hinzu: ‚Man sagt auch Petronella, die Ketzerin.'

Mit einem schnellen Blick sah der Mönch von seinem Pergament auf, ohne den Kopf dabei zu heben. Aber aus dem Gesicht des Dienstmanns war nichts Verdächtiges zu entnehmen. Und doch – diese Reden – frech, als ob ein Ketzer sie spräche. ‚Äußert Euch nun', jetzt hob er den Kopf und sah Nicola voll ins Gesicht, „wollt Ihr dabei bleiben, daß Ihr auszusagen habt?'

‚Ja', antwortete Nicola knapp. Was würde man von ihm sagen, überlegte er: ein bezahlter Mörder – und einer, der den Eid gebrochen hat – ja. Aber niemand würde dasein und fragen: Wie konnte er, der ordentliche Dienstmann des Grafen Raimund, dahin kommen? Und niemand würde sagen: Seht, sein Kind, die Petronella, haben sie ihm verlockt – und er hat's geduldet. Sie haben sie in den Turm gesetzt – und er hat nichts gesagt. Dann verfolgten sie die Menschen, die er seine Brüder nannte, sie schimpften sie Ketzer – und er hat sich nicht gewehrt. Sie verdammten seinen Herrn, der seine Brüder förderte, der vielleicht selbst zu den waldensischen Brüdern gehörte – da erschlug er, Nicola, den Beleidiger. Und doch hat er gerade von denen, die verfolgten, beleidigten, verdammten, Geld genommen – werden sie sagen. Zum Teufel, er braucht ein Pferd! Er will weg, in den Norden – dorthin, wo sie an der großen Kathedrale bauen, in der sie die Könige krönen. Niemand würde ihn da kennen – und an diesem Ort will er sein verlorenes Leben lang büßen – in seiner Art büßen. Er will als Geringster unter den Geringen der Kathedrale Notre-Dame Stein um Stein zutragen – –

‚Schreib!' Fast heftig fuhr er den Mönch an. ‚Ich, Nicola, Dienstmann des Grafen Raimund von Toulouse, stehe hier vor dem frommen Bruder –', er sah fragend auf. ,Honorius', setzte der andere ein, ,und bekenne', der Mönch sprach ihm vor, ,mit aufrichtiger Reue'. Er sagte nach: ,... und bekenne mit aufrichtiger Reue, daß ich ...', er hielt inne, zögerte, ,daß ich im Einverständnis mit meinem Herrn in der Kirche zu Sankt Gilles bei der Frühmesse die Lanze gegen den Legaten Peter von Castelnau führte.'

,Wolltet Ihr nicht sagen, führen mußte?' warf Honorius ein.

,Nein.' Nicola schüttelte den Kopf.

,Das ist zuwenig', beharrte der andere, ,dann sagt: im Auftrage meines Herrn.'

,Zum Teufel, wenn Ihr's soviel besser wißt, dann schreibt doch alles selbst! Ich sage es so und nicht anders, nicht ein Wort dazugesetzt und nicht ein Wort weggestrichen. Es ist genug für deine zwei Beutel – übergenug!'

Der andere überlas den Satz, nickte bestätigend, rollte das Pergament zusammen, schob es unter die Kutte, ging.

So fing es an. Und dann rief der Papst zum Kreuzzug gegen die ganze Provence auf, gegen diesen Grafen von Toulouse, der Ketzer schützte und angeblich bezahlte Mörder gegen Legaten aus Rom schickte. Werber liefen durch Frankreich, sie kamen auch zu uns nach Reims auf unseren Bauplatz. Und während der Mann aus dem Süden uns Steine zutrug und dann im Fieber starb, wüteten die ,Kreuzritter' gegen die Leute aus Alby und gegen alle in der Provence, die sich zu ihnen bekannten. Die Häuser wurden verbrannt, die fruchtbaren Felder zertreten. Zwanzig Jahre peinigten sie das friedliche, fleißige Volk, das so gern fröhliche Lieder sang. Da kam einmal ein Geflohener aus Béziers, der erzählte uns, wie es war, als um seine Stadt gekämpft wurde: ,Die Einwohner weigerten sich, die Stadt an die päpstlichen Krieger zu übergeben. Als der römische Legat, der gleichzeitig der Feldherr war, das erfuhr, ordnete er an, wie gekämpft werden sollte: »Es bleibt kein Stein auf dem anderen! Kein Leben wird geschont!« Und es blieb nicht beim Drohen. Die Stadt wurde nach langem Kampf genommen. Und es geschah »ordentlich« nach Befehl! Alles, was die »Kreuzritter« lebend fanden, stießen sie nieder, gleichgültig ob Greis oder Mädchen oder Säugling oder Kranker oder Mutter. Allein in der Magdalenenkirche schichteten sie 7000 Tote übereinander. Und noch war es nicht genug, noch atmeten einige. Nun war es schwer, Rechtgläubige von Ketzern zu trennen, doch der Legat wußte, wie er dennoch gerecht sein könnte: „Schlagt alle nieder! Gott kennt die Seinen!"'

So berichtete der Mann aus Beziers – und so sah es bald in der ganzen Provence aus, in Montpellier, in Carcasonne, in Alby und in Lavaur."

Gertrude von Babenberg stand auf, erregt, als wäre sie in der Stadt Béziers dabeigewesen. Sie sah zum Kaplan Antonius. Es schien, als ob der schliefe. Aber er schlief nicht. Er hatte sehr gut zugehört.

„Wie konnte das geschehen?" sagte die Babenbergerin halblaut vor sich hin. Kaplan Antonius wollte ihr antworten, aber der Reimser kam ihm zuvor.

„Weil das Land im Süden sehr hübsch ist, sehr fruchtbar, meine ich, und sehr reich."

„Als ob es darum geht", widersprach Antonius schnell, „Ihr habt's doch selbst erzählt, daß Ketzer dort ihr Unwesen getrieben haben. Nicht nur einzelne Menschen, ganze Städte, ganze Bezirke waren von der Ketzerei ergriffen. Wißt Ihr, Fürstin, was diese Leute in ihren verdunkelten Gemütern ablehnten? Die Sakramente der Kirche, die Altäre, die Kreuze, die Anbetung der Heiligen, das Verehren von Reliquien, das Verzehren von Fleisch jeder Art – nur Fisch war an tierischer Speise gestattet."

„Niemals haben die Waldenser sich gegen das alles ausgesprochen!" Der Reimser unterbrach den Kaplan. Es befriedigte ihn, daß er vor der Frau dem Kaplan einen Fehler nachweisen konnte. Und in seinem Eifer achtete er nicht auf Antonius' erstauntes Gesicht. „Die waldensischen Brüder wollten nur nichts wissen von dem Fegefeuer und von den Ablässen, und nichts von Seelenmessen und von Gebeten für Tote – und nichts von Blutgerichten – und nichts von Krieg."

Antonius zeigte nicht seinen Ärger, und er fragte auch nicht, woher denn der Reimser um diese Dinge wisse. Er sagte nur sehr sachlich: „Es sind aber doch Ketzer."

Wieder reizte es den Reimser, zu widersprechen: „Und doch sind die Waldenser anders!"

Gertrude war dem Wortwechsel neugierig gefolgt, und sie erkannte, daß dieser Baumeister um ihretwillen gewagte Dinge sagte; sie merkte jedoch auch, daß der Kaplan absichtlich nicht auswich. Eine große Lust kam sie an, den Meister anzuregen, vor den Ohren des Kaplans noch gewagtere Worte zu sprechen. Es müßte sehr vergnüglich sein, das ständig gleichmütig bleibende Gesicht des Kaplans einmal erregt, verärgert, aufgebracht zu sehen. Sie goß dem Meister Wein in den Becher nach, forderte ihn zum Trinken auf und fragte ihn: „Wie meint Ihr das, anders?"

Der Reimser leerte den Becher bis auf das Letzte, sah der Frau, die da nah vor ihm stand, ins Gesicht. Er sah nur ihr Gesicht, nichts anderes, nicht den Kaplan, nicht die Bibel, die Antonius noch immer in den Händen hielt. Und er redete in dieses Gesicht: „Ich kenne ein Wort der Waldenser, das habe ich bisher von niemandem sonst gehört: *‚Hätten wir die Macht, so wollten wir den Geistlichen und den Klosterleuten den Zehnten nehmen, daß sie wieder wie andere Menschen in der Erde graben und arbeiten müßten.'"*

Die Fürstin war enttäuscht. Das Gesicht des Kaplans war gleichmütig wie immer geblieben. Und mit einem Male kam sie sich recht albern vor, wie sie da auf einen Streit zwischen den beiden Männern gewartet hatte. Sie wollte nichts mehr hören, und sie bat den Kaplan, er möchte doch die Messe vorbereiten, es sei gewiß nicht mehr weit bis Mitternacht. Der Reimser ging mit dem Kaplan hinaus, das gefiel Antonius. Es hätte ihn mehr als alle diese merkwürdigen Worte des Steinmetzen geärgert, wäre der jetzt mit der Fürstin allein im Palas geblieben. Und so versöhnlich gestimmt, meinte er zum Reimser: „Ihr könnt Euch freuen, daß meine Ohren nicht die Ohren des Erzbischofs sind.“ Er lachte. Und der Reimser lachte mit.

In den nächsten Tagen suchte der Meister vergeblich zu ergründen, ob das beharrliche Schweigen der Fürstin über den Auftrag mit seiner Geschichte zusammenhing. Sie hatte ihn aufgefordert, bis zu dem Tage auf Theres zu bleiben, an dem sie zum Reichsfest nach Mainz reiten würde. Aus ihrem Stalle sollte er dann ein Pferd bekommen, daß er den Weg nicht noch einmal zu Fuß nehmen müsse. Gewiß, er wurde mit großer Zuvorkommenheit bedient, die Mägde benahmen sich ihm gegenüber ehrerbietig, die Fürstin redete liebenswürdig mit ihm, der Kaplan verhielt sich freundschaftlich, war an allem interessiert, was er erzählte, auch an Gesprächen über seine Arbeit am Mainzer Dom. Und doch wurde er unzufrieden. Warum wich sie ihm aus, wenn er von dem Auftrag sprechen wollte, um den sie ihn hergerufen hatte. Zu dem Ärger über die müßig verbrachten Tage peinigte ihn ein bitteres Gefühl: Sie spielt nur mit mir. Oft war er nahe daran, noch zur Stunde die Burg zu verlassen. Und doch blieb er – bis zu dem Tage, da das Pferd für ihn aus dem Stalle geführt wurde. Den langen Weg bis vor Mainz ritt er neben ihr. Da endlich sagte sie: „Ich wünschte, Ihr brächtet den heiligen Martin zu Pferde in den Stein.“

Und er vergaß seine Bitterkeit, als sie ihn so mit ihrer weichen, tiefen Stimme bat.

„Wenn Ihr wollt, dann kann ich's!“

„Ich erwarte es“, antwortete sie und gab ihrem Pferd einen leichten Schlag; gleichzeitig bedeutete sie dem Kaplan Antonius, er möge sich dicht hinter ihr halten.

Während der Kaplan an dem Reimser vorüberritt, rief er ihm zu: „Wir reiten jetzt in die Stadt; die Fürstin meint, es ist besser, man sieht Euch unter den letzten Begleitern!“

Da kam es wieder, das alte Gefühl der Bitterkeit. Und

in diesem Augenblick wollte er es nicht einmal vor sich selbst wahrhaben, daß er diese Frau liebte. Sie war eine Fürstin unter Fürsten, nicht anders als ihresgleichen. Man beugt vor ihnen die Knie, aber man liebt sie nicht.

WÖLFE UND SCHAFE

Ein kaiserlicher Herold durcheilte am Vorabend des 22. August 1235 die Gassen von Mainz, den Einwohnern der Stadt anzukündigen: „Es ist durch die Gnade des Allerhöchsten Kaisers den Bürgern gestattet, morgen, am Tage des großen Reichsfestes, vor den Toren der Stadt die Feierlichkeiten anzuschauen!"

Am anderen Tage kamen die Gerber und die Tuchmacher, die Waffenschmiede und die Weber, die Böttcher und die Steinmetzen. Vorsorge war getroffen, daß diese Leute den ritterlichen Gästen ferngehalten wurden. Die grauen, einfachen Kleider sollten nicht das festliche Bild der bunten Gewänder der Herren stören.

Bauern, die von der Ankündigung gehört hatten, waren mit großen Erntekörben voller Früchte nach Mainz geeilt, den Kaiser zu grüßen. Die Geschenkkörbe wurden ihnen von kaiserlichen Beamten mit einigen Redensarten – der Kaiser werde sich freuen – abgenommen. Sie bekamen den Hinweis, sich ohne viel Lärm an den Rand des Festplatzes zu den Gerbern und Steinmetzen zu stellen.

Ulrich, der Schmied aus Mombach, war unzufrieden. „Sind wir drum hergekomme?" begehrte er auf. „Wir wolle unsere Geschenke dem Herrn Friedrich selbst gebe! Wir wolle ihm sage, was uns drückt – die ungerechten Abgaben an die erzbischöfliche Kornkammer."

Die Bauern aus dem nahen Rüsselsheim, aus Biebrich, aus Finthen, aus Nackenheim scharten sich um Ulrich und um den Beamten aus der kaiserlichen Kanzlei.

„Recht hat der Ulrich! Wir wolle ihm alles selber gebe! Heraus mit unsere Körbe!"

Ratlos stand der schmächtige Beamte in dem Gedränge. „Ich bitte euch", wandte er sich etwas hilflos an die Männer in den kurzen Leibröcken mit den unbedeckten Köpfen und den knappgeschnittenen Haaren, „macht am Festtage nicht soviel Lärm. Habt Geduld bis nach der Ansprache unseres kaiserlichen Herrn, dann sollt ihr Bescheid bekommen!"

„Ja, wenn der uns bitte tut", meinte Hannes aus Rüsselsheim, „so vermein' ich, wir sollte warte."

„Glaubst wirklich, Hannes", der Jörg aus Finthen zweifelte an der Aufrichtigkeit des kaiserlichen Beamten, „der wird sich wieder bei uns sehe lasse?"

„Warum willst ihm nit traue – ist er doch ein so großer Mann nit, daß er sich leere Verspreche leiste kann!"

„Ich bitte euch, tretet beiseite, die Gesandten kommen mit den Geschenken." Besorgt, daß er für eine Störung im Ablauf des Festes verantwortlich gemacht werden könnte, hob der Beamte beide Hände, beschwörend, sie möchten sich doch aus der Gasse zwischen den Zelten zurückziehen zu den Handwerkern.

Da schleppten sie Teppiche mit bunten Ornamenten aus Bagdad heran und breiteten sie vor dem erhöhten Sitz des Kaisers aus.

„Wir wollen's dir glaube, daß du uns Bescheid ansage willst." Ulrich, der Schmied, sah den Beamten eindringlich an, daß der schmächtige Mann wünschte, der grobknochige, große Mensch möchte ihn nicht etwa am Kragen packen und ihn schütteln. Ulrich wandte dem Beamten den Rücken; und mit den Bauern aus den Nachbardörfern ging er zwischen den Zelten hindurch, vorüber an den Rittern, bis zum Ende des festlichen Feldes, dorthin, wo die einfachen Leute aus der Stadt und andere Bauern standen.

Neue Gesandte kamen eiligen Schrittes vor den Kaiser, sie führten Seidengewebe aus Syrien mit sich. Die Kette der Zuträger von Geschenken riß nicht ab. Sie brachten

Edelsteine aus Indien, Purpur von Tyrus, Brokat aus Konstantinopel, kunstvoll geschliffene Glasvasen aus Damaskus, wollene Tücher aus Flandern und Waffen, geschmiedet in Nürnberg und Augsburg.

Die Gesichter der Bauern zeigten Enttäuschung. Was bedeuteten schon gegen dieses glitzernde Gepränge ihre bescheidenen Körbe mit den frühen roten Sommeräpfeln, den Ähren vom Korn, den Honigwaben, dem, verglichen mit der feinen syrischen Seide, grob gesponnenen Flachs. Bei dem Gedanken, daß der Kaiser wohl nicht ein Auge auf ihre hier so gering erscheinenden Geschenke verwenden würde, mochte der Schmied aus Mombach aufgeseufzt haben. Vom Munde hatten sie sich's absparen müssen; denn alles andere verlangte die erzbischöfliche Kanzlei.

„Was stöhnst du wie ein Greis, bist noch nicht halb so alt wie ich und hast's auch nicht schwerer als ich!"

Ulrich schaute zur Seite. Ein Alter stand neben ihm in einer kurzen Leinenjacke. „Was weißt denn du davon, Alter", rechtfertigte er sich, „was weißt du, wie's drauße auf dem Lande aussieht – und er weiß es gewiß auch nit, drum wollten wir's ihm sage, aber sie habe uns unsere Körbe mit einem ‚Gott zum Gruß' und ‚schönen Dank' weggenomme."

„Darum brauchst du doch nicht zu klagen, Nachbar. Geduld mußt zu haben. Vielleicht wirst du doch den Kaiser auch ohne deinen Korb in der Hand sprechen können. Hör, wie's mir erging. Seit acht Tagen versuche ich zu ihm zu kommen, um nur ein Wort an ihn zu richten. Aber da ist der Marschall, und da ist der Truchseß, und da ist der Kämmerer, und da sind die Herzöge und die Grafen und die Herren und die Ritter: Sie lassen dich nicht durch."

„Was willst denn du von ihm, Alter?"

Vertraulich zupfte der alte Johannes den Schmied am Rocke. „Ich will ihm was zeigen, das schöner ist als all dieses Zeug hier, was die Gesandten von Gott allein weiß woher bringen!"

„Du prahlst nit schlecht, Alter. Bin zwar nur ein Schmied, aber verspotte lasse ich mich drum noch lang nit!“ Ulrich redete in seiner Empörung so laut, daß die Bauern, neugierig, was es gäbe, sich nach den beiden umsahen und zuhörten.

„Schrei nicht so, Schmied“, mit großem Ernst sah ihn Johannes an, „ich sage dir, ich verspotte dich nicht! Du kannst's auch sehen. Glaub nur, ich lüge nicht!“

„Wo steht's? Was ist's?“ Die Bauern aus Rüsselsheim, Biebrich, Finthen, Nackenheim wollten wissen, wovon der Alte sprach.

„Im Dom! Die neuen Bildwerke am Westlettner, die Reliefs von den Verdammten und den Seligen!“

So verbreitete es sich denn unter denen, die nicht als Teilnehmer zum Reichsfest geladen waren, unter dem gemeinen Volk: „Im Dom stehen neue, unerhörte Bildwerke!“ Und einer wußte mehr, und rasch erzählten sie es weiter: „In der Bauhütte werken sie an einer Maria!“ Ein anderer schien noch besser Bescheid zu wissen: „Nein, sie schaffen den Herrn Jesus, wie er verklärt ist und wie die Maria und der Johannes vor ihm knien!“

„Hin wollen wir! Alles sehen!“

„Ruhe!“ wurde ihnen bedeutet, denn jetzt war der Kaiser von seinem erhöhten Sitz aufgestanden zur Ansprache. Unverwandt sah der alte Johannes zu dem Manne hin, der heute zum Festtage die Kaiserkrone trug und den Mantel mit dem Leu und dem geschlagenen Kamel, gestickt auf Purpur, umgelegt hatte.

„Hat er nicht ein ganz freundliches Gesicht?“ flüsterte er dem Schmied zu. Der nickte. „Ein bißchen feist zwar.“ Ulrich erwiderte nichts. Er dachte nach und dachte nur das eine: Ob er uns helfen wird? Wieder flüsterte der Alte auf ihn ein: „Ob das auch alles stimmt, was man über ihn redet?“ Der Schmied zuckte die Schultern. „Daß er sich einen Harem hält – wie ein Orientale, und dabei hat er eben zum dritten Male geheiratet – und –“, der Alte sah sich scheu um und näherte sich dem Ohr des Schmiedes, „– daß er selbst ein Ketzer ist?“ Ulrich fuhr zusammen. Es erschreckte ihn jedesmal bis ins Innerste, wenn jemand das Wort Ketzer aussprach. Obwohl er täglich mit dem Feuer arbeitete, hatte er Angst vor dem Feuer, eine verzehrende Angst, wenn er an Straßburg dachte. Leise entgegnete er dem Johannes: „Die Gesetze dagegen“, der Alte verstand ihn, was er mit „dagegen“ meinte, „sind aber doch in seinem Namen ergange. Ich glaub's nit, Steinmetz, ich mein', alle diese Gerüchte gehe von den Fürste aus und von den Bischöfe, von den großen Herren, die nit wolle, daß er das Reich in seiner Hand zusammenfaßt. Die fürchte nur drum, sie möge an Gewalt verliere.“

Weithin schallte die Stimme des Kaisers. Obwohl sein Großhofrichter und Geheimschreiber Peter von Vinea ihn eindringlich ersucht hatte, sein Organ zu schonen, hatte er es sich doch nicht ausreden lassen, selbst auf dem Reichstag das Wort zu nehmen. Und er sprach, wie er an den Gesichtern seiner nächsten Umgebung merkte, gut. Er hob seinen Kopf mit der Krone höher als sonst und neigte ihn dabei gleichzeitig leicht nach rechts. Er lauschte seinen Worten nach und freute sich an dem kräftigen Wohlklang. Eine Unke, der ewig vorsichtige Peter von Vinea, er könne seiner Stimme schaden, er solle die Rede lieber einen Herold verlesen lassen. Ha, kann ein Verleser die Stimme an der richtigen Stelle heben, wenn es gilt, eine Spitze anzubringen, oder kann er über einen Satz wischen, wenn es darum geht, ein Eingeständnis nicht allzusehr zu betonen? Er sah in das Pergament mit der aufgezeichneten Rede ein.

„Es gibt Leute, die von mir behaupten, ich sei ein Ketzer. Ich möchte hier vor aller Öffentlichkeit nicht untersuchen, wer sie für ihre Reden bezahlt.“ Friedrich blickte vom Pergament auf und sah in die Runde der im Halbkreis vor ihm versammelten Großen seines Reichs. Sifrid von Eppenstein lächelte bei seinem Ausfall. Peter von Vinea nickte beifällig. Der streitbare Friedrich von Österreich preßte die Fäuste in seinen Handschuhen gegeneinander. Der erlauchte Otto, der Bayernherzog, beugte sich vor und stützte seinen Kopf in beide Hände, daß er ihm nicht ins Gesicht sehen konnte.

„Wir aber empfehlen allen übel Beratenen und allen Zweiflern, sich einmal die Konstitutionen des Königreichs Sizilien anzusehen. Dort haben wir vor drei Jahren festgesetzt: Die Ketzer, die den ungenähten Rock unseres Herrn zertrennen wollen, sollen lebendig im Angesicht des Volkes den Flammen überliefert werden; diejenigen, die sie hegen oder bei sich aufnehmen, verlieren ihre Güter, und ihre Kinder dürfen kein Amt bekleiden und kein Zeugnis ablegen. Nur wenn sie einen Ketzer zur Anzeige bringen, erhalten sie durch unsere Gnade ihre Ehre wieder zurück."

Der Schmied stieß den alten Johannes in die Seite. „Da, hörst's, er sagt's selbst! Glaubt's nun?"

„Es ist weiter kein Geheimnis, daß wir den Kreuzzug gegen die ketzerischen Stedinger in unserem Lande gebilligt und nicht verhindert haben – denn, was wir in den sizilianischen Konstitutionen festlegten, das befolgten wir auch im deutschen Reich. Wir haben dem Grafen von Oldenburg nicht untersagt, an die vierzigtausend Bewaffnete zu versammeln und gegen die ketzerischen Bauern zu führen. Und wir haben in Altenesch nicht eingegriffen, als es zur Schlacht kam. Das Ende der ketzerischen Stedinger vollzog sich auch im Sinne der Kirche."

„... auch im Sinne der Kirche –", flüsterte Bolke von Bardenfleet vor sich hin, der Landmann von der Niederung der Weser. Mit wenigen Menschen hatte er dieses Ende überlebt und war zu den benachbarten Rüstringern geflohen. Jetzt hatte er den weiten Weg nach Mainz unternommen, um vom Kaiser Gnade für die Überlebenden zu erflehen. Er stand nicht weit von Johannes und dem Schmied. „... auch im Sinne der Kirche –" Bolke schloß die Augen, vernahm nicht mehr die Stimme des Kaisers. Er hörte die Pferdehufe der Reiterei des Oldenburgers über den

Boden trampeln, wie sie gegen die Bauern stampften. Die besaßen kaum anderes zur Wehr als ihre blanke Faust. Elftausend Bauern waren sie gegen vierzigtausend Ritter. Neben dem Thammo von Hunthorpe und dem Detmar vom Damme war er dem Bauernhaufen vorangezogen. Sie hatten sich lange gehalten, hatten viertausend Reisige und den Grafen von Oldenburg und andere Herren so geschlagen, daß sie nicht wieder aufstanden – und doch waren sie verloren. Und schlimmer noch als das knirschende Trampeln der Pferdehufe über die Bauernleiber hörte sich das Schreien der hilflosen Kinder an, das Kreischen der Frauen, das Stöhnen der Greise – wie sie im Wasser umkamen. Aufgerissen hatten die „Kreuzritter" die Dämme, damit die Weser über das Land komme und den Boden mit allen Menschen, Wohnungen, Rinderherden, Katzen und Gänsen überschwemme. Die Flut war gestiegen und gestiegen, und Tausende waren gurgelnd ertrunken. Und dieses Geräusch, wie das Wasser durch die Dämme brach, dieses Gurgeln, dieses Schreien, dieses Kreischen und dieses Stöhnen klang dem Bolke noch immer in den Ohren. Und wie lange er auch leben würde und wo immer er sich auch aufhalten würde, immer würde es dasein. Bolke Bardenfleet richtete die Augen wieder auf den Kaiser. Würde der Mann so gesprochen haben, wenn er einmal nur durch das Land im Norden geritten wäre, wenn er die weiten Ebenen gesehen hätte? Bolke hörte nicht mehr zu, was der Kaiser sprach. In Gedanken legte er sich die Worte zurecht, die er sagen würde, sollte er vor den Kaiser gelassen werden.

In knappen Sätzen gab der Kaiser bekannt, daß die Verschwörung seines Sohnes, des siebenten Heinrich, entdeckt sei. Der Anschlag, beide Kronen zu trennen, das deutsche Reich aus der Kaisergewalt zu lösen, sei mit Gottes Hilfe vereitelt. Man habe dem Heinrich die Königswürde abgesprochen, ihn in Haft genommen und im Heidelberger Schloß festgesetzt. Zu seinem Aufseher bestimme er jetzt den Pfalzgrafen bei Rhein und Herzog von Bayern, Otto.

Friedrich von Österreich, der gemeinsam mit König Heinrich gegen den Bayernherzog zu Felde gerückt war, sah zu Boden, setzte seinen Fuß auf eine Kornähre, die auf der Erde vor seinem Sitz lag. Damit war der Streit entschieden, auch sein Streit. Er bewegte mit dem Fuße die Ähre, erwog seine Möglichkeiten: noch befindet sich also Heinrich auf deutschem Gebiet. Noch ist nichts verloren, noch kann er ihn befreien – und sollte der König über die Alpen in die Lombardei geschleppt werden – dann wird es auch dorthin Wege geben, ihn seinem Aufpasser vor den Augen wegzuführen –

„Die Königskrone nicht verwaist zu belassen und gefährlichen Folgen eines Zwischenreichs oder zwistiger Wahlen vorzubeugen, sind wir gesonnen, als deutschen König meinen Sohn Konrad – er wird der vierte seines Namens sein – zum Hüter des Reichs zu bestellen. Daß er nicht wie Heinrich durch Verführer auf Abwege gerate, rufen wir den Erzbischof des Stuhles von Mainz, Sifrid von Eppenstein, als Reichsverweser an seine Seite. An meiner Stelle soll er meinen Sohn väterlich beraten!"

Der Eppensteiner rührte sich nicht, als ihm der Kaiser sein hohes Vertrauen aussprach. Den Rat konnte dem Staufer nur der Peter von Vinea eingegeben haben. Wie geschickt, überlegte er, gleichzeitig seinen verhaßten Feind, den Bayernherzog, zu bevorzugen und ihm selbst, dem Mainzer Erzbischof, neues Vertrauen zu schenken.

Ein Schwert ließ sich der Kaiser von den Geschenken reichen, ein langes zweischneidiges Ritterschwert. Er nahm es aus der Scheide, prüfte mit dem Daumen die Ecken, ob sie scharf im Schnitt seien, begutachtete das Blatt, ob der Schmied die Blutrinne auch ordentlich in der Mitte gezogen habe, versuchte, ob das Gehölze griffig sei, und überzeugte sich, daß der Knopf gebührend mit Edelsteinen besetzt war. Dann winkte er einem Sarazenen seiner Leibwache, händigte ihm die Waffe mit einem Hinweis ein. Der ging gemessen zum Kanzler und Erzbischof Sifrid, überreichte ihm das Schwert, beugte dabei leicht seine Knie.

Mit Erstaunen sah der alte Johannes den unverhohlenen Ärger im Gesicht des Eppensteiners. Bolke Bardenfleet redete grimmig vor sich hin: „Ha, der weiß nicht, soll er sich über das Geschenk freuen, oder soll er darüber wütend sein, daß er es durch einen Sarazenen bekam!“ Der Erzbischof von Trier aber zog beide Augenbrauen in die Höhe, daß seine Stirn in Falten stand. Das sah beinah wie eine Herausforderung an die Kirche aus. Wird der Stellvertreter des Papstes ihr zu begegnen wissen? Peter von Vinea wiegte bedenklich den Kopf. Die Edelsteine am Knopf der Waffe stellten allein einen beträchtlichen Wert dar; wie konnte Friedrich ein kostbares Gut so leichtsinnig nur um einer Geste willen verschleudern. Otto, der Bayer, kniff neidisch die Lippen zusammen. Weiß der Teufel, der „halbe Mann“ schien nicht gering in der Gunst des Kaisers zu stehen.

Sifrid stand von seiner Bank auf, trat über den ausgebreiteten Teppich aus Bagdad bis vor den Sitz des Kaisers. Er hielt das Schwert mit beiden Händen von sich, die Arme weit ausgestreckt, und wandte sich der Menge zu. „Es sagte der Herr Jesus zu seinem Jünger Petrus, als der mit dem Schwert das Ohr des Knechts abschlug: ‚Stecke dein Schwert an seinen Ort, denn alle, die das Schwert nehmen, werden durch das Schwert umkommen.‘ Das bedeutet, wir, die wir berufen sind, dem Petrus nachzufolgen, stehen unter dem gleichen Gebot!“ Und stolz, aufrecht und sicher kehrte er sich wieder dem Kaiser zu, noch immer die Hände mit dem Schwert weit von sich gestreckt: „Nimm dein Schwert, Friedrich, und stecke es beiseite. Und wenn die Zeit gekommen ist und dein Sohn trägt die Königskrone, dann gib's ihm, dem Konrad. Dann will ich als Verweser des Reichs sehen, daß es nicht gegen Gottes Willen geführt werde!“

Da hatte er mit der schönen weiten Geste, mit der er dem Kaiser das Schwert zurückgab, die Tausende von Rittern und Herren entschädigt für ihre Enttäuschung vom ersten

Tage, da er ihnen den Segen nicht erteilt hatte. Nur wenige Augenblicke hatte der Vorfall die Ansprache des Kaisers unterbrochen, jedoch nahmen die Gäste die bedachten Worte des Mainzer Erzbischofs mit sichtlicher Freude auf; sogar Peter von Vinea schien zufriedengestellt, und liebevoll legte er das Schwert zurück zu den Geschenken.

Bolke Bardenfleet sah schweigend in die zustimmenden Gesichter rings um ihn her. Dieser Erzbischof sagte, er wolle sehen, daß das Schwert nicht gegen den Willen Gottes geführt werde – was aber, wenn er meint, der Tag ist da, an dem es mit Gottes Wille geführt werden kann – gegen wen soll es geführt werden? Und ist der Tag nicht bereits dagewesen – im Mai, vor einem Jahre, als sie in Altenesch „mit dem Willen Gottes" elftausend Stedinger Bauern erschlugen? Bolke schaute sich befremdet um. Was wollte er hier in der Versammlung dieser glänzenden Herren mit den zufriedenen Gesichtern? Den Kaiser um Gnade bitten für die wenigen Frauen und Kinder, die am Leben geblieben waren? Würde der Kaiser ihn denn verstehen? Geh weg, Bolke Bardenfleet, sie werden dich verlachen und auch dich noch als einen Ketzer der Inquisition überantworten. Und dann gibt es keinen, der denen zu Hause an der Hunte über ihn berichten kann, denn er war allein hierhergekommen. Aber Bolke blieb. Vielleicht haben sie den Kaiser nicht ordentlich unterrichtet, vielleicht hätte er Einhalt geboten, wenn er nicht außer Landes im Süden gewesen wäre.

Der Kaiser sprach die abschließenden Worte seiner Rede. „Mit dem Rate und der Zustimmung der geistlichen und weltlichen Fürsten und sehr vieler Edlen und Getreuen haben wir in dieser Woche des Reichstages Beschlüsse gefaßt, die einen ungestörten Rechtszustand wiederherstellen sollen. Wir haben sie in lateinischer und in deutscher Sprache auf Pergament schreiben lassen und werden sie veröffentlichen, damit alle davon erfahren. Wir haben beschlossen, strenge Strafe gegen die Menschen – gleichgültig welchen Standes sie auch sein mögen – anzuwenden, die beim Friedensbruch angetroffen werden oder die durch Straßenzwang den Verkehr behindern oder die ungesetzliche Zölle und Münzstätten errichten. Es soll in jeder Stadt und in jedem Flecken mit Marktrecht ein freigeborener Hofrichter mit einem Schreiber angestellt werden und täglich Gerichtssitzung halten, auf daß jeder sein gutes Recht finden kann und nicht zur Selbsthilfe greifen muß.

So haben wir die Angelegenheiten des Reichs nach gewissenhaftem Ratschluß geordnet. Ruhe und Frieden werden in den Landen einziehen. Einmütig sitzen heute alle Fürsten des Reichs unter meiner Krone versammelt. Nie zuvor sah die Welt ein gleiches glänzendes und friedliches Treffen. Wahrlich, ich sage, eine glückliche Zeit meiner Regierung ist angebrochen! Darum laßt uns heute den Reichstag festlich beschließen!"

Paukenschläge klangen auf, dazwischen waren Chöre von Priestern zu hören. Staunend, mit weit aufgerissenen Augen, sahen sich die Festgäste und die Zuschauer am Rande des Feldes um. Woher kamen die Klänge? Was war das? Schiffe auf dem Land? Ruder bewegten sich an den Schiffen, und darinnen saßen Geistliche und sangen ihre Hymnen. Jetzt, da sich die Schiffe dem erhöhten Sitz des Kaisers näherten, schwiegen die Pauken, und Harfenklänge untermalten die Gesänge. Befriedigt lächelte Sifrid, als er sah, daß alle die hohen Würdenträger vor Überraschung von ihren Sitzen aufsprangen, sogar der Kaiser. Es schmeichelte Sifrid, wie der weitgereiste Peter von Vinea, der als ständiger Begleiter des Kaisers bei allen großen Empfängen anwesend war, mit anerkennender Bewunderung Friedrich zurief: „Bei allen Heiligen! So etwas habe ich noch nie gesehen. Wie geschickt die Pferde unter den Purpurdecken versteckt sind! Es sieht wirklich aus, als ob die Schiffe in Wellen rudern!"

Sifrid war als einziger sitzen geblieben. Er kostete das Staunen der anderen über seinen gelungenen Zug mit den singenden Schiffen auf dem Lande voll aus. Er kannte die Vorliebe des Kaisers für das Ungewöhnliche, Absonderliche;

er wußte auch, wie sehr der sich zum Orientalischen hingezogen fühlte und wie sehr ihn üppige Pracht beeindrucken konnte. Es lag Sifrid daran, diesen Mann, der im Eifer des Schauens die Krone auf den Sitz gelegt hatte, mit einer Fülle an Glanz und auch an Macht zu beeindrucken. Das schien ihm gelungen.

Die Bauern allerdings und das andere gemeine Volk sahen kaum etwas von dieser Schau. Doch darüber besorgte sich niemand. In der Tat, der Beamte kam wieder. Mit sehr würdigem Gesicht gab er dem Schmied aus Mombach Bescheid: „Der Herr Kaiser will so gnädig sein, dich zu hören!“

Der alte Johannes faßte den Beamten am Ärmel. „Warte, ich will auch ein Wort zum Kaiser sagen!“ Der Angeredete drehte sich unwillig um, schüttelte die Hand des Alten ab. Da ging der lange hagere Bolke Bardenfleet auf den Beamten zu. „Es gibt eine Sache zu berichten, die dem Kaiser nicht unwichtig sein mag. Ich will auch zu ihm!“

„Nein! Nein! Nein!“ Der Beamte wehrte entschieden ab. „Ich habe nur den Schmied gerufen, der die Geschenkkörbe gebracht hat. Die anderen sind nicht gemeldet.“

Mit beiden Händen griff der stämmige Schmied auf die Schultern des schmächtigen Mannes, daß der zusammenzuckte. „Hör einmal, es möchte den Herrn Kaiser beleidige, wenn ein einzelner so geringer Mensch wie ich seine Füße vor ihn setzt. Ich find’, schon drei sind für unseren Herrn nit genug. Läßt du uns nit zu fünfe laufe, dann geh’ ich gleich gar nit, dann dünkt’s mir nit ehrevoll genug! Und daß du’s auch weißt, die Körbe hab’ ich nit allein hergeschleppt!“

Wie kann ein Mann mit derartig schmutzigen Händen so einen klaren Verstand besitzen, wunderte sich der kaiserliche Beamte. Bei Sankt Sebastian, der Kaiser hätte es gewiß mißliebig aufgenommen, wenn er nur einen einzigen schäbigen Bauern vor ihn geführt hätte. „Ich glaubte“, erwiderte er mit seiner dünnen Stimme und achtete auch unter dem Druck der Fäuste des Schmiedes gegen seine Schultern darauf, ein würdiges, seinem Amte gemäßes Aussehen zu bewahren, „ich glaubte, du hättest dir deine Begleiter mitgebracht.“

„Ja!“ Der Schmied ließ ihn los und griff mit der Rechten den Arm des alten Johannes und mit der Linken den Arm Bolkes und zog beide heran. „Da sind sie – und die dort!“ Er deutete mit dem Kopf nach dem Hannes aus Rüsselsheim und dem Jörg aus Finthen, die beiden, mit denen er gemeinsam die Körbe herangetragen hatte.

„Kommt!“ sagte der Beamte nur, und nicht ein Wort mehr. Er wandte sich ab, ihnen voranzugehen. Er war dem spöttischen Funkeln in den Augen des Schmieds aus Mombach nicht gewachsen.

Mit ihren staubigen Sandalen standen die fünf Männer auf dem tiefroten breiten Teppich mit den blauen und grünen und weißen verschlungenen Ornamenten vor dem hohen Sitz des Kaisers. Bolke redete ihn zuerst an.

„Allergnädigster Herr Kaiser. Ich komme aus Friesland. von den Ufern der Hunte, wo sie in die Weser mündet. Ich komme, um Gnade zu bitten für die Überlebenden unter den Stedingern – geblieben sind von Tausenden nicht mehr hundert.“

Friedrich sah mit aufmerksamen Augen dem langaufgeschossenen Bolke ins Gesicht, winkte sich seinen Berater Peter von Vinea zur Seite.

„Was erwartest du vom Kaiser?“ fragte der.

„Wir bitten um einen gnädigen Schutzbrief, der uns vor weiterer Verfolgung durch jedweden Grafen oder Bischof bewahren mag, und wir bitten darum, daß wir zurückkehren dürfen in unser Land. Wir wollen die Dämme wiederaufrichten und die Felder bestellen!“

„Dazu soll der Kanzler sprechen!“ bestimmte Friedrich. Er ließ den Eppensteiner heranrufen. Der sah nachdenklich vom Kaiser auf den Bauern.

„Tot ist der Oldenburger Graf – und tot ist auch Konrad von Marburg, der am eifrigsten das Kreuzheer zusammenrief. Ihre Ansprüche auf Land oder sonstiges sind mit ihnen erloschen.“ Der Erzbischof verschränkte beide Arme über seinem Leib und ließ den Kaiser, den Peter von Vinea und den Bauern auf seine weiteren Worte warten. Nicht laut und doch mit Nachdruck brachte er seine Ansicht vor: „Wenn die zurückgekehrten Bauern den Zehnten ordentlich an die Kirche abgeben, dann mögen sie in Frieden die zerstörten Felder ordnen.“

Friedrich war von seinem Sitz heruntergestiegen. Er nahm seinen Mantel von den Schultern und warf ihn einem herbeieilenden Sarazenen zu. Heiß war ihm, und er wischte sich über die Stirn. Im weißseidenen gestickten Obergewand mit dem breiten, von Edelsteinen besetzten Gürtel stand er auf dem Teppich. Er beobachtete den Unmut in Bolkes Gesicht. Eben darum hatten sie doch gekämpft, daß dieser Zehnte nicht mehr abgegeben werden sollte. Friedrich setzte sein weltoffenes Lächeln auf, das seine oft verschlossenen und kalten Züge so gewinnend werden ließ, daß darüber selbst seine erbittertsten Feinde ihren Haß vergessen konnten – jedoch nur, solange sie unter dem Banne dieses Lächelns standen. Er zog sich vom Mittelfinger seiner linken Hand einen kleinen, schmalen Reifen, eine goldene Schlange, die sich in den Schwanz biß. „Du hast gehört, Bolke Bardenfleet“, er hatte sich inzwischen den Namen des Mannes sagen lassen, er wußte, es gefällt diesen gemeinen Leuten, wenn ein großer Mann sie bei ihrem geringen Namen anredet, „was der Kanzler gesagt hat. Gehe nach Hause und sage deinen Leuten, sie sollen Frieden halten und ihre Äcker an der Hunte bestellen. Gebt der Kirche, was ihr zusteht. Und bedenkt dabei, auch euer Kaiser hält's so. Und nimm meinen Ring und trage ihn. Der Schutzbrief wird ausgestellt und soll dann in Kraft treten, wenn ihr versprecht, den Zehnten wie bisher abzugeben.“

Da stehst du nun, Bolke Bardenfleet, und hältst in deiner rechten Hand den Ring, den kaiserlichen Ring. Und du weißt, dieser Ring hilft dir nicht auch nur um einen Schritt weiter. Ob du ihn besitzest oder ob du ihn nicht besitzest, ist einerlei. Da hast du nun sein Wort, Bolke Bardenfleet, sein kaiserliches Wort. Und mit diesem Wort ist es das gleiche wie mit dem Ring. Es hat für dich keinen Nutzen. Und was willst du deinen Leuten zu Hause sagen? Willst du ihnen sagen: „Der Kaiser erlaubt uns, wieder auf unserem eigenen Grund und Boden zu warten, bis von neuem ein Graf kommt oder ein Bischof, dem es einfällt, uns zu Ketzern zu machen, die erschlagen werden müssen?" Bolke Bardenfleet wußte nicht, was er zu dem Manne in dem gestickten Seidengewande vor ihm reden sollte. Sollte er ihm danken? Wofür? So sagte er nichts und räumte dem alten Johannes seinen Platz ein.

Sifrid hatte wohl bemerkt, wie der Kaiser sich durch einen raschen Blick überzeugte, ob er auch sah, daß es der Schlangenring war, den er dem Bauern von der Hunte schenkte. Er, Friedrich, wollte seinem Kanzler damit bedeuten, daß er sich auch wohl auf die Heilige Schrift verstände, so gut wie der Erzbischof bei der Begebenheit um das Schwert. Nach Hause schickte er den Bauern mit der Aufforderung, sich nicht gegen die Bischöfe zu stellen: „Siehe, ich sende euch wie Schafe mitten unter die Wölfe. Darum seid klug wie die Schlangen und ohne Falsch wie die Tauben." An dem kaum versteckten Hohn im Gesicht des Peter von Vinea sah Sifrid, daß er nicht allein die Bosheit in der so menschenfreundlich erscheinenden Geste gemerkt hatte.

Als Johannes vor dem Kaiser kniete, blickte Sifrid scharf hin, und er erkannte ihn, den Mann, der häufig um den Reimser war. Was hat dieser alte Steinmetz beim Kaiser zu schaffen, fragte er sich. Mißmutig warf er die Lippen auf, hörte, wie der Alte von dem Westlettner sprach und von diesem Meister aus Reims, was der alles an bewundernswerten Dingen geschaffen habe – und noch schaffen werde. Der Kaiser möge doch diesen Chor besehen und sich nicht daran stoßen, daß er noch nicht überwölbt sei. Sifrid ärgerte dieses Gerede des Alten. Man sollte verhindern, daß dieser Schwätzer noch mehr Worte darüber verliert. Er, der Eppensteiner, war der Bauherr, und er hatte seine Gründe, weshalb er den Kaiser nicht zur Besichtigung des neuen Chores einlud. Halbfertiges ist eine halbe Freude fürs Auge, hatte er Friedrich gesagt, und zur Weihe wollte er ihn einladen. Auch war durch einen Sturm zu Zeiten seines Vorgängers das Gewölbe über dem Langhaus eingestürzt. Es mußte wieder hergerichtet werden. Und das westliche Querschiff und den Chor des Sankt Martin, den Westchor, galt es auch noch zu überwölben. Der Hauptturm sollte vollendet werden, gleichzeitig wünschte er jedoch auch den Weiterbau der beiden westlichen Flankentürme. Und das Kostbarste, was er unter den schmückenden Figuren für den Innenraum vor Augen hatte, war ja noch nicht einmal in einen Plan eingetragen: das Bild des Schutzheiligen seines Domes, Sankt Martin zu Pferde. Es gefiel dem Erzbischof ganz und gar nicht, wie nun dieser Alte gerade von den Bildwerken sprach. Das waren seine eigentlichen Bedenken: Wenn es dem Friedrich gefällt, möchte er den Meister haben – etwa für Arbeiten an seiner Kaiserpfalz. Dann befiehlt es das ungeschriebene Gesetz der Höflichkeit, daß er dem Wunsche des Kaisers zuvorkommt, daß er den Meister hier von seinen Arbeiten am Dom beurlaubt und an den kaiserlichen Hof schickt. Und er wird diesen Mann wohl kaum in der Mainzer Werkstatt wiedersehen, und dann wird es schwerlich einen Meister geben, mit dem er sich über den heiligen Martin verständigen könnte. Dieser Mensch hier vor dem Kaiser soll endlich schweigen, daß in dem Staufer nicht ein unseliges Begehren geweckt werde. Doch bevor Sifrid sich darüber schlüssig geworden war, ob er zwischen den Kaiser und den Steinmetzen treten solle, hatte der Alte geendet. Er sah erwartungsvoll auf den Kaiser.

Friedrich antwortete nicht sogleich. Er wußte nicht recht, was er mit diesem Manne anfangen sollte. Immer beschlich ihn ein peinliches Gefühl der Abwehr, wenn er solchen gemeinen Menschen gegenüberstehen mußte. Und dieses peinliche Gefühl verstärkte sich noch, wenn er genötigt war, Worte an diese gemeinen Menschen zu richten. Er wußte genau, auch wenn er sich Mühe gab, ein verständliches Deutsch zu sprechen, er redete oft an ihnen vorbei. Mit Peter von Vinea hatte er sich einmal darüber unterhalten, und der hatte ihm in einem Satze das ihm bisher schwer Begreifliche erklärt: „Der Hungrige versteht den Satten nicht." Dieser Satz hatte ihn damals sehr geärgert, noch mehr geärgert hatte ihn die freche Sicherheit, mit der Peter von Vinea das behauptet hatte; am meisten jedoch hatte es ihn geärgert, daß er einsehen mußte, diese Behauptung stimmte. Nun also, mochte doch der kluge Peter von Vinea hier Rat schaffen, mochte er im Namen des Kaisers Bescheid geben. Und Peter lächelte dem Alten sehr abgemessen zu.

„Wir haben deinen Wunsch zur Kenntnis genommen. Wir werden bedenken, was sich machen läßt."

Der alte Johannes stand betroffen. Er wußte nicht, was er mit der Entgegnung des Peter von Vinea anfangen sollte. Er hatte nur das eine deutlich herausgehört, man wollte nichts von ihm wissen und nichts von dem, was er vorzubringen hatte. Wie er da auf dem weiten Feld stand und sich umsah und die festlich gekleideten Menschen um sich herum wahrnahm, fühlte er sich sehr elend. Jetzt mit einem Male kam ihm klar zum Bewußtsein, wie fremd er in seiner alten schäbigen Leinenjacke zwischen all diesen Herren wirken mußte. Lange Zeit hatte er davon geträumt, dem Kaiser gegenüberzustehen. Er hatte von diesem Traum gezehrt. Und nun also war der Traum Wirklichkeit geworden, er hatte dort gestanden. Es war der widerlichste Augenblick seines Lebens gewesen. Niemals in seinem Leben war er sich so bis ins tiefste erniedrigt vorgekommen. Aber er fühlte keine Wut in sich aufsteigen. Er spürte auch keinen Schmerz darüber, daß der Traum, wie er nun Wirklichkeit geworden, zerschlagen war. Er fühlte nur eine große Übelkeit, die sich im Magen verkrampfte, die ihn unfähig machte, klare Gedanken zu fassen. Mechanisch setzte er einen Fuß vor den anderen. Es fiel den festlich bewegten Menschen dort auf dem weiten Felde vor Mainz nicht weiter auf, wie ein alter Steinmetz an den Zelten entlangging, auf das Stadttor zu, und dabei vor sich hin redete: „Mehr als fünfzig Jahre habe ich nun Steine geschleppt – immer nur Steine geschleppt. Ich habe nichts anderes gekannt – ich habe nichts anderes gesehen als Steine – immer nur Steine. Und ich war nicht unglücklich dabei – nicht einen Tag in diesen mehr als fünfzig Jahren. – Bis ich alter Narr mir dann in den Kopf setzte: Ich muß den Kaiser sprechen – ich muß dem Kaiser vom Reimser erzählen. Und der Kaiser wird dann den Reimser auszeichnen – auszeichnen, weil ich, der alte Johannes, ihn auf das Werk aufmerksam gemacht habe. – Jaja, so ist das also gewesen. Ich wollte meinen Reimser über alle die anderen Meister auch äußerlich erhöht sehen. Vielleicht hätte ihm der Kaiser einen Pelz geschenkt – oder – jaja, so ist das also geworden. Mehr als fünfzig Jahre habe ich nun Steine geschleppt, immer nur Steine dem Dom zugetragen, und ich bin dabei nicht unglücklich gewesen. An einem einzigen Tag nun in meinem ganzen langen Leben habe ich einen Augenblick vor dem Kaiser gestanden. Muß ich denn nun wegen dieses kurzen Augenblickes unglücklich sein? Und der Reimser hat es nicht einmal haben wollen. Er wollte gar nicht, daß ich zum Kaiser gehen sollte. Sicher hat er von vornherein nichts anderes vom Kaiser erwartet. Jaja, der Reimser ist ein kluger Mann. Merkwürdig, dabei bin ich doch um so viele Jahre älter als er. Wenn ich ihm das erzähle, wird er lächeln, so wie es seine Art ist, daß man es kaum merkt."

Inzwischen war der Beamte an den Kaiser herangetreten. „Hier sind noch drei Bauern aus dem Erzbistum Mainz. Ich glaube, sie wollen sich beschweren, daß ihre Abgaben an die erzbischöfliche Kornkammer zu hoch sind."

Sifrid hatte es gehört. Er trat zwischen den Beamten und den Kaiser. „Das sind Dinge, die heute nicht zum Reichsfest gehören.“ Verweisend sah er den Beamten an. „Verschont doch den kaiserlichen Herrn mit diesen lächerlichen kleinen Angelegenheiten. Was seid Ihr für ein Beamter, daß Ihr so wenig Rücksicht nehmt und Euch nicht einmal überlegen könnt, wie die Ansprache den kaiserlichen Herrn angestrengt haben muß. Für diesen Kleinkram seid Ihr doch da! Wozu bezahlt man Euch dann?“ Zum Kaiser wandte sich der Erzbischof. Höflich, doch bestimmt, forderte er ihn auf, nicht zu säumen; es sei in seinem Palaste alles zum Festmahl bereitet, und man dürfe die Fürstinnen nicht so lange warten lassen. Und auch Friedrich fand, daß man um irgendwelcher gemeiner Bauern willen die hohen Frauen nicht verstimmen könne. Er ließ sich sein Pferd heranführen. Während der Erzbischof seinen weißen Zelter bestieg, meinte er zu dem ob der Rüge bestürzten Beamten: „Sagt diesen Bauern, es ist ein Festtag heute. Und gebt ihnen Wein, so viel Wein, bis sie betrunken sind. Und Ihr könnt mit ihnen saufen!“

Der Beamte blickte den Davonreitenden aufgebracht nach. Hol's der Teufel! Dieser Erzbischof hatte ihn vor dem Kaiser schwer getadelt. Das war schlimm. Bei Sankt Sebastian, dieser Erzbischof hatte ihm zugemutet, ihm, einem kaiserlichen Beamten, sich zusammen mit Bauern zu besaufen. Das war noch schlimmer. Das war unerträglich. Er war wütend, seine Gedanken jagten. Man müßte etwas tun. Jawohl! Aber es fiel ihm nichts ein. Ja, wenn die Bauern noch hiergewesen wären, aber die waren längst gegangen, als sie gesehen hatten, der Kaiser hatte nicht die Absicht, sie zu sprechen. Diese Bauern hätte er wenigstens schlagen können! Oh, er möchte irgendeinen Menschen zwischen den Fingern haben, den er jetzt prügeln könnte, prügeln, so wie er den geschlagen hätte, der ihn derart beleidigt hatte! Halt. In Gedanken lag der Beamte auf den Knien. Heilige Maria, bitt' für mich, ich habe mich in der Wut selbst vergessen. Ich habe niemals daran gedacht, auch nur den kleinen Finger gegen den Herrn Erzbischof zu erheben. Ich war nur verblendet. Ich erkenne jetzt, wie gütig er war, mir Wein anzubieten. Und er ging hin zum Schenken, wies sich als kaiserlicher Beamter aus, verlangte ein halbes Faß Wein für einige Gäste, die der Erzbischof besonders geladen habe. Er ließ sich das Faß bis zu einer schattigen Wacholderhecke am Ende des Festplatzes rollen. Die drei Bauern suchte er nicht.

JOHANNES HAT NICHT GELOGEN

Mittag. Nach einem langen Arbeitsmorgen saßen einige Meister und Gehilfen zur kurzen Rast im Schatten der Bauhütte. Der Geselle Paul reichte dem Meister Anton den Krug Met weiter. Der nahm einen tiefen Schluck, gab den Krug Meister Matthias.

„Da, Matthias, trink. Gewöhnen wir uns wieder an den Met. So bald wird's kein Reichsfest wieder bei uns geben.“

Matthias wiegte nachdenklich seinen Kopf; bevor er den Krug ansetzte, meinte er: „Glaubst du, Anton, daß der Friedrich durch seinen Besuch allen Streit aus der Welt geschafft hat? Ech, wer dem Bilde traut: alle hohen Herren, und sogar die Bischöfe, friedlich unter einer Hand. Ich kann mir nicht helfen, ich habe so etwas noch nie erlebt, und drum meine ich fast, daß es so etwas gar nicht geben kann.“

„Aber sie haben doch zusammengesessen, letzte Nacht noch! Es soll nun nichts mehr geben, worum sie streiten!“ Anton sprach schnell und bestimmt.

„Was sagst du“, schnitt ihm Matthias die Rede ab, „so wäre der Frieden da? So wären alle Herren einverstanden, daß der Heinrich nicht mehr König ist. Und die Leute, die von ihm Lehen erhalten haben, geben sie freiwillig an den Kaiser zurück, he? So wäre nicht einer dagegen, daß jetzt der Sifrid Reichsverweser ist? Du meinst, der Bayern-Otto ist glücklich darüber, daß der Sifrid durch die Hand des Konrad im Reiche bestimmen soll? Und glaubst du denn,

Anton, die Bauern liefern ihren Zehnten um so lieber ab, da sie sehen, denen an der Weser hat die Empörung auch nichts genützt?"

Anton ließ sich nicht beirren: „Ich meine, wenn alle Fürsten dem Kaiser gehuldigt haben und wenn alle Bischöfe ihm die Treue versprochen haben, dann müssen doch alle seinen Willen achten – und dann wird von jetzt an des Kaisers Stimme im Reich gelten – und dann wird's nur ein Recht geben."

„Vielleicht glaubt der Kaiser auch, daß ihm das gelingt", warf der Reimser ein.

Matthias schüttelte den Kopf. „Dann würde der Kaiser sehr stark."

„Ja, du", ereiferte sich Anton, „warum nicht, unter einem starken Kaiser ging's uns immer gut in den Städten!"

„Wer weiß", Matthias blieb bei seinem Kopfschütteln, „ob der Kirche so ein mächtiger Kaiser gefällt?"

„Ich denke, der Erzbischof Sifrid, der den Papst bei uns vertritt, ist der Vertraute des Kaisers – wie könnte er sonst Kanzler sein. Na, und wie der seinen Krummstab schwingt, so schwingen die Bischöfe ihre auch."

„Hört euch den Anton an", wandte Matthias sich lärmend an den Reimser, an die Gesellen Paul und Gugel, „versteht sich aufs Meißeln wie nur einer, kennt die inneren Gesetze, wie der Bau von Grund auf in eins gefügt wird – und weiß nichts davon, was so einen hohen Herrn bewegt; gleichviel, ob er geistlicher oder weltlicher Fürst ist: will jeder selbst der Kaiser sein –", und er setzte nach einer Weile, da niemand etwas erwiderte, hinzu: „Und jeder dieser Herren wartet und sucht es zu beschleunigen, daß der neben ihm zu Fall kommt."

Der Geselle Paul sprang auf.

„Da fällt mir etwas ein. Gestern nacht hat's sich zugetragen, beim Festessen im erzbischöflichen Palast. Ich hab's von dem Burschen Ludolf aus der Kanzlei des Erzbischofs erfahren. Hört zu. Im großen Festsaal war das. Sie hatten am Kopfende des Saales einen künstlichen Boden gezimmert, um zweieinhalb Fuß über den Estrich erhöht. Darauf denkt euch den Tisch und die Sitze für die Ehrengäste gestellt. Wißt ihr, so waren die höchsten Würdenträger vor den übrigen geladenen Gästen merkbar herausgehoben. Dort saßen sie alle zusammen: der Kaiser und seine Frau Isabella, die Babenbergerin, die Erzbischöfe, der Schenk, der Marschall und was weiß ich, was die anderen noch für Ämter hatten. Auch der Herzog von Bayern, der Otto, saß dabei, mit dem Rücken zum Saale."

Der Geselle Gugel klatschte sich mit den Händen auf die Schenkel.

„Hoi ja, da wollte ich wohl auch einmal mit zu Tische sitzen! Nein, lacht nicht. Ums Essen geht's mir nicht! Ich möchte zuhören, worüber sie sprechen. So bedeutende ritterliche Herren müssen doch über große Taten reden, über die Kreuzzüge, über ferne Länder –."

„Du, Gugel, willst du wissen, worüber sie wirklich sprechen? Willst du es genau wissen?" Der Junge blickte aufmerksam und rasch atmend zu Matthias. „Von Milchkühen reden sie, vom Weinhandel, vom Korngeschäft!"

„Laßt doch, Meister", Paul wollte weitererzählen, „hört zu, wie es nun kam. Als der Otto seinen Trinkspruch auf den Kaiser ausgebracht hatte, da lehnte er sich so recht selbstzufrieden zurück, schob seinen Stuhl etwas nach hinten, daß er seine Beine besser strecken konnte – und er stürzte mit seinem Stuhl vom gezimmerten Gestell, riß noch seinen Becher mit, daß der rote Wein über den Estrich lief ..."

„Oho", unterbrach ihn Matthias, „wer das nicht für ein Vorzeichen nimmt!"

„Und was sagte unser Erzbischof dazu?" fragte Anton.

Geselle Paul schien alles genau zu wissen. „Der meinte, als er da seinen besonderen Freund am Boden sah, es sei ein Glück für den Bayernherzog, daß er in seinem Erzbistum strenge Strafen gegen die heidnische Wahrsagerei ausgesetzt habe. So würde es niemandem einfallen, darin irgendeine Vorbedeutung zu suchen."

Matthias lachte. „Und dabei wußte er, daß schon am nächsten Morgen alle Welt diesen Fall bereden wird."

„Was sind denn das für Leute?" Geselle Gugel hielt im Lachen inne und wies mit ausgestrecktem Arm zum Domplatz.

Matthias wandte seinen Kopf. „Bauern", sagte er und zog seine Mundwinkel geringschätzig nach unten.

„Es sieht so aus, als wollten sie zu uns", meinte der Reimser.

„Und sie trauen sich nicht", setzte Anton hinzu.

Etwas befangen waren die Männer aus Mombach, Biebrich, Rüsselsheim und Finthen. Auch der sonst so beherzte Schmied fühlte sich unbehaglich. Ja, zu Hause, in seiner Schmiede, da wußte er, wie er mit den Leuten zu sprechen hatte, die zu ihm in die Werkstatt kamen. Aber hier, diese Bauleute, das mußten doch andere Männer sein als die geringen Ritter, die bei ihm ihre Rüstungen flicken ließen. Scheu und erstaunt hatte er eben im Dome vor den Reliefs der Verdammten und Seligen gestanden. Wer so etwas konnte, Menschengesichter in den Stein zu bringen, als ob sie lebten, der mußte doch wohl ein besonderer, von Gott erleuchteter Mensch sein. Und er war begierig geworden, diesen Meister, von dem der alte Johannes erzählt hatte, zu sehen und vielleicht sogar mit ihm zu sprechen. Langsam löste sich Ulrich aus der Gruppe der Bauern, die alle neugierig am Morgen nach dem Reichsfest in den Dom geeilt waren, zu erforschen, ob der alte Johannes sie wohl doch belogen habe. Und sie fanden, er hatte sie nicht belogen. Nun wollten sie noch mehr sehen. Ob es auch stimmte, daß die Meister an einem wundersamen Christus arbeiteten, wie er in seiner Verklärung die Maria segnete und den Johannes. Es war eine freudige Erwartung in ihnen, daß der Mann, der das erdacht hatte, ihnen seine Arbeiten selbst weisen würde. Diese gespannte Zuversicht füllte sie so aus und ließ sie die Enttäuschung darüber, daß der Kaiser sie nicht angesehen hatte, nicht mehr so brennend und niederdrükkend fühlen. Ulrich trat auf die Meister zu.

„Wir sind hergekomme, euch zu bitte, uns den Herrn Christus zu zeige und die Maria, wie sie vor ihm kniet. Der alte Johannes sagte uns davon ..."

„Da hast du's, Reimser", fuhr Meister Matthias dazwischen, „immer dieser Johannes; er scheint mir ein bißchen viel zu schwatzen, dein Alter – zum Kaiser hast du ihn auch noch geschickt!"

„Ich habe ihn nicht zum Kaiser geschickt!"

„Und jetzt hast du wohl auch die Bauern hergerufen, willst ihnen deine neuen Arbeiten zeigen, daß sie überall dein Loblied singen sollen, he?"

Anton vermittelte: „Der Reimser hat die Bauern sowenig eingeladen wie du und ich. Und du weißt genau, er ist nicht zum Zuschauen zum Reichsfest gegangen. Er kann doch wirklich mit keinem gesprochen haben."

Die anderen Bauern waren inzwischen auch herangekommen, standen unschlüssig, hörten die Bauleute streiten.

„Wir hätten herzlich gerne das neue Werk gesehen", fing der Schmied noch einmal an.

„Was verstehen die denn davon – Leute, die Kühe hüten", Matthias sah die Bauern nicht an, wandte sich an Anton, „komm, wir müssen an die Arbeit in den Dom!" Anton aber zögerte, blieb stehen.

Der Schmied aus Mombach war nicht beleidigt, daß ihm einer der Männer Unverständnis vorwarf. Er mühte sich ab, den Meister umzustimmen.

„Wir wisse wohl, daß wir keine gelehrte Menschen sind, die alles von eurer Kunst verstehe. Aber habe wir nit Augen in unserem Kopfe, zu sehe, und genug Verstand, ein Ding schön zu finde oder unschön?"

Die Steinmetze schwiegen. Der Reimser beschaute mit überlegender Zurückhaltung den Schmied und seine Begleiter, überdachte, wie merkwürdig es zuging. Diese Bauern hier, die niemand eingeladen hatte, waren gekommen, neugierig, drängend, erwartungsvoll. Der Kaiser aber, den der alte Johannes so herzlich gebeten hatte, zu kommen und zu schauen, wie der Alte ihm erzählt hatte, war ferngeblieben.

„Wir ware im Dom“, berichtete Ulrich ungefragt, „und habe die Verdammten und die Seligen gesehen – nein, der Alte hat nit geloge – und ich hatte es ihm nit geglaubt, daß es das gibt – Menschen in den Stein zu bringe – mit solchen Gesichtern – denen ich den Haß ablese kann – wie bei dem Mönch, und die Angst – wie bei dem Bauern. Nur, mit Verlaub, ihr Meister, die Kette bei den Verdammten – ja, sie schaut aus wie ein rechtes Stück Schmiedearbeit – aber so, wie sie lose um die Menschen gelegt ist, kann ich mir nit gut vorstelle, daß sie diese Leute wirklich schwer drückt. Wißt“, redete er vertraulich zum Reimser, „wie eine Kette beschwere kann? Einschneide tut sie, daß es das Fleisch aufreißt. So hab' ich's einmal gespürt, als sie mich in den Turm gesetzt hatten – um die Handgelenke und die Füße Eisen geschlage –, weil ich in Schuld geraten war um den Zehnten – Gott verhüte, daß je so ein Eisen eure Haut ritzt, bis sie blutig wird und anschwillt.“

„Wie dieser Mensch daherschwatzt“, ereiferte sich Matthias, er war neben Anton noch sitzen geblieben, „bei Sankt Martin, unserem Schutzheiligen, dumme Reden sind das. Ein Bauer, der etwas von der Kunst verstehen will. Überlegt doch! Ich sage euch, ebensogut könnte man eine Kuh an die Tafel im erzbischöflichen Palast setzen!“

Der Reimser schwieg. Mit dem Erzbischof hatte er seine Arbeiten besprochen, mit der Fürstin. Auch mit dem Kaplan Antonius hatte er hier in der Bauhütte über das Werk geredet. Es war ihm selbstverständlich gewesen, daß der ihn aufgesucht hatte. Und das freundliche Einvernehmen schien das gleiche geblieben zu sein wie auf Theres. Der Reimser hatte ihn eingeladen, er möchte doch wiederkommen. Und noch das Wort des alten Johannes über seine Arbeit hörte er sich an, außer dem Urteil der anderen Mitarbeiter der Bauhütte. Er hatte sich daran gewöhnt, diese Menschen als die letzten Begutachter anzusehen. Nun waren da Männer gekommen, einfache Leute, und glaubten, man habe nur auf sie gewartet, ihre Meinung zu hören. Und sie schienen es in Ordnung zu finden, daß man ihnen einen Blick auf das neue Werk gewähre. Bei aller Bescheidenheit, so merkte der Reimser, waren sie wohl der Ansicht, daß man ihnen ihren Wunsch nicht abschlagen würde. Woher nahmen sie diese Sicherheit? Und dem Meister gefiel dieses Zutrauen. Aber er sträubte sich dagegen, anzuerkennen, dieser Einwand um die Kette bei den Verdammten sei so unrecht nicht.

Da war der Vorschlag: Zeigen wir ihnen den Christus vom Weltgericht, den Verklärten, im Entwurf. Mochte sein, der Paul oder der Gugel hatte ihn ausgesprochen. Gleichviel, wer auch immer den Gedanken aufgebracht hatte, der Schmied aus Mombach hörte es, und die anderen Bauern hörten es. Sie freuten sich, daß sie nun doch nicht abgewiesen werden sollten.

Auf brauste Matthias: „Wollt ihr Hüttengeheimnisse verraten? Der Plan ist nur für unsere Bauhütte geritzt. Keiner hat darin herumzuschnüffeln, der nicht zum Bau gehört! Bist ein schlechter Baumeister, Reimser, wenn du deiner Aufgabe, alle Pläne zusammenzuhalten, so nachkommst. Oder bist du so eitel auf dein Gekritzel, daß du es aller Welt zeigen mußt? Dann richte doch außerdem noch Entwürfe für Besucher her, die ihnen nichts über die Arbeitsweise sagen!“

Der Reimser bedachte sich. Gewiß, es wurde, solange er denken konnte, so gehalten: Ein Baumeister der Bauhütte wird gewählt, daß er alle Pläne für den Dom bewahre. Er war verantwortlich, daß nichts fehlte, nicht die Pläne für die Grundrisse, die Seitenrisse, für die Teilkonstruktionen an Türmen und Gewölben und Pfeilern und Toren und nicht die Entwürfe aller Bildwerke. Außer diesen maßstabgerechten und wohlproportionierten Zeichnungen auf Pergament geritzt, das sie zuvor mit Bimsstein geglättet und mit Knochenmehl imprägniert hatten, gab es in der Hand des Baumeisters noch die Entwürfe zur Ansicht für Besucher. Für die Menschen, die es zu Spenden für den Bau zu gewinnen galt, lagen Pergamente oder Holztafeln bereit, ohne die Sonderbezeichnungen für den Arbeitsvorgang, ohne Angabe der Maße, aber gefällig fürs Auge und in der Ansicht verständlich. Es war jedoch von keiner der Arbeiten des Reimsers ein derartiger zweiter Entwurf vorhanden. Auch der Babenbergerin hatte er damals die Pergamente aus den geheimen Plänen der Bauhütte gezeigt. Dazu hatte Matthias geschwiegen, im Glauben, das geschehe im Einverständnis mit dem Erzbischof. Jetzt aber, da der Reimser es erwog, die neuen Entwürfe diesen unverständigen Bauern zu weisen, hielt Matthias nicht mehr an sich.

„Du glaubst wohl, Reimser, weil du uns durch deine Lehrzeit in Frankreich was voraus hast, du hättest auch in den Rechten was voraus und du könntest mit den geheimsten Plänen der Bauhütte umgehen wie du willst? Kannst sie dem und jenem zeigen, der gerade kommt? Weißt du, was man dazu sagt? Das ist Verrat!“

Der Reimser nahm den Kopf hoch, sah Matthias an, erstaunt. „Ärgert's dich, daß die Frau einmal die Pergamente gesehen hat?“

Matthias überging die Frage. „Ich will nicht, daß diese Leute hier ihre Nasen in unsere Pläne hineinstecken!“

Ulrich, der Schmied, zog bei dem Streit der Meister ein enttäuschtes Gesicht. Da redeten sie um geheime Pläne und um Verrat, und sie zerredeten sein Gefühl der heiligen Scheu vor den Werken der Meister, daß in ihm nichts blieb als eine große Verlegenheit, wieso sie eigentlich so von Begeisterung erfüllt hierhergekommen waren. Noch drückender war diese Enttäuschung als gestern vor dem Kaiser, da der nicht einmal einen Blick auf sie verwandt hatte. Vom Kaiser hatte er es im Grunde nicht anders erwartet.

„Gugel!“ Statt einer Antwort an Matthias rief der Reimser den Gesellen. „Geh in die Hütte, du kennst die Stelle, wo die Pläne liegen. Nimm den letzten, den Entwurf für das Relief vom Christus im Weltgericht, und bring das Pergament her!“

Matthias stand von der roh zurechtgezimmerten Holzbank an der Schattenseite der Hütte auf, wollte sich ohne ein Wort zum Gehen wenden. Da redete ihn der Reimser an: „Du weißt nicht, Matthias, ob diese Männer in ihrem Leben je wieder hierher zum Dom kommen. Du magst von mir halten, was du willst. Ich zeige ihnen, wonach sie verlangen.“ Mehr noch als der Widerspruch Matthias' reizte ihn das stumme Abwarten Antons; tut er's oder tut er's nicht. Und noch eins war. Er wollte es sich selbst nicht eingestehen. Es hätte ihn lange in seinen Gedanken nicht losgelassen, hätte er den Schmied, der so voll Vertrauen gekommen war, mit seinem enttäuschten und traurigen Gesicht gehen lassen. Auch war er jetzt neugierig geworden, was diese Leute über seine Arbeit sagen würden, die noch niemand beurteilt hatte.

Ungehalten und doch befriedigt ging Matthias. Da war dieser Reimser also doch so unüberlegt und zeigte den Entwurf. Dieser Mensch dachte mehr an fremde Bauern als an die Mitarbeiter der Bauhütte. Wer weiß, ob die Bauleute sich nicht darüber empören werden, wenn das bekannt wird. Und es wird bekannt werden. Matthias lächelte. Vielleicht werden sie dann ihm das Vertrauen geben, daß er die Verantwortung für die Pläne erhält.

Der Reimser nahm dem Gesellen das Pergament ab, reichte es dem Schmied aus Mombach. Die anderen sahen ihm über die Schultern.

Und Christus, der Verklärte, thront zwischen der knienden Maria und dem knienden Johannes.

Ulrich, der Schmied aus Mombach, schwieg betroffen. Auch die anderen, die mit ihm gekommen waren und ihm über die Schultern gesehen hatten, wagten nicht, etwas zu sagen. Ulrich war beschämt. Da zeigte ihm nun dieser Mann seine Arbeit, und er, der Schmied, sagte nichts dazu. Aber er fühlte auch ängstlich, daß ein Wort von ihm oder von einem anderen diesen feierlichen Hergang, da sie doch Einsicht in das Werk nehmen durften, zerreißen würde. In seinem Inneren bewegte ihn vieles. War der Verklärte wirklich so menschenfreundlich und gütig? Wie konnte er so gelassen den grauenhaften Schnitt in seinem Fleische über dem Herzen zeigen? Dieser Christus war so in sich sicher, daß Ulrich noch einmal schauen mußte, wie kam das? War das die Antwort, daß der Verklärte bei seinem Vater ist und doch bei den Menschen? Woher wußte der Meister diese Antwort? Den Johannes besah er sich, wie er in seinem Lammfell links vom Verklärten kniete. Und in seiner Haltung entdeckte Ulrich etwas, das ihn erstaunte. Dieser Johannes betete nicht nur, er schien auch zu fordern. Nachdenklich schaute der Schmied auf die Maria. Da war nun diese Frau durch größtes Leiden gegangen. Schwert um Schwert hatte ihr Herz durchbohrt. Und doch kniete sie hier: jung, unberührt, schön, nicht verzerrt vom Grauen und nicht verwelkt im Kummer. Kannte der Meister auch dieses Geheimnis um die ewig junge Mutter? Er, Ulrich, wollte beim ersten Blick auf die Gestalt ausrufen: „Nein, Meister, das stimmt nicht! Wo sind denn die Tränen bei dieser Frau?" Aber er sah länger hin, so lange, bis es ihm verständlich wurde, was der Meister sagen wollte: Seht her, sie hat geweint. Aber sie hat ihre Tränen überwunden, daß sie bereit sei für die hohe Freude: Jesus ist verklärt. Jetzt ist er der Herr des Himmels und der Erde. Und die Tränen sind das Letzte nicht.

Beide Hände wollte der Schmied dem Reimser geben, wollte ihm sagen: Recht hat der alte Johannes, das da wird wirklich viel schöner als alle Geschenke aller ausländischen Gesandten an den Kaiser. Danken wollte er ihm, daß er sie das schauen ließ.

Da nahm ihm der Reimser das Pergament aus der Hand.

Er war enttäuscht, daß nicht einer von den Männern, die ihn so eindringlich gebeten hatten, ein Wort verlor. Er sah nicht ihre verlegene Scheu und das glücklich ungläubige Staunen in ihren Augen über das, was sie eben gesehen hatten. Er brachte das Pergament selbst zurück in die Bauhütte zu den anderen Plänen. Er kam nicht wieder heraus. Vielleicht hatte Matthias doch recht. Sie verstehen nichts davon.

VON DEN TUGENDEN UND DEN LASTERN

Eine aber, die würde seine Arbeit verstehen. Sprechen würde sie zu ihm darüber, und an ihrem Gesicht würde er erkennen, ob das Werk gut sei oder nicht gelungen. Da saß der Reimser nun vor den Haufen an Plänen, die von Baumeister zu Baumeister durch die Jahrhunderte, die sie am Dom gebaut hatten, auf ihn gekommen waren. Und er hatte seinen neuen Entwurf dazugelegt: den verklärten Christus.

Leere war in ihm und Zweifel. Warum gab es niemanden, den er fragen konnte, einen, der nicht nur das Äußerliche beurteilte, ob auch die Form recht sei und ob man auch den Stein glatt danach behauen könne, ohne zu viele Kanten; einen, der auch das Innere erschaute, die nicht greifbaren Zusammenhänge. Er erinnerte sich, wie er auf Theres von der Maria gesprochen hatte. In Gedanken sah er das schmale Gesicht der Fürstin Gertrude vor sich, wie sie aufgehorcht, gelächelt und verstanden hatte. Er dachte an ihre dunkle Stimme, wie sie ihm gesagt hatte: „Ich wünschte, Ihr brächtet den heiligen Martin zu Pferde in Stein!“ Gut wäre es, diese Stimme zu hören, wie sie über die neue Arbeit urteilen würde. Nötig wäre es. Vor dem Haufen an Plänen saß der Meister und sann nach über diese Stimme und über dieses schmale Gesicht. Vergaß dabei, wie bitter und unnütz die Tage auf Theres verstrichen waren, erinnerte sich nicht mehr an die ohnmächtige Dumpfheit, mit der er in der Nacht des Reichsfestes um den erzbischöflichen Palast gelaufen war. Er hatte gewußt, sie, die Babenbergerin, saß mit dabei unter den Feiernden und Fröhlichen und Lachenden und Schmausenden – und er war draußen ruhelos umhergelaufen. Er wollte sich nicht erinnern, wie er in seinem Wunsche, sie wenigstens zu sehen, schließlich mit dem Türhüter gesprochen hatte, und wie er höhnisch von ihm abgewiesen worden war: „Jetzt könnt Ihr wegen Eurer Arbeit die Fürstin nicht belästigen. Und es wäre auch dumm, wenn Ihr warten wolltet, bis sie herauskäme. Die da drin sind alle wie eine große Familie – und jeder andere ist nur ein fremder Zudringlicher, der stört!" Ein Zudringlicher, der stört. Auch dachte er nicht an den Kaplan, an sein Wort: „Ihr könnt Euch freuen, daß meine Ohren nicht die Ohren des Erzbischofs sind." Er überlegte nicht, daß diese lachend hingesagte Nichtigkeit zu einer Drohung gemacht werden könnte. Er dachte nur an ihre Stimme. Und der Gedanke wurde unerträglich, schneidend. Er mußte sie hören. Noch heute.

Behutsam rollte er das Pergament mit dem Entwurf vom verklärten Christus zusammen, steckte es unter Jacke und Hemd. Zeigen wollte er ihr seine Arbeit. Fröhlich wurde er bei dem Gedanken an sein Vorhaben. Und er beschloß, gleich aufzubrechen, ohne Verzug. Dann konnte er noch am Abend dort sein. Wenn er so unvermutet käme, würde er sehen, mit wem sie zusammensaß, und er würde an ihrem Gesicht erkennen, ob sie über sein Eintreten erschrak oder ob sie sich freute. Und dann würde er sein Pergament vorholen, das er auf dem langen Weg zu ihr an seinem bloßen Leib getragen habe würde. Abwägend würde sie ihre Blicke über die drei Figuren hingehen lassen. Und er würde ihr sagen: Seht, Herrin, diese drei Gestalten sollen so ausgerundet werden, daß sie aus dem Relief in ihren körperlichen Formen hervortreten, so wie ich es schon bei den Seligen und den Verdammten versuchte. Und er würde zu ihr davon sprechen, wie er die Art, Bilder, ja ganze Handlungen in ein Relief zu bringen, das erstemal in seiner Lehrzeit in Amiens kennenlernte. Der Reimser lächelte vor sich hin, als er nachsann, was sich die Steinmetze dort am Bau der Kathedrale erlaubt hatten. Und es freute ihn die Überlegung, auch davon der Fürstin zu erzählen.

Seht, Herrin, würde er ihr sagen, ich weiß nicht, ob es damals in Amiens vor allem die Bauleute waren, die anfingen, dieses und jenes an den Wundern zu bezweifeln, und die auch den Teufel und die bösen Geister in der Gestalt von Tieren weniger fürchteten. Wie dem auch sei, Steinmetze waren es jedenfalls, die in ihren Arbeiten über ihr Denken, das sich einigen Dingen gegenüber geändert hatte, nicht schweigen. Der Teufel verlor dabei sein dämonisches Aussehen, und seine erschreckende Fratze wandelte sich in das Gesicht eines Bösewichts, wie er einem unter den Menschen jeden Tag begegnen kann. Diese Aufgabe war nun den Amienser Steinmetzen gestellt: die Tugenden und die Laster greifbar vor Augen zu bringen. Sie meißelten dafür nicht lächelnde Jungfrauen und Tiere mit abschreckenden Fratzen, sie meißelten etwas anderes: Bilder. Und jedes Bild zeigte eine Handlung. Und jedes Bild war sehr deutlich.

Der Reimser überlegte sich, wie er seine Worte zu setzen hätte, um der Fürstin die Vorgänge auf den Reliefs greifbar vor Augen zu bringen. Seht es Euch an, da sitzt eine wohlansehnliche Edelfrau auf einem zierlichen Stuhle. Zu ihrer Bequemlichkeit steht vor ihrem Sitz ein Fußbänkchen. Ihr Schapel ziert ordentlich das stramm gerichtete Gebände. Der Gürtel liegt eng um ihren Leib, daß die Formen der Brust gerundet hervortreten. Ein junger Diener eilt herbei, trägt ihr ein feingeschliffenes Glas mit Wein zu. Und die Edelfrau tritt ihn vor den Bauch. Sie hebt dabei ihr Bein hoch genug, daß ihr Fuß auch die empfindliche Stelle um den Magen treffe. So kannten die Steinmetze die Lebensart dieser Leute: Der Arme wird getreten.

Er würde sich nicht auf irgendeine Frage der Frau

Gertrude einlassen, er würde ohne zu zögern von einer anderen Begebenheit auf einem der Reliefs an der Kathedrale in Amiens berichten: Ein Hase läuft über den Weg. Und – daß es den lieben Gott erbarme – wie sehr erschrickt doch der bis über die Haare seines Hauptes gepanzerte Ritter vor diesem harmlosen Tierchen. Und in ganz Amiens und weit darüber hinaus wußte man Bescheid: Es kann nicht mehr besonders bestellt sein um den Ruf des Ritters und um sein Ansehen, wenn – schon ein bescheidenes Häschen genügt, ihn furchtbar zu erschrecken. Wieviel größer aber wird der Schrecken sein, wenn es eines Tages nicht nur Hasen sind, die seinen Weg kreuzen.

Oder, da ist ein Bischof, sehr aufgeblasen, sehr von sich eingenommen, gleichzeitig aber auch sehr auf seinen Magen bedacht und auf seinen Geldsack. Man weiß von ihm, er gehört zu denen, die ihr Amt nicht nur um des Wortes willen ausüben. Diesem wohlbeleibten Mann nun stellen die Amienser Steinmetze einen Burschen geringer Herkunft gegenüber, der offensichtlich dem in seinem Amte ungetreuen Bischof ohne jede ehrfürchtige Scheu gegenübertritt und mit ihm unwillig spricht. Seht, Frau Gertrude von Babenberg, würde er ihr sagen, es gibt auch Menschen, die das wagen.

Und wenn sie es auch nicht hören wollte, dann würde er sie an den Satz der waldensischen Brüder erinnern, den er ihr auf Theres gesagt hatte, den Satz, daß es nötig sei, daß die Geistlichen um ihrer eigenen Notdurft willen selbst arbeiten sollten, wenn sie wirkliche Geistliche bleiben wollten.

Und er würde der Babenbergerin vielleicht über noch ein Relief berichten. Darüber würde er allerdings nur erzählen, wenn der Kaplan Antonius nicht dabei wäre.

Ein Mann verläßt sein Kloster. Er will dieses Leben einer falschen, nach außen gekehrten Armut nicht mehr weiterführen. Er wendet dem düsteren Steinbau, in dem so viel Verlogenes vor sich geht, den Rücken. He, da fällt ihm etwas ein. Er kehrt noch einmal um. Nicht, daß er sich noch vom Abt verabschieden wollte, nein, er vergaß etwas anderes. Die Kutte streift er ab, und die Sandalen zieht er von den Füßen, legt alles säuberlich vor das Klostertor. Merken sollen die dort drin, daß er sie völlig ablehnt, mitsamt ihren Kutten und Sandalen.

Und wenn sie ihn fragen sollte: Dann müssen die Amienser Bauleute doch Ketzer gewesen sein?, so würde er ihr antworten: Dann müßten ja die geistlichen Bauherren, für die sie arbeiten, selbst der Ketzerei angeklagt werden, da sie solche Werke an ihren Gotteshäusern duldeten. Und in ihr schweigendes Nachdenken hinein würde er sagen: So viel wagten die doch so geringen Steinmetze in Amiens zu sagen – sie sagten es, weil es an der Zeit war.

Ja, er würde sagen, weil es an der Zeit war, um sie nicht zu erschrecken. Aber er wußte, daß er eigentlich sagen sollte: Weil da nicht ein einzelner Steinmetz sich diese Geschichten ausmalte. Es war die Meinung vieler Leute aus dem gemeinen Volke. Daraus erst, was bereits gewachsen war, nahmen die Steinmetze ihre Vorbilder. Und es wird weiterwachsen. Langsam. Aber es wird wachsen.

Der Reimser wiegte seinen Kopf. Ob diese Frau auf dem Theres würde lachen können? Dann müßte sie die ihresgleichen auslachen.

Von draußen her klangen die Rufe der Bauleute. Er horchte auf. Sie gingen nach der Mittagsrast wieder an ihre Arbeit. Er wollte noch heute den Block für das Relief der Verklärten roh behauen. Der Gugel sollte ihm dabei zur Hand gehen. Und die nächste Zeit war für das genaue Ausmeißeln bestimmt. Diese Arbeit drängte ihn. Er überdachte sie abwägend. Das Gesicht des Verklärten galt es bis in die geringste Einzelheit sorgfältig auszumeißeln. Besonders achtsam müßten die Augen ausgeführt werden. Ihre Blickrichtung würde dem Ganzen das Gepräge geben. Um keinen Deut dürften sie etwa schräggestellt sein. Ein falscher Schlag schon bei der Vorarbeit könnte alles verderben.

Er griff sich den Entwurf unter dem Hemd heraus, ihn noch einmal mit der inneren Schau zu vergleichen. Den Gugel rief er sich heran, ihm genau zu erklären, wie er alles vorbereiten solle, bis er wieder zurück sei. Er redete auf den Jungen ein, redete sich heiß. Der begriff verständig, holte die Geräte zum Messen und Ritzen und Meißeln heran. Der Reimser ließ sie sich reichen, dem Gugel zu weisen, was der Stein für Griffe verlange, geriet in Eifer, legte den Meißel nicht wieder beiseite, werkte, ohne viel aufzusehen, bis es dunkel wurde und der Gugel Feuer für die Fackeln schlagen mußte. Der Meister wußte, er wird jetzt nicht aufbrechen, zur Burg Theres zu laufen. Er konnte nicht. Heute nicht und auch morgen nicht, so lange nicht, wie ihn die Arbeit nicht losließ. Er würde ihr später von den Amienser Bauleuten berichten. Und sie sollte dann auch die Arbeit, den Verklärten, nicht im Entwurf, sondern ausgeführt in Stein sehen.

Es sei denn, sie käme vorher selbst.

Gertrude von Babenberg kam nicht.

Es fand sich jedoch nach einigen Tagen der Kaplan Antonius auf dem Bauplatz ein. Er wollte beim Reimser den versprochenen Besuch nachholen, und er wollte sich verabschieden. Die Fürstin wünschte das Mainzer Erzbistum kennenzulernen, und der Kaplan sollte sie auf der Reise begleiten.

Antonius ging mit etwas zwiespältigen Gefühlen zur Bauhütte. Ein merkwürdiger Vorfall mit der Frau Gertrude hatte ihm viel zu denken gegeben. Und er war sich noch nicht klargeworden, wie er ihre Worte einschätzen sollte. Nach dem Reichstag waren einige der Fürsten und Herren noch als Gäste beim Erzbischof Sifrid geblieben, auch die Babenbergerin. In diesen Tagen war Antonius häufig zum Reimser gegangen, und er hatte sich von dem Baumeister dieses und jenes zeigen lassen, hatte sich die handwerklichen Ausdrücke wohl gemerkt. Auf der Reise mit der Fürstin könnte es nichts schaden, wenn er auch mit Bauwerken Bescheid wüßte. Nun waren auch diese letzten Feierlichkeiten zu Ende gegangen, und Gertrude hatte ihren Kaplan gefragt, womit er denn seine Zeit verbracht habe. Da hatte er von seinen Gesprächen mit dem Reimser berichtet. Und sieh an, die Fürstin war sehr nachdenklich geworden, fast konnte man meinen, betreten. Und sie hatte mit einem leisen Erschrekken gesagt: „Oh, der Meister! Und ich habe die ganze Zeit über nicht ein einziges Mal an ihn gedacht!" Sie hatte den Kaplan gedankenvoll angesehen, hatte gemeint: „Ich sollte etwas tun. Ja, wirklich, ich sollte etwas tun!" Und sie hatte es dem Antonius in einem Tonfall gesagt, als fühle sie sich schuldig.

Das wurmte ihn noch jetzt, als er über den Bauplatz ging. Wie war es möglich, daß die Fürstin solche Überlegungen anstellen konnte. Dann mußte sie sich diesem Meister auf eine Antonius unerklärliche Art verbunden fühlen. Er grübelte lange darüber nach. Und je mehr er grübelte, desto unerfreulicher erschien ihm dieser sogenannte Reimser überhaupt. Und all die Dinge, die der Baumeister ausgesprochen oder nicht ausgesprochen hatte, bekamen jetzt ein anderes Gesicht. Der Kaplan bedachte sich: Antonius, sei nicht ungerecht, was gilt denn schon aufs große und ganze gerechnet dieser lumpige Steinmetz. Du wirst ihn heute wahrscheinlich das letztemal sehen, du wirst Abschied nehmen. Du wirst ihm erzählen, daß du mit der Fürstin reisen sollst, und wenn du den Kummer, den Ärger, die Erregung oder was auch sonst in dem Gesichte des Reimsers siehst, dann wirst du ihm wie zum Troste die alte Weisheit auftischen. Sieh, Reimser, auch bei den edlen Damen ist es so: Aus den Augen, aus dem Sinn. Du wirst sorgen, Antonius, daß du mit einem guten Wort von ihm gehst. Das schickt sich besser.

Wie er seinen versöhnlichen Gedanken nachhing, trat ihm der Meister Matthias in den Weg. „Gut, daß ich dich sehe, Kaplan, hast du ein wenig Zeit für mich?"

Antonius blieb stehen. „Wenn es wirklich nur ein wenig

ist, ich will den Reimser nicht unnötig lange auf mich warten lassen. Was soll's?"

„Ich möchte dich etwas fragen." Matthias sprach leise und langsam, als müsse er sich jedes einzelne Wort genau überlegen. „Aber nicht hier, mitten auf dem Platz."

„Warum denn nicht?"

„Man könnte uns sehen und über uns reden. Komm mit in den Dom, ich weiß eine Nische, wo wir ungestört sprechen können."

Antonius, neugierig geworden, ging mit. Er fragte nichts. Er wartete ab, was der andere vorbringen würde. Sicher kannte sich Matthias in dem großen halbdunklen Raume aus, er schritt voran, auf den südöstlichen Flügel zu. Er sah sich nicht um. Er hörte aus dem Aufklatschen der Sandalen auf den Steinboden, daß der Kaplan ihm folgte. Gewissenhaft bekreuzigte sich Matthias vor jedem Heiligenbild.

„Kaplan", redete er endlich Antonius an, „was geschieht mit mir, wenn ich einen anzeige?"

Antonius lächelte ungewiß. „Was meinst du? Einen der Inquisition melden?"

Matthias nickte und fragte noch einmal: „Was geschieht dann mit mir?"

Sehr sachlich antwortete Antonius: „Du kannst belohnt werden."

Unbehaglich zuckte Matthias mit den Schultern. „Kann, was bedeutet das, kann? Ich will wissen, Kaplan, komme ich dann ins Fegefeuer?"

Überrascht blickte Antonius auf den Mann, der da unter einem Bilde der Maria stand. „Ins Fegefeuer? Dafür? Soweit ich alle Verordnungen kenne, steht dafür niemals eine Bestrafung aus. Es ist doch gut und löblich, wenn du einen Ketzer anzeigst!"

„Du verstehst mich nicht recht, Kaplan; das ist gar nicht so einfach. Ich weiß ja nicht, ob er wirklich ein Ketzer ist –"

„Das wird die Untersuchung ergeben!"

„Halt, nicht so schnell, Kaplan, wir sind noch nicht beim Untersuchen. Ich will wissen, ob ich mich schuldig mache, wenn ich diesen Menschen anzeige."

„Du hast doch gehört, es ist erwünscht", sagte Antonius etwas ungeduldig über das umständliche Fragen.

„Ja, aber – wenn es einer ist, mit dem ich täglich zusammen arbeite?"

„Dann müßtest du es doch eigentlich ganz gut wissen, ob er ein Ketzer ist oder nicht."

„Oh, oh, oh, Kaplan, unterschätze den Mann nicht. Der hat einen klugen Kopf. Nicht einmal wenn er betrunken ist, sagt er dumme Dinge."

„Dann wird er auch nicht so dumm sein, sich mit der Ketzerei einzulassen."

„Sage das nicht, Kaplan, dazu gehört heutzutage schon Mut. Und gerade, weil der sehr klug ist – oh, was rede ich denn – ich meine, ich wollte sagen –"

Antonius erkannte jäh, über wen der andere redete. Der andere hatte es ausgesprochen: Er ist ein Ketzer – dieser Reimser. Er schloß eine Weile die Augen, als hätte ihn ein Schlag betäubt. Das war es, was er unbewußt gefühlt hatte.

Er blickte auf den Meister Matthias, sah weg von dem fragenden Mann vor ihm, schaute hin an die Wand zum Bildnis der Maria. Heilige Mutter Gottes, steh mir bei – jetzt ist er in meiner Hand. Ich habe einen Menschen in meiner Hand. Ich brauche nur zum Erzbischof zu gehen. Er machte mit der rechten Hand eine Faust, hielt sie sich vor die Augen. Ich müßte mir die schwarzen Haare auf dem Handrücken ausreißen, dachte er ohne Zusammenhang, dann würde die Hand besser aussehen. Daher also wußte dieser Mann in seiner Geschichte auf der Burg Theres so erstaunlich gut mit den Sätzen der waldensischen Brüder Bescheid. Antonius wandte sich an Matthias: „Hör zu, was ich dir jetzt sage." Er sah dem anderen eindringlich in die Augen. „Der Mann, von dem du nicht weißt, ob er ein Ketzer ist, hat Amiens gesehen und Reims?"

Matthias nickte eifrig. „Jaja, das hat er.“

„Wenn das so ist, dann rate ich dir, zu vergessen, was du mir über ihn gesagt hast – und sagen wolltest. Und ich rate dir, zu niemandem darüber zu sprechen. Bei dem Heil deiner Seele rate ich dir das.“

Matthias war verwirrt. „Ich verstehe dich nicht, Kaplan.“

Antonius erwiderte mit einem gewinnenden Lächeln: „Ich habe dich sehr gut verstanden.“ Er trat aus der Nische, verließ den Dom, ohne sich nach dem Meister Matthias umzuschauen. Er ging nicht hinein in die Bauhütte, den Reimser noch einmal zu sehen und sich von ihm zu verabschieden. Er fürchtete, wenn er dem Baumeister gegenüberstehe, dann könnte ihm sein Entschluß leid werden. Er fühlte sich, wie er seinen Weg über den weiten Bauplatz zurück zum erzbischöflichen Palast nahm, sehr ruhig. Aber er spürte keine Freude über seine innere Ruhe. Eher empfand er eine leise Verlegenheit. Antonius, wies er sich selbst zurecht, Antonius, bist du etwa feige, daß du ihm nicht noch einmal die Hand reichen magst? Und er besah sich aufmerksam die Handrücken seiner Hände. Ich werde die Härchen ausreißen. Jetzt erst merke ich, wie unschön sie wirken. Sie ärgern mich.

EIN MANN IST AUFERSTANDEN

Es gab etwas, worüber der Reimser sich gern mit dem Kaplan unterhalten hätte. Aber Antonius war weggeblieben, und er hatte lange Zeit nichts mehr von ihm gehört. Er wußte lediglich, daß man sich erzählte, der Kaplan begleite die Frau Gertrude auf einer Reise. Jetzt fehlte ihm dieser Mann, er vermißte seine abwägenden Worte, sein Lächeln, in dem manchmal ein leiser Spott aufblitzte, sein abwartendes, oft herausforderndes Schweigen. Er hätte gern mit ihm darüber gesprochen: Wie sieht ein Mensch aus, wenn er auferstanden ist. Er wäre gewiß in Streit mit ihm darüber geraten, aber es wäre ein aufmunternder Streit geworden, der seine Arbeit gefördert hätte. So dachte er nun über dieses Problem unaufhörlich nach: Wie kann ich diesen Vorgang, wie kann ich das kaum Begreifliche sichtbar machen – und nicht nur sichtbar, wie kann ich es glaubhaft zeigen? Und wenn es glaubhaft sein soll, dann muß es auch verständlich sein.

Auch der alte Johannes kam nicht auf den Bauplatz. Der Reimser wunderte sich darüber, doch er meinte, daß der vielleicht krank geworden sei. Und er redete sich ein, der Alte werde gewiß über ein kurzes wieder zur Stelle sein.

Da tauchte eines Tages ein neues Gesicht auf dem Bauplatz auf. Der fremde Mann, ein junger Dominikaner, machte sich mit den Baumeistern bekannt: der neue Sekretär des Erzbischofs, Andreas von Sale. Er besah mit klugen Augen das Bauwerk, kannte sich auch in neuen Konstruktionen aus, begriff rasch den Plan für den Westlettner, fragte interessiert nach den einzelnen Bildwerken. Der Reimser antwortete ihm zögernd und auch etwas mißtrauisch. Wer, überlegte er sich, hat mir diesen jungen Mann hergeschickt, mich auszuhorchen. Andreas spürte die Zurückhaltung des Meisters, ging.

An einem der nächsten Tage kam er jedoch wieder, beschaute sich lange die Reliefs der Seligen und der Verdammten, befragte wieder den Reimser um viele Dinge, warum er den Stein gerade so behandelt habe, verglich mit anderen Bildwerken aus Frankreich, und er ließ sich nicht abschrecken, wenn der Meister ihm nur kargen Bescheid erteilte. Der Reimser merkte aus der sachlichen Teilnahme an dem Fortgang der Arbeiten, dieser schmalgesichtige junge Mann verstand etwas von dem Fache. Und da Andreas den Meister sehr häufig in seiner Werkstatt besuchte, und da er auch schweigen konnte, wenn er sah, daß der Meister in seinem Werke befangen war, gewöhnte sich der Reimser an den Sekretär. Einmal fragte er den Andreas, woher er denn so gut Bescheid wisse um Bildwerke und um Bauwerke. Freude spürte der Sekretär darüber: Sieh da, jetzt endlich hat er das Mißtrauen beiseite gelassen, und er will auch einmal etwas von mir wissen. Mit Eifer berichtete der junge Mann ihm von Paris.

Lange Jahre hatte er an der Hochschule zu Paris sich bemüht, die Zusammenhänge zwischen der Philosophie des Aristoteles und der Lehre der Kirche zu erkennen. Und er hatte entdecken müssen, daß es sehr schwer war, zur Wahrheit zu finden. Erregt hatten die Schüler sich in verzweifeltem Streit heiß geredet; längst hatte der Professor das Vortragspult verlassen. Wenn die Lehre der Kirche die Auferstehung als unumstößliche Wahrheit behauptete und wenn die Philosophie diesen Satz bezweifelte, so sahen sich die Schüler an der Pariser Hochschule verwirrt um: Wo lag dann die Wahrheit?

Anderntags wandten sie sich an den Professor, er möge Helle in ihre Verworrenheit hereinbringen. Und der kleine Mann, der Schwabe Albert von Bollstädt, führte in einem wohlangelegten Vortrag alles an, was sich nur gegen den Satz der kirchlichen Lehre einwenden ließ. Die Schüler horchten auf. Zu dieser Wahrheit also wies sie der Lehrer. Dann aber beendete der Professor seine Beweisführung: „Und doch ist es so, wie es in der Heiligen Schrift steht: weil Gott es so will – eigentlich aber, weil die Kirche es so lehrt."

Und die Schüler wurden wieder unsicher, standen nach wie vor zwischen zwei Wahrheiten. Da verlas ihnen Albert von Bollstädt ein Schreiben von Seiner Heiligkeit selbst, dem neunten Gregor:

„An die Doktoren der Theologie zu Paris! Zieht nicht aus Eitelkeit die Philosophie Eurer Wissenschaft vor, die der wahre Geist des Lebens ist. Trachtet nicht danach, Scheingelehrte statt Gottesgelehrte zu sein. Und wendet Euch nicht von den himmlischen zu den niedrigen Elementen der Welt und Natur, denen der Mensch nur in seiner Kindheit diente. Diejenigen, die aber die Schulweisheit und die natürlichen Dinge ergreifen, bieten ihren Zuhörern nur Blätter der Worte, nicht Früchte. Irrig meinen sie, alles ergründet zu haben. Doch je mehr man aus diesem Quell, der kein Quell der Gnade ist, trinkt, um so durstiger wird man. – Es soll nicht die schönste aller Frauen mit erlogenen Farben geschminkt, die von ihrem Bräutigam herrlich geschmückte soll nicht mit dem zusammengeflickten Gewande der Philosophie bekleidet werden!"

Da war das Programm festgesetzt. Und Lehrer und Schüler hatten sich danach zu richten.

Es befaßte sich dieser kleine Mann aus Schwaben – von dem man sich die lächerliche Geschichte erzählte: So klein sei er dem Papst vorgekommen, als er ihm vorgestellt wurde, daß der neunte Gregor den Albert von Bollstädt zweimal ersuchte, doch nicht mehr zu knien; dabei stand er längst – dieser Mann nun befaßte sich, wenn er nicht Lehrsätze um die Wahrheit vortrug, doch mit den „niederen Elementen der Natur". Dann allerdings schloß sich der Dominikaner in seiner Studierstube ein. Merkwürdiges wollte man von den Dingen wissen, die er da trieb. „Der versteht es", so flüsterten die Schüler scheu, „Stimmen einzufangen, sie in ein beliebiges Gefäß, etwa in einen künstlichen Kopf, hineinzustopfen; und dann kann er sie sprechen lassen, wann immer er will." Ein Zauberer, sagten die Pariser und warteten darauf, wann er, der teuflischen Schwarzen Kunst überführt, vor aller Augen verbrannt werde. Doch niemand der einflußreichen Herren dachte daran, ihn zu verbrennen. Im Gegenteil, man förderte geschickt die Redewendungen, die den Dominikaner als Albertus Magnus bezeichneten; denn bei allem, was er lehrte, vergaß er nicht das Schreiben des Papstes. Darum war seine Lehre gut. Darum konnte man es auch ruhig mit anhören, wenn sie ihn den „Großen" nannten. Beschäftigte er sich nebenbei mit technischen Dingen, so war das auch nur gut und ließ sich gewiß bei

Gelegenheit nutzen. Also wurde er nicht zum Zauberer erklärt.

Das nun, was der kleine Schwabe in seiner abgeschlossenen Studierstube trieb, hatte Andreas weit anziehender gefunden als das, was ihm im Hörsaal vorgetragen worden war. Der Professor hatte sich den langen, hageren schmalgesichtigen jungen Mann aufmerksam besehen und ihn mit sich in seine Studierstube genommen. Es gefiel ihm sein Verständnis für die praktischen Dinge. Da lagen auf dem Fußboden, auf der Bank, auf dem Pult zahllose Pergamente in scheinbar heilloser Unordnung durcheinander. Albertus jedoch kannte sich in diesem Wirrwarr mit gewandter Sicherheit aus. Zeichnungen von Konstruktionen wies er seinem Schüler, maßgerecht hatte er sie aufs Pergament gebracht wie ein gelernter Bauhüttenmeister: Grundrisse und Seitenansichten von der Pariser Notre-Dame-Kathedrale, von der Kathedrale in Chartres, von der Abteikirche in Charlieu, von der Kirche Sankt Trophime zu Arles und nachgezeichnete Abbildungen von Figuren, von Reliefwerken, von Türsturzen, von Portalen. Dazwischen griff er seine Berechnungen über die Gesetze des Schalls heraus. Danach hatte er den Kopf konstruiert, um den die draußen von Zauberei flüsterten.

Von dieser Kunst des Professors, Konstruktionen im großen und im kleinen zu berechnen, war dem Schüler Andreas mehr im Kopfe geblieben als von den theoretischen Lehrsätzen. Sie erschienen ihm voller Widerspruch und öde. So nun, mit reichlicher Unklarheit über die letzten Fragen der Theologie und mit einem beobachtenden Blick für alles, was mit dem Wissen um Bauwerke zusammenhing, war er nach Mainz in die Kanzlei des Erzbischofs gekommen.

Der Reimser spürte das Aufrichtige in der Art, wie der Sekretär sich gab. Und sein Verdacht, der junge Mann sei gekommen, ihn zu bespitzeln, schwand.

Einige Tage nach Ostern im Jahre 1239 kam Andreas von Sale im Auftrage des Erzbischofs auf den Bauplatz. Er sollte sich über den Fortgang der Arbeiten unterrichten und herausfinden, ob der Westchor noch im Sommer dieses Jahres geweiht werden könnte. Sifrid lag daran, die Weihe möglichst bald vorzunehmen; denn wenn sich die Auseinandersetzung zwischen dem Papst und dem Kaiser weiter verschärfen würde, dann gäbe es wohl keine Zeit mehr, große Feste zu feiern, dann müßte auch das Geld für andere Dinge aufgewendet werden – etwa für Waffen. Bevor Andreas den Dom selbst mit allen Meistern besichtigen wollte, suchte er den Reimser in seiner Werkstatt auf.

Besorgt und etwas unsicher stellte der Meister ihm die Frage: „Stimmt das mit dem Kaiser?"

Andreas schwieg.

Da meinte der Reimser, er habe ihn nicht verstanden, und wiederholte: „Ist es wahr, daß der Papst über den Kaiser den Bannfluch ausgesprochen hat?"

„Ja", antwortete Andreas knapp. „Seine Heiligkeit hat den Leib des Friedrich dem Satan übergeben, damit die Seele gerettet werde."

„Was aber soll nun werden?" Fragend sah der Steinmetz den Sekretär des Erzbischofs an.

Andreas lächelte. „Nun, man muß erst einmal allen Leuten sagen, was ist. Viele glauben es noch nicht."

Eigentlich glaubte er, der Sekretär Andreas, es auch noch nicht so recht; nur mochte er das vor dem Reimser, der ihn, auf seine Kenntnisse vertrauend, fragte, nicht eingestehen. Auch fehlten sogar noch in der erzbischöflichen Kanzlei die amtlichen Bestätigungen für die Richtigkeit der Nachricht. Es kam keine genaue, deutliche Anweisung aus Rom. Und soweit das die Meldungen erkennen ließen, die aus den deutschen Ländern im Palast in Mainz eintrafen: Niemand schenkte der Botschaft, daß am Gründonnerstag der Bann über den Kaiser verhängt sei, rechte Beachtung. Solange also beim Erzbischof Sifrid noch kein klarer Bericht über den Stand der Dinge aus Rom vorlag, war nicht zu erwarten, daß der Eppensteiner mit seiner bisherigen Politik brechen würde. Darum auch kam heute sein Sekretär zu einem offiziellen Besuch auf den Bauplatz. Wenn er es bestätigt fand, daß die Weihe noch Anfang Juli vorgenommen werden könne, dann sollte er sich unverzüglich auf die Reise machen und dem König Konrad auf der Stauferburg Trifels die Einladung zur Chorweihe in Mainz persönlich überbringen. Noch war nicht abzusehen, wie sich der neue Schritt des Papstes gegen den Kaiser im Reich auswirken würde, noch war Konrad der rechtmäßige deutsche König und er, Sifrid von Eppenstein, sein Reichsverweser.

Andreas ließ sich noch nicht die Meister Matthias und Anton holen, die Verantwortlichen für die Konstruktionen des Raumes mit allen Pfeilern und Säulen und Wänden und Gewölben. Zunächst fragte er den Reimser, den Mann, der für die Bildwerke am Westlettner hergerufen war, ob er alles so weit bereiten könne, daß man um den Termin zur Weihe nicht besorgt zu sein brauche.

„Der Herr Erzbischof weiß es selbst durch meine Berichte, und Ihr habt es auch hier gesehen, die Arbeiten am Lettner sind noch längst nicht abgeschlossen – und das Hauptwerk, der Sankt Martin zu Pferde, ist noch nicht einmal endgültig im Entwurf festgesetzt."

„Dann kann also das Martinsrelief auch nicht zur Weihe aufgestellt werden?"

„Nein. Ich bin noch mit dem großen Weltgericht beschäftigt – ich kann nicht auf den Tag angeben, wieviel Zeit ich für ein Bildwerk brauche – und, wenn es in der Bauhütte fertig ausgemeißelt wurde, dann kann es geschehen, daß ich im Dom einen Fehler daran finde – und ich muß neu beginnen. Der Herr Erzbischof soll nicht drängen."

Andreas stand etwas verlegen vor dem Reimser. Er wußte, diese Arbeit am Lettner war kein handwerklicher Vorgang, diese Arbeit verlangte die Seele, verlangte innere Sicherheit. „Kann Euch irgendwie geholfen werden?" fragte er unbestimmt.

„Kaum. Ich bin etwas gehindert durch –" Der Reimser

brach im Satz ab. „Aber das sind Dinge innerhalb der Bauhütte.“

„Ich weiß“, der junge Mensch sah den anderen aufmerksam an, „einige aus der Bauhütte führen zweierlei Beschwerde gegen Euch. Einmal, weil Ihr den Entwurf des Verklärten den Bauern gezeigt habt, und zum anderen, weil Ihr die Pläne für die Verdammten und die Seligen der Fürstin Gertrude vorgewiesen habt.“

Schnell, erstaunt blickte der Reimser zu dem anderen auf. „Woher wißt Ihr das?“

„Fragt nicht danach. Wir wissen es. Und uns ist auch das berichtet“, er sprach nicht übermäßig laut, der Reimser mußte scharf hinhören, ihn zu verstehen, „beide Male sei der Johannes, der alte Mann, wohl mit der Urheber gewesen.“

„Nein!“ Aufgebracht rief es der Meister dazwischen.

„Und darum haben die anderen Meister, auch ohne Euer Beisein und ohne Euer Wissen und ohne Euch darüber Bescheid zu geben, dem alten Johannes die Weiterarbeit am Dome untersagt. Sie begründeten ihren Entschluß vor dem Erzbischof damit: der Johannes sei, verursacht durch sein Alter, etwas schwach im Kopf. Gefahr bestände, daß er durch ebensolche unüberlegten Handlungen wie damals bei dem Kaiser das Ansehen der Bauhütte beeinträchtige.“

„Darum also, darum“, der Reimser setzte sich schwer auf die Bank in seiner Werkstatt in der Bauhütte, „ist der Alte nicht mehr gekommen.“ Und er fuhr auf, heftig, laut: „So haben sie es gemacht? Nicht einer kam zu mir, nicht einer hat es mir gesagt! Und ich glaubte, er sei krank. Kümmere ich mich denn um die anderen, mit wem der Anton spricht, mit wem der Matthias? Was, zum Teufel, geht die das an, wem ich meine Entwürfe zeige – ja, ich weiß, das sind nicht meine Entwürfe, sie gehören der Bauhütte – aber ich frage Euch“, er hielt in seinem Lauf durch den Raum inne, blieb vor Andreas stehen, sah ihn eindringlich an, „warum haben sie nicht mit mir darüber gesprochen, warum haben sie mir den Johannes weggenommen – gewiß, er gehörte zu der

Gruppe der Bauleute des Matthias – aber er war doch oft bei mir in der Werkstatt – er verstand wie nicht einer von den Meistern über Bildwerke zu urteilen." Bitter wurde er. „Da habe ich nun vor mich hin gearbeitet und habe darüber alles andere und die anderen kaum beachtet – und während ich darüber nicht schlafen konnte, weil ich voll ängstlicher Sorge war, wird die Arbeit – wird sie gut –"

„Ja", unterbrach ihn Andreas. Mit klugen Augen sah der Junge auf den Reimser, wie der jetzt so aufgebracht vor ihm stand. „Glaubt mir, es gibt noch andere Leute, denen es nicht gefällt, wenn Euch Euer Werk so gerät, daß die kunstverständigen Leute aufmerksam werden. Während Ihr über Euerm Werk sinnt, suchen andere Euch alles aus der Hand zu schlagen, den Meißel, den Meßzirkel, den Ritzstift – am liebsten möchten sie auch die Hand dazu mit abschlagen."

Verständnislos schaute der Meister auf.

„Und das nicht nur, weil Ihr Bildwerke schaffen könnt, wie die Leute sie vorher nicht sahen, sondern weil Ihr Euch wohl auch darauf zu verstehen scheint, Geschichten gut zu erzählen."

Der Reimser schüttelte den Kopf, verstand nicht. Da sagte Andreas heraus, was er wußte. Ein merkwürdiges Gefühl überkam den Jungen vor diesem Mann, der ihm an Jahren um etliches voraus und an Können weit überlegen war. Wie der so erstaunt und verwundert und aufgebracht und ärgerlich vor ihm stand, da war es ihm, als müsse er ihm helfen, als sei der trotz aller seiner Fertigkeiten hilflos wie ein Kind. Und zum ersten Male in seinem Amt als Sekretär des Erzbischofs durchbrach er das Schweigen, zu dem er sich verpflichtet hatte. Er mußte einfach reden, da der andere nicht sah, was um ihn vorging.

„Erinnert Ihr Euch an den Kaplan Antonius?" fing er behutsam an. Der Reimser nickte. „Der hat über Euch an die Inquisition berichtet."

„Über mich?" fragte der Reimser, mehr verwundert als

erschrocken. „Antonius? Warum denn gerade Antonius?" Der Gedanke tat ihm weh. Der Schlag kam unerwartet. Er hatte sich sicher gefühlt, in seinem Vertrauen auf den Kaplan, er hatte geglaubt, daß er auf seiner Seite stände, daß auch er nicht immer einverstanden sei mit den strengen Anweisungen der Kirche. Darum hatte er ihm mehr als irgendeinem anderen erzählt – von Amiens, von Reims und, ja, auch von den Brüdern. Eine große Nüchternheit kam über ihn. Wie kindlich hatte er doch diesem Manne vertraut – und wie weit war er, der Reimser, noch entfernt von der Meisterschaft, wenn seine Kunst den anderen keine besseren Gedanken eingab – als Verrat. „Und warum hat dann die Inquisition sich noch nicht mit mir befaßt?" fragte er sehr sachlich den Sekretär des Erzbischofs.

Andreas sah in den Augen des Reimsers den Schmerz, und er ließ sich verleiten, wieder etwas zu sagen, worüber er Schweigen bewahren sollte: „Weil es bei Euch doch nichts zu gewinnen gibt. Seht einmal, das Vermögen der Verurteilten wird eingezogen. Und was besitzt Ihr? Kein Land, keine Güter, nichts. Sie wissen sehr wohl, daß sie bei einem Vorgehen gegen Euch nur verlieren würden – die neuen Werke, die Ihr noch schaffen sollt. Ich glaube, der Kaplan Antonius wird wenig Verständnis beim Herrn Sifrid finden – auch wenn er noch so dringlich wünscht, daß Ihr der Babenbergerin aus den Augen kommt."

Der Reimser sah Andreas frei an. „Was weiß da der Antonius von der Frau Gertrude und von mir. Nichts. Hört Ihr, Andreas, nichts! Nicht so viel, wie ein Regentropfen in der Gosse noch von der Wolke am Himmel kennt. Oder will er etwa wissen, um wie vieles schlechter mir jeder Meißelschlag gelungen wäre, wenn ich sie nie gesehen hätte? Euch bekenne ich, ohne mich vor Euch zu verstecken, vertrauliche Dinge, die ich nicht jedermann sagen würde: Diese Frau gehört mit zu meiner Arbeit – und so gehört meine Arbeit, gehört jeder Meißelschlag auch ihr."

Der junge Mann blickte lange zur offenen Tür der Hütte,

hinaus auf den Domplatz. Was muß er für ein Vertrauen zu mir haben, daß er mir das sagt. Und darum soll er das andere auch wissen. „Ihr fragt, was der Kaplan von der Frau Gertrude weiß“, gewollt leicht klang seine Stimme, „oh, ich denke, so ziemlich alles – sogar, daß sie es liebt, wenn Rosenblätter auf das Wasser im Holzzuber gelegt werden, während sie badet –“

Einen Schritt trat der Reimser auf den anderen zu, aufgebracht. Beschwichtigend hob der Sekretär beide Hände. „Hört zu, es darf sonst niemand erfahren: Es sollte der Kaplan genaue Berichte über die seiner Obhut anvertraute Frau Gertrude für den Erzbischof aufschreiben. Mein Herr fand jedoch keine Zeit dazu, die Blätter zu lesen, und gab sie mir zur Durchsicht. Daraus las ich das mit den Rosenblättern und noch anderes.“

„Weiß das der Erzbischof?“ fragte der Reimser heftig.

„Nein“, sagte Andreas langsam, „und ich bin mir auch nicht im klaren, ob ich es sagen soll – immerhin ist der Kaplan Antonius sein alter, vertrauter Mitarbeiter – einer aus unserem Orden.“

„Sie aber ist seine ...“

„Was?“ fragte der Sekretär schärfer, als er gewollt hatte.

Der Reimser zuckte mit den Schultern und schwieg. Und Andreas sah, daß er mit keiner Frage dieses Schweigen durchbrechen würde. Er, der junge Mann im hohen, geistlichen Amte, bedachte sich: Hatte er sich hinreißen lassen, diesem Laien zuviel zu sagen, war er zu unüberlegt gewesen, zu geschwätzig? Als schäme er sich plötzlich seiner Vertraulichkeit mit diesem Steinmetzen, äußerte er das Verlangen, in den Dom zu gehen, die beiden anderen Meister noch zu Rate zu ziehen, ob die Arbeiten bis Juli abzuschließen seien.

„Wie weit“, so begann er vor den beiden Meistern, dem Anton und dem Matthias, „sind die Bauarbeiten am Westchor?“

Matthias beeilte sich zu antworten, bevor der andere das Wort nahm: „Ich habe die Zeichnungen so weit und so genau abgeschlossen, daß ich denke, jetzt nach der Winterpause werden wir das Gewölbe zumauern können, was meinst du, Anton?“

„Ich glaube, es werden wohl noch etliche Monate darüber hingehen“, warf er bedächtig ein. „Bis wir damals das Haupthaus eingewölbt hatten, waren auch einige Jahre darüber hingegangen. Und du darfst nicht vergessen, Matthias, ein Teil vom westlichen Querschiff muß auch noch überwölbt werden ...“

Matthias ließ ihn nicht ausreden. „Ja, damals, zehn Jahre mögen das her sein, dauerte das wohl seine Zeit für das Gewölbe vom Langschiff. Es waren keine Hölzer da, keine behauenen Steine und auch nicht genügend Bauleute. Heute aber sieht's doch anders aus!“

Es stockte damals im Jahre 1230 nach dem Tode des Vorgängers von Erzbischof Sifrid der Bau; denn als der neue Erzbischof sich umsah, war das Finanzwesen im Erzbistum erschreckend durcheinandergeraten. Er konnte für den Weiterbau des Domes kein Geld beibringen, er konnte kein Holz heranschaffen lassen, keine Steine brechen lassen, er konnte keine Bauleute entlohnen. Peinlich wurde es ihm: Sollte er nicht am Dom des heiligen Martin ebenso die Baumeister und Steinmetzen arbeiten lassen wie alle seine Vorgänger – angefangen bei dem sagenhaften Bischof Willigis, der den Bau zwischen den Jahren 978 und 1009 errichten ließ. Da verstand es Sifrid von Eppenstein, neben den erhöhten Abgaben der Landleute und Bauern Geld zu machen: Wer zu den Bauarbeiten am Dom beisteuerte, dem wurde ein Ablaß auf vierzig Tage gewährt. Genug sündige Herren gab es in seinem Erzbistum; er konnte die Hüttenmeister werben, er konnte die Steinmetzen entlohnen, Langholz wurde von Pferdegespannen herbeigeschleift, in den Steinbrüchen am Main schlugen Tagelöhner Steine los – er, Sifrid konnte bauen.

Nach einigen zögernden Redewendungen meinten beide Meister übereinstimmend, der Termin zur Weihe brauche voraussichtlich nicht verschoben zu werden.

Mit heiteren und lärmenden Worten verabschiedete sich Andreas vom Reimser. Er tröstete sich selbst, dieser Ritt nach Trifels sei ja nur eine kurze Reise, der Reimser werde ihn sicherlich nicht vermissen, er habe ihn doch wohl meist bei der Arbeit nur gestört. Und wenn er zurück sei, so meldete er an, dann würde es ihm größtes Vergnügen bereiten, das neue Bildwerk, von dem sie so oft gesprochen hätten, vollendet zu sehen: das Bildwerk eines auferstehenden Mannes.

Der Reimser lächelte geduldig und wünschte dem Sekretär viel Glück für die Reise. Meinte, zur Weihe würde der Auferstehende schon fertig gemeißelt sein.

Aber trotz des guten Vorsatzes ging ihm die Arbeit nicht von der Hand. Er fühlte eine nie gekannte Angst, die Angst, das Werk werde nicht gelingen. Und dabei waren es nicht ausschließlich die Gedanken an die Arbeit, die ihn bedrängten. Er dachte an den Kaplan Antonius. Und Antonius trug mit einem Male das Gesicht des Mannes Konrad von Marburg. Wie der Reimser sich das wirkliche Gesicht Antonius' vorzustellen versuchte, gelang es ihm nicht. Es waren die Züge des Marburgers, die sich dazwischenschoben. Und wer auch immer an den Marburger denken mochte, der sah den Scheiterhaufen. Der Reimser überlegte: Wenn er, der Inquisitor – eh, Antonius, täglich mit der Fürstin zusammen ist, dann wird er ihr gar bald beibringen, daß dieser Steinmetz, den sie einmal als Gast zu sich eingeladen hatte, nichts weiter ist als ein elender Ketzer, den man am besten tottritt. Und wenn Antonius der Vertraute des Erzbischofs ist, dann wird er ihn immer wieder darauf hinweisen, daß sein Meister ein gefährlicher Mensch ist, den man besser unauffällig zur Seite schafft.

Und doch hatte er geglaubt, der Kaplan achte ihn – mehr, er verstehe ihn. Die Gedanken plagten den Reimser, lähmten ihn. Er arbeitete schlecht. Er ritzte den Entwurf zu dem Kopf eines Mannes, der aufersteht. Und es wurde der Kopf des Marburgers, entstellt von Haß. Frohe und schöne Augen sollten es doch werden. Und es wurden stechende, unmenschliche Augen in der Fratze eines Tieres. Der Entwurf widerte ihn an. Er zerschnitt das Pergament, warf die einzelnen Stücke weg. Er setzte sich nicht an einen neuen Entwurf. Er wußte, auch ein zweiter würde ihm nicht anders gelingen. Und die Angst blieb, es blieb die innere Unruhe. Es blieb aber auch die Forderung, einen Menschen in den Stein zu meißeln, der die Angst und die Unruhe überwunden hat, einen Menschen, der auch andere dazu bringen kann, die Angst abzulegen und die Unruhe zu vergessen. Was sollten ihm dabei diese widerlichen Entwürfe helfen, die nichts anderes waren als die Abbilder der Gesichte, die ihn in seinen Gedanken plagten. Er will sich nicht von diesen Fratzen narren lassen. Er wird es anders versuchen, er wird diese Gesichte überlisten. Er wird den Auftrag ausführen, ohne Entwurf. Er wird den Meißel in den Stein graben, ohne dabei einen vergleichenden Blick auf irgendein Pergament oder eine Holztafel zu richten. Er wird den Kampf mit allen diesen Teufeln, die an seinem Inneren reißen und zerren, antreten. Aber sie sollen ihm nicht das Gesicht seines Auferstehenden entstellen. Und dennoch wird dieser Mann nicht verlogen aussehen, denn diese Teufel werden doch alle bei ihm sein, und ihre Spuren werden ihn zeichnen. Und wie er sich den Sandstein aussuchte, ihn mit geschlossenen Augen befühlte, ob er fein im Korn sei wie die anderen, war er nicht sicher, ob er diesen Kampf gut bestehen würde.

In Paris hatten sich die Theologen und die Philosophen darüber auseinandergeredet, hatten die Schüler verwirrt: mit ihren Lehrsätzen um die Auferstehung. Der Papst hatte eingreifen müssen, doch auch er hatte keine Klarheit herstellen können. Wer wollte sich nun erdreisten, über dieses letzte Geheimnis, über das sich doch noch nicht einmal die

Pariser Professoren schlüssig geworden waren, auszusagen? Der Steinmetz, der in Amiens und in Reims gelernt hatte, unternahm es.

Ein Mann wacht auf. Er wacht auf nach einem langen, schweren Schlaf, von seinem letzten Schlaf. Für dieses Erwachen braucht der Reimser nur den Kopf. Der Körper bleibt bei dem Auferstehenden wie der eines Kindes. Und von der unheimlichen Starre des tiefen Schlafes zeugt noch der steif langausgestreckte linke Arm. In dem Gesicht des Auferstehenden wächst das Begreifen über das Wunder, das mit ihm geschieht, am Tage, da Gericht über alle Welt ist. Alles, was an Leben längst bei ihm verlöschte, wurde durch den Ruf des Herrn erweckt: das Blut, der Atem, das Fühlen, das Sehen. Und das bringt der Meister als das Eindringlichste an diesem kahlen Schädel mit der mächtigen Stirn und den schön gewellten Haaren an den Kopfseiten: die Augen. Ja, diese einst erloschenen Augen sehen wieder. Und wie der Reimser sie so schräg schauen läßt, da vermag er es, das gläubig-ungläubige Staunen, das Wissen um den langen Schlaf und den frohen Schreck über das Erwachen in diesen Blick zu schreiben, mit einer aufregenden Einfachheit und Klarheit.

Ein Mann ist auferstanden.

Nach dieser Arbeit fühlte sich der Reimser innerlich frei. Er hatte gesagt, was zu sagen war. Er hatte ihnen seine Antwort hingestellt, dem Kaplan, dem Erzbischof, der Frau – und denen der Inquisition auch. Ja. Mochten sie kommen und sehen: ein Mann ist auferstanden, und das heißt, er weilt unter den Lebenden, auch wenn er tödlich getroffen wurde.

Weihe war. Am vierten Tage des Julis im Jahre 1239 versammelten sich die höchsten geistlichen Herren des Reichs im Dom zu Mainz. Zu Ehren des Herrn Jesus Christus, zu Ehren der Heiligen Jungfrau und Gottesmutter Maria und zu Ehren des heiligen Martin wurde der neue, dem Westen zugewandte Chor in festlicher Zeremonie geweiht. Erzbischof Sifrid selbst nahm die feierliche Handlung vor.

Nahe bei den Türen des westlichen Seitenschiffs durften auch die Steinmetzen stehen und zusehen. Man hatte sie darauf aufmerksam gemacht, daß sie sich möglichst seitlich, nahe an den Mauerwänden halten sollten, damit sie die Festgäste nicht störten. Da standen sie nun und schauten. Woran sie eben noch mit ihren Händen gerührt hatten, das schien ihnen weit entrückt, verwandelt, seit die Weihrauchschwaden darüber hinzogen. Mit eifriger Sorgfalt achtete der Reimser auf die Gäste. Ja, dort kam König Konrad. Einen halben Schritt hinter ihm folgten die beiden Erzbischöfe von Köln und Trier und dann in langer Reihe die Bischöfe von Würzburg, von Paderborn, von Eichstädt, von Worms, von Verden, von Straßburg, von Speyer und noch andere mehr. Mit einigem Abstand nach dem Sekretär Andreas von Sale traten die festlich geschmückten Frauen herein: Fürstinnen, Gräfinnen, reiche Witwen, Spenderinnen und Ablaßbegünstigte. Der Reimser merkte auf. Die Frau Gertrude war nicht unter ihnen. Enttäuscht, mit gesenktem Kopf ging er aus dem Dom, bevor die feierliche Handlung der Weihe zu Ende war.

Auf den Abend hatte der Erzbischof zum Festessen in seinen Palast eingeladen. Alle, auch die Bauleute. An diesem einen Tage war es ihnen erlaubt, mit dem Erzbischof und dem König in einem Saal zu sitzen. Allerdings hatte man ihren Tisch weit abgerückt von dem der Ehrengäste. Ein lauter Wortwechsel entstand an diesem Tisch der bevorzugten Gäste. Eingefunden hatte sich die Fürstin Gertrude von Babenberg, an ihrer Seite der Kaplan Antonius. Lebhaft bedauerte sie, die Weihe am Vormittage versäumt zu haben. Das Pferd des Kaplans sei gestürzt, lange habe es gedauert, bis sich einer der unverständigen Bauern bereit gefunden habe, ein Pferd herauszugeben; man sei von der Stadt noch sehr weit entfernt gewesen. Und allein, ohne die Begleitung des Kaplans, mochte sie nicht reiten. Darum also seien sie verspätet eingetroffen und um die hohe Freude des Festes gekommen. Etwas bekümmert meinte sie, daß sie nun an diesem Ehrentage nicht einmal den Martinchor gesehen habe, mit den neuen, erstaunlichen Bildwerken. Da warf der Sekretär Andreas der Gesellschaft den Satz hin: „Wenn es die Fürstin so herzlich verlangt, das neue Werk zu schauen, dann sollte sie es sich doch noch heute abend zeigen lassen. Am besten von dem, der das meiste davon versteht, vom Meister des Westlettners selber!“ Und in seinem jugendlichen Vorwitz wies er zum anderen Ende des Saales. „Da sitzt er ja.“

Der Vorschlag war höflich und zuvorkommend, eingehend auf ihre Bekümmernis. Er war dreist und unverschämt, das hörten alle heraus. Und sie warteten neugierig, die Frauen mit boshaft gespitzten Lippen, wie die Babenbergerin wohl die Dreistigkeit beantworten werde. Gertrude wandte den Kopf zu dem jungen Mann, lächelte ihr hochmütiges, sicheres Lächeln: „So holt ihn her, Andreas von Sale“, befahl sie ihm mit ihrer tiefen, klangvollen Stimme. Und mit dem gleichen unnachahmlichen Lächeln lehnte sie es ab, sich vom Sekretär oder vom Kaplan oder von einem der anderen Herren mit hinüber in den Dom begleiten zu lassen. Allein mit dem Meister ging sie. Durch den ganzen langen Saal gafften von allen Tischen die Gäste ihnen nach. Sie vergaßen darüber für einen Augenblick ihre Gespräche. In das Schweigen klappten die Tritte der beiden, hörbar noch, wie sie die Steintreppen zum Hof hinunterstiegen.

Heute, zum Weihetag, war der Dom noch so spät festlich beleuchtet. Kerzen steckten in jeder Nische. Doch niemand mehr weilte im Dom. Wer nicht im Palast an den Tafeln saß, der trank in den Schenken der Stadt.

Da trat nun die Frau vor sein Werk am Lettner und schaute. Besah die Seligen und die Verdammten, den Verklärten, die kniende Frau Maria, den knienden Johannes und den Auferstandenen. Lange. Hinter ihr stand der Meister in achtlicher Entfernung. Er konnte nicht erkennen, was in ihrem Gesicht vorging. Warum schwieg sie? Warum fragte sie nichts? Fand sie die Arbeit schlecht? Warum, quälte es ihn, wollte sie sich dann das Werk von ihm weisen lassen; warum ging sie nicht mit ihrem Kaplan oder ihrem Erzbischof? In stummer Andacht verharrte sie, unbeweglich. Mit den Blicken maß er ihre Gestalt, sah, wie der schwere seidene Mantel die Körperformen nicht verhüllte.

Sie wandte sich nach ihm um. „Was ist Euch?“ fragte sie. Hatte er gesprochen? Er wußte es nicht. „Nichts“, sagte er und suchte mit seinem Blick ihre Augen. Ergriffenheit erkannte er darin und Ehrfurcht vor dem Werk und Scheu. Und es schien ihm, als hätte sie vieles über seine Arbeit gesagt. Ruhig wurde er, in seinem Inneren kam Freude auf und Sicherheit. An einer Kerze entzündete er eine Fackel, die er sich von einem Bedienten im Palast hatte geben lassen. Auf dem Rückweg über den Domplatz ging er ihr einen Schritt voraus, den Weg zu beleuchten. Ihm war es, da er mit ihr wieder in den Festsaal trat, als habe er an diesem Abend viel gewonnen, alles: Gewalt über sich selbst. Und diese frohe Sicherheit blieb auch bei dem Gedanken daran, daß der Kaplan Antonius ihn nicht begrüßt hatte.

Wenige Tage nach der Weihe kam ein Bote aus dem Palast in die Werkstatt des Reimsers, bestellte, der Meister möge sich am anderen Tage in der Kanzlei einfinden, es sollte ihm dort etwas ausgehändigt werden.

Am Morgen überreichte ihm irgendein Mensch mit unbeteiligtem Gesicht in der Kanzlei einen schweren, wohlvernähten Sack, nicht eben groß. Als er näher erkunden wollte, was darin sei, schüttelte der Bediente des Erzbischofs nur den Kopf, mürrisch. Woher denn er das wissen solle?

In seiner Werkstatt schnitt der Reimser den Sack auf, begierig zu erfahren, was da jemand für ihn eingenäht habe. Aus dem umhüllenden Stroh griff er es verwundert heraus: das Werkzeug eines Hüttenmeisters, den Maßstab, den Proportionszirkel, den Ritzstift, den Meißel, alles neu gefertigt aus weißem Silber. Um und um wendete er den Sack, suchte nach einem Zeichen, wer ihn so ehre. Er fand nichts weiter. Da lagen nun die Geräte nebeneinander auf dem Tisch, glänzend, unberührt noch, außer von der Hand des Schmiedemeisters. Den Gugel rief der Meister und seine anderen Gesellen. Staunend standen sie und freuten sich fast mehr noch als der Reimser. In ihr lärmendes Geschrei herein trat eine Frau, eine Magd. Die Gesellen gafften. „Da", sagte sie und stellte einen ordentlich zurechtgeschnitzten Kasten aus dunklem Holz auf den Tisch neben die silbernen Geräte, „der Schnitzer hat's nicht eher fertigbekommen. Es ist passend gemacht, daß alles Werkzeug Platz hat drin. Gott zum Gruß!" Und sie ging, die Magd Anna, eben die Frau, die dem Reimser auf Theres die Tür in der Burgmauer gewiesen hatte.

DER TRAUM VON DER WELTHERRSCHAFT

Aus Rom kamen die genauen Bestätigungen: Der Staufer Friedrich ist dem Bann verfallen. In alle drei Teile der Welt, nach Europa, nach Asien, nach Afrika, sandte Rom in Flugschriften die Worte des neunten Gregor:

„Vom Meer ist ein Tier aufgestiegen, voll Namen der Lästerung, mit den Füßen eines Bären, dem Rachen eines wütenden Löwen und dem Leib eines Pardels. Es öffnet sein Maul, um Schmähungen gegen den Namen Gottes auszustoßen. Es richtet giftige Pfeile wider das Zelt des Himmels und die Heiligen, die dort wohnen. Es erhebt sich öffentlich gegen Christus, um, von den Ungläubigen unterstützt, dessen Bundestafeln mit dem Griffel ketzerischer Bosheit auszulöschen.

Dieses Tier ist der sogenannte Kaiser Friedrich."

Die lange Kette der Anschuldigungen war sorgfältig aufgereiht:

„Dieser König der Pestilenz hat behauptet, die Welt sei von drei Betrügern getäuscht worden: von Moses, von Mohammed, von Christus. Zweie von denen seien in Ehren, der dritte aber am Kreuze hangend gestorben. Dieser Friedrich ist ein Gotteslästerer; denn er verspottet die Mysterien der Kirche. Er ist ein Mohammedaner; denn er achtet die Gesetze und Gebräuche der Sarazenen höher als die Lehren Christi. Wie der Sultan hält er sich einen Harem sarazenischer Frauen und Eunuchen. Er ist der Vorläufer des Antichrist; denn er trachtet danach, die heilige Religion zu tilgen, um sich selbst als Götzen verehren zu lassen. Er ist ein Kirchenschänder, denn er reißt die Güter des Heiligen Stuhles an sich und beraubt die Kirchen und Klöster ihrer Schätze. Dieser Mensch hat das Recht verloren, Kaiser genannt zu werden – und wer mit ihm reden muß oder über ihn spricht, der soll von ihm sagen ‚Fürst' und nicht anders."

Ein Gegenschreiben ließ der Staufer veröffentlichen, zeigte dem Papst, daß er sich ebensogut auf die Heilige Schrift verstehe, daß auch er die Offenbarungen des Johannis zu einem Gleichnis wider seinen Gegner anzuwenden wisse:

„Ein anderes Tier stieg aus dem Meere auf, das war rot. Und der darauf saß, nahm den Frieden von der Erde hinweg, auf daß die Lebendigen sich untereinander erwürgten.

Dieser Reiter ist der neunte Gregor, in Wahrheit der Antichrist selbst, der die ganze Welt wie die große Hure verführt hat!"

Schrift und Gegenschrift hatte der Sekretär des Erzbischofs Sifrid von Mainz sorgfältig abschreiben lassen. Er verwahrte die Pergamente in der Kanzlei. Der Erzbischof hatte ihn danach geschickt, er sollte sie mit hinüber in den großen Saal bringen. Sifrid habe einen besonderen Gast zu Tisch geladen, und er wünsche, sich mit ihm gleich nach dem Abendessen zu beraten. Andreas griff nach der Abschrift des Sendschreibens des neunten Gregor an die deutschen

Fürsten, las den Satz darin: „Ich beklage es, daß viele weltliche und auch geistliche Herren dem Fürsten Friedrich, dem Staufer, der wie Herodes danach strebt, die christliche Religion, den katholischen Glauben und die Freiheit der Kirche zu vernichten, ihren Rat und ihre Hilfe nicht versagen. Sie sollten besser tun und in allen ihren Ländern meinen Bannspruch verkünden und dem Gebannten allen Gehorsam aufsagen!"

Die Abschrift von der Antwort der Fürsten besah sich der Sekretär: „Wir sind die Mittelsmänner, berufen von der Kirche und von dem Kaiser, daher müssen wir auf beide Gewalten gleichermaßen achten; und daher weigern wir uns, in unseren Landen den Bann bekanntzugeben." Auch der Stellvertreter des Papstes, Sifrid von Eppenstein, hatte diese Antwort mitunterzeichnet. Heute war dieses Schreiben längst veraltet, war Lüge geworden. Vielleicht war es schon Lüge, als es gerade mit der Gänsefeder aufgekratzt wurde. Aber hatte Sifrid nicht alles getan, zu bestätigen, was jeder glaubte: Der Eppensteiner, der Kanzler, steht unbeirrt auf der Seite der Staufer? Hatte er nicht ihn, Andreas, auf die Reise geschickt, den Konrad zur Domweihe zu holen? Hatte er beim Festmahl nicht eben noch mit dem König angestoßen auf eine gemeinsame, lange, friedliche Regierung in den deutschen Landen? Kann denn ein Mensch so sprechen und so handeln und gleichzeitig etwas ganz anderes meinen und sich auf das Entgegengesetzte vorbereiten? Ratlos blickte Andreas vor sich hin. Oh, hätten die Pariser Professoren ihm doch die Kenntnis beigebracht, in die Seele eines Menschen hineinzuschauen! Was nützten ihm nun die Lehrsätze über die Auferstehung der Toten, da er noch nicht einmal die entscheidenden Beweggründe für die Handlungen der Lebenden erkannte.

Es war da ein Mensch gekommen, eben dieser besondere Gast, mit dem sich der Erzbischof zu beraten wünschte. Seit dem Auftreten dieses Mannes in Mainz schien der Eppensteiner verändert. Der Trinkspruch auf den König

Konrad nach der Weihe des Martinchores war zur Lüge geworden? Der Sekretär sann und grübelte und wußte keine Antwort. Oder war dieser Satz von der gemeinsamen und friedlichen Regierung, schon als er kaum ausgesprochen, eine Lüge? Gleichviel, was gewesen sein mochte, jetzt war offener Kampf. Der Erzbischof trieb die Bewohner seiner Ländereien gegen den König Konrad. Und in diesen blutigen Streit hatte er auch seine beiden Kollegen, die Erzbischöfe von Köln und Trier, mit hineingerissen.

Einmal in diesen Tagen geschah es, daß der Ruf des gemeinen Volkes bis in den erzbischöflichen Palast eindrang. Eine Menge von Weibern hatte sich vor dem großen Haupttor zusammengerottet; schreiend verlangten sie, den Erzbischof persönlich zu sprechen. Der Türhüter wußte nichts Besseres zu tun, als durch das Tor zu schlüpfen und die beiden Türflügel in aller Hast von innen zu verriegeln. Aber auch der Vogt war ratlos, er konnte doch die erzbischöflichen Krieger nicht gegen unbewaffnete Weiber losziehen lassen. Alles Volk würde sie auslachen: Seht an, der Erzbischof von Mainz führt Krieg gegen Weiber! Da hatte der besondere Gast des Eppensteiners den Rat gewußt. Es sollten vor alle Fenster die Läden gezogen und die Türen doppelt gesichert werden. Es sollte sich im ganzen Palast nicht eine Menschenseele zeigen. Und so geschah es. Wie ein unheimliches Tier lag der steinerne Klotz da, still, mit geschlossenen Augen, lauernd. Draußen aber standen die Frauen. Und da sich niemand zeigte, schrien sie es heraus, gegen die Wände, gegen die Holzläden:

„Wo sind unsere Männer? Sie sollen wieder nach Hause kommen! Wir wollen keinen Krieg mit den Staufern!"

Und kein Wächter konnte es verhindern, daß das Geschrei durch die Fensterläden einbrach, daß es vordrang bis in die doch so gut gegen alles Gemeine abgeschirmte Studierstube des Erzbischofs.

„Der Eppensteiner soll mit dem Kaiser Frieden machen! Es ist genug geschlachtet! Unsere Kinder sind Waisen! Wir sind Witwen! Der Erzbischof hat unsere Männer umgebracht!“

Und das Geschrei übertönte die Gebete der frommen Bewohner des Palastes.

„Der Erzbischof läßt Dörfer verbrennen, Städte einäschern! Er verwandelt unser Land in eine Wüste! Es ist genug! Wir wollen nicht mehr!“

Der Ratschlag des besonderen Gastes war nicht falsch gewesen. Die Belagerung durch die Frauen dauerte nicht fünf Stunden. Die Aufgebrachten zerstreuten sich. Was auch sollten sie gegen ein festverschlossenes, taubes, wehrhaftes Steinhaus beginnen?

Dieser Gast, offensichtlich aus Rom geschickt, dieser Albert von Possenmünster, der „Böhme“ nannten sie ihn kurz wegen seiner Herkunft, schien großen Einfluß auf Erzbischof Sifrid gewonnen zu haben. Einige Male hatte er, Andreas, auch mit ihm gesprochen. Ah, ihr mögt einwenden, was ihr wollt: was der Böhme doch für eine hinreißende Sprache führe, wie überzeugend er seine Worte setze, wie gläubig erfüllt seine Augen glänzen können, wie leidenschaftlich er für die Wahrheit kämpfe – er, der Sekretär Andreas, mochte den Böhmen dennoch nicht.

Da war es wieder. Der Böhme sagte, er kämpfe für die Wahrheit. Welche Wahrheit? Daß der Kaiser nicht Kaiser sei, sondern die Pestilenz der Welt. Zu dieser Wahrheit bekannte sich Albert von Possenmünster. Das aber, was der Kaiser gegen den Papst ausgesprochen hatte, daß der die große babylonische Hure sei, das wagte Andreas nicht in Gedanken zu wiederholen und als die andere Wahrheit dagegenzustellen. Wie kam es dann aber, daß sein Herr zehn Jahre lang der Kanzler der Pestilenz gewesen war? Hatte er um diese Pestilenz nichts gewußt? Dann war diese Unwissenheit schlimm, denn unzählige Menschen hatten sich nach ihm gerichtet und hielten dem Kaiser nach seinem Vorbild die Treue. Hatte er aber darum gewußt, dann wurde es nur noch schlimmer, dann hatte er mit Absicht der Pestilenz gedient, und man würde nichts finden können, ihn zu entschuldigen.

Warum, so suchte Andreas sich selber zu ergründen, fand er nicht wie so viele, wie vor allem sein Herr, Gefallen an dem Böhmen? Wie scharf auch einer hinsehen mochte, abstoßend sah der bewegliche, lebhafte, dunkle Böhme nicht aus. Und wenn er sprach, leidenschaftlich der Sache hingegeben, dann gewann sein Aussehen noch, bestrickte die Menschen. Schön konnte man ihn vielleicht nicht einmal nennen, aber männlich. Und den Frauen gefiel er dann in seiner Beredsamkeit besonders. Ja, es war ein offenes Geheimnis, auch die Ehefrau des erlauchten Otto, des bayrischen Herzogs, des bisher getreuesten Freundes des Kaisers, wurde dem Böhmen hörig. So hörig, daß sie ihren Otto für die Pläne des Böhmen zu beschwatzen wußte: die weltlichen und geistlichen Fürsten des Reichs zum Abfall vom Kaiser zu verführen. So stellte sich Otto, den alle Welt für den Getreuen gehalten hatte, gegen seinen Kaiser auf die Seite des Papstes. Das also hatte der Böhme zustande gebracht: Diese beiden Menschen, der Mainzer Erzbischof und der bayrische Herzog, die zeit ihres Lebens sich feindlich gegenübergestanden hatten, befanden sich jetzt im gleichen Lager, auf der Seite des Papstes.

Da hielt nun der junge Mensch in der Kanzlei in Mainz die Abschriften der Schmähschreiben in der Hand, sann nach und plagte sich ab, die Ursachen zu erkennen, warum diese Worte aufgesetzt wurden, Worte, aus denen blutiger Streit folgte. Den Papst stellte er sich in Gedanken vor, wie der Greis im Lateran saß, ehrgeizig, eigensinnig. Das Ziel zu verfolgen verlangte alle seine Kräfte: es galt, seinen Stuhl auf einen breiten, haltbaren Unterbau zu stellen, auf einen Landbesitz, der ganz Italien umfaßte. Und von dieser weltlichen Herrschaft aus sollte die Macht des römischen Kirchenstaates über alle drei Teile der Erde ausgedehnt werden, über Europa, über Asien, über Afrika. Dann war der Traum um die Weltherrschaft erfüllt.

Zäh saß der alte Gregor auf seinem Stuhl im Lateran, beobachtete aufmerksam das Wirklichwerden seines Traumes, hielt haus mit seinen Kräften. Sie warten nur darauf, bis ich sterbe, um dann wie die Geier über das, was ich zusammentrug, herzufallen. Aber er wird sie alle überlisten. Er wird hundert Jahre alt werden; er wird so lange leben, bis er seinen Bau fest zusammengefügt hat, daß kein Geier auch nur ein Stück davon herausreißen kann. Und bevor sein Ende kommen sollte, wollte er noch den einzigen Menschen, der seinen Traum von der Weltmacht störte, stürzen, den Staufer Friedrich. Und alle, die aus seinem Samen herrührten, sollten bis ins letzte Glied getilgt werden, wenn sie nicht die Knie vor ihm beugten und der Macht entsagten. Weit spann der fast Hundertjährige die Fäden seines Netzes, nicht achtend der Spötter, die da redeten: „Das Netz ist nie nach Rom gekommen, mit dem Sankt Peter einst gefischt. Dort gebrauchen sie jetzt ein Netz, mit dem sie Gold fangen und Silber und Burgen und Land!" Geschickte Leute sandte der Alte im Lateran als seine Unterhändler in alle Länder; gewitzte Männer, dreist und fanatisch, wie eben dieser Böhme, den der alte Mann in Rom nach Deutschland gewiesen hatte, mit dem Auftrag, die Dinge dort bald zu einem greifbaren Ende zu bringen. Denn er mußte doch mit seiner Zeit rechnen – nicht lange mehr, dann zählte er hundert Jahre.

Andreas schreckte von den Pergamenten auf, über denen er gegrübelt und den großen Traum eines sehr alten Mannes nachgeträumt hatte. Er sollte doch die Pergamente in den großen Saal bringen! Hastig griff er danach, eilte hinüber in den Raum, daß er zur Mahlzeit zurechtkäme.

Es saßen im großen Saal zu Tisch: der Erzbischof, Frau Gertrude, Kaplan Antonius, der Böhme und der Sekretär Andreas. Sie sprachen nicht viel. Frau Gertrude entging es nicht, daß der Kaplan und der Sekretär und der Böhme einander belauerten. Doch sie waren sehr höflich zueinander. Ein Abendessen im erzbischöflichen Palast dauerte gewöhnlich länger als zwei Stunden. Der Türhüter wußte das, darum ließ er auch ohne weiteres den Mann eintreten, der sich bei ihm als ein geheimer kaiserlicher Bote auswies, führte ihn in den großen Saal. Der Türhüter nahm an, daß der Erzbischof den Boten erwartet habe; sicher wäre es ungeschickt, ihn erst am nächsten Morgen vorzulassen. Aufgebracht sah der Böhme zu Sifrid, warf sein Messer unbeherrscht auf den Tisch.

„Wie ist das möglich? Ein kaiserlicher Bote hier in Mainz?"

Da sagt er es selbst, kaiserlich, stellte Andreas bei sich fest, und nicht fürstlich.

Der Erzbischof wandte sich an seinen Sekretär. „Ist mein Gebot nicht bekanntgegeben worden, nach dem alle Beamten des Fürsten unverzüglich aus meinem Erzbistum zu weisen sind?"

„Ja, gewiß", bestätigte Andreas eilig.

„Dann gibt es offensichtlich Leute, die das Gebot nicht achten", meinte Gertrude.

Wie überflüssig, dachte Andreas, das zu sagen. Wie eitel sie doch ist, daß sie immer dazwischenreden muß.

„Habt Ihr den Boten erwartet?" fragte der Böhme.

Andreas zog verwundert die Augenbrauen hoch. Wie scharf dieser Böhme die Frage stellt. Weiß Gott, er nimmt sich viel heraus.

„Nein", antwortete Sifrid schroff.

Endlich redete der Sekretär den Boten an, der achtungsvoll an der Tür gewartet hatte. „Der Fürst schickt Euch zum Kanzler? Dann seid Ihr falsch. Unser Erzbischof ist kein Kanzler eines gebannten Mannes."

Der Bote verbeugte sich. „Mein hoher Herr und Kaiser weiß ...", er hielt inne, wollte sagen, um den Verrat, sagte: „... darum. Mein hoher Herr und Kaiser schickte mich diesmal nicht zum Erzbischof Sifrid von Eppenstein. Meine Botschaft gilt der edlen Frau Fürstin Gertrude von Babenberg. Ich bitte um die Erlaubnis, ihr die Worte meines hohen

Herrn und Kaisers unter vier Augen mitteilen zu dürfen."

Sehr unbeteiligt, fast gleichgültig sah der Erzbischof aus, als ginge ihn dieser fremde Mensch vom Hofe des Kaisers nichts an. Er merkte wohl, wie sie alle ihn beobachteten, wie sie auf ein Zeichen seines Ärgers lauerten. Mit beherrschter Stimme redete er die Frau an: „Ihr allein müßt entscheiden, ob Ihr das wollt, in meinem Hause den Boten meines Gegners allein sprechen." Mehr sagte er nicht. Aber die Erwartung stand hinter seinen Worten: Das wirst du doch nicht tun, Gertrude, vor aller Augen hingehen zu diesem fremden Menschen, mir zum Hohne.

Gertrude saß sehr aufrecht, atmete schnell. Sie lächelte. Sie ließ die Männer warten. Kostete es aus, wie auch der Böhme gespannt zu ihr hinsah. Sie lächelte noch immer, als sie Sifrid fragte: „Wo kann ich ungestört mit ihm sprechen?"

Mit einer müden Handbewegung wies Sifrid auf die Tür zwischen den Löwenteppichen. „Das wißt Ihr, mein Arbeitsraum ist für Euch stets offen."

Andreas starrte der Frau und dem Boten unbehaglich nach. Und als die Tür hinter den beiden sich längst geschlossen hatte, sah er noch immer hin, so angestrengt, als könne er dadurch etwas ungeschehen machen.

Die Unterredung konnte nicht lange gedauert haben. Noch kein Wort hatten die vier Männer miteinander gesprochen, da kam Frau Gertrude wieder zurück in den Saal. Allein. Den Boten hatte sie weggeschickt. Sie ging zu ihrem Platz, setzte sich, legte die Hände in den Schoß, sah nachdenklich vor sich hin, schwieg.

Der Böhme brach in ihr Schweigen – fragte geradezu: „Was will der Fürst?"

Sie blickte auf, sah den dunkelhaarigen Mann sehr hochmütig an. Sie mochte ihn nicht leiden. Vielleicht sogar haßte sie ihn. Und wenn sie ihn haßte, dann darum, weil er sich zwischen sie und den Erzbischof gedrängt hatte, weil er ihr viel von seiner Zeit gestohlen hatte. Und ebenso geradezu antwortete sie ihm: „Er bittet um meine Hand!“

Kaplan Antonius fuhr mit der Hand zum Mund, als gelte es, ein unbedachtes Wort zu ersticken. Wenn sie Kaiserin wird, dann werde ich Beichtvater des Kaisers, sprang ihn der Gedanke an, Beichtvater des Kaisers. Er nahm die Hand herunter, verschränkte die Arme über seinem Leib. Beichtvater des Kaisers.

„Und was habt Ihr geantwortet?“ fragte sehr rasch Erzbischof Sifrid.

„Ihr habt nein gesagt!“ rief der Böhme mit einer Sicherheit, als wäre er dabeigewesen.

„Ich habe nicht nein gesagt“, antwortete Gertrude mit harter Stimme, sprach es zu dem Böhmen hin. Sie war gereizt. Wenn dieser unausstehliche Mensch schon großen Einfluß auf Sifrid von Eppenstein gewinnen konnte, so soll er nicht auch sie noch bevormunden.

„Dann habt Ihr zugesagt?“ wollte Antonius wissen, dachte dabei: Beichtvater des Kaisers, Beichtvater des Kaisers.

Als sie zu ihrem Kaplan redete, milderte sie die Schroffheit in ihrer Stimme. „Nein, ich habe auch nicht zugesagt. Ich habe mir Bedenkzeit bis morgen erbeten.“

Sifrid sah die Frau eindringlich an. „Was gibt es da zu bedenken?“ fragte er sie.

„Der Kaiser“, antwortete sie, „der Kaiser, das ist so übel nicht!“ Sie fügte hinzu: „Auch mein Oheim würde sich gewiß freuen. Es würden dann Österreich und die Steiermark als Königreich anerkannt werden – mit Erbrecht des Erstgeborenen –“

Auf sprang Sifrid. „Wollt Ihr mich vollends zuschanden machen? Mich und alle meine Pläne?“ brach er aus, achtete nicht auf die anderen Tischgäste. „Ihr, über die ich getreulicher wachte als ein Vater, Ihr wollt mich undankbar verlassen und geradenwegs in die Arme meiner schlimmsten Feinde laufen? Wißt Ihr nicht, daß meine Feinde auch Eure

Feinde sind? Und meine Freunde auch die Euren? Diese Freunde, darunter zählt auch der Papst, wollt Ihr leichtherzig verlassen?" Er ließ sie nicht zu Worte kommen. „Glaubt Ihr denn, dem Kaiser geht's um Euch? Wie? Der sieht nur, daß Ihr die Erbin seid, daß Österreich und die Steiermark und Kärnten einmal in Eurer Hand sein werden!"

„Noch lebt ja mein Oheim, der Herzog", erwiderte sie ihm ruhig.

Da sagte Sifrid das heraus, was er zuallererst sagen wollte: „Drei Frauen hat er schon im Bette gehabt! Und Ihr, ausgerechnet Ihr, wollt die vierte sein, die sich zu ihm legt!"

Der Böhme half ihm. „Und wißt Ihr nicht, wie er alle seine drei Frauen zu Tode gequält hat? Langsam, aber wirksam. Habt Ihr wirklich nie gehört, wie er ihre Herzen vergiftete, weil er sich mit anderen Frauen – mit sarazenischen Frauen – zusammentat und die, mit denen er in der Ehe versprochen war, darüber vernachlässigte? Wißt Ihr nicht, wie er seinen eigenen Sohn, den Heinrich, der einmal König in Deutschland war, in den Tod trieb?"

Sifrid setzte sich wieder, zwang sich zur Ruhe. Er sah sie lange an, fragte eindringlich: „Diesem Menschen, den der Heilige Vater aus der Gemeinschaft aller Christen verbannt hat, wollt Ihr Euch anvertrauen?"

Sie wich seinem Blick nicht aus, fragte zurück: „Wollt Ihr es mir verbieten?"

Sifrid hatte auch seine Stimme wieder völlig in der Gewalt. „Ihr mögt es mit Euch selbst ausmachen und mit Eurem Gewissen, ob Ihr leben könnt ohne den Segen des Papstes."

Gertrude überlegte, fragte langsam: „Wen würdet Ihr mir als meinen Begleiter auf die Reise geben?"

„Es würde sich in meinem gesamten Erzbistum nicht einer bereit finden!" antwortete er mit Nachdruck.

„Nicht ein Mann?" Sie blickte zu dem Böhmen. Der wich aus. Sie sah hin zu ihrem Kaplan. Der schlug die Augen nieder. Sie schaute zu dem Sekretär Andreas, lockte: Sprich du für mich, sage du das Wort, sage: „Ich will's tun." Andreas wandte sich ab, griff nach den Pergamenten, die er aus der Kanzlei mitgebracht hatte. Sie sollte nicht in seinen Augen lesen. Vielleicht wäre das der Weg zum Kaiser. Aber wenn er zum Kaiser geht, dann will er allein, in freier Entscheidung für sich vor diesen Mann treten – und nicht um der Laune einer Frau willen. Andreas sah auf von den Pergamenten, sah ihr ins Gesicht. Nein, er wird nicht mit ihr gehen.

Unvermittelt stand sie auf, trat vor den Erzbischof. „Ich möchte beten. Ich will die heilige Maria um Rat bitten."

„Ihr wißt es, meine Kapelle steht jederzeit für Euch offen." Höflich redete er mit ihr, als hätte er sie nie hart angelassen.

„Ich danke", sie neigte mit vollendeter Anmut ihren Kopf, „ich möchte im Dom beten." Sie wies jede Begleitung ab, auch den Kaplan Antonius.

Unerwartet, unangemeldet stand Gertrude in der Bauhütte vor dem Reimser. Der Mann bezwang seinen freudigen Schrecken. Er grüßte sehr ehrerbietig, schaute sie dabei erwartungsvoll an. Sie sprach mit einer ruhigen Sicherheit, als wäre der Weg in die Bauhütte ihr täglicher Gang. „Ich muß Euch sprechen, Meister." Sie sah sich im Raume um. „Werde ich hier gehört?"

„Wohl kaum, Herrin, die Steinmetze sind im Dom oder draußen auf dem Bauplatz. Ich bin allein hier."

„Gut." Sie sah ihn befriedigt an und setzte sich ohne viel Umstände auf eine Bank. Eine Weile blickte sie nachdenkend vor sich hin. Sie faltete die Hände auf ihrem Schoß. „Hört", begann sie, „würdet Ihr mir einen Dienst leisten?"

„Jeden!" antwortete er ohne Bedenken.

„Wirklich jeden?" Sie blickte ihn kurz an, sah wieder weg. „Seid Ihr immer so – so –", weitherzig wollte sie sagen, sie suchte nach einem anderen Ausdruck, ließ den Satz unvollendet, da ihr nichts Treffendes einfallen wollte.

Er beschaute sie aufmerksam, merkte, daß hinter ihrem sicheren Auftreten eine große Unruhe saß. Diese Unruhe sprang auf ihn über, und er unterbrach ihre Wortspielerei ungeduldig. „Warum seid Ihr gekommen?“ fragte er einfach.

Sie stand auf, trat nahe an ihn heran. „Ihr sollt mich begleiten, wenn ich heute nacht eine Reise antrete“, sagte sie bestimmt.

Er schüttelte den Kopf, verstand nicht.

Sie sah sein verwundertes Kopfschütteln. „Ah“, rief sie, „ist es Euch so schnell leid geworden, daß Ihr mir jeden Dienst leisten wolltet?“

„Nein, Herrin – aber – was ist das für eine Reise?“

„Was fragt Ihr“, erwiderte sie unzufrieden, „ist es nicht genug, wenn ich Euch sage, Ihr dürft mit mir reisen?“

„Verzeiht, Herrin, nein, es ist nicht genug. Ich wäre gezwungen, Euch blind zu dienen, wenn ich nicht weiß, wohin ich soll. Dann würde ich Euch vielleicht schlecht dienen.“

Sie setzte sich wieder auf die Bank, fand, der Mann hatte nicht unrecht. „Die Reise geht zum Kaiser.“

Er neigte den Kopf, schwieg.

„Warum sagt Ihr nichts?“ Sie war ungehalten.

„Das ist eine sehr weite Reise“, sagte er mechanisch. Seine Gedanken arbeiteten. War sie nur darum gekommen?

„Na und“, meinte sie leichthin, „es wird eine gute Reise zu einem schönen Ziel.“

Der Reimser stand unentschlossen. Das brachte sie auf.

„Und – was tut Ihr?“ Sie fragte drängend: „Begleitet Ihr mich?“ Da er noch immer schwieg, redete sie weiter, erregt: „Es tut mir leid, daß ich zu Euch gekommen bin. Ich dachte, ich könnte Euch vertrauen – und ich nahm an, es wäre eine Ehre für Euch, die Kaiserin zu geleiten.“

„Die Kaiserin?“ Der Reimser zuckte zusammen. Aber er fing sich, verbarg seinen großen Schrecken. „Warum schickt Euch der Kaiser kein Gefolge?“

Sie lächelte ihn freimütig an. „Weil der Herr Erzbischof jedem Kaiserlichen verboten hat, sein Erzbistum zu betreten.“

„Weiß denn – weiß der Herr Sifrid um Eure Reise?“

„Pah, Ihr fragt, wie der Inquisitor Konrad von Marburg nicht besser hätte fragen können. Seid Ihr wirklich nicht gescheiter?“ Sie hielt nicht an sich. „Ich habe geglaubt, gerade Ihr würdet mich verstehen wie kein anderer. Bedenkt doch, ich komme hierher zu Euch, ich bitte Euch – und Ihr? Ihr habt nur Fragen, überflüssige Fragen.“

„Ich bin besorgt –“

„Ja“, sie unterbrach ihn, „Ihr seid sehr besorgt um Eure Ruhe, um Eure Behaglichkeit!“

Er ließ sich nicht beirren. „Ich bin besorgt, Euer Entschluß möchte Euch unterwegs gereuen.“

Sie lachte auf. „Weiter wißt Ihr nichts? Ihr seid besorgt?“

„Weiter weiß ich nichts“, sagte er sehr ernst.

Sie stand jäh auf. „Ihr wollt also nicht?“

„Ich darf nicht“, sagte er langsam. Und als sie ihn erstaunt ansah, wiederholte er: „Ich darf nicht.“

Sie verstand ihn nicht recht. „Wer im ganzen Erzbistum will Euch, einem freien Baumeister, etwas verbieten?“

Mit großem Stolz erklärte er es der Frau: „Ich verbiete es mir selbst!“ Und er redete weiter. „Es gab eine Zeit, da habe ich auf einen solchen Ruf gewartet: alles hätte ich sofort hingelegt und wäre ohne Besinnen gefolgt.“

„Hätte“, höhnte sie, „wäre. Ich will nicht wissen, was wäre – ich will wissen, was ist!“

„Jetzt ist –“, er zögerte, „etwas anderes – stärker.“ Er ließ es nicht zu, daß sie ihn unterbreche. Er stand vor ihr, zwang sie durch seine eindringliche Stimme, ihm zuzuhören. „Ihr habt einmal gesagt, Ihr erwartet, daß ich den heiligen Martin in Stein bringe. Ihr selbst habt gewünscht, die Arbeit soll gut werden. Und ich glaubte aus tiefem Herzen daran, daß Ihr mit Euren Gedanken und Eurem Wollen beim Werk seid. Wollt Ihr selbst es machen, daß ich an Euch zweifeln muß? Erst sorgt Ihr Euch um meine Arbeit – und dann verlangt Ihr, ich soll die gleiche Arbeit liegenlassen und weglaufen wie ein leichtfertiger Bube in der Nacht. Was wollt Ihr von mir, Fürstin, wißt Ihr es genau?"

Sie schwieg, preßte die Lippen zusammen, strich mit den Fingern über ihr Gewand, um die Falten zu glätten. Der Reimser sah ihre Unsicherheit.

„Wenn Ihr aber in Not um Euer Leben seid, dann will ich nicht nach meinem Werke fragen."

„Ich bin nicht in Not", sagte sie hart. „Eher noch mögt Ihr in Not geraten, wenn die Inquisition über Euch kommt", setzte sie hinzu; sie wollte ihn treffen.

„Ihr haltet mich auch für einen Ketzer?"

„Nein", antwortete sie ihm mit großer Bestimmtheit. „Ihr seid kein Ketzer. Im tiefsten Inneren glaubt Ihr noch immer an das Alte."

„Woher wißt Ihr das?" Sehr verwundert sah er sie an.

„Eure Verdammten sind wirklich Verdammte – es ist in Euren Werken alles so, wie es sein soll."

„Und woher wißt Ihr, wie es nicht sein soll?"

„Von Euch", entgegnete sie ihm, trat einen Schritt von ihm zurück, als bereue sie ihre Vertraulichkeit. Er folgte ihr, griff sie bei den Händen.

„Reitet nicht – wenn Ihr nicht unbedingt müßt", bat er drängend.

Und es geschah, daß ein Kaiser umsonst wartete.

ZWISCHEN FURCHT UND GLAUBEN

Eines Tages war der Böhme, so plötzlich wie er gekommen, verschwunden. In Mainz erzählten sich die Leute, er befinde sich auf dem Wege nach Rom. Böse Zungen behaupteten: Der Hund sucht einen neuen Herrn.

Der alte Mann im Lateran war nun doch gestorben, bevor er seinen Traum Wirklichkeit werden sah. Fast hatte Gregor hundert Lebensjahre erreicht. Nicht aus Schwäche des Körpers war er dahingegangen – aus ärgerlichem Zorn. Trotz der Weisheit seines hohen Alters hatte er es nicht vermocht, seinen wilden Haß in Zucht zu halten, als er hörte, „der Fürst" reite mit seinem Heer auf Rom zu, nicht bußfertig, nicht reuig, nicht demütig, sondern angriffsbereit. Durch den Starrsinn dieses „Königs der Pestilenz" wurde sein großer Plan aufs neue empfindlich verzögert. Der grimmige unerträgliche Verdruß darüber hatte den alten Mann umgebracht.

Betroffen saß der Stellvertreter des Papstes, Sifrid von Eppenstein, allein in seiner Studierstube im Palast. Wenn ein neuer Papst gewählt wird, der dem Kaiser nicht unfreundlich gesonnen ist, dann – unbehaglich wurde ihm bei dem Gedanken – blieben ihm nur zwei Möglichkeiten: Entweder er änderte danach seine Politik, versöhnte sich mit dem Staufer, beorderte alle seine Kriegsknechte wieder nach Hause, oder aber er blieb bei seinem Kampfe gegen die Staufer. Dann allerdings könnte es geschehen, daß niemand mehr ihn als Stellvertreter des Papstes anerkennt, wenn er nicht dessen Politik betreibt. Dann auch wird es sehr wahrscheinlich nicht lange dauern, und ein anderer wird diesen seinen Palast bewohnen, in dem er sich so gut, so häuslich, so sicher eingerichtet hatte; und ein anderer wird dann den Dom weiterbauen, für den er die Baumeister und Steinmetzen hergeholt hatte, daß sie zu seinem Ruhme arbeiten sollten.

Mit Ungeduld und Sorge wartete der Eppensteiner auf Nachricht aus Rom. In diese bedrückende Ungewißheit hinein kam Antonius zu ihm. Eilig, hastig atmend, gewichtig trat er in die Studierstube ein. Ihm war noch immer das Vorrecht geblieben: er brauchte nicht angemeldet zu werden. Sifrid sah den störenden Besucher ungern. Was würde er vorzutragen haben? Nichtige Dinge, die nicht im geringsten mit der einen Angelegenheit zusammenhingen, auf die er alle seine Aufmerksamkeit richtete: Wer wird der neue Papst?

Ohne Umstände begann Antonius von der Sache zu sprechen, um die er gekommen war. „Ich weiß jetzt, warum sie so plötzlich über Nacht ihren Entschluß änderte und nicht zum Kaiser reiste."

Sifrid sah auf. „Ja?" meinte er fragend, und Antonius merkte, der andere war mit seinen Gedanken abwesend.

Warte, dachte er, du wirst schon aufmerksam zuhören, wenn ich dir das berichte, und schließlich wirst du verlangen, ich soll noch mehr erzählen. Endlich war für Antonius der Tag gekommen, an dem er vor dem Erzbischof alles herausreden konnte, was ihn in der letzten Zeit oft fast unerträglich bedrückt hatte. Er sprach, ohne den Ton zu heben, leidenschaftslos, als lese er irgendeinen nicht sehr bedeutsamen Erlaß aus Rom vom Pergament ab.

„Ich habe über die Zusammenhänge genau nachgeforscht, und nichts erschien mir zu entlegen, als daß ich es nicht mit in Betracht gezogen hätte. Und siehe da, das scheinbar Abwegige rückte mir nahe ins Blickfeld. Es geschah nicht aus ihrem eigenen Entschluß." Erwartungsvoll sah Antonius den Erzbischof an. Der fragte jedoch nichts. So redete der Kaplan weiter. „Und dieser Entschluß kam ihr erst nach dem Besuch im Dom. Doch – ich will genau sein – sie war gar nicht im Dom. Sie hat also in diesen Abendstunden – und auch zur Nacht – nicht zu der heiligen Maria gebetet." Er hielt inne, zögerte, sah auf seine Hände, dachte einen Augenblick: Antonius, schweig! Begann wieder: „In dieser Abendstunde erfuhr ein anderer Mensch von der beabsichtigten Reise zum Kaiser."

„Wer war das?" fragte Sifrid langsam.

„Ein gemeiner Mensch – ohne allen Rang und Adel – ein Ketzer – ein – ein –"

„Wer?"

„Ein Mann, der aus Reims kam."

„Ihr wollt sagen, sie hat mit ihm geschlafen?“

Antonius schluckte. „Vielleicht ist er nicht nur ein Ketzer – vielleicht ist er – behext – besessen – vom Teufel –.“

Sifrid lachte laut auf, lachte lang anhaltend. Bestürzt sah ihm Antonius ins Gesicht, bemerkte, wie dem anderen die Adern an den Schläfen anschwollen. Seine Bestürzung wuchs. Er ist krank, dachte er. Sifrid beruhigte sich. Forschend blickte er auf den anderen, fragte: „Ihr wäret wohl gern mit auf die Reise gegangen?“

Wie ein ertappter Bube starrte Antonius den Erzbischof an. Es gelang ihm nicht, seinen Schrecken zu verbergen, und er fand auch nicht die rechten Worte zu einer geeigneten Entgegnung. Ein Gedanke drängte sich in sein Bewußtsein, überstimmte alle anderen Überlegungen: Beichtvater des Kaisers, Beichtvater des Kaisers. Und – ich habe mich verraten – ich habe mich selbst verraten. Er weiß es, daß ich ihr darum nachgespürt habe. Er weiß es – er hat es von dem Augenblick an gewußt, als die Fürstin zu uns an den Tisch zurückkam und von dem Antrag des Kaisers sprach – da hat er es aus meinen Augen herausgelesen. Das kann er. Er ist ein unheimlicher Mensch, dieser Eppensteiner, und jetzt habe ich es ihm bestätigt.

Sifrid sah die Verwirrung seines Kaplans. Er bedauerte es, daß er mit seiner Vermutung offensichtlich recht hatte. Der Kaplan Antonius schrieb so schöne, zierliche Buchstaben. Wer sollte nun seine, des Eppensteiners, Lebensbeschreibung fortsetzen? Aber wer weiß denn, ob er noch Erzbischof bleiben wird. Wer weiß, wer der neue Mann im Vatikan sein wird, und wer weiß, welche Politik er betreiben wird? Zum Teufel mit dieser Ungewißheit! Ein erlösender Gedanke kam ihm. Er lächelte zu Antonius hin. Der Kaplan atmete auf; vielleicht wußte Sifrid doch nichts, überhaupt nichts, vielleicht bildete er, Antonius, sich nur ein, daß der andere ihm seine Wünsche aus dem Gesicht abgelesen hatte.

„Wenn Ihr so gern reisen wollt“, sagte Sifrid freundlich,

„dann sollt Ihr reisen. Ja, noch heute sollt Ihr reisen. Euer Ziel wird Rom sein. Eure Aufgabe wird es sein, mir bei Eurer Wiederkehr von dem neuen Papst zu berichten. Wartet hier im Palast, ich weise inzwischen den Sekretär an, er soll Euch die Reisezehrung zubereiten lassen."

Antonius stand groß und aufrecht vor Sifrid, er hatte sich wieder gefangen. Er sah seinem Erzbischof ins Gesicht. Sehr deutlich erkannte er, wie das Fett anfing, dessen Züge aufzuschwemmen. Er hatte im Grunde ein häßliches Gesicht, fand er. Und jäh, einschneidend wurde ihm bewußt: Du wirst dieses Gesicht nie wiedersehen, Antonius, dieser Weg nach Rom wird ein Gang ohne Wiederkehr. Ein Wunder wird es sein, wenn du durch das Morden der Kriegsknechte nach Italien durchkommen solltest. Es ist fraglich, ob du überhaupt bis an die Grenze des Mainzer Erzbistums gelangst. Vielleicht schickt er dir einen Reisigen nach, mit einem guten festen Messer.

Der Kaplan Antonius beugte seine Knie vor dem Erzbischof. Er dankte ihm für die Güte, daß er gerade ihn zu dieser Reise ersehen habe, und er versprach, in Rom für das Heil Sifrids zu beten. Und ging.

Der Erzbischof wünschte den Reimser zu sprechen. Aber sein Bote kam vom Bauplatz zurück, der Baumeister sei nicht da, der Meister Matthias auch nicht. Die Gesellen hätten berichtet, die beiden Meister seien unterwegs nach den Steinbrüchen am Main.

Für das Relief vom heiligen Martin brauchte der Reimser den Stein schon annähernd maßgerecht aus dem Steinbruch geschlagen. Auch wollte er da draußen prüfen, wie sich das feine Korn des Sandsteins in der Bewegung gibt, wenn er etwa den Körper des Pferdes so aus dem Bild hervortreten lassen würde, wie es ihm vorschwebte: es bewegt sich, setzt die Beine voran, zum Schritt. Und noch eines war, weshalb er gerade jetzt aus der Stadt weggehen wollte. Eine innere Unruhe war über ihn gekommen, eine große Unzufriedenheit. Und er mochte niemanden aus dem Palast sehen, keine satten Menschen mit zufriedenen Gesichtern. Gott allein mußte wissen, woher sie ihre Zufriedenheit nahmen, wenn im Lande alles in Aufruhr war.

Er hatte Matthias gefragt, ob er mit ihm gemeinsam den Stein prüfen wolle. Der hatte ihn einen Augenblick verwundert angesehen, hatte dann genickt, war mitgekommen.

Lange Zeit schon hausten die beiden unter den Tagelöhnern in den Steinbrüchen. Sie redeten wenig miteinander. Dem Reimser kam es vor, als ob Matthias mit Bedacht einem Gespräch auswich. Aber sie arbeiteten gut zusammen, und es genügte ein kurzer Blick, und der eine wußte, was der andere brauchte, den Hammer oder den Meißel. So brachten sie es schließlich mit Hilfe der Tagelöhner zustande, einen Block aus dem Steinbruch herauszulösen, mit dem beide gleichermaßen zufrieden waren und den sie nicht wieder zu verwerfen brauchten. An dem Abend vor ihrem Rückweg nach Mainz saßen die beiden wie gewöhnlich vor der Hütte für die Leute in den Steinbrüchen. Die Hütte war notdürftig genug aus rohen, unbehauenen Stämmen zusammengeschlagen; es sah so aus, als hätte man nicht viel Zeit übrig gehabt, sich für schlechte Tage ein Dach hinzustellen. Der Steinbruch fraß alle Arbeitskraft. Und wer auch von den Tagelöhnern wollte sich unterstellen, wenn es regnete? Der Aufpasser im Dienste der erzbischöflichen Kanzlei sorgte dafür, daß auch bei schwersten Gewittergüssen niemand auf diesen Gedanken kam. Für die Nächte hatten sich nun die beiden Meister hier eingerichtet.

Es zeigte sich, daß der Vorrat an Met, den sich Meister Matthias mitgenommen hatte, aufgebraucht war. Der Reimser reichte dem anderen seinen Krug zu. Matthias wollte ihn zurückweisen, er habe doch sein Teil schon gehabt; da meinte der Reimser: „Was schadet das? Wir haben es immer so gehalten!“

„Wer ist das, wir?“

Der Reimser antwortete nicht, kaute an seinem Brot.

Matthias trank, wartete auf eine Antwort, dachte nach über dieses „wir", fragte:

„Was hätten diese Leute, die du ‚wir' nennst, mit einem getan, der durch seine Worte einen unter ihnen an einen Fremden verraten hat?"

„Sie hätten", sagte der Reimser langsam, „versucht, den Mann für sich zu gewinnen."

„Sie hätten nicht um einen erneuten Verrat gefürchtet?"

„Sie hätten ihren Glauben an den Menschen für stärker gehalten als die Furcht vor dem Menschen."

„Und du?"

Der Reimser sah den anderen an, lange. Er dachte an die Frau Gertrude, an ihr Wort: „Ihr seid kein Ketzer. Im tiefsten Inneren glaubt Ihr noch immer an das Alte." War es so? Auch wenn er mit den waldensischen Brüdern das Abendmahl genommen hatte? Auch wenn er das Fegefeuer bezweifelte? Auch wenn er über den Ablaß lächelte, erkannte, daß dadurch vielleicht nur der Dombau besser voranging? Auch wenn er die Heiligen nicht anbetete, sie lediglich als vorbildliche Menschen achtete? War es dann doch so, daß er nur über äußere Dinge in Zweifel geraten war? Wo stand er dann? Nicht bei den Gläubigen? Nicht bei den Ketzern? Dazwischen? Gab es ein Dazwischen? Und wenn es eins geben sollte, dann müßte es für ihn tödlich werden. Was wollte er dann mit seinem Werke aussagen?

Er antwortete dem Meister Matthias auf seine Frage, ob sein Glauben an den Menschen oder seine Furcht vor dem Menschen stärker sei: „Ich bin noch nicht bei dem Glauben."

Matthias wurde sehr nachdenklich, er sprach an diesem Abend kaum noch etwas. Als er zur Nacht in der Hütte lag und den anderen atmen hörte, spürte er eine heimliche Freude darüber, daß seine Worte an den Kaplan Antonius offenbar keine Folgen gehabt hatten.

Endlich, endlich war Nachricht aus Rom gekommen. Sifrid konnte zufrieden sein. Mit dem neuen Papst, dem vierten Innozenz, würde er sich nicht schlechter verstehen als mit dem alten, dem fast hundertjährigen. Dieser Kardinalpriester, der Genuese Sinibald Fieschi, aus dem Geschlecht derer von Lavagna, kannte die diplomatischen Kniffe fast besser noch als der alte Gregor. Und es diente Sifrid sehr zur Beruhigung, als er merkte: Der Neue verfolgt die alte Richtung, einen starken Kirchenstaat in Italien aufzustellen. Und auch diesem Mann in Rom standen die Staufer hindernd im Wege. So brauchte der Mainzer Erzbischof seine Kriegsknechte nicht nach Hause zu schicken. Allerdings stutzte er doch bei der Nachricht, daß die höchsten Würdenträger vom Hofe des Kaisers, an der Spitze der Gesandtschaft der Geheimschreiber Peter von Vinea, in Rom ehrerbietig, ja freundlich aufgenommen wurden, als sie die Glückwunschschreiben des Kaisers zur Papstwahl vorbrachten. Beigefügt war diesen Schreiben der Wunsch, der Papst möchte ihn doch vom Banne lösen, um des Friedens willen.

Nun begann für den Mann im Mainzer Palast wieder die unerfreuliche Zeit des Wartens: Wie wird der Papst antworten? Wenn er den Staufer vom Banne löst, dann wird ihm, dem Eppensteiner, hier im deutschen Reiche die Handhabe weggezogen, mit der er im offenen Kampfe gegen den Sohn des Kaisers, den König Konrad, angehen konnte.

Es zeigte sich, wie geschickt der Genuese sich auf die Diplomatie verstand. Er beherrschte dieses sicher: die Kunst des Hinhaltens. Das gemeine Volk in Italien und Deutschland, das mit heißem Herzen darauf wartete, es solle doch endlich Frieden gemacht werden, wußte er zu beschwichtigen. Betet, liebe Kinder, dann wird der Frieden zu euch kommen, wenn ihr stark seid im Glauben. Der Herr wird's schenken. „Dem Fürsten“ – auch er behielt die Bezeichnung bei, wie sie ihm vom alten Gregor überkommen war – ließ er sagen, er sei bereit zu verhandeln. So stimmte er die vom Kriege erschöpften Menschen zuversichtlich: Der Heilige Vater wird's schon auch für uns Rechtens ordnen. Und den Kaiser hielt er mit seinen Verhandlungen um den Frieden hin. Viel war es, was er, Innozenz, dabei gewann: Zeit. Zeit, durch geschickte Agitation seiner Gewährsleute in aller Welt die öffentliche Meinung für sich zu gewinnen. Zeit, sich weiter zu rüsten für den entscheidenden Schlag gegen den Staufer, gegen den Mann, der den Kirchenstaat an Haupt und Füßen bedrohte.

An der Meinung der Öffentlichkeit lag dem vierten Innozenz sehr viel. Zu zahlreich schienen ihm die Menschen, die noch mit innerer Überzeugung auf der Seite der Staufer standen. In den großen deutschen Städten saßen sie vor allem, und sie konnten zu einer Gefahr werden. Sie konnten es verschulden, wenn der große Plan, den er als noch unfertiges Stückwerk aus den Händen des Alten übernommen hatte, Stückwerk blieb. Er durfte nicht nur die gewonnenen Ländereien zählen. Er mußte auch mit den Menschen rechnen. Auch die gemeinen Menschen mußten gewonnen werden, mußten in den allumfassenden Kreis hineingezogen werden, und zu diesem Vorhaben reichten äußerliche Verordnungen nicht aus.

Genau wußte er, warum er in den ersten Tagen des Julis 1244 sich auf einer schwankenden Galeere in tagelanger mühseliger Fahrt von Civita Vecchia nach Genua schiffen ließ. Während ihm auf diesen unsicheren Planken übel wurde, hundeübel, daß sein Magen sich umstülpte, befriedigte ihn trotz dieses scheußlichen Zustandes der Gedanke: Jetzt reiten sie durch alle Welt, meine Boten rufen es in die vier Richtungen des Windes, daß alle Menschen, wo immer sie sich auch befinden mögen, es hören: Der Papst flieht! Der Heilige Vater muß vor dem schändlichen Staufer fliehen! Sicher war der vom Brechen übel geplagte Mann, diese Nachricht wird ihre Wirkung nicht verfehlen. Nun werden sie nicht mehr von dem bedauernswerten Kaiser sprechen, den nur der Starrsinn des Papstes noch immer im Banne befangen sein läßt. Jetzt werden sie sagen: der bedauernswerte Papst, der Verfolgte, der Märtyrer. Weinen werden sie um ihn, und beten werden sie für ihn, und fluchen werden sie dem Staufer.

Er drängte seine Übelkeit mit Gewalt zurück, als er endlich in Genua ans Land stieg; denn jetzt lief ihm unter Posaunenklängen die Menge entgegen, rief: „Gesegnet, der da kommt, im Namen des Herrn!“ Trotz seiner Benommenheit, nach dem tagelangen Schwanken nun wieder unter den Füßen festen Boden zu fühlen, brachte er das Psalmwort zur Erwiderung nicht unsicher vor. Er hatte es sich bereits in Gedanken auf der langen Seereise zurechtgelegt. Es erschien ihm mit diesem Bild nicht ungeschickt: „Unsere Seele ist entronnen wie ein Vogel aus dem Strick des Voglers. Der Strick ist zerrissen, und wir sind los!“ Der Magen machte ihm noch Tage nach der Überfahrt in seinem neuen Aufenthalt, dem Andreaskloster zu Genua, zu schaffen. Voran, so schickt neue Boten auf die Reise mit der schrecklichen Kunde: Der Papst ist krank! So wurde noch mehr gewonnen, die Menschen, die schon bei der Nachricht von der Flucht des Papstes lebhaft ihr Mißfallen gegen den Kaiser bekundet hatten, wurden bei der neuen Botschaft noch ungehaltener. Und sie sorgten sich um den Kranken und verurteilten den Staufer, der das alles verschuldet habe.

Genua erschien dem Papst nicht mehr sicher genug, Nachrichten besagten, „der Fürst“ rüste sich zum Anmarsch gegen die Stadt. So hielt er es für ratsam, weiterzureisen bis Lyon. Von hier aus schickte er Einladungen zu einem Konzil an die hohen geistlichen Würdenträger der Kirche. Jetzt, da der „Fürst“ das Friedensangebot mit der Bedingung, den Kirchenstaat zu räumen, abgelehnt hatte, sollte die widrige Angelegenheit mit diesem Menschen endgültig erledigt werden. Jetzt lag die Schuld offensichtlich auf der Seite des anderen.

Auch nach Mainz wurde die Einladung gerichtet. Und der

Erzbischof ritt mit schnellen Pferden nach Lyon. Er war begierig, endlich von der Ungewißheit, wie er sich den Staufern gegenüber verhalten sollte, erlöst zu werden. Doch er mußte sich in der Rhonestadt in Geduld üben. Tagelang wurde darüber verhandelt, wie das regellose Leben der Geistlichen in bessere Zucht genommen werden könne. Die Meinung des kleinen Mannes auf der Straße hörte man allerdings im Sitzungssaal nicht. „Was müßt ihr darum erst ein großes Konzil einberufen, auf dem viel gesprochen, aber wenig gesagt wird. Wozu müssen da Hunderte von Herren erst aus aller Welt mit großem Aufwand herreiten. Billiger wäre es gewesen, wenn sie zu Hause geblieben wären. Laßt doch die Geistlichen wieder selbst graben um ihres Leibes Notdurft, so wie es die waldensischen Brüder schon lange gepredigt haben, dann brauchtet ihr nicht um einen geregelten Tag besorgt zu sein."

Die nächsten Tage beriet das Konzil über einen neuen Kreuzzug gegen die Sarazenen. Dann wurde über die bedrohliche Abspaltung der griechischen Christen von den römischen gesprochen. Als viertes Thema für die Beratungen stand der Einbruch der Tataren in die südöstlichen Länder des deutschen Reichs auf der Tagesordnung. Erst neunzehn Tage nach Beginn des Konzils erhielt die Welt aus Lyon Kunde über den fünften und letzten Punkt, der die Auseinandersetzung zwischen dem Papst und „dem Fürsten" betraf. Der „Fürst" war vorgeladen worden, aber nicht erschienen. Einhundertundfünfzig Geistliche unterzeichneten das Dekret, das den Kaiser aller seiner Kronen und Reiche für verlustig erklärte. Einhundertundfünfzig Geistliche stimmten dem erneuten Bann zu. Und Sifrid von Eppenstein versprach gemeinsam mit dem Kölner Erzbischof, in Deutschland einen König gegen den Staufer, den Konrad, zu salben und einzusetzen. Genugtuung fühlte Sifrid bei seinem Versprechen. Jetzt endlich war es erreicht. *Er* würde in den deutschen Landen regieren. Er und niemand anders. Dieser neue König, er sei, wer immer er wolle, würde sein Geschöpf bleiben. Und wenn er zurückkehrte nach Mainz, dann würde er einen großen, feierlichen Dankgottesdienst im Dom halten. Auch das Volk sollte sich mitfreuen. Er schloß die Augen und sah in Gedanken seinen Dom vor sich, seinen stolzen Dom. Er mußte jedoch wieder Geduld aufbringen. Er konnte noch nicht abreisen. Sein Herz schmerzte, und das Reiten wäre ihm unerträglich geworden.

Viele Menschen schrien Hoch und Holla, als er endlich in seinen Palast in Mainz einzog. Es gab jedoch auch Leute, die nicht jubelten, als der Erzbischof über die ausgestreuten Blumen schritt. Doch das waren kleine Leute, gemeine Leute, die man vom hohen Fenster des Palastes aus übersah.

ZWEI ZUNGEN STEHEN SCHLECHT IN EINEM MUNDE

An einem Maimorgen im Jahre 1246 saß vor den Gräden in Mainz ein merkwürdiger Mann. Seine Kleider sahen abgerissen aus wie die eines Bettlers, sein Haar trug er geschnitten wie ein Mönch, sein Gesicht erinnerte an das eines gelehrten Menschen, der sich sein Leben lang damit beschäftigt hat, über die Zusammenhänge zwischen Hölle und Himmel nachzudenken.

Der Mann sang. Die Melodie klang traurig. Einige Leute kamen vorüber, blieben stehen, horchten auf den Text. Und der Mann besah nachdenklich alle, die ihm zuhörten. Ob sie sein Lied verstehen?

Es liefen in dieser Morgenstunde, da die hohen Herren und die edlen Frauen noch lange ruhten, nur die Handwerker durch die Gassen und die Wasserträgerinnen mit ihren Holzeimern und die Dienstleute der Reichen und Edlen und die Bauleute, die zur Arbeit zum Dom eilten, und die Bauern, die auf das Öffnen der Stadttore gewartet hatten und ihr Vieh zum Verkauf in die Fleischbänke bringen wollten. Denen sang der Mann sein Lied. Eindringlich, mit lauter Stimme:

> Gott gibt zum König, wen er will!
> Das glaub' ich gern und schweige still;
> uns Laien wundert nur der Pfaffen Lehre:
> Was sie vor kurzem uns gelehrt,
> wird nun ins Widerspiel verkehrt.
> Nun tut's um Gott und eure eigne Ehre
> und sagt bei eurer Treue,
> mit welchem Wort ihr uns betrogt.
> Beweiset uns das eine recht vom Grunde,
> das Alte oder Neue:
> Gewiß ist, daß ihr eines logt.
> Zwei Zungen stehen schlecht in einem Munde!

Einige gingen weg, ängstlich: Gewiß hat mich einer hier stehen sehen, geht hin zu den Richtern der Inquisition und sagt, ich hätte mir Lieder gegen die Herren der Kirche und vor allem gegen unseren – Gott möge ihm ein langes Leben verleihen – Erzbischof Sifrid angehört. Denn, ihr mögt es drehen und wenden, wie ihr wollt, das Lied ist gegen den Herrn Sifrid von Eppenstein gerichtet. Eh, hat er selbst uns nicht seit dem Jahre siebenunddreißig, da der Konrad zum König gesalbt wurde, gesagt, eben dieser Konrad sei zu Gottes und der Kirche Wohlgefallen König aller deutschen Lande? Jetzt aber soll dieser Gesalbte nach den Worten der Geistlichen nicht mehr gelten als der aufgeblähte Darm einer Kuh? Jetzt sagt uns der Herr Sifrid, dieser Mann sei in Wahrheit nicht der von Gott begnadete König. Dafür aber hält er einen anderen Mann bereit, über den er uns sagt: Der ist Gott und der Kirche als König wohlgefällig. Der Sänger hat recht, denkt nach: „Zwei Zungen stehen schlecht in einem Munde." Aber gehen wir weg, schnell, bevor es einer herausbekommt, was für ein Lied hier gesungen wird.

Wir haben nichts gehört. Wir haben nichts gesehen. Wir wissen nichts.

Andere blieben. „Du, noch einmal, wir wollen's genau hören, das Lied ist gut!" Und der Sänger mit dem nachdenklichen Gesicht nickte, sang.

Die Wasserträgerinnen stellten die gefüllten Eimer beiseite, lauschten. Dreist lachten ihre Augen. Sie begriffen den Spott. Auch machte es ihnen Eindruck, daß der Mann es wagte, solch ein freches Lied mitten in der Stadt, nicht weit vom erzbischöflichen Palast, vorzubringen.

„Warte", rief eine, „die Melodie gefällt mir, laß mich's auch mal versuchen!"

Der Mann lächelte ihr aufmunternd zu; und jeder der nah dabei Stehenden meinte, das Lächeln gelte ihm. So versuchten sie's auch. Und sie standen und sangen, herausfordernd und sicher, daß es die rechten Worte seien, die der Sänger ihnen da hinwarf: „... uns Laien wundert nur der Pfaffen Lehre: Was sie vor kurzem uns gelehrt, wird nun ins Widerspiel verkehrt!" Und sie fühlten sich stark bei dem Lied und glaubten, daß ihnen nur einer gefehlt habe, der ihnen sagt, was werden soll und was sie tun sollen. Wenn dieser Mann hier solche Lieder weiß, mit solchen Worten, die, bei allen Heiligen, die Dinge aufs Haar genau treffen, dann muß der doch auch wissen, wie es anders werden kann.

„Wir wollen ihn fragen!"

Einer aber, ein Bedienter aus dem erzbischöflichen Palast, nahm seine Sandalen in die Hand, daß er schneller laufen könne, und eilte zurück in den Palast, berichtete atemlos dem Vogt: „Die gemeinen Leute rotten sich zusammen! Unflätige Lieder singen sie gegen die Kirche! Es ist ein Sänger gekommen, der hetzt sie auf!"

Der Vogt versammelte in aller Hast fünfzig bewaffnete Reiter. Sie rückten aus dem Palast, stießen vor den Gräden auf die singenden Wasserträgerinnen, Handwerker, Dienstleute und Bauern. Da hörte es der Vogt selbst, da hörten es die Reiter: „Uns Laien wundert nur der Pfaffen Lehre.

Gewiß ist, daß ihr eines logt! Zwei Zungen stehen schlecht in einem Munde!"

„Leute!" Die hohe, dünne Stimme des Vogtes brach sich durch das Singen. „Wer ist der Sänger?"

Sie hörten auf zu singen, starrten ihm feindlich in sein fleischiges, rotes, ärgerliches Gesicht. Sie schwiegen.

„Hört, Leute!" Der Vogt richtete sich im Sattel auf. „Wenn ihr mir nicht bis gleich den Sänger weist, dann lasse ich euch alle zusammen in den Turm bringen, wie ihr hier seid. Zeigt ihr ihn, dann sollt ihr trotz eurer Unverschämtheit frei ausgehen!"

Es schien, als ob alle in ihrem Schweigen verharren wollten. Da wurde einer ängstlich. Noch einer. Viere, fünfe. Und sie wiesen mit ihren Fingern auf den Mann mit den nach Mönchsart geschnittenen Haaren, in dem zerschlissenen Kleide. Und in ihrer Angst und in dem Bemühen, sich selbst zu reinigen von jedwedem Verdacht, wurden sie eifrig. Auf die Wasserträgerinnen zeigten sie. „Die da hat zuerst mitgesungen!" Und sie richteten ihre Finger auf andere: „Der hier hat auch mitgesungen, sehr laut und deutlich, und der dort hat gepfiffen, recht frech, und der und der." Bei den Armen griffen die Reisigen des Vogtes die Angeklagten und die Angeber ohne Unterschied. Neben ihren Pferden schleiften sie die schreienden Menschen zum Palast. Man wird sie verhören. Auf der Folter wird es sich herausstellen: es sind Ketzer, gefährliche Ketzer.

Ratlos, mit ohnmächtigem Grimm standen die Zurückgebliebenen, sahen die umgeworfenen Holzeimer und sahen das Wasser in die Erde verrinnen, träge, schmutzig.

„Es hörte sich an", meinte ein alter Handwerker, bückte sich und wollte einen Eimer aufstellen, daß der Rest des Wassers vorm Verschütten bewahrt bleibe, „als ob es ein Lied war, wie es der von der Vogelweide gemacht haben könnte." Als er den Eimer in der Hand hielt, war er leer.

Andere nickten scheu. „Ja, so konnte der die Worte setzen."

Über der Brust hielt sich die Wasserträgerin, die zuerst gesungen hatte, ihr zerrissenes Hemd zusammen. Nackt standen ihre Schultern. Sie hatte dem Kerl, der sie greifen wollte, in die Hand gebissen, daß der sie jäh loslassen mußte und ihr grobes Leinenhemd, an dem er sie gepackt hatte, dabei zerfetzte.

„Dann –" ihre Augen wurden groß, und sie flüsterte vor Erregung, „– ist es der Walther von der Vogelweide gar selbst gewesen?"

Langsam, nachdenklich, abwägend schüttelte der alte Handwerker, der den Eimer hochgenommen hatte, seinen Kopf. „Das ist wohl nicht recht möglich, der muß schon lange unter der Erde liegen – zehn Jahre – vielleicht fünfzehn Jahre –"

„Aber es sind seine Worte", bestätigte ein anderer, bevor sie auseinandergingen, „auf wen er's auch immer zu seiner Zeit geschrieben haben mag, heute stimmt's noch!"

„Ja!" Einer sagte es laut, sicher, nicht furchtsam, als hätte ihn das Eingreifen des Vogts mit seinen Reisigen nicht erschreckt. „Das ist heute in Veitshöchheim ein König, den die Pfaffen machen!"

Sie griffen das Wort auf: „Pfaffenkönig!", und es fraß sich überall fest. Wer immer in den Werkstätten und auf den Gassen und in den Hütten von dem neuen König, dem Heinrich Raspe, sprach, der nannte ihn so. Das Wort war nicht mehr wegzubringen. „Pfaffenkönig!"

Auf dem Bauplatz am Dom besprachen die Steinmetze unwillig das Geschehen am Morgen vor den Gräden. Einige von ihnen hatten den Mann singen hören, und sie brachten die Worte und die Melodie mit. Auch der Reimser hatte den Mann gesehen. Aber er hatte nicht auf die Worte achtgegeben und auch nicht auf die Melodie. Er hatte nur eines in sich aufgenommen: den Ausdruck im Gesicht dieses Mannes, das ganze Gesicht, seinen Kopf. Das war es, was an seinem Relief mit dem Bild vom heiligen Martin nicht stimmte: der Kopf des Bettlers. Deshalb war er im Grunde mit seinem Entwurf nicht zufrieden gewesen, hatte ihn lange liegenlassen, war davongelaufen in die Steinbrüche. Anders hatte dieser Kopf ihm vorgeschwebt. Und jetzt wußte er's. Ähnlich dem des Sängers mußte er werden. Er schnitt von dem Pergament des Entwurfes den Kopf des Bettlers heraus, legte statt dessen ein ungeritztes Stück Pergament auf, ließ es von dem Gesellen Gugel festnähen.

Er muß diesen Sänger noch einmal sehen – oder er wird die ganze Arbeit verwerfen müssen und nie zu Ende bringen können. Er wird es dem Eppensteiner sagen, sowie der aus Veitshöchheim zurück ist, wo der heute den neuen König gekrönt hat. Er wird ihm sagen, daß er nach dem Kopf dieses Mannes den Kopf des Bettlers bilden will. Und sollte ihn der Erzbischof als einen Ketzer den Richtern der Inquisition überantworten, weil er den Sänger hörte, er wird ihn doch darum bitten.

Nach der feierlichen Wahl hatte Sifrid von Eppenstein alle Herren eingeladen, mit ihm nach Mainz zu reiten. Ein Dankgebet wollte er dort in seinem Dom sprechen. Wenn auch die Wahl kein rechter Erfolg geworden war, so wollte er sie doch als einen vollen Erfolg feiern. Immerhin hatte es auf die Anwesenden einen peinlichen Eindruck gemacht, dem sie sich nur schwer entziehen konnten: Die weltlichen und geistlichen Fürsten des Reichs waren bei weitem nicht vollzählig erschienen. Das war um so schlimmer, da, wie Erzbischof Sifrid zuverlässig wußte, der Papst selbst mahnende Briefe geschickt hatte: „... die deutschen Fürsten sollten sich mit freudigem Herzen für den frommen, weisen, Gott und Menschen wohlgefälligen Heinrich Raspe aus Thüringen entscheiden."

Nicht gekommen war Otto, der Bayernherzog. Mit Haß stellte es der Eppensteiner fest, daß dieser Mensch sich heute stark genug glaubte, einer Bitte des Papstes entgegentreten zu können. Aber durch diese offene Widersetzlichkeit des anderen hatte er nun freie Hand bekommen, ebenso offen den Kampf gegen den Menschen aufzunehmen, der sich erdreistet hatte, ihn einen halben Mann zu nennen. Und es war seit Jahren kein Geheimnis mehr, daß er, der Eppensteiner, ein ganzer Mann des Papstes war. Bei allen Heiligen, spüren sollte das dieser kaiserhörige Otto!

Auch König Wenzel von Böhmen war ferngeblieben. Es konnte dies ein bedauerliches Versehen sein. Vielleicht hatte ihn die Einladung nicht rechtzeitig erreicht, obwohl man gewiß alle Boten früh genug auf die Wege geschickt hatte. Man brauchte die Abwesenheit Wenzels noch nicht als bösen Willen auszulegen, denn er hatte vor kurzem auch keinen Einwand vorgebracht, als die Fürstin Gertrude von Babenberg nach Prag reisen sollte. Er, Sifrid, hatte diese Reise vermittelt, und der Papst hatte seine Empfehlung dazu gegeben. Am Hofe des Königs von Böhmen sollte die Frau Gertrude den Sohn Wenzels, Wladislaw, kennenlernen. Er, Sifrid, hatte die Verlobung gewünscht. Und die Frau hatte sich ohne ernstliche Widerrede gefügt. So hatte er sie also beide auf die Reise geschickt, Antonius, den Kaplan, nach Rom und die Frau nach Prag. Beide Menschen hatten ihm nahegestanden – und beide hatten ihn bitter enttäuscht. Der Kaplan wollte zu gern einen abenteuerlichen Ritt zum Kaiser unternehmen, wie deutlich hatten ihm die Gedanken im Gesicht gestanden! Und die Frau Gertrude war im Begriff gewesen, eine noch größere Dummheit zu begehen. Ausgerechnet zu diesem Baumeister mußte sie laufen – als ob sie Sinn und Verstand verloren hätte! Eine Frechheit, daß dieser König Wenzel nicht zur Krönung nach Veitshöchheim gekommen war. Möglich wäre es vielleicht, daß ihn die Vorbereitungen für die Hochzeit seines Sohnes mit der Frau Gertrude zurückgehalten haben könnten. Das feierliche Beilager sollte noch in den ersten Tagen des Julis vollzogen werden. Und doch war es schlecht, daß er fernblieb – höchstens um der Gertrude willen ließe es sich entschuldigen.

Unbegreiflich schien es dem Erzbischof, warum die

Herzöge von Sachsen, von Braunschweig, von Brabant nicht gekommen waren, unbegreiflich, daß selbst einige Bischöfe es gewagt hatten, nicht zu erscheinen. Einige? Wenn er es recht überdachte, konnte er eine ganze Reihe aufzählen.

Aber doch galt die Wahl. Gewählt hatte vor allem er, der Stellvertreter des Papstes, Erzbischof zu Mainz, Sifrid von Eppenstein, der dritte dieses Namens.

Und gewählt hatte der Erzbischof von Köln, gewählt hatte der Erzbischof von Trier. Zugestimmt hatten die Fürsten aus Franken und Hessen und Schwaben und Thüringen. Es hatten die Wahl bejaht die Bischöfe von Würzburg, Straßburg, Eichstädt, Worms, Speyer, Paderborn, Verden, von Naumburg und andere mehr.

Nun ritten sie nach vollbrachter Arbeit von Veitshöchheim an Würzburg vorbei nach Mainz. Der Eppensteiner erinnerte sich: Als er vor Jahren als Kanzler mit dem König Konrad über Land geritten war, da hatten die Bauern ihre Geräte auf dem Acker stehenlassen, waren ohne Aufforderung herbeigeeilt, ihren Herrn zu grüßen. Und in den Städten waren ihnen die geringen Leute entgegengekommen, dem Staufer zu huldigen. Wie sie heute durch das Land ritten, sahen die wenigen Menschen, die draußen auf den Feldern arbeiteten, sich nicht einmal nach dem feierlichen Zug um. Und stand einer nahe bei der Straße, konnte man erkennen, wie gleichgültig der dreinschaute. Der Eppensteiner ärgerte sich. Daran hätte er denken müssen. Er hätte einige seiner Kriegsknechte in Bauernkleider stekken müssen, daß sie an der Landstraße Lärm zu stürmischer Huldigung schlagen sollten. Oder er hätte einige Bauernlümmel bezahlen müssen für begeisterte Hochrufe auf den neuen, rechtschaffenen König der Deutschen, den Heinrich Raspe.

In Mainz, im Palast, kam der Vogt dem Erzbischof entgegen, bat ihn mit ernstem, betretenem Gesicht, ihn sogleich in seinem Studierraum ohne Zeugen sprechen zu dürfen. Sifrid bedeutete seinem Sekretär, er solle sich um die Gäste kümmern, bis er nach der dringenden Besprechung mit dem Vogt wieder zurück sei.

Etwas verlegen ging der Vogt vor dem Sitz am Arbeitspult, auf den sich Sifrid gesetzt hatte, hin und her. Er wußte nicht recht, wie er seinem Herrn die heikle Sache unterbreiten sollte. Ganz wider Erwarten war der Erzbischof von der Wahl, die doch ohne Zweifel als ein Erfolg für ihn gegen alle seine Widersacher auf seiten der Staufer gewertet werden konnte, verstimmt zurückgekommen. Und diese dumme, widerliche Geschichte mit dem Sänger würde nicht dazu beitragen, ihn aufzuheitern. Schweigend hörte der Eppensteiner dem Bericht zu und blätterte in der Bibel, die vor ihm auf dem Pult lag. Es war eine Übersetzung, von einem der Kapitelbrüder aus dem Lateinischen ins Deutsche übertragen. Da der Erzbischof nicht aufsah, konnte der Vogt nicht aus seinem Gesicht erkennen, wie er die Schilderung aufnahm, daß in seiner Stadt die Bürger dreiste Lieder gegen ihn sangen.

„Was habt Ihr mit den Leuten gemacht?"

„Sie sind im Turm", entgegnete der Vogt schnell, sicher.

Da sah Sifrid langsam auf, schüttelte den Kopf, sprach, nicht laut: „Ihr seid meine eigenen Totengräber. Da habe ich vor zwei Jahren den großen Freibrief erlassen, um die Bürger der Stadt auf meine Seite zu ziehen. Innerlich, Vogt, wenn Ihr das begreifen könnt. Weil ich sah, was für Kräfte aus den Städten dem Staufer zuwachsen. Ich habe ihnen die Freiheiten zugestanden, habe ihnen die Abgaben an die Kirche herabgesetzt. Ich habe gesagt, um in meiner Stadt alle Auseinandersetzungen zu vermeiden: Jedermann soll vor jedermann im Weichbilde der Stadt Frieden haben. Aber jetzt weiß ich, dazu hätte ich früher aufstehen sollen. Sie lieben mich nicht. Die Bürger meiner eigenen Stadt lieben mich nicht. Und was tut Ihr? Ihr vertieft durch Eure dienstfertige Dummheit diese schneidende Kluft. Es war falsch", lange und eindringlich sah er seinen Vogt an, daß der seine Augen senken mußte, „das Wort meines Vorgängers, daß das Mainzer Volk nicht auf den Weg der Rechtschaffenheit zurückgeführt werden kann, wenn man es nicht mit Ruten und Skorpionen peitscht. Wie falsch es war, zeigt sein Ende. Die gemeinen Leute haben ihn erschlagen. Und dabei hatte es der Arnold von Selenhofen noch leichter als ich. Ich führe einen Kampf auf Leben und Tod gegen alles, was mit den Staufern zusammenhängt, und muß gleichzeitig auf die Unzufriedenheit in meiner eigenen Stadt achten. Der andere hatte vor allem nur gegen die Bürger der Stadt zu kämpfen. – Wenn wir nicht erschlagen werden wollen wie er, müssen wir klüger sein. Und ich kann es mir nicht leisten, Vogt, jetzt nicht, mitten in einem Nest von aufrührerischen Bürgern zu sitzen. Alle meine Kräfte brauche ich für den großen Kampf gegen den Staufer. Haben wir den gewonnen, dann mag es an der Zeit sein, meinen Brief mit den Zusagen an Freiheiten für die Bürger zu revidieren. Es war jetzt nicht klug, Vogt, die Bürger zu reizen und die Leute in den Turm zu setzen."

„Es sind Ketzer, Hochwürden."

„Weil sie singen?"

„Ja, Hochwürden, weil sie aufrührerische Lieder singen, gegen die Kirche, gegen Euch."

„Weil sie singen, weil sie singen – was gilt mir so ein lumpiges Lied –, daß Ihr doch nicht weiter sehen könnt als bis zu den Toren der Stadt. Glaubt Ihr, daß man diese Leute in Rom singen hört? Und in Lyon? Und in Prag? Dorthin sehe ich – und dabei höre ich keine läppischen Lieder."

„Was aber, Hochwürden, soll mit den Leuten geschehen?"

„Nichts." Sifrid blätterte wieder in der Bibel, er wollte nichts mehr hören.

Der Vogt entfernte sich eilig, zufrieden. Mit diesem „nichts" konnte er machen, was er wollte. Er stimmte der Ansicht des Erzbischofs nicht bei, jetzt Milde gegen die Bürger zu zeigen, sie etwa dadurch zu gewinnen. Die werden wir nie gewinnen, weder mit Güte noch mit Härte. Sicherer schien es ihm, jetzt die Leute wirksam in Furcht zu setzen.

Wenn sie sahen, welche harten Strafen über diese unverschämten Menschen verhängt wurden, dann würden sie sich hüten, so bald wieder freche Lieder zu singen.

Der Erzbischof stöhnte auf, als der Vogt gegangen war. „Was habe ich für Mitarbeiter. Unfähige, unselbständige Menschen.“ Langsam ging er hinüber in den großen Saal zu den Gästen. Wein hatten sie dort getrunken, und sie lärmten um den Eppensteiner, drängten, daß man jetzt gleich die weithin gerühmten Bildwerke im Dome sehen wollte.

Bei dem entzückten Lob und dem staunenden Neid seiner Gäste über das Werk seiner Steinmetzen vergaß der Erzbischof seinen Ärger über den Vogt. Den Westchor und das westliche Querschiff hatte er bauen lassen. Das Längsschiff, die Seitenschiffe und der Martinchor im Westen standen kunstreich überwölbt. Wer von seinen Gästen, außer vielleicht dem Kölner Erzbischof, konnte sich rühmen, Bauherr über solch ein weites und hohes und prächtiges Gotteshaus zu sein?

Einer trat an ihn heran, der Bischof Dietrich von Naumburg. „Es leuchtet mir ein“, meinte er anerkennend, „daß Euer Westchor dem ganzen Bau erst die rechte Vollendung gibt. Und ich sehe, daß Ihr neben dieser äußeren Vollkommenheit auch das Innere wohl beachtet habt. Noch nie sah ich einen Lettner so kunstreich wie hier in Stein gefügt. – Und wenn ich es mir recht überlege, dann möchte ich meinem Dom zu Naumburg ein ähnliches Gesicht geben. Ja“, nachdenklich sah sich der Bischof aus Naumburg im Martinchor um, „der Peter-und-Pauls-Dom soll auch einen Westchor haben, ich meine, würdiger sieht dann der ganze Innenraum aus, weihevoller und weiter.“ Der Erzbischof ließ den Naumburger Bischof allein vor dem Westlettner; von seinen anderen Gästen wollte er noch weiter das Lob über seinen Chor hören.

Langsam ging Dietrich von Bildwerk zu Bildwerk. Er sah die Verdammten, wie ihre Leiber sich in Angst krümmten, sah die Seligen, wie ihre wohlgerundeten Körper Freude ausdrücken konnten. Er beschaute den auferstandenen Mann, spürte, daß der Steinmetz hart an sich selber gearbeitet haben mußte, bevor er es wagen konnte, diesen Vorgang in Stein zu deuten. Er betrachtete den Verklärten mit der Maria und dem Johannes, und er begriff, was der Steinmetz aussagen wollte. Es sollte sichtbar werden: Christus ist bei dem Vater und gleichzeitig bei den Menschen. Der Bischof aus Naumburg erkannte: Da gibt es also hier in der Mainzer Bauhütte einen Meister, der um solche Zusammenhänge weiß. Und er weiß nicht nur davon, er versteht es auch, sie in Stein vor Augen zu bringen, so daß es jedem verständlich wird. Diesen Mann möchte er sehen. Und er möchte mit ihm sprechen.

Vor die hohen Gäste, der König darunter, der Heinrich Raspe, vor die Erzbischöfe und Bischöfe, wurde der Meister des Westlettners gerufen. Der Reimser war nicht verwirrt. Ehrerbietig grüßte er.

Sifrid von Eppenstein, jetzt heiter, da die Anerkennung aller über seinen Dom ihn befriedigte, winkte Dietrich von Naumburg, herzukommen. „Hier, Bischof Dietrich, ist der Meister. Fragt ihn alles, was Ihr wissen wollt."

Mit weiten Schritten ging Dietrich auf den Reimser zu. „Ihr seid ein großer Meister, ein begnadeter Mensch. Das haben Euch wahrscheinlich schon andere vor mir gesagt, und es wird Euch nichts Neues sein. Aber ich glaube, Ihr könnt noch mehr!"

Erstaunt blickte der Reimser zu ihm. „Ehrwürden, Ihr meint, diese Arbeiten hier sind nicht ausreichend?"

Dietrich lächelte über die Betroffenheit des Meisters. Er merkte, dieser Mann war nicht verletzt und nicht von aufgeblasenem Stolz erfüllt. „Ich meinte", sagte er behutsam, „wir können noch Großes von Euch erwarten. Und das will nicht heißen, daß wir nicht schon Bedeutendes von Euch besitzen."

Sifrid wollte sich von seinem Gast aus Naumburg nicht beschämen lassen; wie anmaßend von dem, zu sagen, daß die wertvollen Arbeiten dieses Meisters erst in der Zukunft geschaffen würden. „Es ist wohl so", sagte er etwas hochmütig zu Dietrich, „dieses, was Ihr das Bedeutende nennt, steht heute schon in seiner Werkstatt in der Bauhütte hier am Domplatz!"

„Ah!" Die anderen wurden neugierig. „Was ist das?"

Mit Genugtuung sah sich Sifrid im Kreise seiner Gäste um. „Es ist ein Bildwerk, wie es in dieser Vollendung bisher noch niemandem gelungen sein dürfte: der heilige Martin zu Pferde!"

Sehen wollten es alle.

Dem Reimser war bei den Worten des Erzbischofs unbehaglich geworden. Und er scheute sich nicht, sagte es den Herren: „Es steht noch roh im Stein, und es ist bei uns der Brauch nicht, Halbfertiges vorzuweisen. Ich bitte um Nachsicht, aber es würde alle meine Mitarbeiter in der Hütte beleidigen, wollte ich dagegen verstoßen." Er sprach mit ruhiger Bestimmtheit.

Einsichtig nickte Dietrich. Ihm gefiel das sichere und doch bescheidene Auftreten dieses Mannes, den er im Wuchs fast um einen Kopf überragte. Und noch eins bemerkte er etwas verwundert: Dieser Mensch, der über eine so große Kunstfertigkeit verfügte, hat ein ernstes, beinah trauriges Gesicht.

Sifrid wollte sich die stolze Freude nicht versagen, seine Gäste noch staunender und noch neidischer zu stimmen. „Dann bitte ich darum", wandte er sich zum Reimser, „uns den Entwurf zu zeigen, daß wir das Einmalige der Arbeit daran ermessen können!"

Der Reimser erschrak. Aus diesem Entwurf herausgenommen hatte er den Kopf des Bettlers, der ihm zu häßlich und unwürdig dünkte. An diese Stelle hatte er von Gugel ein leeres Stück Pergament nähen lassen für den neuen Kopf, so wie er ihm vorschwebte: einen Kopf nach dem des Sängers. Er konnte den Herren hier doch nicht einen so zugerichteten Entwurf weisen. Er bedachte sich eine Weile.

bevor er antwortete. Es blieb ihm wohl nichts anderes übrig; wenn der Erzbischof ihn darum bat, würde er ihnen den Entwurf doch zeigen müssen, so wie er jetzt aussah. Und er würde Sifrid dabei um die Erlaubnis fragen, den Sänger zu sehen. – Und – heiß wurde ihm bei dem Gedanken, er atmete tief, ein leises Freuen stieg in ihm auf, aber auch gleichzeitig Furcht, daß diese Freude zerstört werden könnte: ein Mensch würde darum nicht mehr im Turm sitzen.

Gugel, der Geselle, brachte kopfschüttelnd das Pergament. So ein Meister, der schämt sich nicht, einem König, wenn auch „Pfaffenkönig", doch Gesalbten, so eine gestückte Arbeit zu weisen, den Bettler ohne Kopf!

Bevor der Meister den Entwurf aus der Hand gab, erläuterte er: „In diesem Pergamente ist noch eine Stelle leer – oder, sie ist wieder leer. Ich brauche für das Fehlende – ich trennte es heraus, weil es nicht mehr stimmte – einen neuen Kopf, ein Vorbild, sonst kann ich die Arbeit nicht dem Sinne gerecht ausführen."

Das Pergament ging von Hand zu Hand.

Bischof Dietrich sah, welch lebendige Bewegung in dem Pferde eingefangen war, wie getreu bis in die geringste Einzelheit jeder Teil paßte. Der Ausdruck im Gesicht des Martin überraschte ihn. So einen Kopf gab es unter den Figuren, die er bisher aus der Hand dieses Mannes gesehen hatte, nicht. Es erinnerte etwas an den Verklärten, und doch war er weit davon entfernt. Ein anderes, neues kam hier hinzu: Der Mensch auf dem Pferde handelte. Und dieses tätige Zugreifen zeigte sich auch in seinem Gesicht. Schade, daß der Kopf des Bettlers fehlte.

„Eh", warf der neugewählte König ein, „ein Kopf? Das dürfte doch nicht so schwer sein, einen Menschen zu finden, der dem Steinmetz recht wäre als Vorbild zum Bettler. Oder sollte es gar in Eurem Erzbistum an Köpfen mangeln?" Der Neugewählte wollte witzig sein. Sifrid ging nicht darauf ein, er meinte nur ernst und trocken: „Bisweilen ja."

Der Reimser trat einen halben Schritt auf den Erzbischof zu. Zeit schien es ihm, jetzt sein Anliegen vorzubringen. „Hochwürden, ich brauche nicht irgendeinen Kopf, den es erst ausfindig zu machen gilt. Darum schnitt ich den Kopf beim Bettler im Entwurf heraus, weil ich inzwischen einen Menschen traf, der das Gesicht trägt, wie ich es mir im Inneren für die Arbeit vorgestellt hatte – nur fehlte mir die leibhaftige Anschauung, es deutlich zu machen. Dieser Mann lebt hier, in Mainz."

„Dann ist die Frage ja leicht und schnell gelöst. Laßt ihn holen, daß wir ihn fragen, ob er einverstanden ist."

„Verzeiht, Hochwürden, der Mann ist so einfach nicht zu rufen."

„Wen ich in meinem Erzbistum und darüber hinaus verlange, der hat vor mir zu erscheinen, wo immer er auch sei." Nötig schien es dem Erzbischof, das mehr zum Neugewählten gerichtet zu sagen als zum Reimser. „Wo ist er zu finden?"

„Im Turm. Euer Vogt hat ihn dorthin gebracht. Ich meine den Sänger."

Blaß wurde der Vogt. Er stand dicht bei Sifrid. Mit Gesten beider Hände wollte er dem Steinmetzen bedeuten, er solle doch nichts weiter von dem Sänger verlauten lassen. So ein Tölpel, rührte der diese ekelhafte Sache noch einmal auf. Und das ausgerechnet vor dem König. Das wäre vielleicht noch nicht einmal so schlimm, denn dieser König, höh, das wußten sie ja nun bald allerorten, war doch nur ein Geschöpf des Erzbischofs von Mainz, großgezogen mit Milch aus Rom. Schlimmer schien es dem Vogt, daß dieser Sänger vor den beiden anderen Erzbischöfen und den übrigen Bischöfen erwähnt wurde. Zum Teufel, der hatte doch ein Lied gegen die Pfaffen gesungen. Er mühte sich ab, diesem Steinmetzen begreiflich zu machen, er möge doch um des Heiles seiner Seele willen schweigen. Das ging schlecht ohne Worte. Sagen konnte er ihm nun nichts mehr, dann wären die hohen Herren erst recht aufmerksam geworden.

Und wie verschwiegen und geschickt hatte er, der Vogt, diese heikle Sache dem Erzbischof mitgeteilt. Unter vier Augen. Bedacht darauf, daß niemandes Ruf beeinträchtigt werde. Und der Reimser begriff nicht, warum der Vogt sich so abzappelte – oder er wollte es nicht begreifen.

„Er hat eine hohe Stirn“, beschrieb er seinen Sänger, „und tief in den Höhlen liegende Augen. Und die Backenknochen stehen über seinen eingefallenen Wangen. Es ist das Gesicht eines Mannes, der so viel Ungutes von den Menschen erfahren hat, daß er sie verachten könnte. Aber er kann es nicht, weil sein grenzenloses Vertrauen, daß der Mensch im Grunde doch so ungut nicht sei, größer ist. Darum steht in seinem Gesicht die gläubige Hingabe eines Bittenden, der sich nicht vorstellen kann, daß er seine Hand umsonst ausstreckt.“

„Das ist aber doch kein Bettler“, warf der Neugewählte ein.

„Es ist ein Bettler“, sagte der Reimser; „man lehrte uns: Vor dem Herrn sind wir alle Bettler. Das ist wahr.“

Heinrich Raspe verzog seinen Mund. Solange er lebte, würde er kein Bettler sein. Das ist wahr: Die 15000 Mark in reinem Silber, das Aufgeld für sein Amt, das ist keine Bettelei!

Sifrid wandte sich zum Vogt, ohne den Wortwechsel zwischen dem Neugewählten und dem Reimser zu beachten. „Geht, schafft diesen Mann her!“ befahl er.

Widerwillig ging der Vogt. Widerwillig kam er nach einer Weile mit dem Sänger zurück. Die Hände hatte er ihm mit einer schweren Eisenkette eng zusammengeschlossen, daß der Mensch nicht etwa versuche, sie gegen einen der hohen Herren tätlich zu erheben. Nur das Übelste konnte man sich von so einem Burschen versehen, der schon derart unverschämte Lieder sang.

Auf dem Weg vom Turm zum Dom hatten sich die Augen des Sängers bereits wieder an das Tageslicht gewöhnt. Sie tränten nicht mehr. Steif blieb der Mann mit den eingefallenen Backen in achtlicher Entfernung vor den hohen Herren stehen.

„Nur heran, heran", verlangte Sifrid. Wie ein eigenartiges fremdländisches Tier musterten die Würdenträger des Reichs den Mann. Sie rümpften deutlich ihre Nasen. Der Mann roch übel nach dumpfer Kellerluft. Der Neugewählte zuckte mit den Schultern. Er fand so Besonderes nicht um das Gesicht dieses Mannes. Noch einmal versuchte der Vogt zu retten, was zu retten war.

„Ich darf den Mann wohl nun wieder wegführen."

„Nicht so eilig, Vogt." Sifrid sah ihn unwillig an. „Es genügt nicht, diesen Mann zu sehen. Ihr sagt, er sei ein Sänger, nun, so soll er singen, wir wollen ihn hören!"

„Ah – ah – aber nicht doch – Hochwürden – bedenkt –" Der Vogt geriet außer Atem.

Mit einer Handbewegung bedeutete ihm Sifrid zu schweigen. Der Mann aus dem Turm blickte verwundert auf den Kirchenfürsten, musterte mit einem unbeschreiblichen Lächeln, das weder dreist noch ergeben war, die hohen Herren. Da wanderte er nun seit dem Jahre neununddreißig, seit sie den Kaiser Friedrich gebannt hatten, durch die deutschen Lande. Er sang seine Lieder, sang die Lieder, die er vom Volke hörte, die er in den Spinnstuben, in den Webstuben, in den Schmieden, bei den Gerbern, bei den Kesselflickern, bei den Bauern erlauschte. Er sang sie auf der Straße, auf den Plätzen, in den Stuben. Mochte zuhören, wer immer wollte. Und die ihm zuhörten, das waren eben die, von denen er seine Weisen hernahm, die geringen Leute. Noch nie hatte er vor hohen Herren und für hohe Herren gesungen. Er lebte von dem, was ihm ein Bauer oder ein Handwerker für sein Lied gab, wenn es ihm gefiel. Er sang zu Kindtaufen, und er sang zu Hochzeiten, er sang zur Ernte und er sang zum Tanz. Nur eines sang er nicht: Totenlieder. Er liebte die frohen Feste und die nach der Arbeit fröhlichen Leute. Nun also stand der Sänger mit seinen gefesselten Händen, in seinen schlechten Kleidern, die nach dem Moder und dem Unflat des Gefängnisturmes stanken, vor den höchsten Herren des Reichs, vor den satten, festlich gekleideten Menschen.

„Sing uns das Lied!“ verlangte der Erzbischof.

Noch einmal sagte der Vogt: „Hochwürden, wollet bedenken, nicht das Lied. Wenn der Mann wirklich ein Sänger ist, dann muß er doch auch andere kennen.“

Mit einem Blick brachte Sifrid seinen ängstlich besorgten Vogt zum Schweigen.

Nun, zum Teufel! Der Vogt verschränkte seine Arme über der Brust. Er hatte alles versucht, den Eppensteiner von diesem Vorhaben abzubringen, er konnte sich selbst keiner Unterlassung anklagen. Er verwünschte die Eitelkeit seines Herrn, der seinen Gästen ein absonderliches Schauspiel bieten wollte, ohne daß er um den Text des Liedes wußte. Da ertappte der Vogt sich doch bei einem Versäumnis. Ja, das hatte er nicht getan, er hatte dem Erzbischof nicht den Wortlaut des Liedes angesagt.

„Das Lied?“ fragte der Sänger etwas ungewiß.

„Ja“, erwiderte Sifrid knapp.

Da richtete sich der Sänger auf, trat einen Schritt von den geschmückten und gesalbten Herren zurück. Mit einem tiefen Atemzug weitete er seine Brust. Er hob sein Gesicht und sah über die Köpfe der neugierigen Männer hinweg, hoch hinauf zum Gewölbe. Nie in seinem Leben hatte er in einem Dom gesungen. Und hellsichtig erkannte er, er wird nie wieder in einem Dom singen. Es mochte dies vielleicht sein letztes Lied werden. In seinen Augen stand noch immer das unbeschreibliche Lächeln bei dem Gedanken: Da forderten ihn die hohen Herren selbst auf, das Lied gegen sie in ihrem Dome zu singen. Das war seine Stunde. Von Angesicht zu Angesicht stand er vor ihnen. Mochten sie ihn doch zu Tode bringen; gleichviel, zuvor aber hatte er ihnen mit seinem Liede von der Bitternis der Wahrheit gesungen, von der Wahrheit, wie sie die auf den Landstraßen und in den Hütten kannten.

Gott gibt zum König, wen er will!
Das glaub' ich gern und schweige still ...

Überlegen lächelnd sah Sifrid zu seinem Vogt. Was der doch für eine kindische Besorgnis geäußert hatte. Wie das begann, hörte es sich an, als sei es ein Preislied auf den Neugewählten. Selbstgefällig ließ Heinrich Raspe die neue, breitgliedrige, lange, goldene Halskette durch seine Finger gleiten. Sie war ein Geschenk des Mainzer Erzbistums zum glücklichen Wahltage. Er nickte wohlwollend mit dem Kopfe.

Weiter sang der Mann:

Uns Laien wundert nur der Pfaffen Lehre ...

Der Erzbischof von Köln zog die Augenbrauen in die Höhe. Schon ein bedenklicher Satz, stellte er bei sich fest.

Was sie vor kurzem uns gelehrt,
wird nun ins Widerspiel verkehrt ...

Da wird's euch hingewischt! Der Vogt sah in die Gesichter der drei rheinischen Erzbischöfe und der anderen Geistlichen. Ich wollte es verhindern, dann hättet ihr nichts dergleichen gehört. Aber ich mußte ja schweigen. Und er konnte ein geheimes hämisches Lächeln nicht unterdrücken. Nun gut, dann sollen sie sich auch wundern, wie das Lied endet.

Nun tut's um Gott und eure eigne Ehre,
und sagt bei eurer Treue,
mit welchem Wort ihr uns betrogt ...

Sifrid preßte die Lippen zusammen. Vielleicht war der Vogt doch nicht so unfähig, und vielleicht waren seine Bedenken doch nicht so kindisch. Man sollte diesen Gesang unterbrechen! Doch er bedachte sich: Untersagt er diesem

Mann jetzt das Weitersingen, dann werden sie schon morgen in allen Städten über den zaghaften Erzbischof von Mainz lachen. Und sie werden sagen: „Seht her, der Eppensteiner ist so unsicher, daß er sich vor einem Lied fürchtet. Vor Worten, die in die Luft geschickt werden, zittert der, daß er sie verbieten muß." Nein, sie sollen nicht über ihn lachen! Also wird er den Mann dieses unverschämte Lied zu Ende singen lassen vor allen seinen Gästen.

Beweiset uns das eine recht vom Grunde,
das Alte oder Neue:
Gewiß ist, daß ihr eines logt ...

Etwas dümmlich sah der Neugewählte sich unter den Männern um, die ihn eben auf den Thron gesetzt hatten. Er wollte sein Gesicht nach ihren Mienen richten. Und er sah sie lächeln, etwas gekünstelt, etwas krampfhaft zwar, aber doch lächelten sie. Und so lächelte er auch.

Zwei Zungen stehen schlecht in einem Munde!

Und auch dieser Satz klang rein und voll im Tone durch den weiten Bau des Domes. Jetzt schwieg der Sänger.

Mit ihrem betretenen Lächeln um die Lippen sahen die Herren einander an. Etwas mußte gesagt werden, fühlte der Vogt, ihn drückte das peinliche Schweigen der Gäste. „Dann bringe ich ihn jetzt zurück in den Turm." Er griff den Sänger bei den Schultern.

Einen knappen Schritt trat der Reimser vor. „Gestattet, hochwürdigster Herr Erzbischof, daß er bei mir in der Bauhütte bleibt, daß ich nach seinem Gesicht den Entwurf vervollständige."

Das war unerhört. Der Steinmetz erlaubte es sich, dem Vogt entgegenzutreten. Er erdreistete sich, einen Mann zu sich nehmen zu wollen, der dem Turm verfallen war, einen Ketzer. Zurechtweisen sollte ihn der Erzbischof. Aber der

Eppensteiner wies ihn nicht zurecht, überlegte: Lehnte er den Wunsch des Reimsers ab, dann könnte es möglich sein, der Meister würde den Meißel hinlegen und den heiligen Martin halbfertig in der Werkstatt stehenlassen. Befehlen konnte er ihm nicht, das Werk unverzüglich ohne dieses Vorbild zu vollenden. Die Kunst läßt sich nicht zwingen. *Er*, der Eppensteiner, wollte aber nicht auf dieses Kunstwerk verzichten, und er wollte auch nicht, daß andere Hände es zu Ende führten. Also würde er dem Wunsche des Reimsers stattgeben, um seine eigene Eitelkeit zu befriedigen.

„Ihr mögt ihn mit Euch nehmen", sagte er dem Reimser und fragte ihn: „Wann glaubt Ihr, die Arbeit abschließen zu können?"

„Mit Gottes Hilfe im nächsten Jahre", antwortete der Meister.

Während der Vogt auf Geheiß des Erzbischofs dem Sänger die Handketten abnahm und dabei vor sich hin schimpfte, wandte sich Dietrich von Naumburg eilig an den Eppensteiner.

„Ich höre, Euer Meister beendet im nächsten Jahre seine Arbeit. Ich möchte Euch herzlich bitten, erlaubt ihm, zu mir nach Naumburg zu kommen und meinen Dom zu schmükken – mir schwebt ein Plan vor – ein Plan, wie ihn nur Euer Meister hier erfassen kann."

„Das mögt Ihr mit ihm selbst besprechen, er ist ein freier Mann, aber Ihr seht ja", Sifrid lächelte bei seinen Worten, und sein Lächeln sah nicht ermutigend aus, „was für ausgefallene Wünsche er äußert, um arbeiten zu können." Er wies auf den Sänger. „Und wundert Euch nicht, wenn man eines Tages vielleicht von ihm sagt, er sei – ein Ketzer."

„Dann muß ich ihn verbrennen lassen?" fragte ernstlich erschrocken der Naumburger Bischof.

„Ihr vermögt es zu verhindern, doch vergeßt nicht, Bischof Dietrich, die letzte Entscheidung liegt bei den Richtern der Inquisition, nicht bei Euch."

Mit dem Neugewählten, dem Sekretär Andreas, dem Vogt, den Erzbischöfen von Köln und Trier und den anderen Bischöfen verließ Sifrid von Eppenstein den Dom, drüben in seinem Palast wollte er mit ihnen die ersten Schritte der neuen Regierung festsetzen. Zurück blieben der Bischof Dietrich, der Reimser und der Sänger. Und der Bischof redete auf den Steinmetz ein, sprach von der Aufgabe. Für den neuen Westchor, den er unverzüglich aufrichten lassen wollte, sollte er die schmückenden Steinbilder schaffen. Fast ängstlich besorgt, wartete er die Entscheidung des Meisters ab. Und er überlegte sich, wenn der Mann jetzt absagt, dann wird er den ganzen Plan fallenlassen. Einzig um der Bildwerke willen sollte sein Westchor geschaffen werden. Nur einen wußte er, der dieser Aufgabe gewachsen sein würde: diesen Steinmetz, der hier vor ihm stand, neben dem Sänger in den abgerissenen Kleidern.

Und der Reimser erkannte: Diese Arbeit war lockend, groß. Er wird viele Jahre seines Lebens brauchen, sie zu bewältigen, wenn er sie bewältigen kann, und das wird nicht leicht sein. Dieser Bischof vor ihm, so sah er, glaubte an ihn, daß er das Werk zu meistern vermochte. Und er wurde vor sich selbst sicher. Ja! Er wird diesen Auftrag annehmen. Er wird nach seinen Ideen den Plan ausarbeiten. Er wird lange davon träumen müssen. Sehr sorgfältig wird er es sich überdenken, wie er einen starren, neuen Raum durch seine Bildwerke beleben kann.

„Ich komme", sagte er mit Bestimmtheit zu dem Naumburger Bischof. „Ich komme!" wiederholte er und freute sich über seinen Entschluß. Es soll ein gutes Werk werden.

„Wann?" wollte Dietrich wissen.

„Wenn ich hier alles zu Ende gebracht habe, dann will ich nach Bamberg gehen. Ich will sehen, was es auf sich hat mit dem Standbild eines Reiters im Dom, von dem ich habe erzählen hören."

„Bamberg liegt ja schon auf dem halben Wege nach Naumburg", meinte Dietrich.

„Ja, Ehrwürden", redete der Reimser weiter, „von dort aus will ich, ohne die Reise zu unterbrechen, zu Euch kommen."

„Ich werde auf Euch warten", sagte der Naumburger Bischof, neigte seinen Kopf zum Abschied vor dem Reimser, sah auch grüßend zu dem Sänger, ging aus dem Dom hinüber in den Palast, dort mitzuberaten.

Er sollte aber doch länger warten als bis zum nächsten Jahre, denn der Erzbischof von Mainz wollte seinen besten Meister noch nicht entbehren. Er hatte es wieder zur Gewohnheit werden lassen, daß der Reimser des öfteren zu ihm in den Palast gerufen wurde. Und er hörte sich seinen Rat über alle Dinge um das Bauhandwerk an, auch wenn es sich nicht um Bildwerke handelte, sondern etwa um den Bau einer neuen Kapelle oder eines festen Hauses. Nicht selten geschah es, daß er wünschte, der Reimser möchte ihn auf einer Reise durch das Erzbistum begleiten; dann ließ er sich gern von ihm die alten Bauwerke und Konstruktionen der Kirchen erklären. Doch trotz dieser offensichtlichen Auszeichnung blieb der Reimser bedrückt, müde. Es war ihm, als hätte einer alle seine Eingeweide herausgerissen und hätte einen leeren Sack zurückgelassen. Und er redete vor sich hin, Worte, die er einmal im Steinbruch dem Meister Matthias gesagt hatte: „Ich bin noch nicht bei dem Glauben." Bei welchem Glauben? Hatte er nicht mit jeder Faser seines Seins an einen Menschen geglaubt? Dieser Glaube hatte ihn müde gemacht und schwunglos, hatte ihn ausgehöhlt.

ABSCHIED

Warum – warum hast du mich allein gelassen, Gertrude?

Du bist gegangen, ohne ein Wort des Abschieds an mich zu richten.

Da reisest du nun nach Böhmen, und da wirst du dann

im Bette liegen mit deinem Herzog und Königssohn Wladislaw in Prag.

Und du bist nicht noch einmal, nur noch ein einziges Mal in meine Werkstatt am Dom gegangen.

Aber du wolltest doch kommen? Hattest du mir nicht versprochen, du wolltest den heiligen Martin in Stein besehen?

„Ich erwarte, daß Ihr den heiligen Martin in Stein schafft." Nicht wahr, Gertrude, das hattest du doch gesagt?

Und nun bist du gegangen – ohne Abschied.

Was soll mir jetzt die fertige Arbeit, wie sie in allen Stücken vollendet steht, da du sie nicht ansiehst?

Und doch – ich habe es geglaubt – habe es tief geglaubt – darum habe ich den Meißel genommen – darum konnte ich arbeiten: Ich habe geglaubt, du würdest mich verstehen.

Allen wirst du ein Wort zum Abschied gesagt haben, dem Erzbischof, dem Sekretär, dem Vogt, ja sogar den Bedienten. Du wirst ihnen Gottes Segen gewünscht haben und frohe Tage.

Mir aber hast du nichts gesagt. Du hast nicht einen Gruß für mich gehabt, nicht einen Blick mehr.

Du bist gegangen – ohne Abschied.

Und er erkannte dies:

Du hast mich doch immer allein gelassen.

Und ich habe nur von dir geträumt. Ich habe mich narren lassen von diesem Traum, den ich mir selbst zurechtmachte. Ich wollte, du wärest der Mensch, der das Werk versteht und den, der sich darum müht.

Ich träumte davon: du begreifst beides, und du liebst beides. Aber ich sah: beides war Heuchelei. Heuchelei, um dir selbst zu gefallen. Nie hast du das Werk geliebt, ob du es verstanden hast, weiß ich nicht, nie hast du den geliebt, der den Meißel dazu in der Hand hielt. Du liebtest immer nur dich selbst.

Ja, und nun bist du gegangen – ohne ein Wort des Abschieds. Geh nur! Geh zu deinem Herzog, geh hin, Fürstin, und erzähle ihm, mit welchem Kunstsinn du beobachtet hast, wie da in Mainz im Dom neue Bildwerke entstanden. Und vergiß nicht, dabei zu vermerken, wie viele Stück an Silber du für den Ablaß geopfert hast, damit dein Erzbischof den Bau auch bezahlen konnte – und wie nun dein Gemüt um lange Zeit im voraus von etwa möglichen Sünden aller Art entlastet ist. Ja, leg dich nur zusammen mit deinem Herzog und lache mit ihm über einen einfältigen Steinmetzen, der an dich glaubte – und der es dabei nicht wahrhaben wollte, daß du nur mit ihm spieltest.

Lachst du nun? Lachst du?

Und ich habe behauptet, vor anderen und vor mir selbst, meine Arbeit gehöre dir. Das stimmt ebenso schlecht wie mein Glauben, daß du unlösbar mit zu meiner Arbeit gehörst. Das eine war falsch. Darum wurde auch das andere falsch!

Jäh fiel ihm ein anderes ein. Und dieses Erinnern wuchs in ihm so übermächtig, daß die Gedanken an diese eine Frau nicht mehr so verzehrend erschienen: Einmal waren Menschen gekommen, einfache Leute, Bauern. Die hatten sich dazu gedrängt, seine Arbeiten zu sehen. Weggelaufen war er vor ihnen in die Hütte, und er hatte kein Wort weiter an sie verloren, damals, nach dem Reichstag, weil er sich verletzt fühlte, daß sie schwiegen, weil er meinte, sie hätten nichts verstanden. Hatten sie wirklich nichts verstanden? Er sah in Gedanken das Gesicht des Schmiedes vor sich. Zäh war das und hart, gehärtet an der Hitze des Feuers, das aus dem offenen Glutloch herausschlägt, wenn er bei der täglichen Arbeit vor seinem Amboß steht. Hart und zäh waren aber auch die Gesichter der anderen, die mit ihm gekommen waren, und ernst. Ernst geworden bei der mühseligen Arbeit auf den Feldern und bei den überhohen Abgaben an die erzbischöfliche Kanzlei. Und er fühlte sicher: die würden nicht lachen, nicht über ihn und nicht über seine Bitternis.

Ein Verlangen kam in ihm auf, wegzugehen, weg aus dieser Stadt, weg von diesen glatten, wohlgekleideten Menschen aus dem Palast, weg von seinem Auftraggeber, dem satten Erzbischof, der jetzt sogar anfing, an den Löhnen für die Bauleute zu sparen, weg von diesem Sekretär mit dem jungen, selbstsicheren und gleichzeitig fragenden Gesicht, weg von diesem Vogt, der ihn immer noch umwitterte wie ein alter Wolf, einen Ketzer in ihm entdecken wollte, weil er damals den Sänger zu sich in die Bauhütte genommen und ihn vorm Turm bewahrt hatte. Sehnsucht überkam ihn, hinauszugehen und wieder seine Straße zu wandern, gesund und frei, in innerer Vorbereitung auf das Neue, das auf ihn wartete, auf das, was er mit seinen Händen meistern sollte in einer ihm noch unbekannten Stadt. Und auf dem Wege in diese Stadt Ausschau zu halten nach den bekannten Gesichtern, nach den zähen, den harten, den faltenreichen, und eine Weile bei diesen Männern zu rasten, sich auszuruhen vor dem Neuen, dem er sich mit ganzer Seele hingeben wird.

Er beschloß, den Erzbischof in seinem Palast aufzusuchen und ihn zu bitten, ihn gehen zu lassen. Er sprach mit Meister Matthias darüber. Der wurde etwas betreten. Noch immer gab es am Dom zu tun; und schließlich hatten sie doch nicht schlecht zusammen gearbeitet. Aber er wollte dem anderen in seine Entscheidung nicht hineinreden. Andere Sorgen würden ihm hier in der Bauhütte bleiben. Da konnte er kaum allzuviel Zeit für Gefühle aufwenden. Wie sollte es weiter werden; schon länger als eine Woche war der übliche Tagelohn an Brot und Fleisch ausgeblieben. Dieser verdammte Krieg gegen die Staufer fraß die Felder und die Ernte. Was sollten die Frauen essen und die Kinder, wenn die Männer für ihre Arbeit keinen Lohn bekamen? Matthias bat den Reimser: „Wenn du zu ihm gehst, dann sage dem Eppensteiner doch, daß wir unseren Lohn haben wollen!“

Sifrid besprach mit dem Sekretär Andreas die letzten Einzelheiten für die Beschreibung seines Lebens. Er hatte herausgefunden, daß der Sekretär auch die Buchstaben gut setzen konnte, mindestens so gut wie der Kaplan Antonius.

Sifrid war zufrieden. Wieder war es ihm gelungen, eine bedrohliche Klippe zu umschiffen. Sein Geschöpf, dieser Heinrich Raspe, hatte ihm wahrlich keine Freude gemacht. Statt als König kräftig zu regieren und entschlossen gegen die Staufer voranzugehen, wollte und wollte er nichts Rechtes vollbringen. Das neu eingesetzte Königtum kränkelte überall. Eines zwar hatte er erreicht, im ganzen Lande brannte es, der Krieg ging weiter. Und gezeigt hatte es sich, fast der gesamte Adel, allerdings mußte er wohl leider den niederen ausnehmen, ergriff die Fahne der Geistlichkeit. Die Städte – fast alle bedeutenden Städte – standen auf der Seite des Staufers. Und daran auch, zum Teufel, scheiterte sein, des Erzbischofs – des Papstes – Vorhaben, den Staufer samt seiner höllischen Brut auszurotten. Unsinnig genug von dem Heinrich Raspe, mitten im Winter gegen eine wohlbefestigte, wohlversorgte Stadt, gegen Ulm, anzurükken. Aufgeben mußte er die Belagerung. Er selbst litt unter der Kälte und unter Mangel an Lebensmitteln, nicht die Ulmer Bürger, die Belagerten.

Dabei hatte der Raspe sich offensichtlich den Tod geholt. Nach Hause mußte er gehen, auf die Wartburg. In sein Bett legte er sich, krank und unköniglich – und starb. Unbeweint. „Verräter!“ riefen einige hinter seinem Sarge her. Das waren allerdings gemeine Leute, Schuster oder Kesselflicker und dergleichen Gesindel. Und die Erben zankten sich schon über seinem offenen Grabe. Nein, dieser König war die 15 000 Stück Silber nicht wert gewesen. Nicht einmal ein Jahr lang konnte das Geschöpf dem Papst seine Dienste dafür anbieten. Nein – er mußte sich vorher hinlegen – und verlöschen.

Boten waren aus Rom zu ihm, dem Erzbischof, nach Mainz gekommen, hatten sich erkundigt, wo denn das Heer bliebe, das unter dem König Heinrich Raspe nach Italien ziehen sollte, dort die Streitmacht des Friedrich zu schlagen; dringlich erwarte der Papst die Ankunft der Reisigen. Da mußten sie es nun hören: Gestorben war dieser König, und verlaufen hatten sich die Söldner. Viel Geld, großer Aufwand. Alles unnütz vertan.

Und die ganze Arbeit fing für ihn, Sifrid, von vorn an. Es galt, einen Menschen ausfindig zu machen, der es verstand, mit Anstand eine Krone zu tragen, der gut dabei aussah, der aber sonst nichts weiter zu bestellen hatte. Mit Hilfe des römischen Legaten und mit Hilfe der 20000 Stück Silber, die der mitgebracht hatte, fand er diesen Mann, acht Monate nach dem Tode des Heinrich Raspe. Sein neues Geschöpf, dem er die nachgemachte Krone aufsetzte, war ein Junge von etwa zwanzig Jahren, ein Graf Wilhelm von Holland.

Der Erzbischof erörterte mit seinem Sekretär die Frage, wie denn sein, Sifrids, Grabstein aussehen solle. Jetzt endlich, da er nun bereits zum zweiten Male einen König gegen die Staufer eingesetzt hatte, da er seine Kriegsleute zum offenen Streit gegen den vierten Konrad geschickt hatte, da er die Mehrzahl der Fürsten im Reich für diesen Kampf gewonnen hatte, da er also wohl einiges für die Sache des Papstes ausgerichtet hatte und mit Gottes Hilfe noch ausrichten würde, jetzt endlich sei es an der Zeit, einen ansehnlichen, würdigen, schmucken Grabstein oder, besser noch, eine Grabplatte aus Metall arbeiten zu lassen, damit sein Leben der Nachwelt für alle Zeit überliefert werde.

In diese Betrachtung hinein kam der Reimser mit seinem Anliegen, den Erzbischof um Erlaubnis zu bitten, ihn frei wegziehen zu lassen, und mit dem Auftrag der Bauleute, den Erzbischof an den Lohn zu erinnern.

„Gott zum Gruß!“ rief Sifrid. „Wie gerufen kommt Ihr. Setzt Euch hin und sagt mir auf der Stelle, wie Ihr meinen Grabstein entwerfen würdet!“

„Euren Grabstein?“ Der Reimser war nicht verlegen, dachte nach, sah Sifrid dabei aufmerksam an. „Gebt mir ein

Stück Pergament und einen Griffel, dann will ich's Euch aufzeichnen, in groben Umrissen, wie ich's mir denke."

Eilig reichte der Sekretär Andreas ihm das Verlangte.

„Seht", sagte der Reimser, während er die Striche auf das Pergament brachte, „es ist der Brauch bei uns seit langem, für eine Grabplatte eines geistlichen oder weltlichen Herrn das Abbild eines Menschen zu entwerfen. So ein Mensch wird mit seiner Amtstracht angetan und mit den Zeichen seines Standes ausgestattet. Auf einen Grabstein für Euch", er sah vom Pergament auf, blickte den Eppensteiner ernst an – nur in den Augenwinkeln stand kaum merkbar ein Lächeln, „würde ich aber drei Menschen bringen."

„Wie das?" Sifrid wunderte sich und sah neugierig zu, wie der Reimser den Griffel über das Pergament bewegte.

„Drei Menschen." Der Meister nickte bestätigend. „Dieser hier in der Mitte, groß, die Länge der Platte von oben bis unten füllend, der soll das Sinnbild für Euch sein, Hochwürden. Und alle Zeichen Eurer Ämter sind bei Euch." Sprach's, zeichnete Schwert und Krummstab. „Und zur Rechten steht ein König, und zur Linken steht ein König." Mit einigen Strichen deutete er rechts und links von der mittleren Figur zwei Männer auf dem Pergament an. „Die sollen beide, der Heinrich Raspe und der Wilhelm von Holland, um vieles kleiner sein als Ihr – ich meine, als die Gestalt in der Mitte, die für Euch als Sinnbild steht. Seht!" Er wies dem Erzbischof seinen Entwurf. „So denke ich mir eine würdige Grabplatte für Euch. Und jeder sieht es: Zwei Könige habt Ihr gemacht." Gemacht, sagte er, und das war keine Ungeschicklichkeit, daß ihm etwa der Ausdruck gefehlt hätte. Dem Erzbischof Sifrid entging dieses Wort. Dem Sekretär Andreas entging es nicht. Lebhaft griff der Eppensteiner nach dem Pergament, besah es aufmerksam. Andreas, der sonst redegewandte, schwieg und riß die Augen auf. Hatte der Erzbischof nicht recht verstanden? Hatte er den deutlichen Spott aus dieser Zeichnung nicht herausgelesen? Und nicht die schlagende Wahrheit? Er,

Sifrid von Eppenstein, hatte die Könige gemacht, mit Geld aus Rom. Nicht die Deutschen hatten gewählt. Und dieser Steinmetz hier kam herein und wischte es ihm mit ganz wenigen Strichen auf das Pergament hin.

Mit bewegter Freude sah Sifrid den Entwurf. Ja, so sollte es werden. Und alle, die nach ihm kamen, die würden es einmal aus diesem seinem Grabstein erkennen, wie er sich auf sein Amt verstanden hat. Vorzüglich schien ihm der Gedanke, diese beiden Männer noch mit hinzuzunehmen, und es schmeichelte ihm, wie klein, wie geringfügig im Verhältnis zur Größe, aufs Ganze gesehen, der Meister die beiden Könige neben ihm eingesetzt hatte.

„Wahrlich, Meister, Ihr versteht Euch auf Euer Fach. Eigentlich müßte ich es bedauern, daß Ihr meinen Grabstein nicht fertigt, daß Ihr jetzt gehen wollt, doch ich möchte mir meine Grabplatte in Metall gießen lassen – daß sie noch sichtbar ist, wenn der Stein längst bröckelt – nach Jahrhunderten noch. Aber den Entwurf, den behalte ich mir hier, und ich werde den Leuten in der Gießhütte streng aufgeben, sie sollen sich nur danach richten. Er ist sehr brauchbar, Euer Gedanke, Meister, und er gefällt mir. Ja, er gefällt mir."

Er stand auf, ging zum Reimser, sah ihm lange ins Gesicht. „Ihr wollt Mainz verlassen. Gut. Ich kann und will Euch nicht hindern. Ihr seid frei. Ihr mögt gehen, wohin immer Ihr wollt. Eure Arbeit hier ist wohl rechtlich abgegolten nach dem Vertrag, wie wir ihn aufsetzten. Es bleibt mir nur ..." Der Reimser hörte nicht mehr genau hin, er sah die Bauleute vor sich, wie sie auf den Lohn warteten. Jetzt müßte er das Wort sagen, aber er durfte den Erzbischof nicht unterbrechen. „... Euch Dank zu sagen für die langen Jahre, in denen Ihr mit Fleiß und in Treue am Werk gearbeitet habt." Die anderen haben kein Brot mehr, dachte der Reimser, schon tagelang nicht. Aber er konnte dem Erzbischof nicht das Wort abschneiden. „Großes habt Ihr hier geleistet. Ihr wißt es, und ich weiß es auch, und ich schätze das Werk, und ich werde über dem Werk den Meister nicht vergessen." In die Rede fallen müßte ich ihm, sprechen: Aber die Bauleute, die habt Ihr vergessen, doch nicht über dem Werk – über den Sorgen um Eure Kriegsleute habt Ihr sie vergessen. Es paßt eben nicht gut zusammen: Kirchen bauen und Krieg führen. „Noch eines will ich. Ich will Euch etwas schenken, was Ihr eigentlich nicht besitzen dürft. Ich bin auch der einzige, der es verschenken kann. Bewahrt es gut, es ist wertvoll."

Sifrid wandte sich an seinen Sekretär. „Andreas, bring die Bibel her, die deutsche, die jüngst der Bruder Alexander aus unserem Domkapitel übersetzt hat."

„Die Bibel?" fragte der Sekretär erschrocken, glaubte nicht recht verstanden zu haben. „Einem Laien die Bibel?" fragte er noch einmal unsicher.

„Ja!" Der Erzbischof wurde ungeduldig. „Ich sagte es." Und er wandte sich rasch um, wollte das dicke, in Schweinsleder gebundene Buch greifen. Aber er verzog in einem jähen Schmerz sein Gesicht. Er mußte sich setzen. Wieder quälte ihn das Herz. Seit dem schnellen Ritt nach Lyon zum Konzil hatte er es von Zeit zu Zeit gefühlt. Er beherrschte sich vor dem Baumeister, stöhnte nicht. Dem Sekretär gab er einen Wink, daß der dem Reimser das Buch überreiche. „Versteht es zu lesen", sagte Sifrid, er strengte sich dabei an, so fest wie gewöhnlich zu sprechen. Der Reimser sah, wie der Anfall dem Eppensteiner zusetzte, und er wurde sich mit einer großen Bestürzung bewußt: er hatte die Gelegenheit verpaßt, von den Forderungen der Bauleute zu sprechen. Unwiderruflich versäumt. Andreas bedeutete ihm, er möchte rasch gehen. Und so ging er denn.

Auf dem Bauplatz hatten Matthias und Anton und einige Gesellen auf den Reimser gewartet. „Hast du es gesagt?" fragten sie ihn.

„Nein", antwortete er ihnen. Er sah in enttäuschte, traurige Gesichter.

Matthias schüttelte den Kopf, unzufrieden. „Ja, du gehst nun weg, da kann es dir auch gleichgültig sein, wie es mit uns weiter wird. Du bist gut heraus. Warum hast du es nicht gesagt?"

„Es ging nicht. Er sprach von seinem Grabmal, und da konnte ich nicht um den Lohn fragen."

„Ach, daß du so feinfühlig bist, du konntest nicht, nein. Und was unsere Kinder morgen essen sollen, das geht dich nichts an, was? Da ist ein Grabmal wichtiger!" warf ihm Matthias vor, schimpfte weiter: „Dir hat er wohl einen ordentlichen Batzen als Lohn mit auf den Weg gegeben?"

„Nichts habe ich bekommen", sagte der Reimser.

Matthias machte große Augen. „Nichts?" fragte er ungläubig. „Kein Brot? Keinen Met? Kein Fleisch? Kein Stück Geld?"

„Nichts!" wiederholte der Reimser, setzte hinzu: „Nur eine Bibel."

Die Steinmetzen lachten. „Eine Bibel! Ist der Eppensteiner so arm, daß er Pergamente verschenken muß statt guten, greifbaren Lohnes?"

Matthias lachte nicht. Er ging auf den Reimser zu, etwas verlegen. „Entschuldige", sagte er mit Aufrichtigkeit zu ihm, „ich wollte dich nicht beleidigen, als ich dich fragte, was er dir gegeben hat. Aber ich sehe, du hast auch an deinen Lohn nicht gedacht. Ich glaubte, du hättest nur unseren vergessen."

Der Reimser sah Matthias forschend an, erkannte, daß der andere es ehrlich meinte. Er nickte, sagte: „Wenn wir uns jetzt um den Lohn, den wir nicht bekommen haben, geschlagen hätten, dann hätte sich der Erzbischof gewiß gefreut." Matthias blickte fragend auf den Reimser. „Dann wären wir doch abgelenkt worden", erklärte der. Matthias verstand, wollte etwas sagen, aber da redete Anton:

„Wenn ich jetzt nach Hause komme, dann springen mir die Kinder entgegen. Wißt ihr, der kleine Konrad kann jetzt schon laufen. Da nimmt ihn die große Hilde bei der Hand, vier Jahre ist sie jetzt. Und sie haschen nach meinen Händen. ‚Vater, was mitgebracht?' wollen sie wissen. Und in der Hütte, ein bißchen eng ist sie wohl für uns vier, ja, der Eppensteiner wohnt behaglicher, und wir werden bald fünfe sein, da drin in der Hütte sitzt die Frau, die Barbara. Sie ist ein wenig müde, aber sie geht mir doch ein paar Schritte entgegen. Und sie schaut mich fragend an. ‚Hast du Brot?' So ging es schon neun Tage lang. Und immer mußte ich ihnen sagen: ‚Nein, Kinder, ich habe nichts mitgebracht' – und zu Bärbel: ‚Nein, Frau, kein Brot.' Und heute wird es der zehnte Tag, an dem ich mit leeren Händen nach Hause komme. Was soll ich ihnen sagen?"

Hilfesuchend sah Anton von einem zum anderen.

Der junge Geselle Gugel zuckte mit den Schultern. „Glaubst du, Anton, du allein hast mit deinen Leuten Hunger? Da sitzt in einem elenden Verschlag – das ist nicht einmal eine Hütte, nein –, da sitzt ein alter Mann. Der wartet. Er kann sich nicht mehr so recht allein behelfen. Nur mit Mühe setzt er die Beine voreinander, daß er bis vor diesen verdammten Verschlag gelangt, in die Sonne. Da sitzt dann mein Vater und wartet auf mich. Ein wenig Met habe ich ihm immer mitgebracht oder ein schmales Stück Fleisch. Na – und? Seit neun Tagen wartet er umsonst, der Alte. Heute wird es der zehnte Tag."

Matthias bewegte die Hände ins Leere, als wolle er nach jemandem greifen, aber es war niemand da. „Der Eppensteiner meint wohl, wenn er uns zu Mittag die Reste von seiner Mahlzeit aus der Küche herausbringen läßt, es ist damit ausgelohnt. Und wenn sie für jeden noch ein Maß

Met mitbringen, dann glaubt er wohl, unsere Arbeit sei überbelohnt."

Verdrießlich sah der Geselle Paul den Steinmetzen in die Gesichter.

„Was wundert ihr euch darüber. Ist doch so einfach: Die Kriegsknechte fressen alles weg. Die sind dem Eppensteiner eben wertvoller als Steinmetzen, als eure Frauen, als die Kinder. Was wollt ihr da ausrichten? Legt doch die Meißel hin, laßt euch eine Lanze geben. Und dann voran, gegen den Kaiser. Voran, drauf und dran, für –"

„Für wen?" fiel ihm Matthias ins Wort. Paul wurde durch die Frage verwirrt.

„Für wen? Was soll das? Ei, für wen denn? Für den Eppensteiner? Für den Papst? Für das Recht? Für Gott? Für wen – eh, zum Teufel, was weiß ich, für wen – – für mich nicht! Und was hätte die Johanna davon, wenn ich brennen und morden würde. So lange hat sie auf mich gewartet. Aber ich hab' nicht gewagt, mich vor meinem Mädchen sehen zu lassen. Pfui, was für eine Schande, wie kann ich mit leeren Händen zu ihr gehen, und sie wollte doch so gern eine Spange haben, wie sie der Kaufmann aus Italien feilhält. Nur eine ganz kleine Spange, wißt ihr, mit der man auf der Brust das Tuch zusammenhalten kann. Sie brauchte ja gar nicht aus teurem Gold zu sein – das Gold ist doch nur für die Fürsten."

„Tand", knurrte Anton vor sich hin. „Wer denkt in solchen Zeiten, wenn rings um die Stadt die Dörfer brennen, an so unnützen Kram."

„Und wenn der Erzbischof mit der einen Hand das Feuer schürt, daß die Leute sterben, und gleichzeitig mit der anderen den Dom schmückt, dann ist das eben erhaben, weil er ein großer Mann ist, nicht wahr!" verteidigte sich Paul.

Widerwillig gab ihm Anton zu: „Wovon solltest du sonst leben, wenn er sich nicht um den Dom kümmerte?"

„Ja", aufgebracht rief es Matthias, „wie kümmert er sich denn um uns? Wo bleibt denn der Lohn?"

Da stand die Frage wieder zwischen ihnen. Und sie wußten sich keinen Rat. Sie wußten nur: Im Westen und Süden zogen die Kriegsknechte durch die Länder, die Söldner des Eppensteiners. In seinem Auftrage wüteten sie gegen alle, die auf der Seite der Staufer standen. Städte und Dörfer brannten. Menschen kamen um. Die Steinmetzen sahen nicht, wie der Krieg ein Ende nehmen könne. Sie gingen nach Hause, wieder mit leeren Händen.

Sehr früh am anderen Morgen, einem kühlen Märzmorgen, kam Anton wieder auf den Bauplatz. Er fand den Reimser noch in der Bauhütte, schaute zu, wie der sein silbernes Handwerksgerät zusammenlegte und sich zum Weggehen rüstete.

„Ich hab's nicht mehr aushalten können zu Hause. Die ganze Nacht durch heulte der kleine Konrad. Er heulte so lange, bis die Hilde schließlich mitjammerte. Da fragte ich meine Frau, die Bärbel: ‚Was haben sie denn?' Sie sagte nur: ‚Hunger.' Und sie sagte es so – ach, Reimser, du kannst es dir nicht vorstellen, wie das klang, nicht wie Vorwurf, auch nicht wie Trauer – das klang ganz anders. So drohend, so voll Haß, als ob sie selbst hingehen wollte zum Erzbischof."

Der Reimser blickte rasch auf. „Ja", sagte er.

„Was ja?" wollte Anton wissen.

Da trat der Geselle Paul hastig in den Raum. „Ich hab's! Jetzt weiß ich, was zu tun ist!" Gespannt sah Anton zu ihm hin. „Ich werde dem Kaufmann aus Italien die Spange stehlen!"

Anton zog die Mundwinkel herab. „Ei, du Lotterbube! Soll ich dir erst mit dem Stock beibringen, was es heißt, ein ehrlicher Steinmetz zu sein!" Er war ernstlich aufgebracht. „Hast du nichts anderes im Kopfe als Dummheiten? Bei mir hast du das nicht gelernt! Bei mir nicht!"

Der Reimser suchte ihn zu beschwichtigen: „Schimpf nicht, Anton, ich weiß, er wird es nicht tun; das kann er gar nicht – er hat die richtige Fingerfertigkeit dafür nicht. Und er weiß auch noch nicht, daß die Johanna, wenn sie ihn wirklich liebt, eine Spange gar nicht so dringlich erwartet."

Anton wollte weiter schelten, er kam nicht zu Worte, draußen lärmten die Steinmetzen. Die beiden Meister und der Geselle traten aus der Bauhütte, zu sehen, was es gäbe.

Da hockte inmitten der Männer der Gugel mit weit aufgerissenen, tränenleeren Augen. Seine Hände verkrampften sich ineinander, und sein Körper zuckte vor verhaltenem Weinen. Er flüsterte vor sich hin, und er flüsterte immer nur ein Wort: „Verhungert."

Fragend schaute der Reimser zu Matthias, der neben Gugel stand. Der nahm ihn beiseite, sagte es ihm leise: „Gestern abend, als der Gugel nach Hause kam, saß sein Vater nicht wie sonst noch vor der Hütte. Ja, neun Tage sind es wohl – so lange bekam der Alte nichts Ordentliches mehr zu essen – er war ja schon ohnehin nicht mehr der kräftigste – hätten wir den Lohn bekommen, dann würde er vielleicht jetzt vor der Hütte sitzen – und in die Sonne sehen – ja."

Da klang in dem Reimser der Satz nach, den ihm der Anton vorhin gesagt hatte: „– als ob sie selbst hingehen wollte zum Erzbischof." Und er sagte zu Matthias, was er dachte: „Man sollte hingehen zum Erzbischof – und fordern –"

Matthias packte ihn bei den Schultern. „Ja!" rief er erregt. „Ja! Ja!"

Niemand fragte: „Wer soll gehen? Wer soll sprechen?" Sie gingen alle zusammen.

Andreas griff sich bestürzt mit beiden Händen in die Haare, als ihm der Türhüter meldete, die Steinmetzen seien gekommen und verlangten den Erzbischof zu sprechen. Das konnte weit ernster und gefährlicher werden als damals der Aufstand mit den Weibern. Diese Leute mußte man vorsichtiger behandeln. Und heute war im erzbischöflichen Palast kein Böhme mit einem Rat zur Stelle; und so ein billiger Ausweg wie damals, einfach das Haus zu verschließen, wäre hier sinnlos; denn ihre Forderung nach Lohn würde doch bestehenbleiben. Dagegen würden keine zugeschlagenen Türen und keine verriegelten Fenster helfen. Und, leider bestand ihre Forderung zu Recht; Andreas wußte es. Und dagegen könnte auch der Vogt mit seiner Wachmannschaft nicht ankommen, denn schließlich wären dem Erzbischof tote Steinmetzen zu nichts nütze. Was also blieb zu tun? Andreas atmete auf. Ja, so würde es gehen: vertrösten! Und den Trost müßte der Erzbischof schon selbst aussprechen. Das würde zum mindesten beruhigen. Allerdings war Sifrid in den letzten Tagen sehr reizbar, und er hatte sich bemüht, ihm unangenehme Dinge fernzuhalten. Die Meldung aber über das Zusammenrotten der Steinmetzen würde er ihm nicht ersparen können, denn die Bauleute standen bereits vor den Toren des Palastes. Sollte der Herr Sifrid selbst mit ihnen fertig werden.

Sifrid hatte den Lärm schon bis in seine Studierstube hinein gehört. „Was ist denn?“ fragte er erregt den Sekretär. „Was ist denn? Warum kommt Ihr nicht eher, mir zu berichten? Was sagt Ihr? Ich verstehe nicht – sprecht doch lauter! Die Steinmetzen – was wollen sie? Den Lohn? – Sie drohen? Was sagt Ihr? Ich soll mit ihnen sprechen. Ich soll sie vertrösten.“ Er stand auf, es fiel ihm etwas schwer. Sein Körper hatte in der letzten Zeit beträchtlich an Umfang zugenommen, und das Herz mußte sich bei jeder Bewegung anstrengen. Er redete unausgesetzt weiter. Horchte ab und an nach draußen, schickte einen auffordernden Blick zum Sekretär, ließ sich berichten, redete wieder. „Ja, ich werde mit ihnen sprechen! Kommt, stützt mich etwas. Ich werde mit ihnen sprechen. Faßt doch kräftiger zu; Teufel, ich falle! Man muß doch mit ihnen sprechen können! Warum sollte ich das nicht können. Ich bin nicht Arnold von Selenhofen! Gebt meinen Mantel her! Nein, nicht den roten – den weißen will ich haben – darin sehe ich besser aus. Der Selenhofen war sehr ungeschickt, er wollte nicht mit dem geringen Volk sprechen. Ich bin nicht ungeschickt! Nein, ich nicht. Ich gehe sogar hin zu ihnen. Nein, nicht vom Fenster aus will ich sprechen. Legt mir doch den Mantel nicht so tölpelhaft um, Andreas. Ich will mitten unter sie treten. Sie sollen sehen, daß ich mich nicht vor ihnen fürchte! Nein, bei Gott, ich fürchte mich nicht. Ich fürchte mich wirklich nicht! Halt! Ich habe meinen Krummstab vergessen. Geht, Andreas, holt ihn, schnell!" Als er die Steintreppen hinunterschritt, die auf den Innenhof vom großen Saal aus führten, stach das Herz wieder. Ein schneidender Schmerz. „Jetzt nicht!" befahl sich selbst der Erzbischof laut. „Jetzt nicht darauf achten!" Andreas hatte es gemerkt, wie er unwillkürlich mit der Hand nach der linken Seite gegriffen hatte. Er sah auch, wie das Gesicht Sifrids sich hochrot färbte. Eilig lief der Erzbischof auf das Tor zu. Verwundert bemerkte Andreas, daß sich nicht ein Wächter auf dem Hofe aufhielt; auch der Türhüter war nicht zu sehen. Eine unheimliche Angst stieg in Andreas auf. Sie sind alle davongelaufen, sie halten sich im Haus zurück, sie wollen nicht dasein, wenn die Steinmetzen das Tor aufbrechen, sie wollen nicht gegen die Steinmetzen die Hände erheben. In seiner Angst vermochte er es nicht, den Erzbischof durch einen lauten Zuruf aufmerksam zu machen. Er konnte nur flüstern. Sifrid beachtete ihn nicht. Ächzend hantierte er selbst an dem großen Torriegel herum. Der bewegte sich schwer. Sifrid geriet in heftige Erregung. „Packt doch mit zu, Andreas! Was steht Ihr herum und gafft! Welcher gottvergessene Esel hat das Tor so fest verschlossen." Sifrid rüttelte an dem eisernen Riegel; der Schweiß trat ihm auf die Stirn, an den Schläfen schwollen die Adern. Mit ängstlicher Sorge beobachtete Andreas, daß das Blut die Lippen des Erzbischofs nicht mehr rot erscheinen ließ; sie sahen blau aus.

Draußen standen die Steinmetzen. Sie fingen an ungeduldig zu werden. Als sie kamen, hatte sich der Türhüter von ihnen sagen lassen, was sie wollten. Dann war er gegangen, und sie hatten deutlich gehört, wie er bemüht war, das Tor sorgfältig zu verriegeln. Sie hatten sich angesehen, und einige hatten dabei grimmig gelächelt. „Die müssen ja große Angst haben." Nun warteten sie, warteten geduldig. Sie warteten auf eine Antwort. „Wie wird es mit unserem Lohn?" – „Einer muß doch antworten." Einige riefen laut. Es waren keine Schmeicheleien. „Warum laßt ihr euch so lange Zeit mit eurer Antwort? Oder wollt ihr uns etwa umsonst warten lassen, he, was? Unsere Frauen haben Hunger. Die Kinder weinen. Wir wollen ordentlichen Lohn für unsere ordentliche Arbeit!" Einige sahen sich auf dem Boden nach Steinen um. „Laßt uns ein paar Brocken gegen das Tor schmeißen, daß sie sich an uns erinnern! Los, los, sie sollen antworten." Sie bückten sich und nahmen die Steine zur Hand.

Da, endlich wurde der Torflügel von innen aufgestoßen. Der Erzbischof stand da. Unheimlich rot sah sein Kopf über dem weißen Mantel aus.

Die Rufe unter den Steinmetzen verstummten. Erwartungsvoll sahen sie ihn an. Aber sie blieben stehen. Beugten sich nicht in den Knien. Sie waren nicht gekommen, ihn um seinen Segen zu bitten.

Aufs höchste erregt stand Sifrid. Das Öffnen des Tores hatte ihn ungemein angestrengt. Er keuchte. Er wollte sprechen. Der Atem gehorchte ihm nicht. Die Erregung in ihm wuchs. Das Herz schmerzte unerträglich. Jetzt nicht, hämmerte es in seinen Schläfen, jetzt nicht darauf achten! Der Hals wurde ihm trocken. Er wollte sprechen! Mit Gewalt. Er würgte an dem Wort. Ich bin nicht Arnold von Selenhofen. Ich nicht! Der Mund stand ihm offen. Die Augen versagten ihm den Dienst. Es war ihm, als blicke er durch einen roten Schleier. Er ruderte hilflos mit den Armen. Er stürzte, wollte sich noch einmal hochrichten, es ging nicht mehr.

„Das Gericht Gottes", flüsterten die Steinmetzen scheu. Sie vermieden es, einander in die Augen zu sehen. Sie standen reglos.

Andreas beugte sich über den Erzbischof. Zog ihm ein Augenlid hoch. Ja. Vorbei. Er stellte es ohne große Erregung fest. Zwei Männer lösten sich aus der Gruppe der Steinmetzen. Zu dritt packten sie an. Während sie den Eppensteiner durch das Tor auf den Hof trugen, wurde sich der Sekretär Andreas mit klarer Sicherheit bewußt, was er zu tun hatte. Er würde im Namen des Erzbischofs Anweisung geben, an die Bauleute Brot, Fleisch und Met aus den Kammern der erzbischöflichen Kanzlei auszuteilen. Er würde den Schatzmeister im Namen des Erzbischofs veranlassen, heute noch den fälligen Lohn auszuzahlen. Niemand würde dasein, der ihm die Berechtigung dazu absprechen konnte. Er war der letzte, mit dem der Eppensteiner gesprochen hatte. Und der hatte das gesprochen, was er anordnen würde. Und dann, noch bevor sie ihn unter die Erde gebracht haben würden, würde er sich sein Pferd aus dem Stalle holen und reiten, reiten. Die Kraft, unter einem neuen Herrn weiterzulügen, besaß er nicht mehr. Und er würde das ausführen, was er damals der Frau abschlug: Er würde zum Kaiser reiten.

Draußen warteten die Bauleute auf die beiden Männer, die den Eppensteiner mit hineingetragen hatten. Leise sprachen sie miteinander. Endlich kamen die beiden zurück, und sie berichteten: Brot wird es geben und Fleisch und auch Lohn. Ja.

„Dann brauchen die Kinder heute nicht zu weinen." Anton sagte es vor sich hin.

UNTERWEGS NACH NAUMBURG

Der Reimser hatte Mainz noch an dem Tage, da sie im Palast zu trauern anfingen, verlassen.

So wanderte er wieder seine Straße. Allein. Und doch umgeben von vielen Dingen, von sichtbaren und von unsichtbaren. Und seine Seele und seine Augen befaßten sich unausgesetzt mit allem, was auf ihn zukam. Umschau hielt er mit wachem Blick auf der Landstraße, über die er seine Füße setzte. Und alles, was er sah, war ihm willkommen, und mit weiten Sinnen nahm er es auf. Und er wies niemanden ab, der mit ihm sprach. Und er beachtete die guten Regeln des bescheidenen und doch stolzen Mannes, der frei war und niemandem untertan: er verlor nicht ein Wort über sich selbst. Er beredete mit den anderen ihre Sachen, als gälten diese ihm als die wichtigsten Angelegenheiten der Welt. Von allem anderen sprach er, doch nichts von sich selbst.

Mit einem wandernden Gerbergesellen teilte er eine Weile seine Wegstrecke, ließ den Jungen reden und hörte ihm verständig zu; unterbrach ihn nicht, als der seinen Kummer nicht mehr an sich halten konnte und weinen mußte. Der Gerbergeselle weinte über die Untreue seines Mädchens. Weinte, als sei es der größte Schmerz, den je ein Mensch ertragen mußte. Und ihm, dem Jungen, war es der größte Schmerz. Und der Reimser achtete ihn.

Ein entlaufener Knecht, entlaufen einem ländlichen Edelmann, sprach zu ihm von seinen Hoffnungen, unbemerkt in die Stadt zu gelangen und ein Jahr dort Arbeit zu verrichten, bis die vorgeschriebene Frist von zwölf Monden und einem Tag verstrichen war und er sich Bürger der Stadt nennen konnte. Der Entlaufene teilte ihm seine Sorgen mit und seine heißen Wünsche: daß er ja nicht entdeckt werde! Denn würde er, der Hörige, rückgerufen, würde er von dem Edelmann wieder angefordert, müßte er sich fügen und müßte die Strafe seines Herrn geduldig über sich ergehen lassen, und sollte ihm an seinem Leibe Schaden widerfahren.

Ein Kaufmann fuhr mit seinem bis hoch hinauf bepackten Wagen an ihm vorbei. Wohlgeordnet lagen die Ballen auf dem knarrenden Gefährt mit den breiten hölzernen Rädern: die Ballen an Tuchen und die Messer und Leder und Mühlsteine und Waffen und Pferdegeschirre. Der Kaufmann, inmitten einer Anzahl bewaffneter Knechte, die er zur Bewachung für die Reise gemietet hatte, verhielt seinen Wagen einen Augenblick bei dem Wanderer, ihn zu fragen, ob er auf seinem Wege von Mainz Verdächtiges wahrgenommen habe, ob ihm räuberische Ritter begegnet seien.

Ein Bettler lief mit ihm die Straße, zeigte ihm seine gräßlichen Narben unter den zerlumpten Kleidern, wies ihm, wie das Fleisch am Oberschenkel und am Armstumpf zu schmutzigen Klumpen zusammengeheilt war, schimpfte auf den Bader, der die Fleischfetzen über den Wunden ihm so schändlich unförmig zusammengeflickt hatte. Bei dem Sturm auf Ulm hatten Lanzenstiche ihn übel zugerichtet. Er fluchte über diesen verdammten Sturm auf Ulm. Damals hatte er zu den päpstlichen Kriegsleuten gezählt, geworben zum Kriegsdienst für den Pfaffenkönig, den Heinrich Raspe. Der Bettler stöhnte bei der Erinnerung. Wäre er doch nie den zudringlichen Werbern gefolgt, dann könnte er noch heute in seiner Schmiede den Hammer auf den Amboß klingen lassen und brauchte sich nicht über die Landstraßen zu schleppen, brauchte nicht zu betteln.

Und der Reimser, der seinen Weg nach Naumburg ging, wurde nicht müde, den Menschen, die ihm begegneten, in die Gesichter zu schauen.

Einen Hochzeitszug sah er auf der Landstraße, sah die junge, rotbäckige Braut, hörte, wie sie ängstlich und glücklich und gierig und verhalten lachte. Dann hielt er wohl einmal in seinem Wege inne und trat zu den Hochzeitsgästen. Das ganze Dorf war geladen; was zählte es da, wenn einer mehr sich zu Tische setzte. Und auch er schwenkte die Braut im Tanze, zierlich, fest, sicher, stampfend, schwebend. Und auch er küßte die Atemlose, wie es der Brauch verlangte, auf den Mund.

Doch nirgendwo blieb er lange; auch wenn sie den Gast liebgewonnen hatten und seine klugen, bedachten und dabei nicht hochfahrenden Worte noch gern gehört hätten. Auch wenn sie ihn zum Bleiben nötigten, hielt er sich nie über Gebühr lange auf. Seinen Beutel aus dem abgewetzten Leder, den er schon von Reims auf der Wanderschaft nach Mainz getragen hatte, hängte er sich am schmalen Riemen über die Schulter. Nichts weiter beschwerte ihn darin als der Kasten mit dem silbernen Werkzeug und die Bibel. Und weiter setzte er seine Füße über die braune Erde der Landstraße.

Die Bauern sah er, wie sie unter der Aufsicht des herrschaftlichen Verwalters gebückt über die Felder gingen und Furchen für die neue Saat zogen. Zwei Stöcke hielt dieser Aufseher in seinen Händen, und an der Seite hing ihm am Gurt über seinem langen Lodenmantel das Horn, auf dem er rufen konnte, wenn ihm der und jener zu langsam arbeitete; dann auch schlug er mit seinem Stocke zu und schonte seine Stimme. Und der Reimser sah nicht nur einmal, wie solche Aufseher betrunken waren, wie sie mit wüsten Schimpfworten über die gebückten Bauern herfielen und sie mit den Stöcken schlugen. Weiber knieten da mit auf den Feldern und Kinder. Auch sie trafen die Schläge.

Nach weitem Weg zu Fuß erstieg der Reimser die Anhöhe zum Dom Sankt Peter und Sankt Georg zu Bamberg. Er verharrte auf dem freien Platz vor dem Portal im Osten. Und bevor er in den Raum eintrat, kniete er unter freiem Himmel nieder, erhob sein Gesicht und hielt Zwiesprache mit Gott.

Draußen an der südlichen Pforte der Ostseite blieb er stehen, beschaute aufmerksam die Bildwerke, die hier Platz gefunden hatten, erwog die Kühnheit der Zusammenstellung dieser Gruppe von lebensgroßen Freifiguren: Zur Rechten standen Sankt Peter, Adam und Eva und links von den Torflügeln neben Sankt Stephan der Kaiser Heinrich II. und seine Ehefrau Kunigunde. Da hatte dieser Steinmetz hier in Bamberg nicht gezögert, weltliche Leute neben Gestalten aus der Bibel und neben Heilige zu bringen. Doch er hatte dabei auf keine seiner Figuren einen Zwang ausgeübt; und so störte es das Auge des nachdenklichen Beschauers nicht, daß dem wohlgekleideten, sorgfältig gekrönten Kaiser die nackte Eva gegenüberstand. Der Anblick der Pforte berührte den Reimser sehr. Es ist also kein Unding, daß ein Mensch, der den Bau eines Domes gefördert hat, an so einem bevorzugten Platz eine Stätte findet. Die beiden Menschen hier, der zweite Heinrich und seine Ehefrau, stifteten im Jahre 1004 diese Kirche. Sie sind keine Heiligen; sie übten nur ein weltliches Amt aus. Und doch scheute sich dieser Meister der Adamspforte nicht, sie an besonderer Stelle ins Portal zu bringen: dorthin, wo sonst nur Heilige stehen. Am straffen Zusammenfassen dieser Gruppe zu einem einheitlichen Ganzen erkannte der Wanderer die Reimser Schule. Freude kam in ihm auf, Reims hier gleichsam in der deutschen Übertragung wiederzufinden. Gewandelt wohl in der inneren Auffassung, nicht mehr so verbindlich, so leicht, so lächelnd, wie sie es in Reims in den Stein gebracht hatten, ernster wirkten diese Steinbilder, schwerer, dem Beschauer gegenüber zurückhaltend, nicht mehr so liebenswürdig einladend. Und doch verleugnete der Meister von der Adamspforte seine Schule nicht, zeigte, welch reichen geistigen Gewinn er aus dem Nachbarlande jenseits des Rheins von seiner Lehrzeit dort mitbrachte. Und er vergab sich dabei nicht seine eigene Art.

Ein Weib stand da. Nackt. Eva.

Der Reimser sah, daß diese Nacktheit den Körper nicht in seiner letzten Vollendung, mit allen Schwellungen des Fleisches wiedergab. Bei seinem Betrachten erwog er: Hatte der Steinmetz der Adamspforte das nicht gekonnt – oder hatte er es nicht gewollt? Es lag wohl in seiner Absicht, beantwortete der Reimser sich die Frage. Daß dieser Mangel aus dem Unvermögen des Meisters herrühre, wollte er nicht glauben. Nein, der Meister der Adamspforte, so schien es ihm eher, wollte bewußt den Körper, den nackten Körper, ohne aufrührende Reize schaffen. Denn daß er sich auf die

Kunst des Faltenwurfes beim Gewand sehr wohl verstand und auch den Körper dabei ausrunden lassen konnte, ersah der Beschauer an den Gestalten des Kaiserpaares. Und doch zwang ihn diese Figur der Eva, noch zu bleiben. Er mußte verweilen, ihr Gesicht mit seinen Blicken zu umfassen, mußte jeden einzelnen Zug darin in sich aufnehmen. Den unnahbaren Stolz der Herrin, die drängende Sehnsucht der Frau und gleichzeitig die Scheu des unberührten Mädchens fand er glaubhaft, ergreifend zu einem Ganzen vereint. Wie war dem Steinmetz das gelungen? Mit der Neugier eines Mannes, der sich nicht mißgönnerisch, sondern anteilnehmend mit den Werken auseinandersetzt, die ein anderer vom gleichen Fache geschaffen hat, forschte er in den Zügen des Mädchenkopfes. Dieser herbe Stolz in dem in seiner Gesamtheit doch zart anmutenden Gesicht sprach aus den Linien um die Augen, aus den hoch in die Stirne gerückten Augenbrauen und aus dem Blick der weitgeöffneten Augen. Aufwärts schauten sie in weltferner Betrachtung über kaum erahnte und unbekannte Dinge, kühl und etwas abweisend. Der Meister der Adamspforte betonte ihre Zurückhaltung durch die gebändigten, fast streng geordneten Haare. Aus der Stirn strich er ihr das in der Mitte gescheitelte Haar; nur einen ganz leichten Fall in Wellen erlaubte er. Doch über den Ohren nahm er, als wollte er noch ein Zugeständnis machen, rechts und links je eine Haarsträhne und ließ sie an den Wangen vorschwingen; denn sie ist trotz ihrer abweisenden Strenge auch Weib – und Eitelkeit muß er ihr zugestehen, und sei es in einer winzigen Geringfügigkeit. Ihr Mund aber ließ das Frauliche an ihr sichtbar werden, das Weiche, Gewinnende, das den abgewandten Blick ausglich. Aus ihren leichtgeöffneten Lippen sprach das drängende Erwarten, wie sie in der Begierde beben werden; und dieses sinnliche Wünschen teilte sich den Nasenflügeln mit, daß sie sich kaum merkbar weiteten. Und fraulich, weich und warm und voll rundete sich ihr Kinn. In eins wußte der Steinmetz der Adamspforte die widerstreitenden Gefühle dieser Eva zu bringen, ihre Abwehr, ihre Erwartung, ihre Begierde und die erahnte Erfüllung.

Als sei es der Kopf des Petrus vom Nordportal der Kathedrale Notre-Dame in Reims, so ähnlich erschien dem Wanderer aus Mainz der Kopf des Petrus an der Bamberger Adamspforte. Deutlich stand in ihm die Erinnerung an Reims auf, an das Gesicht des bärtigen Petrus mit dem fülligen, gelockten Haar, mit der vollen Unterlippe, mit den schweren Falten in der Stirn und mit den großen, fragenden Augen. Und doch – dieser Bamberger Petrus war kein bloßes Nachahmen des französischen Vorbildes, trotz der fast gleichen äußerlichen Mittel: auch hier das reichgelockte Haar und die tiefen Stirnfalten und die weitgeöffneten Augen und der aus dem Bartgelock lebensvoll herausgemeißelte Mund. Dem Steinmetz der Adamspforte war es gelungen, einen Petrus darzustellen, der bei aller Verwandtschaft zum französischen Entwurf doch nur sein Werk sein konnte und alle Merkmale eines großen, eigenen künstlerischen Schaffens trug. Sie wären beide, so dachte der Wanderer abwägend nach, sehr wohl nebeneinander aufgestellt denkbar. Und niemandem würde es einfallen, zu behaupten, es seien die gleichen Gesichter – das des Reimser und das des Bamberger Petrus. Obwohl die Augen beider etwa um die gleiche Weite geöffnet waren, dessen entsann sich der Beschauer genau, so sprachen doch die Blicke beider von etwas anderem. Der Petrus in Reims erschien ihm als der verwundert Fragende. Und der Petrus in Bamberg als der sinnlich Lebensbejahende.

Beglückt stand der Wanderer. Reims schien ihm wiedergekehrt auf deutschem Boden. Und es war nichts Geborgtes. Es wuchs aus sich selbst, ausgestattet mit dem Wissen um die innere Verwandtschaft zu den großen Lehrmeistern in Frankreich. Es lehnte sich nicht gegen diese Lehre auf. Es vollendete sie in seiner Weise. Und es wurde ein ganzes, in sich abgeschlossenes Werk.

Begierig war der Reimser, den Reiter zu schauen, das

Standbild im Inneren des Domes. Er trat durch das Adamsportal ein, besah das Bildwerk am Pfeiler links neben dem Aufgang zum Georgenchor im Osten lange, aufmerksam prüfend.

Es hatte sich der Schutzheilige des Doms, Sankt Georg, auf sein Pferd geschwungen. Sehr aufrecht saß er im Sattel. Mit der Rechten griff er den Lederriemen seines Mantels, straff hielt ihn der Zeigefinger, daß er nicht von der Schulter gleite. Die Fußspitze steckte gestreckt im Steigbügel. Wohlgeordnet lagen der Mantel und sein langes Obergewand über Schenkel und Knie gerafft. Sehr herrisch und sehr stolz und sehr ritterlich hielt sich dieser Mann, dem der Bamberger Meister eine Krone aufgesetzt hatte. Sie werden diesen Reiter darum wohl auch als Kaiser ansprechen, kam es dem Reimser in den Sinn, wenn sie vergessen, daß Sankt Georg der Schutzheilige dieses Domes ist. Nicht fremd mutete ihn dieser Gedanke an, oft hatte er in Reims mit waldensischen Brüdern darüber gesprochen.

Das Gesicht wendete der Reiter dem Raume zu. Der Reimser fand es gleichzeitig anziehend und kühl, zurückweisend. Es sah nicht so aus, als ob dieser Heilige hören würde, wenn einer ihn in Seelennot anriefe. Andere Dinge mochten ihn beschäftigen. Er schaute drein wie einer, der in einen Kampf um weltliche Dinge ziehen will, nicht aber wie einer, der auf die seelische Not irgendeines Menschen viel Bedacht nehmen würde. Ob denn dieser andere Meister, der mit seinen Leuten neben dem Meister der Adamspforte in der Bamberger Bauhütte gewirkt haben muß, ob dieser Mann, der den Reiter, den Sankt Georg, in den Stein brachte, wohl den Erzbischof Sifrid kannte? So wie dieser Reiter hier auf seinem Pferde saß, herrisch, weltgewandt, durchgeistigt, erschien dieses Steinwerk dem Reimser als ein Sinnbild, wie es auch für den Eppensteiner gelten mochte. Er kann diesen Menschen bewundern, er kann ihn schön finden, er wird ihm auch seine Ehrerbietung nicht versagen. Aber lieben kann er ihn nicht. Es liegt, so erkannte er, eine

Welt zwischen ihnen. Der dort auf dem Pferde ist ein Herr.

Warum, so fragte sich der Reimser, als er langsam durch den Dom weiterging, ergreift mich dieses Bild nicht im Inneren? Ich finde es wohlgelungen in seiner Vollendung. Und ich bewundere, wie der Bamberger in unerhörter Kunst wegweisend und kühn diesen Reiter mit seinem Pferde zu einem Ganzen einheitlich meisterte. Ich wüßte nicht ein Stück, das ich daran auszusetzen hätte, von den Nüstern angefangen und den nach vorn gewendeten Ohren bis zu den schlanken Fesseln und den mit Eisen beschlagenen Hufen wüßte ich nichts, was diesem Pferde mangeln sollte. Und warum werde ich das Bild des Reiters doch nie so in meinem Herzen tragen wie dieses eine, wie die Maria in Reims? Zögernd und fast widerwillig fand er die Antwort: Dieses Bild stimmt schon heute nicht mehr. Es gibt keine durchgeistigten Ritter mehr. Der Magen gilt heute den Herren dieses Standes höher als der Geist. Lachen doch bereits die Bürger in den Städten über die rohen, ungebildeten Ritter, die sich nicht auf die Kunst des Lesens und des Schreibens verstehen und beides als eine unwürdige Beschäftigung ablehnen. Dieser edle Reiter erschien dem Betrachter als das Bild eines vergangenen Traumes. Aus seinen Gedanken gerissen, blieb er betroffen vor einem Pfeiler an der Nordseite stehen.

Maria!

Die Maria der Heimsuchung sah von ihrem Sockel auf ihn herab, die Maria des Bamberger Meisters. Einer also hatte sich darangewagt, auf deutschem Boden die Gestalt einer Frau zu schaffen, ähnlich wie sie in Reims stand. Eine Maria in dieser Art zu meißeln, hatte er, der Mann aus Mainz, für das schwierigste und zugleich höchste Unterfangen eines Steinmetzen gehalten, nachdem er die Maria der Heimsuchung an der Notre-Dame-Kathedrale in Reims hatte wachsen sehen.

Seitdem bewegte es ihn, den Versuch zu unternehmen, aus

dem Relief herauszutreten und freie Figuren unterm Meißel zu bearbeiten. Seitdem verlangte es ihn, die Maria zu formen, seine Maria. Und doch wußte er – er kann es noch nicht – nicht so in den Stein übertragen, wie es ihm in der inneren Schau vorschwebte. Und er zitterte in seinen wachen Nächten darum, würde er es überhaupt schaffen können?

Nun also stand hier eine Maria, und beinah schmerzhaft drängte sich ihm der Vergleich mit Reims auf. Und er fand, fast wollte er es nicht wahrhaben, und es bedrückte ihn etwas, daß er es sich eingestehen mußte: Diese Bamberger Maria konnte wohl auch neben der Reimser Maria bestehen. Und er mußte zugeben, der Bamberger Meister verstand sich gut auf die Kunst des Faltenwurfes am Gewande. Er wußte auch ausgeprägter als der Meister der Adamspforte das Körperliche auszurunden; wie er das rechte Knie und den rechten Oberschenkel der Maria durch das Gewand scheinen ließ, und wie er unter dem Umhang die Finger der linken Hand, die ein Gebetbuch hielten, sichtbar durch den Stoff hindurch meißeln konnte. Dieses Gewand war der Frau in der gleichen Art über den Kopf und die Schultern gelegt wie der Maria in Reims, und es hing auch wie dort in einem Stück über den Körper bis herab zu den Füßen. Offensichtlich mußte der Bamberger Meister mit der Kenntnis um den Entwurf zu der Maria in Reims hier in der Bauhütte gearbeitet haben.

Da stand nun der Reimser und schaute. Das war seine Maria – und es war doch nicht seine Maria. Diese hier war nicht wie die Mutter Gottes in Reims, und sie glich auch nicht dem Bilde, das sich in seinem Inneren formen wollte. Es war eine andere Maria, eine neue, erdhafte, sehr selbstbewußte. Und der Steinmetz aus Mainz stellte in Gedanken die Reimser Maria der Heimsuchung daneben, sah ihre tiefe, rührende Mütterlichkeit, ihre verbindliche Liebenswürdigkeit. Und wenn nun auch der Bamberger Maria nicht diese unwiderstehliche weibliche Anmut eignete, so mochte der Meister aus Mainz sie doch nicht mehr missen, jetzt, da er sich mit ihrem Dasein vertraut machte und seinen jähen Schreck überwand, daß ein anderer kühn das hingestellt hatte, wovon er bisher nur zu träumen wagte.

Und er erkannte deutlich, eindringlich: Es blieb für ihn auch angesichts der Arbeit des anderen die Aufgabe bestehen, doch seine Maria – so, wie er sie im Traume vor sich sah – in den Stein zu bringen.

Und er wanderte weiter, seinen Weg nach Naumburg.

ZWEITER TEIL

DAS WERK IN NAUMBURG

DER BÄR

Am Tage Sankt Peter und Sankt Paul im Jahre 1249 gab es endlich den Bären. Bischof Dietrich hatte es von Jahr zu Jahr aufgeschoben; immer waren seine Gründe triftig und treffend. Eh, soll niemand sagen, er verspeise seine Bären lieber selber, bevor er daran dächte, sie den Namburgern abzulassen, und er hätte sich erst dann dazu bereit gefunden, als die Steinmetzen und Handwerker drohten, die Arbeit am Dom niederzulegen, wenn sie nicht endlich den jedes Jahr fälligen Bären mit Fell und Klauen ausgeliefert bekämen. Einige Jahre hatte der Bischof mit diesem löblichen Brauch ausgesetzt. Er hoffte, die Leute würden es vergessen. Die Leute hatten es nicht vergessen. So bekamen sie am Peter-und-Pauls-Tage ihren Bären zum festlichen Verzehr und Naumburger Wein. Und sie tanzten draußen auf dem Marktplatz, Handwerker und Steinmetzen und Bauern, Burschen und Mädchen. Inmitten der fröhlich Lärmenden drang der Bärenzerleger mit scharfem Schneidemesser in die Eingeweide des bischöflichen Festbratens. Blutig war seine grobe, braune Lederschürze, blutig waren seine Hände. Blutspritzer standen in seinem langen, hageren Gesicht. Ab und an sah er von seinem Geschäft auf die Lustigen, die da um ihn her lachten. Unfreundlich beobachteten seine scharf zusammengekniffenen Augen die bunte Menge. Ein junger Steinmetz mit seiner Tänzerin am Arm umkreiste ihn.

„Du Bärenaufschneider, aufgepaßt, laß den Bären nicht davonlaufen und dir die Hose herunterreißen!“

Der Bärenzerleger, nicht faul und mit der Zunge so scharf wie mit seinem Schneidemesser, rief ihm zu: „Dann schenke ich dir die Hose, kannst sie dir von deiner Liebsten flicken lassen."

Ein dritter fuhr dazwischen, klatschte dem Steinmetzen auf die Schulter. „Aber sieh zu, daß sie es ordentlich macht, sonst läufst du zur Schande herum!"

In das derbe und breite Lachen der anderen keifte der Bärenzerleger: „Das ist ein Volk – das lacht, das tanzt, das liebt, das singt – he, du!" Er griff den Steinmetzen von seiner Tänzerin weg. „Angepackt! Schlepp mir die Bärenkutteln in die Küche vom Bischofshaus!"

„Schlepp deine Kutteln selbst hin! Heute feiern wir! Heute tanze ich! Heute singe ich!" Der Bursche wand sich mit einem geschickten Drehen aus dem Handgriff des Bärenzerlegers und setzte johlend seiner Tänzerin nach. Er brach in den Reigen der anderen ein und haschte sie wieder.

„Ja, tanz nur und sing!" Der mürrische Mann sah sich um, aber da war keiner der Burschen in der Nähe. Schließlich packte er die Wanne mit den zerlegten Bärenteilen selbst an. Der Reimser hatte dem Zerteilen zugesehen. Das erstemal feierte er den Peter-und-Pauls-Tag in Naumburg. Der Bärenzerleger bemerkte ihn, stellte die Wanne wieder ab und redete auf den Meister ein: „Seht sie Euch nur an, diese Burschen, hört ihr Gesinge! Da, Gehopse mit den Beinen, dummes Zeug im Kopfe und die Liebe im Maule!"

Auch wenn dem Reimser ein Lächeln in den Augenwinkeln saß, blieb sein Gesicht doch ernst. „Sie tragen die Liebe woanders als im Maul! Mein Freund, seht doch, wie fröhlich sie sind, weil sie ihr Fest feiern!"

Der junge Steinmetz im dunkelgrünen Wams mit schwarzen Schnüren tanzte wieder heran. „Aber der da", er wies mit der Hand auf den Bärenzerleger, „möchte am liebsten als Bär herumlaufen und uns hinten reinbeißen."

Sachte, ganz sachte nahm ein anderer den Bärenkopf, der auf den reinlich zerlegten Fleischstücken lag, aus der Wanne. Als wolle er ihn genau besehen, wendete er ihn spielerisch in seinen Händen. Mit einem jähen Griff langte er hinüber und stülpte den Bärenkopf dem mürrischen Mann auf.

„Ätsch, Bärenaufschneider, nun lauf doch und beiß uns!“

Wie die Burschen lachten und die Mädchen gellend aufkreischten! Jämmerlich beschmutzt war sein Gesicht, als er sich vom Bärenkopfe befreit hatte.

„Gib acht, daß du deiner Liebsten nicht den Schoß vollschmierst, wenn du deinen zarten Kopf darein bettest!“

Eins unter den Mädchen lachte auf. „Nein, den mürrischen Bärenaufschneider wollen wir nicht.“

Der Reimser wandte sich um, noch immer saß sein Lächeln in den Augenwinkeln. Er sah das Mädchen an, fragte: „Wäre ich dir willkommener?“

Jähe Röte stieg dem Mädchen ins Gesicht, es senkte den Kopf, hob aber nach einer Weile die Augen ganz dreist wieder zu dem Meister auf. „Ach ja – nur – Ihr dürft nicht immer – so – gar so ernst aussehen.“

„Sehe ich ernst aus?“

Die mit ihren Fiedelbogen und Zupfgeigen riefen zum Reigen. Zeigen wollte er, daß er unter den Frohen auch fröhlich sein konnte. Er nahm das Mädchen beim Arm, zog sie mit in den Reigen. Die mit den Fiedelbogen stießen die mit den Zupfgeigen an. „Da, der Meister ist dabei – mitten in unserem Reigen!“

„Der gehört zu uns!“

Die im Reigen tanzten, sahen sich nach dem Meister und seiner Tänzerin um: kritisch, ob der Zugereiste aus Mainz sich auch auf die Naumburger Art im Tanzen verstände; abschätzend, ob der wohl Fünfzigjährige noch genug Feuer in den Gliedern habe, sein Mädchen im schnellen Drehen hochzuheben. Die Burschen fiedelten und zupften, daß es eine Art hatte. Mit beiden Händen umfaßte der Reimser die buntgeschnürte Taille seiner Tänzerin, wirbelte sie im Dreher hoch, wiegte sich stampfend und setzte sie sicher wieder auf den Boden, lachte, als er sah, wie die Jungen mit

Achtung staunten, umfaßte seine Tänzerin fester und wirbelte sie noch einmal hoch.

„Hoi! Der kann es!"

„Der versteht uns!"

Das Wort traf den Reimser mitten in dem fröhlichen Lärmen. Es machte ihn sehr nachdenklich. Der versteht uns, klang es in ihm nach. Stimmte das? Jäh ließ er die Arme seiner Tänzerin los, beachtete nicht ihr verwundertes Gesicht. Nein, es stimmte nicht! Er hat in Mainz den Schmied aus Mombach nicht verstanden – er hat sich nach einer Fürstin gesehnt, hat ihr ins Gesicht geschaut, ihre Gedanken zu erkennen, was sie wohl über seine Bildwerke meinen könnte. Aber den Schmied aus Mombach und die anderen, die ihn begleiteten, die hat er nicht forschend angesehen, was wohl aus ihren Zügen herauszulesen sei. Er hat sie stehenlassen.

Der versteht uns! Hohn! Er versteht sie nicht. Aber er gehörte doch zu ihnen – und doch blieb er unter ihnen einsam. Warum war er einsam – auch wenn er mit ihnen tanzte? Trug das Werk daran Schuld? Sollte die Arbeit ihn von diesen Menschen entfremdet haben? Und wenn es so sein sollte, dann mußten ihnen seine Werke auch fremd bleiben. Wofür arbeitete er dann überhaupt? Für einen Kirchenfürsten? Für sich selbst? Er wußte keine Antwort, wollte sich von den Fragen nicht mehr bedrängen lassen. Er suchte sein Mädchen, das er mitten im Reigen hatte stehenlassen. Er ging hin zu ihr, bat sie um Entschuldigung und reihte sich mit ihr wieder unter die Tanzenden.

„Jetzt seid Ihr wieder so ernst", schalt sie ihn, „woran Ihr nur immer denkt."

„An dich habe ich gedacht", antwortete er ihr, und er küßte sie einfach auf den Mund.

Für die erste Unterredung mit Bischof Dietrich hätte der Reimser sich gern völlige Klarheit gewünscht, Klarheit mit sich selbst über diesen Satz: „Der versteht uns!“ Doch er wußte, so ganz und gar und unwiderruflich würde er jetzt eine Entscheidung nicht finden. Und er erkannte gleichzeitig: Diese Worte werden ihm keine Ruhe lassen, bis er sich doch bekannt hat, dafür oder dagegen.

So nun stand er vor dem Bischof, der ihn mit großer Herzlichkeit empfangen hatte.

„Bevor wir über das Werk sprechen, müßt Ihr hören, was wir in einem Brief geschrieben, den wir an alle gerichtet haben.“ Er reichte seinem Vorleser Gunzelin ein großes Pergament. Gunzelin las:

„Was gute Menschen gut begonnen haben, muß man mit einem noch besseren Ende krönen. Haben die Gründer des Domes für die Gründung sich Verdienst bei Gott erworben, so verdienen dies auch die Nachkommen für die Almosen, die sie zum Bau des Münsters geben. So haben wir beschlossen, das ganze Werk zu vollenden, und nehmen Tote wie Lebende, die uns ihre Almosen gespendet haben und noch spenden, in die allgemeine Gebetsbrüderschaft auf.“

Der Reimser beobachtete den Vorleser. Sein fast rundes Gesicht mit den hellen Augenbrauen schien ohne jeden Ausdruck zu sein, auch waren die Augen gut in Zucht gehalten; nichts war darin zu lesen, nicht einmal ein unverbindliches Lächeln. Als Gunzelin zu Ende gelesen hatte, winkte ihm Dietrich, er solle sich entfernen. Kaum hörbar knirschte etwas Sand auf dem Steinboden unter den Tritten des Mannes. Am Türvorhang, der schwer und starr herabhing, drehte er sich noch einmal dem Raum zu mit einer leichten Verbeugung zum Bischof. Beim Schritt durch den Vorhang knirschte der Sand etwas stärker unter den Füßen. Ein unangenehmes Geräusch, ein Mißklang, stand für Augenblicke in dem Arbeitszimmer des Bischofs.

Der Reimser wartete, ob Dietrich das Schweigen unterbräche. Durch das schmale, hohe Fenster fiel Sonnenschein; er wurde aber von den Scheiben zurechtgewiesen, nicht die ganze, ungezügelte Fülle trat ein, nur ein Strahl, fast haarscharf abgemessen, nicht größer im Durchmesser als eine geballte Faust. Es schien, als hätten die Erbauer dieses Steinhauses für die Bischöfe mit Bedacht den geringen Umfang der Fenster abgezirkelt; nicht einmal die Sonne sollte die unnahbare düstere Ruhe des Arbeitsraumes stören. Dietrich blickte auf. „Bleibt stehen, Meister, keine Bewegung!"

Der Baumeister kniff die Augen zusammen. Was sollte das heißen? War ein Anschlag gegen ihn geplant? Er war hierher nach Naumburg in freier Vereinbarung mit Bischof Dietrich gekommen, den Bau am Dom weiterzuführen, und nun bei der ersten Unterredung, noch bevor ein Gespräch überhaupt stattgefunden hat, Befehle, die seine Bewegungsfreiheit einschränkten?

„Eure Hand!"

Der Reimser war verwirrt, verstand den Vorgang im Gesicht des anderen nicht. Fast verklärt blickte der drein. Er wollte fragen. Der Mann ihm gegenüber winkte ab, sah ihn eindringlich an. „Wieviel Menschen sind schon hier bei mir in diesem Hause, in diesem Arbeitsraum gewesen. Aber noch keinen habe ich so gesehen wie Euch. Meister, auf Eure Hand fallen Sonnenstrahlen!"

Der Reimser lächelte kaum merklich, nur die Fältchen in den Augenwinkeln zogen sich etwas zusammen. Wenn ich draußen im Steinbruch stehe, dann brennt uns Arbeitern um den Stein die Sonne auf beide Hände, auf Kopf und Rücken. Und wenn ich mit den Steinmetzen auf dem Gerüst höher und höher steige, draußen an dem Haus, das wir zu Gottes Ehren erbauen, dann sind wir der Sonne um ein gutes Stück näher gerückt. Mit allen beiden Händen reichen wir die Steine hinauf, die wir von der Erde losgeschlagen haben im vollen Licht der Sonne. Wer ein guter Steinmetz ist, ehrwürdiger Herr Bischof, wollte er sagen, der versteht es, die Sonne, und das soll heißen, die Fröhlichkeit in den Stein zu bringen. Das Düstere bereiten uns erst die hohen, gestrengen Herren mit ihrer Gelehrsamkeit, in der sie uns, dem gemeinen Volk, offenbaren wollen, daß wir uns fürchten sollen, fürchten vor Gott, fürchten vor dem Leben. Und alles, was sich nicht ernst, schwer, gemessen, dunkel und geduckt zu den Werken fremder Kirchenherren bekennt, wird verbrannt. Aber er sagte es nicht. Er nahm nur seine Hand aus dem Bereich der Sonnenstrahlen. Er wird sich später noch einmal an diesen Vorgang erinnern, doch es ist nicht gewiß, ob auch der Bischof dann an diesen Augenblick denken wird.

„Ein Wort aus Eurem Brief an alle, denke ich, Herr Bischof Dietrich, sollte über die gesamte Arbeit gestellt werden. Ihr schreibt, wir nehmen Tote wie Lebende auf. Für mich ist diese Fassung wichtig."

„Es ist beschlossen, und wir werden dabei bleiben. Wollt Ihr noch einmal die Liste der Stifter einsehen und in Euch aufnehmen, was über sie zu lesen ist?"

„Ich danke, Ehrwürden, Namen und Daten habe ich mir wohl gemerkt. Aber gestattet mir noch ein Wort. Was immer über die Männer und Frauen bekannt sein mag, die mit ihrer Stiftung bewirkt haben, daß das Bistum von Zeitz nach Naumburg verlegt werden konnte und daß man gleichzeitig in der Lage war, mit dem Bau des Domes zu beginnen, wohl vor mehr als zweihundert Jahren, ich fürchte, ehrwürdiger Herr Bischof, das reicht nicht aus."

„Ich weiß nicht, was Ihr damit sagen wollt. Ist Euch der Auftrag und die Reise nach Naumburg leid geworden?"

„Ich bitte Euch, versteht mich nicht falsch. Es sind nur einige Zahlen, die wir über diese Menschen noch wissen: daß etwa die Regelindis aus Polen sich 1003 vermählt hat mit dem Markgrafen von Meißen Hermann und daß Hermanns Bruder, der zweite Ekkehard, die Frau Uta von Ballenstedt zur Gemahlin hatte und 1046 gestorben ist."

Dietrich wollte ihn unterbrechen, doch der Reimser bemerkte seine Verstimmung nicht; so lehnte sich der Bischof unmutig in seinem Stuhl zurück.

„Es gibt keine Beschreibung von nur einem dieser Menschen, wie er ausgesehen hat. Ich kenne kein Bild, das auf ein augenfälliges Merkmal schließen ließe. Es ist im Grunde nichts, was ich über sie weiß."

Der Bischof stand auf, trat ans Fenster; sein breites Gesicht mit den vollen Lippen drückte Enttäuschung aus.

„Ihr seid dann wohl nicht in der Lage, die Bildwerke zu schaffen?"

„Ehrwürdiger Herr Bischof Dietrich, es ist eine Aufgabe besonderer Art, wie sie wohl noch niemandem vor mir zuteil wurde. Es werden keine Heiligen sein, die im Dome aufgestellt werden sollen."

„Aber es sind verdienstvolle Menschen, sie haben Almosen für den Dom gegeben."

„Es sind Mörder darunter, wie der Timo von Kysteritz, der Neffe der Brüder Ekkehard und Hermann. Für eine Ohrfeige, die ihm einer bei einem Pferderennen zu Ostern verabfolgte, rächte der sich so hinterhältig, so abscheulich, daß er den Täter im nächsten Jahre beim Turnier erstach. Oder dieser Dietmar, auch mit den Ekkehardinern verwandt: Mordabsichten hegte er gegen seinen Kaiser, den dritten Heinrich; im Gottesgericht kam er um."

Dietrich wandte sich vom Fenster ab, sah den Meister forschend an. Er unterbrach ihn nicht; und als sein Gast aus Mainz nachdenkend innehielt, setzte er sich mit Behutsamkeit wieder an seinen Arbeitstisch, er wollte ihn nicht aus seinen Überlegungen aufschrecken. Er begriff, der Mann setzte sich bereits mit dieser Aufgabe auseinander. Langsam setzten die Sonnenstrahlen ihre Wanderung durch den Raum fort, so lange, bis sie herausgeglitten waren und der Dämmerung Platz ließen. Der Reimser unterbrach das Schweigen, eindringlich sprach er zu Dietrich, ohne die

Augen von ihm zu wenden. Ab und an unterstrich er mit lebhafter Geste seine Worte.

„Ihr habt mich gefragt, ob ich nicht in der Lage sei, diese Bildwerke zu schaffen. Ich aber antworte Euch und sage ja. Ja, auch wenn ich keine Überlieferungen zu einer genaueren Kenntnis über sie habe. Ich will Euch sagen, ehrwürdiger Herr Bischof, wie ich sie sehe: als Lebende. So steht es in Eurem Schreiben an alle. Laßt mich solche Lebenden gestalten. Menschen, die nicht mit einer für mich unerreichbaren Heiligkeit erschrecken; Menschen, die für mich nahe sind, wie der Steinmetz draußen, wie der Bauer – Menschen wie Ihr, Herr Bischof, und ich. Und sollen sie zu Gottes Ehren in seinem Hause stehen, so muß etwas in ihnen wohnen, daß wir begreifen, sie sind Gottes Kinder – wie doch auch wir Gottes Kinder sein können. Und wer bei diesen Menschen im Chore stehen wird, der soll teilhaben an den Worten des Herrn: ‚Lasset die Kindlein zu mir kommen und wehret ihnen nicht, denn ihrer ist das Himmelreich.'"

„Ihr versteht Euch gut auf die Evangelien, Meister."

„Es gibt einige, die kennen sie auswendig."

Dietrich fragte nicht: Wer ist das, „einige". Das Werk wird es offenbaren. Er entließ den Mann, auf den er drei Jahre gewartet hatte. Als der Bischof allein war, schwang der schwere, rotbraune Türvorhang von der raschen Bewegung, mit der er beiseite geschoben wurde, noch lange nach. Der Reimser hatte sich in der Tür nicht noch einmal umgewendet, sich zu verbeugen, wie der Vorleser Gunzelin.

DIE HUNDE DES HERRN

In der Stadt redeten sie über den Meister. Es war den Gerbern, den Kesselschmieden und den anderen Handwerkern keinesfalls gleichgültig, wer als verantwortlicher

Meister im Dom arbeiten sollte. Hatten sie doch genug Abgaben für den Dombau zu entrichten, so wollten sie auch etwas Ordentliches dafür sehen. Und es war noch ein anderes, warum sie so genau wissen wollten, was für ein Mann da zu ihnen aus Mainz gekommen war. Der Meister würde seinen Einfluß auf das Gesicht der Bauhütte nehmen. Die Steinmetzen würden sich nach ihm richten, wie er sich gegenüber denen in der Stadt und denen im Bischofshaus verhalten würde. Und die Steinmetzen, das waren Leute, auf die der Bischof achten mußte; man hatte es ja bei dem Bären gesehen. Sie hatten erreicht, daß der Festbraten doch herausgerückt wurde. Wird der neue Meister aber ein Fürstenkriecher sein, dann werden die Bauleute auch bald ihre offene Sprache gegen die Herren im Bischofshaus verlieren.

Nicht nur in der Stadt sprachen sie über den Reimser, es gab auch noch andere, die ihn beobachteten. Aber es war noch nichts Greifbares, das man gegen ihn vorbringen konnte. Man wußte über seine Arbeiten hier in Naumburg nichts. Man war nicht einmal unterrichtet, ob er überhaupt mit der Arbeit begonnen hatte. Das einzige, was man sicher über ihn aussagen konnte, war, daß er fast jeden Abend in der Braustube des Wirtes Klotzhans saß und mit Handwerkern und dergleichen Leuten Pflaumenbranntwein oder Met trank. Man wußte jedoch auch, daß er meist nicht viel trank; er achtete auf die Leute, auf ihre Gesichter, auf ihre Reden, und er verstand es auch, mit ihnen zu sprechen, daß sie sich vor ihm aufschlossen und ihm vertrauliche Dinge berichteten. Das brauchte man noch keineswegs dem Meister übel anzurechnen, im Gegenteil, es mochte vielleicht der Tag kommen, an dem man daraus Nutzen ziehen konnte. Wenn es nötig wird, kann man dann den Reimser zu einer Auskunft über die Leute bringen, mit denen er so vertraulich schwatzt. Aber schlimm war es wohl, daß nicht einmal der Bischof genaue Kenntnis über den Verlauf der Arbeit hatte, und er schien darum auch nicht weiter besorgt zu sein.

Durfte man denn diesen Baumeister bei einer so verantwortlichen Tätigkeit, bei Werken, die doch für den rechten Geist Zeugnis geben sollten, aus den Augen lassen? Nun, wenn der ortsansässige Bischof zu lau in der Ausübung der Inquisition sein sollte, die doch zunächst mit dem genauen Beobachten und Überwachen eines fragwürdigen Menschen beginnen mußte, dann zeigte es sich auch hier, wie wichtig die Anordnung des Papstes war, ortsfremde Bettelmönche mit diesen Aufgaben zu betrauen: die Franziskaner und vor allem die Dominikaner. Und die beiden Orden waren geschäftig genug, die Inquisition wachzuhalten. So wach, daß Handwerker, Bürger und auch Edle die Angst vor dem Gericht der fremden Mönche gleichsam mit jeder Speise einlöffelten und mit jedem Schluck einsogen. Denn welcher Mensch konnte jetzt von sich mit Ruhe behaupten, er oder sein Handwerk seien zu bedeutend oder zu gering, so daß eine Beobachtung für ihn überflüssig wäre? Seit zwanzig Jahren war das Verfahren der Glaubensgerichte genau bestimmt und festgelegt: „Jeder Fürst, Gutsherr, Bischof oder Richter, der einen Ketzer verschont, soll seines Landes, Gutes oder Amtes verlustig gehen, jedes Haus, in dem ein Ketzer gefunden wird, niedergerissen werden. Zu Ketzern und Verdächtigen wird auch bei tödlicher Krankheit kein Arzt und kein Mitläufer ihres Verbrechens gelassen. Aufrichtig Reuige werden aus ihrer Heimat entfernt, erhalten besondere Tracht und verlieren, bis auf päpstliche Dispensation, alle öffentlichen Rechte. Bußfertige aus Furcht werden eingeschlossen.“ Und der Kaiser hatte für alle deutschen Länder ja zu dieser päpstlichen Maßnahme gesagt und dieses Ja noch unterstrichen: Wenn das Glaubensgericht einen Menschen zum Äußersten verurteilen sollte, dann blieb das Ausführen des Urteils, daß der Überführte vom Leben zum Tode gelangen sollte, Staatsbeamten vorbehalten, dann bekam der Henker Arbeit.

Seit dem Brandtage in Straßburg waren die Worte der Ketzerverordnung des dritten Innozenz nun auch für die

Bewohner der deutschen Ländereien in ein neues Licht gerückt. Schienen die Ketzerbrände im benachbarten Frankreich, in der Provence, um Alby, fernab zu liegen, irgendwo, im fremden Süden, das ein einfacher Mann in den norddeutschen Ebenen nie erreichen würde, so war jetzt der Brandherd mit einem Male in beängstigende, greifbare Nähe gerückt. Und die Angst hatte sich eingenistet, daß es nicht das letzte Feuer gewesen sei; denn unverdrossen liefen sie weiter durch die Städte und Dörfer auf ihren geschnürten Sandalen, in ihren groben weißen Kutten mit dem schwarzen Strick um den Leib, und sie suchten schon aus den Gesichtern der Menschen auszuspüren: ein Ketzer.

„Sie sind los", flüsterte das Volk, „die domini canes!" Der Teufel auch, daß das maulgeschwinde Volk nicht seinen Spott an sich halten konnte. Und noch schlimmer, diese einfachen, ungelehrten Leute schienen es mit den Fingerspitzen abzupassen, wie treffend der Name wieder eingehakt war. Domini canes – Hunde des Herrn. Und sie machten ihre Lieder aus diesen Worten und sangen sie auf den Gassen. Trotz der Angst, und gerade wegen der Angst.

Eilhart, der Bruder aus dem Orden der Dominikaner, summte auf dem staubigen Wege von Erfurt her vor sich hin. Heute abend würde er endlich in Naumburg sein. Nicht schlecht klang diese Melodie, die Schritte ließen sich gut danach setzen. Aber, Eilhart verzog sein Gesicht, dieser Text dazu – hei je, wie die Worte ritzten! Wahrlich, ein Hundelied. Jede Zeile dieses Gesangs hatte der Orden streng verboten. Schon die Kenntnis des Liedes von den „Hunden des Herrn" konnte für ausreichend befunden werden, einen Menschen als Ketzer zu erweisen. Und doch war diese Melodie da, ließ sich auch durch Verbote nicht zum Schweigen bringen. Eilhart unterbrach sein Summen, rief sich selbst zur Ordnung. Gut, daß er heute ohne begleitenden Bruder unterwegs war; wer weiß, der hätte wohl gar ihn selbst noch als Ketzer angezeigt. Ein breites Lächeln zog sich bei dem Gedanken über sein Gesicht, daß die Lippen die Zähne frei ließen: abwegiger Einfall, einer, der auszieht, einen der Ketzerei Verdächtigen aufzuspüren, ist selbst ein Ketzer. Sein Auftrag, den er in Erfurt mit auf den Weg bekommen hatte, ließ keine Mißdeutungen zu. Er sollte mit dem vor kurzer Zeit aus Mainz zugezogenen Baumeister ins Gespräch kommen. Ins Gespräch, so hatte sein Prior wörtlich gesagt, nichts weiter hinzugesetzt. An ihm, Eilhart, würde es liegen, was er aus diesen Worten machte. Was die Inquisition von ihm erwartete, wußte er genau. Wenn er sein Geschäft verständig betreibt, dann braucht er nichts weiter zu sein als der ausgestreckte Zeigefinger der Glaubensrichter.

Ohne sonderliches Verweilen in der Stadt, ohne auch den Bischof aufzusuchen, nahm der Dominikaner den Weg zur Bauhütte. Er beachtete die Steinmetzen am Domplatz nicht weiter; wenn ihm einer in den Weg trat, nickte er ihm wohl lässig einen frommen Gruß zu, doch er wollte sich nicht aufhalten lassen bei seinem ersten Gang zu dem Manne, der ihm jetzt wichtiger als alles andere zu sein hatte. Die Steinmetzen aber kannten ihre Leute, der da gehörte nicht zu ihnen. Einer von den Bauleuten erkannte an der Art, wie der Fremde die Kutte gerafft trug, wo er herkam: aus Erfurt, von den Predigern.

Der Reimser werkte im Inneren der aus Brettern zusammengeschlagenen und mit groben Steinen ausgemauerten Bauhütte, in einem abgesonderten Raume. Es gehörte zu den ungeschriebenen Gesetzen unter den Bauleuten, daß die Steinmetzen jederzeit, wenn es das Erfordernis ergab, ebenfalls in diesem Raume arbeiten konnten. Zwischen dem Meister und seinen Mitarbeitern gab es in dieser Bauhütte nichts Geheimnisvolles; alle galten als Mitwirkende. Unmöglich aber war es einem nicht zum Werke gehörigen, auch nur einen Blick in diesen abgesonderten Raum zu werfen. Noch bevor der Dominikaner aus Erfurt seinen Fuß über die Holzschwelle in den Vorraum der Bauhütte setzen konnte, rief ihn der Steinmetz Valentin an: „Halt, frommer Bruder, da hinein nicht!“

Eilhart wollte sich umwenden, um den dreisten Menschen zurechtzuweisen: Für mich gibt es keine Verbote, ich habe überall Zutritt! Da sah er einen Mann aus der Bauhütte auf sich zukommen. Ohne Hast, aber nicht langsam. Einen Mann, vielleicht einen Kopf kleiner als er, nicht anders gekleidet als die übrigen Steinmetzen beim Bau, mit der groben, ungebleichten leinenen Jacke. Er hätte es im Augenblick nicht genau aussprechen können, was um diesen Mann war; doch er wußte, noch bevor er das Wort an ihn richtete, dieser da war der Meister, der Mensch, von dem sie in Erfurt zuverlässig wissen wollten, was er denkt und spricht und arbeitet. Er ging ihm einige Schritte entgegen, entbot ihm den hergebrachten Gruß. Ohne Einleitung, unvermittelt sprang er in die Unterredung.

„Es scheint, Meister, Ihr habt wenig Freunde.“

„Es mag sein.“

„Ihr wißt es? Und – was wollt Ihr tun?“

„Nichts.“

„Nichts? Nichts – um Euch Freunde – Gönner zu verschaffen?“

„Wie besorgt seid Ihr doch um mich. Woher die unerwartete Anteilnahme?“

„Wir schätzen Euch – und wir schätzen Eure Werke. Wir sind besorgt um Euch – und wir sind besorgt um Eure Werke.“

„Wer ist Euer Auftraggeber?“

„Oh, Meister, nicht doch, warum so mißtrauisch. Wenn ich sage wir, dann meine ich die Geistlichkeit, zu der ich gehöre. Und ich kann mir denken, daß man Euch sehr ehren und Euren Namen großmachen würde, wenn Ihr Euch nur etwas, wie soll ich sagen, deutlicher an Eure wahrhaften Freunde halten würdet. Der Bischof – –“

„Der Bischof kann sich nicht über mich beklagen, ich werde seinem Auftrage nachkommen.“

„So – wie man es gern sieht?“

„Ich weiß, was sie gern sehen würden! Nein, unterbrecht mich nicht, sich wollen sie sehen! Sich –“

„Was wollt Ihr denn, das ist ihr gutes Recht, dafür bezahlen sie Euch, und wohl nicht schlecht, wie man hört.“

„Was wißt Ihr da, zählt die Geldstücke, als ob die aufwiegen könnten, was der Stein fordert. Ach, geht mir doch, was wißt Ihr denn darum, was von mir verlangt wurde, bevor ich es wagen konnte, ein Menschengesicht in Stein zu bringen – da mußte erst – nein, nein, was erzähle ich Euch da. Aber warum sprecht Ihr auch vom Bezahlen. Sagt einmal, frommer Bruder“, jäh faßte der Reimser den Besucher bei den Schultern, sah dem anderen forschend ins Gesicht, „könnt Ihr die Wahrheit bezahlen?“

„Die Wahrheit, das ist ein großes – schweres Wort.“

Der Baumeister nahm seine Hände von den Schultern des Mönches, wandte sich ab und sah nach dem Dom. Dort an der Westseite, dem Schiff eingefügt, wuchs der neue Chor; dorthinein, in diesen Raum werden sie nach seinem Plan die neuen Steinbilder bringen, und jedes wird ein Teil von ihm selbst sein.

„Was haltet Ihr von dem Stein?“ fragte er unvermittelt. Und er antwortete sich selbst. „In Mainz habe ich mir manchmal den Stein mehr grob gewünscht, nicht so fein, sandig. Hier ist der Stein, so wie ich ihn brauche, grob und schwer, wißt Ihr, frommer Bruder, Kalkstein ist es, aus der Gegend um Camburg, wo die Saale die Wiesen schneidet.“

Verständnislos blickte Eilhart ihn an. Der Reimser redete weiter. „Ich habe einmal einen heiligen Martin zu Pferde in den Stein gebracht, versteht Ihr, in den feinen, weichen. Es werden bei Gott keine Heiligen, die ich hier meißele – der Stein ist eben anders“, setzte er hinzu. Er wollte keine Zeit mehr mit Geschwätz verlieren, ließ den Dominikaner stehen, ging wieder in die Bauhütte, weiterzuarbeiten.

Eilhart starrte ihm nach. Was meinte der damit: Der Stein ist anders? Hol's der Teufel, das hatte er sich einfacher vorgestellt. Was sollte er denen in Erfurt berichten? Daß der Stein hier anders als anderswo sei? Unversehens beim Nachdenken summte er vor sich hin, er summte das Lied von den Hunden des Herrn, und er wurde es sich nicht einmal bewußt.

DER PREDIGER SALOMO
3. KAPITEL, VERS 22

„Nein, werter Meister aus Mainz, ich stimme dir nicht zu. So geht es nicht. Es ist gegen jeden herkömmlichen Brauch. Wenn du auch den Franzosen manches von den Fingern abgeguckt haben magst, so viel weiß ich aber doch auch: Sogar in Frankreich, in allen Kathedralen, von denen ich gehört habe, ist der Raum die Grundlage, das Wesentliche. Die Figuren, jede Figur ist Beiwerk. Nachträglich angefügter Schmuck."

In der Bauhütte standen Meister und Bauleute zusammen, besprachen sich über den Fortgang der Arbeit: der Reimser, der Baumeister Jakob aus Straßburg, der Meister Heinrich aus Magdeburg, Rupert, Valentin und die anderen.

„Du willst", fragte Heinrich den Reimser, „wenn ich dich recht verstehe, die Bildwerke so mit dem Raume verwachsen lassen, daß es gleichsam ein Loch in der Wand gäbe, nähme man eins heraus."

Sie beugten sich über die beiden Entwürfe, über den vom Reimser und über den von Jakob.

„Ja", antwortete der Reimser dem Heinrich.

„Glaubst du, daß du dann frei genug arbeiten kannst, wenn du immer Bedacht auf das Gesamtwerk nehmen mußt? Eigentlich kannst du dann nur mit einem Auge deine Bildwerke sehen, das andere muß auf die Baukonstruktion achten. Ich fürchte, dieser Zwang wird dem Werk schaden – und schließlich kommt beides nur halb heraus. Eine halbe

Konstruktion des Chores und eine halbe Darstellung der Bildwerke – weil das eine zuviel Rücksicht auf das andere nehmen muß."

Jakob stimmte lärmend zu. „Ja, der Magdeburger, der Heinrich, hat recht! Alles wird halb! Er will die Wanddienste unterbrechen, ihre schöne, gerade, klare Linie stören. Er will das Mauerwerk zwischen den Fenstern unnötig verbreitern – und", fast höhnisch klang es, „das alles, um seine Figuren anzubringen. Seine Figuren werden den ganzen Raum zuschanden machen. Sie zerstören die schöne klare Linie meiner Säulen, die ich als Dienste an die Wand legen will, daß sie das Gewölbe unterstützen. Abschneiden will er sie und seine Figuren dahin bringen. Als ob eine Figur ein Dienst sein könnte."

Der Reimser ging lebhaft auf ihn zu, faßte ihn an beiden Schultern. „Ja, du sagst es! So sehe ich den Plan für den ganzen Raum. Meine Figuren sind wie Dienste!"

Unwillig bewegte sich Jakob. Der andere sollte ihm die Hände nicht so vertraut auf die Schultern legen. Sie waren nicht vertraut. Sie standen hier beide in Naumburg mit gesonderten Aufträgen. Er, der Baumeister aus Straßburg, war hier, den Westchor in seinem Mauerwerk aufzurichten, dem Auge wohlgefällig im Äußeren und im Inneren. Der andere, der Reimser, sollte seine Steinbilder behauen, wie immer er mochte. Später dann werden sie in den Raum gebracht, erhöht auf Sockeln, unter Baldachinen. Jakob sah den anderen an; schärfer als er es eigentlich wollte, klang seine Stimme: „Es ist gegen alles übliche Herkommen in der Bauhütte, und ich weigere mich, so zu arbeiten. Du warst doch dort, du hast es gesehen. Haben die Baumeister in Amiens im Innenraum die Dienste unterbrochen, überdeckt, verschandelt? Haben sie das in Evreux getan? Wie? In Bayeux? Und in Sens, in Contances, in Chartres?" Er wartete einen Augenblick, doch der Meister sagte nichts; so antwortete er sich selbst: „Sie haben es nicht getan! Und ich werde es auch nicht tun!"

Heinrich nickte zustimmend. Man soll nicht von dem abgehen, was die vor uns, die Lehrmeister, für richtig und erprobt befunden haben.

Der Reimser sah betreten vor sich hin. Das war schwerer, als er es sich auf seinem Wege von Mainz nach Naumburg vorgestellt hatte. Es kam nicht allein auf ihn an, wie er es sah, er mußte die anderen mit dazu haben. Wenn sie es nicht so sehen wollten, daß das Bauwerk mit den Steinbildern ein untrennbares Ganzes bilden soll, dann hatte das ganze Werk keinen Sinn, dann hatte der ganze Auftrag keinen Sinn. Dann wäre es das beste, zum Bischof zu gehen, ihm zu sagen, daß er ohne das Verständnis der Mitarbeiter in der Bauhütte nichts ausrichten könne. Das Beste? grübelte er. Lüge! Das Leichteste. Allem ausweichen. Und dann sagen: Die anderen wollen nicht. Also geht es nicht. Und während die anderen die Pläne erregt besprachen, bedachte sich der Reimser, legte sein Inneres vor sich selber bloß. Da kam er nun mit solchem Schwung hochgemut hierher zu der neuen Aufgabe, mit seiner genauen Überlegung, wie es werden soll. Na und? plagte er sich ab; glaubte er denn, die anderen hätten nur darauf gewartet, daß sie nach seinen Angaben beginnen sollten? Der Jakob aus Straßburg war gewiß ebenso mit einem fertigen Plan hierhergekommen. Und auch der Heinrich aus Magdeburg wird seine eigenen Gedanken über den Gesamtplan haben. Wie konnte er nun annehmen, daß sie, auch erfahrene Baumeister, ohne weiteres ihre eigenen Entwürfe fallenlassen würden, bloß weil er ihnen einiges voraus hatte? Bloß weil er in Amiens gewesen war und in Reims, weil er auch in Mainz nichts Ungeschicktes in den Stein gebracht hatte? Er forschte in sich selbst, und er fand Eitelkeit – und erschrak. Hatte er das Recht, eitel zu sein, hatte er wirklich Grund dazu? Wohl, er war geachtet gewesen in Amiens und in Reims, und er hatte zu den besten Mitarbeitern des Meisters der Reimser Heimsuchung gehört. Und eins hatten sie in Frankreich an ihm stets gelobt: Er konnte in seine Steinbilder auch Eigenes hineinbringen, er kopierte seine Lehrmeister nicht. Wohl, auch dann in Mainz wurde er geehrt, und er war angesehen. Der Erzbischof hatte ihm eine kostbare Bibel geschenkt. Und er hatte einige Male mit ihm gesprochen, als sei er sein Vertrauter. Und in der Bauhütte dort hatten sie ihn, wenn auch manche widerwillig, als den Geschicktesten anerkannt. Er wurde zum Bankett geladen, das der Erzbischof seinen beiden rheinischen Amtsbrüdern gab und dem neugewählten König, dem Heinrich Raspe. Und eine, die Frau Gertrude, hatte ihm das silberne Werkzeug eines Hüttenmeisters geschenkt. War das ein Grund, eitel zu sein? Was denn wäre aus seinen Arbeiten geworden, wenn die draußen im Steinbruch ihm den Mainsandstein nicht so gerecht zugehauen hätten, wie er ihn für alle seine Werke brauchte? Was wäre aus dem Sankt Martin geworden? Nichts wäre aus diesem Martin geworden. Er hätte nicht arbeiten können, so wie er es in seinem Inneren vor sich sah. Und was wäre dann aus ihm, dem geachteten Bildhauer, geworden? Ein hilfloser Mensch wäre er gewesen ohne die Vorarbeit der anderen. Ein Nichts war er ohne die Mitarbeit der anderen. Er, der geehrte Meister, der in einer persönlichen Unterredung vom Naumburger Bischof hierhergerufen wurde, hilflos. Er sah in sich hinein, sah unter seine Selbstzufriedenheit und fand Unruhe und Bekümmernis, und die Worte des Predigers Salomo standen in ihm auf, so wie er sie in der Bibel, in dem Geschenk des Sifrid von Eppenstein, gelesen hatte: „Da ich aber ansah alle meine Werke, die meine Hand getan, und Mühe, die ich gehabt hatte, siehe, da war es alles eitel."

„Höre", begann er langsam, wandte sich zu Jakob, „es ist nicht so, daß ich deine Wanddienste abschneiden will. Sieh her, hier ist der Entwurf. Hier sind sie ausgeführt bis zum Ende. Und doch wird es so sein, wenn wir die Figuren hereinbringen, als wären sie ein Teil deiner Dienste, untrennbar vom Ganzen. Ich sehe den Plan so: Deine Mauer muß sich meinen Bildwerken fügen, und meine Bildwerke müssen auf deine Wand Bedacht nehmen. Eins darf das andere nicht stören – sie sollen sich ergänzen."

Jakob zuckte mit den Schultern, sah aber nicht unbeteiligt auf das Pergament mit dem Entwurf, merkte, er war im Grunde so verschieden von seinem nicht – nur das Mauerwerk zwischen den fünf hohen Chorfenstern fiel hier breiter aus – und dann, diese Plätze, vorgemerkt für die Figuren mit ihren Baldachinen vor seinen Diensten, störten ihm das glatte Gefüge seines Mauerwerkes im Innenraum.

Den anderen aus seiner Betrachtung reißend, fragte der Reimser geradezu: „Es würde dir also keine Freude machen, zusammen mit mir zu arbeiten?"

Erstaunt, etwas unwillig sah Jakob hoch. Was fragte der da, als ob es ihm darum ging. Ihm lag an dem Werke. Das Werk sollte gut werden, sauber und handfest ausgeführt, nach den hergebrachten Regeln der Bauhütte. Er schüttelte seinen Kopf. Aber das, was der andere vorschlug, war etwas Neues, noch in keiner Bauhütte erprobt. Es war gefährlich. Das hieß, die gesamte Konstruktion eines Raumes abhängig zu machen von den Bildwerken, über die noch kein Mensch wußte, ob sie auch gut und handwerklich ordentlich gelingen würden. Wenn der Reimser mit seinen Figuren eine Pfuscharbeit bringt, dann verpfuscht der ihm den ganzen Raum, dann wird seine ganze gute Arbeit zuschanden. In seine Überlegungen hinein sprach der Reimser. Er sah, wie es in dem anderen arbeitete.

„Als ich von Amiens nach Reims kam und meine erste Probearbeit dort lieferte, so wie ich es in Amiens gelernt hatte, ein Relief, die Oberfläche nicht eben sehr stark körperlich ausgerundet, die drei Könige waren es, wie sie dem Christuskinde ihre Gaben bringen, da lachten die Gesellen meines Meisters, des Meisters der Reimser Heimsuchung. Ich war sehr stolz gewesen auf meine Arbeit und hielt sie für nicht schlecht. Nun ich sie dem Meister vorwies, fanden die anderen ihre Belustigung daran. Und ich wußte nicht einmal, warum. Sie lachten. Und mir klang es so, als lachten sie mich aus. Und ich schämte mich und wagte es nicht, jemanden zu fragen. Die anderen Tage darauf ging ich mit trübem und mürrischem Gesicht zur Arbeit und wurde über der Arbeit nicht froh. Weil sie gelacht hatten. Und wie die Gesellen so um mich her werkten, merkte ich auf. Sieh da, sie lachten hin und wieder. Sie lachten bei der Arbeit. He, fragte ich mich, ob sie mich am Ende etwa gar nicht ausgelacht haben? Ihr Lachen klang mir auch nicht anders als damals bei der Probearbeit. Doch ich blieb mürrisch unter ihnen. Da trat eines Tages der Meister der Reimser Heimsuchung zu mir, fragte mich, warum ich so ernst sei, und meinte: ‚Wenn du zu deinem Beichtiger gehst, dann frage ihn nach dem zweiundzwanzigsten Vers im dritten Kapitel des Predigers Salomo.‘ Ich ließ mir den Vers verlesen und merkte ihn mir wohl: ‚Darum sah ich, daß nichts besser ist, denn daß ein Mensch fröhlich sei in seiner Arbeit.‘“

Warum erzählt er das, fragte sich Jakob, seine alten Geschichten, dachte er nicht ohne Spott. Er ist doch wohl noch nicht weit über fünfzig und fängt an, redselig zu werden. Er soll lieber weniger reden und besser am Steine zeigen, was er kann. Jakob wurde wieder mürrisch. Es ließe sich ja vielleicht noch mit ihm auskommen, wenn er nicht so unausstehliche Ideen hätte, wenn er ihm nicht in seine Baukonstruktionen hineinfingern wollte. Was sagte der? „Darum sah ich, daß nichts besser ist, denn daß ein Mensch fröhlich sei bei seiner Arbeit.“ Das Wort traf ihn. Er war mißvergnügt und wirklich übel gestimmt, die ganze Arbeit wollte ihm mißfallen, diese neuartigen Ideen. Da sagte der: „... daß der Mensch fröhlich sei in seiner Arbeit.“ Er kniff die Augen zusammen, das war kein Geschwätz von dem anderen. Das war ein Wort, über das man nachdenken mußte. Fröhlich.

Jubelgesang klang auf. Alle Glocken des Domes läuteten. Die Bauleute sahen sich erstaunt in die Gesichter, brachen das Gespräch ab, schwiegen, lauschten hinaus. Das Glockenläuten dauerte an und auch der Gesang. Der Steinmetz Valentin lief aus der Bauhütte, zu sehen, was es gäbe. Die anderen blieben im Raume, wechselten wenige Worte. Es war kein hoher Festtag heute, sie konnten es sich nicht deuten, was es mit dem Lärm auf sich habe. Hastig, atemlos kam Valentin zurück. „Der Bischof und alle vom Domkapitel sind unterwegs im feierlichen Zuge zum Dom. In ihren weißen Festmänteln! Und alle singen Danklieder!"

Heinrich, der Meister aus Magdeburg, sah schräg auf zu dem jungen Steinmetz, den Kopf noch über die Entwürfe gebeugt. „Na und?" Alle schauten zu dem Jungen hin. „Na – und", wiederholte der zögernd, als scheue er sich, es ihnen zu sagen. „Sie gehen zum Altar und beten ihren Dank zu Gott – weil der Kaiser starb."

Als sie es begriffen hatten, was der da in so dürren Worten sagte, standen sie verlegen herum, sahen aneinander vorbei ins Leere, bewegten die Hände ohne viel Sinn. Er war ihnen sehr fern gewesen, dieser Kaiser. Ein hoher, unerreichbarer Mann. Und doch war er der einzige, auf den sich alle ihre Gedanken richteten, wenn sie sich ein Recht vor den Übergriffen der fürstlichen Herren erhofften. Ihr Recht. Und sie glaubten, daß seine Stimme ihnen das Recht bringe. Das Recht, daß jedermann vor jedermann in Frieden leben solle. Nun war er mitten in seinen Unternehmungen verschieden. In Italien. Und er war ihnen noch manches schuldig geblieben.

Nun also standen sie drüben im Dome und dankten und lobpriesen Gott, weil einer seine Aufgabe nicht zu Ende bringen konnte. Der Magdeburger Heinrich sagte es: „Er war ein guter Kaiser – und ein großer Mann – aber er war viel in Italien."

„Darum auch", sehr sachlich und ohne Betonung meinte es der Reimser, „wird der Papst sich freuen."

„Na, he", Valentin sah ihn mit offenem Munde an, „dann hat der Innozenz wohl überall ein Dankgebet angeordnet?"

Aus einer Mauerritze an der Wand griff der Reimser eine

Fackel, schlug Feuer, brannte sie an, hielt sie in der Hand, sah hinein in die Flamme. Er legte die brennende Fackel auf den Erdboden, achtete darauf, daß sie nicht verlöschte. Die Männer senkten die Köpfe und starrten schweigend auf das blakende Ding auf der Erde, bis es völlig ausbrannte und der letzte Feuerschein verzuckte. Dann gingen sie ohne ein Wort aus der Bauhütte, und sie traten leise auf, als gelte es, einen nicht zu stören. Der Reimser verschloß die Brettertür sorglich. Obwohl noch nicht Feierabend war, griffen die Bauleute an diesem Tage nicht wieder zur Arbeit. Sie gingen am Dom vorbei. Drinnen schwenkten sie Weihrauchfässer und lobten Gott den Herrn.

Bischof Dietrich antwortete, als ihm später einer der Kapitelbrüder über das unerlaubte Unterbrechen der Arbeit am Dom Bescheid gab: „Sie haben eben auch gefeiert." Und er wurde gleichzeitig inne: er hatte nicht das Richtige gesagt. Mit diesem „auch" gab er zu verstehen, daß diese Bauleute seinen Überlegungen so nahe standen wie die Kapitelbrüder. Das Domkapitel nahm es zur Kenntnis, daß eine Bestrafung, ja auch nur eine Verwarnung der Bauleute unterblieb.

Lange Zeit wälzte der Straßburger Meister Jakob seine Gedanken. Sie waren durch die Nachricht vom Tode des Kaisers im Verhandeln über den Entwurf unterbrochen worden. Das wurmte ihn. So hatte er die Gelegenheit ein für allemal versäumt, bei der er dem Reimser vor den versammelten Bauleuten hätte ins Gesicht sagen können: „Du willst ja nur alles an dich reißen! Du willst die Bildwerke haben, und du willst die Konstruktion haben. Und die anderen alle willst du an die Wand drücken." Warum hatte er es ihm nicht vorher gesagt. Er hatte ihm doch auch genug anderes hingewischt. Das mit Frankreich, daß er wohl wisse, wie sie es dort machen. Jakob wurde vor sich ehrlich. Er konnte es dem anderen nicht mehr sagen, als der seine Geschichte aus Reims erzählt hatte. Sein Einwand hätte dann nicht mehr gestimmt. „Darum sah ich, daß nichts besser ist, denn daß ein Mensch fröhlich sei in seiner Arbeit." So viel erkannte er, das eine schließt das andere aus. Entweder der drückt die Leute an die Wand, oder er ist mit den anderen fröhlich bei der Arbeit. Und sein Groll saß nicht mehr so tief. Ein gutes Wort blieb es doch. Wenn der andere es aufrichtig meinte.

Unter Vorbehalt ging er hin und bat sich noch einmal den Entwurf des Reimsers aus. Verglich. Überdachte alles. Einer seiner Bauleute kam zu ihm. „Wir brauchen jetzt die Maße für die Fensteröffnungen im Mauerwerke." Jakob sah den Mann unbehaglich an, zögerte mit der Antwort, schickte ihn weg. Sie sollten sich zunächst die Steine zurechtschlagen, bevor sie anfingen zu mauern. Da stand er wieder allein, außen vor der Bauhütte, die Pläne vor sich auf einem Steinblock. Er blickte auf, sah hinüber zum Dom. Seine Bauleute kletterten langsam von den Gerüsten. Sie standen sich auf dem Domplatze im Wege. Nur einige schlugen Steine zurecht. Er erkannte die Gehilfen. Die Mauerleute pflegten die Steine nur dann zu behauen, wenn sie noch nicht genau in das Gefüge des Mauerwerkes paßten. Vorher nicht. Das war Sache der Handlanger und Helfer. So standen sie vor dem Dom herum, schwatzten. Jakob wollte nicht hinsehen. Er sah nicht hin. Er verglich seinen Entwurf mit dem des anderen. Seine Fenster waren breiter. Der andere wollte die Wand haben, daß seine Figuren zur Geltung kämen. Immer der andere. „... daß ein Mensch fröhlich sei in seiner Arbeit." Und er blieb vor sich selber ehrlich: Darum geht es ihm im Grunde auch nicht, um die Fenster. Er will, daß sein Raum allein, ohne alle Beigabe wirken soll. Auch wenn keine Steinbilder da wären. Er denkt an das Ganze. – Aber denkt der andere, der Reimser, nicht ebenso an das ganze Werk? Fröhlich bei der Arbeit. Nein, das ist kein dummes Wort. Und wenn sie beide auf das Ganze Bedacht haben, dann müssen sie doch auch beide zusammen auskommen. Eigentlich hat er den anderen derb beschimpft. Er hat ihm gesagt, er weigere sich, mit ihm zu arbeiten. Er hat voll Hohn zu ihm geredet vor allen Meistern und Bauleuten bei dieser Besprechung über die Pläne. Und der andere war nicht aufgebraust. Er hat ihm nur eine Geschichte erzählt. Er wußte, der andere war ihm um hundert Schritte entgegengekommen. Jakob griff beide Pläne vom Steinblock, rollte die Pergamente zusammen, ging rasch über den Platz zur Westseite des Domes. Er rief seine Bauleute zusammen, die nichtstuend, unlustig herumstanden. „Zeigen wollen wir, daß wir auch fröhlich an der Arbeit sein können!" Er stieg auf das Gerüst. Wies dem Vorarbeiter die Maße. „So wird gemauert!"

Er nannte die Berechnungen für die Fenster aus dem Entwurfe des Reimsers.

DAS GERÜCHT

Überall flüsterten sie es sich zu. Das Flüstern war laut und beharrlich genug, daß es selbst in das feste Steinhaus des Bischofs drang. „Er wird kommen! Er wird bestimmt kommen!" Konrad – der Sohn des Staufers. Er wird dem Pfaffenkönig Wilhelm zeigen, wohinaus der Weg nach Holland geht. Soll das Gräflein doch wieder nach Hause! Ein Jahr nach dem Tode seines Vaters war Konrad nach Italien gegangen, um Sizilien, das der Papst in seinen Kirchenstaat einbeziehen wollte, in der Hand zu behalten. Jetzt, vier Jahre nach dem Tode des zweiten Friedrich, nachdem Konrad das Königreich Sizilien endgültig gewonnen hatte, wollte das Gerücht nicht verstummen: Konrad wird nun als Sieger über die Alpen kommen, nach Deutschland zurückkehren. Er wird die Aufgabe zu Ende bringen, die ihm sein Vater unvollendet hinterließ: daß jedermann vor jedermann in Frieden lebt und daß das Recht endlich Recht wird. Auch für den geringen Mann.

Längst war das Mauerwerk um die Fenster am Westchor

ausgeführt. Die Bauleute werkten am Gewölbe. Und es arbeitete sich in der Naumburger Bauhütte nicht schlecht. Es gab genügend Material, es gab genügend Handlanger. Ein Ablaß, den Bischof Dietrich für sein Bistum ausschrieb, brachte Geld. Bei seinem Besuche damals in Mainz, als Heinrich Raspe zum König gemacht worden war, hatte der Erzbischof Sifrid etwas flüchtig auf seine, Dietrichs, Frage geantwortet, wie man denn ausreichende Mittel für einen Dombau beschaffen könne: „Ablaß." Dietrich von Naumburg hatte es sich gemerkt.

Nun aber war da dieses Gerücht. Häßlich, beharrlich, drohend. Er wird kommen. Und er wird alle zur Verantwortung ziehen, die gegen ihn einen anderen zum König gewählt haben. Er wird kommen und Gericht halten. Er wird die übermütigen Fürsten und Herren in ihre Schranken weisen.

Zweimal hat er, Dietrich von Naumburg, sein Ja gegeben für die Wahl eines Gegenkönigs. Es kann also möglich werden, daß dieses zweimalige Ja ihn jetzt um seinen Bischofssitz bringen wird. Denn wenn dieser Konrad sich durchsetzt – und das ist nicht so ohne weiteres ausgeschlossen, er hat sich ja Sizilien auch eingesteckt, er kommt als Sieger, und er hat hier in Deutschland die Städte hinter sich –, dann werden die wetterwendischen Herren Fürsten diesen Konrad auch nicht mehr unfreundlich ansehen. Sie werden, wenigstens äußerlich, auf seine Seite wechseln; denn sie sind immer nur da zu finden, wo es ihnen nach persönlichem Vorteil aussieht. Und dann mag es einem übel angerechnet werden, wenn man einstens sein Ja gab für einen König gegen diesen Konrad. Dietrich wälzte die Überlegungen bei sich, und es gab niemanden, dem er sich anvertrauen wollte. Er war keineswegs sicher, ob der Vorleser Gunzelin oder Bruder Sergius oder andere aus dem Domkapitel seine Sorgen teilen würden. Am meisten aber bekümmerte es ihn, wenn er an seinen Dom dachte. An seinen neuen Westchor. Die Arbeiten hatten so vielversprechend angefangen. Sein Ablaß hatte ihm erfreulichen Gewinn gebracht. Und er erwartete Großes von seinem Baumeister, den er in Mainz ausfindig gemacht hatte. Wenn der es versteht, das fortzusetzen, was er unter Sifrid von Eppenstein angefangen hatte, Menschen in den Stein zu bringen, so wirklich, daß man vermeinen mochte, sie leben, dann wird das hier in Naumburg ein gewichtiges Werk über den Menschen. Und er, Dietrich der Zweite von Naumburg, aus dem Geschlecht derer zu Wettin, war der Bauherr, der Auftraggeber, der Förderer dieser Kunst. Wenn das Steinwerk die Jahrhunderte überdauern sollte, dann wird mit ihm sein Name nicht vergessen werden. Er gefiel sich selbst bei solchen schmeichelhaften Gedanken und war zufrieden. Bis er wieder an das Gerücht dachte. An dieses böse Gerücht. Das alles, dieser Ruhm, sollte ihm aus der Hand geschlagen werden, weil dieser Mensch, der Konrad, über die Alpen kommen wollte, weil der sich anmaßen wollte, Gericht zu halten.

Über anfängliche Meinungsverschiedenheiten unter den verantwortlichen Meistern in der Bauhütte hatte ihm der Bruder Sergius berichtet. Sergius schien stets über alles, was sich in Naumburg ereignete, aus erster Hand Bescheid zu wissen. Er, Dietrich, hatte bedacht, ob er bei dem Streit in der Bauhütte nicht eingreifen sollte, daß die das Werk nicht hinauszögerten. Doch etwas später hatte ihm Sergius berichten können, daß die Meister sich augenscheinlich geeinigt hätten. Der Reimser schien sich also nicht nur auf Steine zu verstehen, er schien auch so viel von den Menschen zu wissen, wie sie bei der Arbeit fröhlich werden. Dieser Mai nun des Jahres 1254 sah nicht schlecht aus, der Dombau ging gut voran. Wenn nur dieses Gerücht nicht gewesen wäre.

Wenige Tage vor dem Anfang des Junis ergab es sich, daß Bischof Dietrich wieder sein weißes, mit Goldbrokat durchwirktes Festgewand anlegte. Er rief die Brüder seines Domkapitels zusammen, teilte ihnen mit, er werde ein Dankgebet sprechen. In aller Eile kleideten auch sie sich in das freudige, festliche Weiß. Dann zogen sie in den Dom. Sangen, schwenkten die Weihrauchfässer.

Konrad, deutscher König, Sohn des zweiten Friedrich, war am 21. Mai in Italien an einem hitzigen Fieber gestorben. Im 26. Jahre seines Lebens. Nun konnte er nicht mehr über die Alpen ziehen, konnte kein Gericht halten. Der Papst, der vierte Innozenz, hatte seiner Botschaft an alle geistlichen Fürsten in den deutschen Landen die Weisung angefügt, es sei beim Eintreffen dieser Nachricht ein Dankgottesdienst zu zelebrieren. Wie damals beim Tode des zweiten Friedrich.

Nun also war Wilhelm von Holland der alleinige König von Deutschland.

Und es blieb in den deutschen Landen, wie es war. Die Fürsten hatten die Macht und das Geld und das Recht. Die Leute aber in den Städten richteten ihre Aufmerksamkeit auf den Jungen, auf den Konradin, den Sohn des Konrad. In diesem Mai zählte er zwei Jahre. Man würde warten. Man würde auf diesen Enkel des Staufenkaisers schauen. Man würde hoffen, daß er endlich die Aufgabe zu Ende bringt, die sein Großvater unvollendet liegengelassen hatte, die auch unter den Händen seines Vaters nicht zum Ziele geführt worden war: daß endlich – endlich – jedermann vor jedermann in Recht und Frieden lebe.

Nach der feierlichen Handlung am Hauptaltar im Osten ging Dietrich allein in den westlichen Teil seiner Kirche, zum neuen Chor. Sah und freute sich.

Der Bau wuchs.

DER GERBER MEINOLD

Vier gelblichweiße Ziegenfelle legte der Gerber Meinold in seiner Werkstatt sorgfältig zusammen, rollte sie zu einem Bündel. Es waren keine besonders schönen Felle, aber für sein Vorhaben würden sie sicherlich genügen. Meinold griff das Bündel, lief über den Markt hin zum Domplatz. Schon von weitem erkannte er den Reimser, eilig ging er auf ihn zu. „Da!“ Er zeigte auf seine Felle. „Ich habe hier etwas für dich!“ Geschäftig breitete er die vier gelblichweißen Ziegenfelle vor dem Meister auf dem Erdboden aus. „Sind sie nicht schön? Groß! Dicht im Haar! Sauber! Ordentlich gegerbt!“ Der Reimser sah hin. Er sagte nicht: „Ich habe schon bessere Felle gesehen“, er sagte: „Ja, eine ordentliche Arbeit.“

„Willst du sie haben?“ fragte Meinold.

„Was brauchst du dafür?“

„Ich – nun –“, Meinold zögerte etwas, „ich habe einen Wunsch besonderer Art. Das ist nicht so einfach zu sagen. Ich kann dir das auch nicht hier sagen. Kannst du nicht mit mir kommen, daß ich es dir an Ort und Stelle in meiner Werkstatt erkläre?“ Meinold vermied es, den Reimser anzusehen, der andere sollte es nicht merken, wieviel ihm daran lag, daß er mitkäme. Wenn er es merkte, könnte er vielleicht mit den vier Fellen nicht zufrieden sein. Er bückte sich, nahm die Felle auf, wischte leicht mit der Hand darüber, es waren ein paar Staubkörnchen vom Boden in den Haaren hängengeblieben.

Der Reimser ging mit. Unterwegs sprach Meinold nichts. Endlich erreichten sie die Gerberwerkstätte, die am Rande der Stadt lag. Meinold öffnete die Tür, und sie traten ein. Mit einem Blick umfaßte der Reimser den niedrigen Raum. Es war nicht hell, die beiden kleinen Fenster in der Wand links von der Tür ließen wenig Licht ein. An den drei anderen Holzwänden waren Felle in den verschiedenen Größen zum Trocknen ausgespannt, Felle von Schafen, Ziegen, Wölfen, Bären. Auf Bänken lagen Lederstücke vom Rind und vom Schwein. Daneben waren die Messer griffbereit hingelegt, mit denen die Haare von den Häuten abgekratzt werden sollten. In der Ecke mit dem Rauchfang gegenüber der Tür hing über einem schwachen Feuer ein eiserner

Kessel. Nicht weit davon war auf dem Boden ein Haufen von Kiefernrinden geschichtet, daneben stand ein offener Holztrog, gefüllt mit Eicheln, Der durchdringende Geruch von harzigen Kiefernrinden vermischte sich mit dem fauligen Gestank von lange gelagerten Häuten.

Meinold beeilte sich, eine Bank für den Reimser zum Sitzen einzurichten. Er legte die Lederstücke achtsam auf den Boden, und mit einer weiten Handbewegung lud er den Meister ein, Platz zu nehmen. Jetzt erst fing er an zu sprechen.

„Du weißt, Reimser, ich bin kein armer Mann, und ich bin auch kein reicher Mann. Ich bin einer von den wenigen hier am Ort, die es verstehen, Leder zu machen und Felle haltbar werden zu lassen. Mein ganzes Leben lang habe ich die Gerberei ordentlich betrieben, und mein Leder ist immer so gewesen, wie der Auftraggeber es brauchte, hart oder weich, dick oder dünn. Siehst du, Reimser, auch der Bischof weiß es, daß meine Arbeit gut ist – aber – es ist doch so – er vergütet mir meine Mühe von Mal zu Mal schlechter – und verlangt dabei, ich soll noch mehr für ihn gerben – immer mehr – doch das ist nicht der Grund, aus dem ich dich herholte. Das ist mir nur so herausgefahren, weil ich täglich darüber nachdenke. Ich wollte dich um etwas anderes bitten. Sieh dir doch einmal hier die Wand zwischen diesen beiden Fenstern an."

Der Reimser schaute hin, sah, daß das Holz rauchgeschwärzt war.

„Nicht wahr, Reimser, du siehst nichts. Und das ist es. Das ist meiner Meinung nach an allem Unglück schuld." Meinold ging erregt im Raume hin und her, redete weiter. „Und oft habe ich mir gedacht, wie gut wäre es, Meinold, wenn du hierher ein Bild brächtest, einen Heiligen, zu dem du täglich in deinem Kummer rufen könntest. Aber gleichzeitig habe ich mir überlegt, es muß ein ganz besonders schönes Bildwerk sein, daß der Heilige zufriedengestellt wird, daß seine Fürsprache auch wirklich wirksam werden kann." Er blieb vor dem Reimser stehen. „Und so möchte ich dich bitten, mach mir doch ein Bildwerk von einem Heiligen in Stein – es braucht ja gar nicht so besonders groß zu sein."

„Nein!" Übermäßig laut sagte es der Reimser. „Nein!"

„Was", Meinold erschrak, „du willst nicht?" Ihm kam ein Gedanke. „Ja – wenn dir die Felle zu gering sind, dann muß ich dir eben noch eins mehr geben."

„Nicht doch", der Reimser wehrte ab, „das ist es nicht, es geht mir nicht um den Lohn. Es ist etwas anderes. Ich kann keine Heiligen schaffen!"

Meinold stand der Mund offen.

„Ich kann keine Heiligen schaffen", wiederholte der Reimser.

„Wie? Ich verstehe dich nicht. Ich denke, du hast in Mainz auch Heilige in den Stein gebracht, vom Sankt Martin zu Pferde hast du selbst in der Braustube beim Klotzhans erzählt. Erinnerst du dich?"

„Ich weiß es. Aber trotzdem, ich kann nicht."

„Ich verstehe, ein Gelübde", Meinold sah betreten vor sich hin. Ein lange gehegter, bis ins einzelne erwogener, täglich ersehnter Wunschtraum war ihm zerronnen. Er zuckte mit den Schultern, setzte sich schwer und müde auf eine Bank, beachtete nicht, daß noch Häute darauf lagen. „Was soll ich denn nun machen – ich habe geglaubt, der Heilige könnte dann alles wiedergutmachen – nicht so, verstehst du, Reimser, daß ich die Hände in den Schoß legen und nur beten wollte, nein, nein, was an mir liegt, ich will schon weitergerben, ordentlich wie immer – aber was nicht an mir liegt, daß der Bischof mich so knapp hält – ach, was rede ich denn, wenn du nicht willst, Reimser –"

Der Baumeister sah den großen Kummer des anderen, er spürte aber auch seinen Ärger gegen ihn, daß er die Bitte abgelehnt hatte. Und wie unter einem inneren Zwang sagte er ihm: „Es ist nicht, Meinold, weil ich nicht mag, weil ich dir nicht helfen will. Ich weiß, ich kann dir so nicht helfen, denn dieser Heilige würde dir nichts nützen, auch wenn du am Tage hundertmal zu ihm rufen würdest."

„Das glaubst du?" fragte Meinold erschrocken.

„Ja", antwortete der Reimser, und er setzte hinzu, „das habe ich schon in Mainz geglaubt. Aber weißt du, Meinold, das reicht noch nicht aus. Wenn ich vor mir selber ehrlich bleiben will, dann darf ich nicht anders arbeiten als genau so, wie es in meinem Inneren aussieht."

„Du meinst", hellhörig fragte Meinold, „du hast in Mainz gelogen?"

Überrascht sah der Reimser auf. Woher wußte der andere das, daß er es so aussprechen konnte? „Es mag sein", sagte er zurückhaltend.

„Und", mit einem schwachen Lächeln fragte Meinold, „warum willst du dann jetzt nicht mehr – weiterlügen? Warum willst du plötzlich sagen: Es geht nicht mehr so – keine Heiligen mehr – anders – alles anders –" Und er brach aus: „Ich brauche doch den Heiligen! Hörst du, ich brauche ihn! Nötiger als das tägliche Brot! Und wenn du dich dein ganzes Leben lang weigern solltest, Heilige in Stein zu hauen, wenn sie dich noch so lange leben lassen, es werden darum doch überall in der Welt die Heiligen angerufen werden!"

„Sieh, ich habe es auch nicht von heute auf morgen in mich aufgenommen, daß ein Mensch besser tut, nur zu Gott zu rufen und zum Sohn Gottes. Ich habe mich lange dagegen gewehrt, zugegeben, daß so viel eitler Schein über allem anderen liegen kann. Ich habe mich durch diesen äußeren Glanz betäuben lassen, gern betäuben lassen, denn es war vielleicht einfacher so, und ich war auch noch in Mainz so taub darüber gewesen, daß ich es nicht hörte, wie Kinder weinten. Weinten, weil es für sie kein Brot gab. Weißt du, Meinold, warum dann die Kinder nicht mehr zu weinen brauchten? Weil wir uns das Brot vom Erzbischof selbst holten – nicht, weil wir einen Heiligen darum baten."

Meinold blickte lange auf die dunkle Bretterwand zwischen beiden Fenstern. Er sagte nichts. Auch der Reimser schwieg. In Meinold stritt sich vieles miteinander: der Kummer über den zerstörten schönen Traum, der Ärger über die Weigerung des Reimsers, das Staunen über die ruhige Sicherheit des anderen, mit der er über die Heiligen sprach, das Abwägen über den teuren Schein, den der Bischof für sich beanspruchte, das Erkennen, daß auch er zu den Betäubten zählte, das Überlegen, wie es möglich sein könnte, aus dieser Betäubung herauszufinden. Meinold blickte verwirrt um sich. Es wird sehr unbequem werden, wenn man sich nicht mehr auf die Heiligen berufen kann.

Jäh stand er von seiner Bank auf. Er ging zu der Wand, die den Fenstern gegenüberlag, griff nach einem der ausgespannten Schaffelle, prüfte es kritisch. Ja, es war trocken und doch gleichzeitig weich unter den Fingern. Eine gute, saubere Arbeit. Er hakte es ab, reichte es dem Reimser hin. „Da, nimm", sagte er nur.

Der Reimser schüttelte verwundert den Kopf. „Aber ich meißele dir doch keine Steinfigur?"

„Darum schenke ich dir ja dieses Fell zu den anderen."

Der Reimser sah dem Gerber in die Augen. Er nickte, lächelte kaum merklich, sagte leise vor sich hin: „Darum."

Und er verstand den anderen. Und er fühlte sich, er wußte nicht, wann je er das so empfunden hätte, nicht mehr so ausweglos einsam.

Als er ein anderes Mal wiederkam, traf er Meinold nicht allein in der Gerberwerkstatt an, der Gehilfe saß mit da und noch einige Gerber aus den benachbarten Werkstätten. Der Reimser zögerte, einzutreten.

„Du kannst ungehindert sprechen", flüsterte ihm Meinold zu, „es wird dich niemand verraten!"

So redete er denn, er sprach von dem, was ihn unausgesetzt in seinem Inneren beschäftigte, von den Bildwerken der Stifter, die einmal im neuen Chor stehen sollten. Sehr aufmerksam hörten sie ihm zu, und sie verloren ihre Scheu vor ihm, als sie sahen, wie rückhaltlos offen er ihnen seine

Gedanken sagte. Und sie wollten sehr genau von ihm wissen, wie die einzelnen Gestalten aussehen würden. Ihren Frauen erzählten sie zu Hause davon, ihren Kindern und ihren Freunden.

So kam es, daß die Leute in den dunklen, niedrigen Hütten, in den Werkstätten und in den Spinnstuben schon mit dem Werke vertraut waren, noch bevor die Steinmetzen mit dem Reimser es so weit fertig ausgeführt hatten, daß die hohe Geistlichkeit es prüfen konnte, ob es unbeanstandet aus der Bauhütte hinüber in den Dom gebracht werden könne.

DIE FALSCHE KRONE

„Jiiih!" Mit einem kühnen Satz sprang der hagere Hentz auf den Tisch, daß die Holzkrüge torkelten. Einer schlug um. Ein schmutziggelbes Rinnsal leckte über die rauhe Tischplatte, sickerte in das Holz, bevor es zum Rand gelangte. Der Wirt Klotzhans sah unwillig hin. Doch er sagte nichts, denn der Spaßmacher Hentz lockte ihm die Gäste in seine Braustube. Besser, sie werfen hier die Krüge mit Met um, als daß sie drüben beim Tannwirt sitzen.

„Schwein!" kreischte die beleibte Liese, richtete sich vom Schemel auf, versuchte, den Hentz am Bein zu erwischen und ihn vom Tisch zu zerren.

„Selber Schwein!" gab der zurück und tänzelte gewandt auf der schmalen Tischplatte beiseite. Bevor sie ihn zu fassen bekam, legte sich eine Hand auf ihre Schenkel. „Laß ihn doch." Valentin ließ seine Hand dort liegen. „Das ist so seine Art."

„Huih, jeih!" Hentz wippte auf seinen Zehen. Von der schwankenden Tischplatte nahmen die Trinker ihre Krüge, hielten sie in der Hand, daß nichts weiter verschüttet werde.

„Pöh, ihr denkt nur ans Trinken!" Mit seiner ausgestreckten Hand wies er auf die Gesichter am Tisch um ihn herum. „Und befaßt euch mit Weibern. Ist euch beides – das Faß und die Frau – recht rund und voll, so seid ihr zufrieden. Hähä! Wie träge ihr dabei werdet und wie fett! Kommt, ich will euch aufmuntern. Habt wohl lange keine Geschichte von mir gehört. So eine, die in die Knochen fährt. Hoho, ich habe eine für euch!"

Er hockte sich herunter, und nicht einen Augenblick blieb sein hagerer Körper ohne Bewegung. Mit beiden Händen unterstrich er lebhaft seine Worte. Seine aufmerksamen, fast schwarzen Augen kreisten hastig in der Runde. Da saß Valentin neben der üppigen Liese. Hentzens raschem Blick entging nicht die Hand auf dem Schenkel. Nicht weit von ihm lehnte der Steinmetz Rupert seinen Rücken gegen die blanke Wand von Holz. Den Reimser konnte Hentz von seinem Platz aus beobachten, er war zusammen mit den Meistern Heinrich und Jakob gekommen. Und sieh da, an diesem kalten Märzabend hatte sich auch Meinold mit einigen Gerbern in der Stube des Klotzhans eingefunden. Der Spaßmacher Hentz stemmte seine Hände in die Hüften, sah die Zuhörer herausfordernd an. „Hört zu. Ich weiß euch von einer Hochzeit zu berichten. Hoi, wer dabei war, der konnte eine Krone brennen sehen!"

„Hast du keine besseren Späße", knurrte Valentin unzufrieden. „Es sind schon etliche Narrenkronen auf närrischen Festen verbrannt."

„Das ist der Spaß, werte Leute", Hentz sah dem Frager starr ins Gesicht, „die Krone war eine richtige Königskrone und ist doch verbrannt. He, ist das nicht zum Lachen, denn die Krone war doch falsch! Aber die Hochzeit war eine richtige Hochzeit – ja, da haben die Fackelträger das Fest so gut beleuchtet, daß dem Paar das Bett verbrannte! Hoi! Ist das kein Spaß? Stellt euch vor, als wärt ihr dabei: Der König, der Holländer Wilhelm, der würdige Hochzeiter, entledigt sich der Zeichen seiner Würde, bis er genauso nackt und gemein ausschaut wie ihr und wie ich. Und gerade wie er zu seiner Elisabeth steigen will, der ältesten, bleichen, schmalhüftigen Tochter des Braunschweiger Herzogs Otto, da fliegt der Brand ins Schloß, in seine königlichen Zeichen – in alles, was er am Leibe trug – pst – pst –", Hentz hielt einen Zeigefinger vor die Lippen, „– niemand darf es wissen, daß darum die Krone verbrannte, weil sie nach-gemacht", höhnisch dehnte er das Wort, „hört ihr, nach der richtigen gemacht war. Wollt ihr wissen, wo die richtige sitzt?" Er sprang auf, tänzelte zwei, drei Schritte auf der Tischplatte. „Doch nein – davon darf man nicht sprechen. Die Pfaffen mögen's wohl wissen – aber die haben sie nicht! Sonst brauchten sie keine falsche. Und der Rotbart, der ist tot, sein Sohn auch, die können beide nichts mehr sagen, und der Konrad ist auch hinüber – vielleicht – vielleicht wird sie der kleine Konradin einmal tragen – aber ich habe nichts gesagt – ich weiß ja auch nicht, wo die Krone nun wirklich ist."

„Was wolltest du noch von der Hochzeit berichten?" fragte Valentin.

„Nichts. Hä, gar nichts. Wo das Bett verbrannt ist, gibt's für den Hochzeiter nichts mehr zu bestellen. Doch hört zu, Leute, meine Geschichte geht weiter: Was macht der König? Nein, ich habe nicht Pfaffenkönig gesagt! Das habt ihr bloß gedacht!" Er lachte. „Er reist mit seiner Frau Elisabeth durch das Land. Doch nicht immer sind sie zusammen. Man sagt, seiner Frau gefällt sein Aufzug nicht. – Ist es aber denn nicht gut und löblich, wenn er barfuß und nur mit einem wollenen Rock bekleidet von Kirche zu Kirche zieht – dann kann ihm die Krone nicht ein zweites Mal verbrennen. Auch nehmen dann, wenn er sie nicht trägt, die kostbaren Gewänder keinen Schaden, wie neulich in Utrecht, wo sie mit Steinen nach ihm geworfen haben. He, ihr Leute, versteht ihr es, daß man auch in den Rheinstädten den König gar nicht gern sieht? Dort soll es so übel und lebensgefährlich um ihn herum zugegangen sein, daß die rheinischen Erzbischöfe selbst ihrem lieben Schoßkind nahelegten, ihr Gebiet zu verlassen. Sie könnten der empörten

Bürger nicht Herr werden und nicht absehen, was noch mit ihm geschehen würde. Und dabei ist er doch so freigebig. Fast das ganze deutsche Reich hat er an Fürsten und Bischöfe verschenkt, daß sie ihn als König achten sollen. – Holla, Leute, laßt die Krüge nicht trocken werden! Wollen einen hochleben lassen, der verschenkt, was er nicht hat. So lange soll er leben, bis er merkt, was es heißt, die geringen Leute in die Not zu treiben, daß ihnen das Wasser am Halse steht. So lange soll er leben, bis ihm selbst das Wasser zum Halse hereinläuft! Hoi, der Trinkspruch der armen Leute: Die Herren sollen versaufen!"

„Sollen versaufen!" stimmte Meinold als erster ein.

„Sollen versaufen!" antworteten die anderen alle.

Hentz stand aufrecht auf der Tischplatte. „Habt ihr schon einmal von dem Rietberger gehört?"

„Meinst du den ‚geringen Ritter'?"

„Ja, den. Der hatte die Königin eingeladen, daß sie eine Weile bei ihm in seiner Behausung bleibe."

„Ein geringer Ritter – die Königin? Hentz, das ist ein dummer Spaß!"

„Ja, das ist der Spaß, daß der Spaß kein Spaß ist – der geringe Ritter und die Königin. So war es."

„Doch der Wilhelm war gewiß dabei?"

„Nein, ganz und gar nicht, die Einladung betraf den König nicht, nur die schmalhüftige Elisabeth, als sie auf Reisen in der Nähe der Reichsfeste Trifels weilte. Sie allein. Ohne alles Gefolge. Allerdings, als sie den Ritter wieder verließ, da trug sie nicht mehr auch nur eins ihrer Kleinodien – und ihr wißt, wie sie den prunkvollen Schmuck liebt. Deswegen hatte sie doch ihren Mann allein reisen lassen – weil er ihr in bloßer Wolle und mit nackten Füßen zu schäbig aussah."

„Hat sie den Ritter so beschenkt – für seine Gastfreundschaft allen ihren Schmuck?"

„Meinst du etwa, weil sie hier das Versäumnis ihrer Hochzeitsnacht mit dem verbrannten Bette nachgeholt hätte? Dann wäre das eine ganz gewöhnliche Geschichte, und ich hätte euch keinen Augenblick die Zeit damit versäumt."

„Wie dann, Hentz?"

„Entführt hat sie dieser geringe Ritter – und erleichtert. Vielleicht hat er der bleichen, hochmütigen Elisabeth für den Schmuck etwas anderes angehängt, was ihr der König noch schuldig geblieben war – lange genug hielt er sie ja in seiner Behausung gefangen!"

Schadenfroh klang sein Gelächter. Die Männer lachten kräftig mit. Auch die füllige Liese schüttelte sich, daß ihr voller Busen in heftige Bewegung geriet. Warm war es im Raume. Es roch nach saurem Met, nach Schweiß und nach dem Pech der brennenden Fackeln. Da schnitt ein kalter Luftzug in die derbe, lachende Behaglichkeit. Einer hatte von draußen die Tür aufgerissen, torkelte in den Raum. Kaum, daß er sich noch aufrecht halten konnte. Tief saßen ihm die Augen in den Höhlen, die Backenknochen standen aus dem Gesicht, die Haare hingen wirr verklebt, an seinem groben, schmutziggrauen Leinenhemd waren Flecke, vielleicht von Blut. Der Hentz rief von seinem Tisch herunter: „Bruder, hast dich gar kräftig versoffen!"

Aber die Naumburger lachten nicht mehr. Sie sahen, der da in dem schmutzigen Hemd war nicht betrunken. Das Lachen erstarb ihnen auf den Lippen, als wäre es mit der Kälte, die der Fremde hereingebracht hatte, erstarrt. Schweigen herrschte im Raum. Nur der stoßweise Atem des Mannes, der auf einem rasch hingeschobenen Schemel zusammensackte, war zu hören. Ratlos blickten sich die Männer an. Einer schloß sachte die Tür. Hentz stieg leise vom Tisch. Liese nahm einen Krug mit Met, wollte ihn dem Fremden reichen. Der hob seinen Kopf, sah sie lange an und sah sie doch nicht an – weitab schienen seine Gedanken zu sein. „Nein", sagte er und wies den Krug zurück.

„Wo – wo kommst du her?" Schüchtern fragte es die sonst so dreiste Liese.

„Von weit.“ Seine Stimme klang heiser, als säße ihm viel Staub von ungezählten Straßen in der Kehle. Er richtete sich etwas auf seinem Schemel hoch, sah sich in der niedrigen Stube aufmerksam um, sah die Krüge und sah die vom Trunk roten Gesichter. Fast als schäme er sich, leise und doch voll Zorn sagte er: „Da sauft ihr – und in der Zeit haben wir es getan.“

„Was?“ Alle wollten es gleichzeitig wissen.

„Er ist tot.“

„Wer?“ Beklommen sahen sie sich in die vom reichlich getrunkenen Met noch roten und heißen Gesichter.

„Wilhelm von Holland.“

Die sich eben noch den Trinkspruch der armen Leute: „Die Herren sollen versaufen!“ zugerufen hatten, standen schweigend, schauten auf den Mann mit dem blutigen Hemd in ihrer Mitte.

„Wer bist du?“ fragte wieder die Liese.

„Ein Bauer aus Friesland.“

„Und – du – du hast –“

„Ja, Frau, ich habe ihn mit erschlagen. Stell deinen Krug beiseite. Ich will nicht trinken. Gebt mir eine Scheibe Brot – wenn ihr es habt. Ich bin einen harten Weg gegangen, von Friesland bis hierher – und ich muß noch weiter.“

Wohin? – wollte Liese fragen, aber sie scheute sich etwas und ging, Brot zu holen. Während er an der Rinde einer Scheibe kaute, gab er ihr Antwort, wie es geschah.

„Wir Friesen sind freie Menschen, haben den Amtsleuten des Pfaffenkönigs nicht gehuldigt und ihm selbst auch keinerlei Genugtuung gegeben. Und wo seine Leute sich Übergriffe herausnahmen, da haben wir sie vertrieben. Im Januar war es, als alles Gewässer gefror, da überzog er mit streitbaren Männern unser Land. Mit Gewalt wollte er sein Ansehen bei uns wiederherstellen. Aber das Land – und das Wasser, Leute, das gehört uns! Wir dulden keinen von Pfaffen gemachten König. Und hilft uns kein Mensch – dann hilft uns unser Land, unser Wasser!“

Der Fremde langte nach einer neuen Scheibe Brot, brach sie mit seinen Fingern in zwei Stücke.

„Unser Wasser trägt keine Verräter – als der Wilhelm von Holland, dieser Lotterbube von siebenundzwanzig Jahren, auf seinem Pferde in voller Rüstung aufs Eis ritt – brach er ein – bis zum Halse sank er ins Wasser – blieb darin stecken – und …"

Er blickte die Männer an. Einen nach dem anderen, den Hentz, den Valentin, den Rupert, den Meinold, den Jakob, den Reimser. „… da haben wir ihn erschlagen – am Achtundzwanzigsten des Januars – wir, die Bauern von Friesland …" Der Bauer nahm seinen Blick nicht von dem Reimser, als hätte der ein Recht, über ihn zu entscheiden. „… und jetzt gibt es keinen mehr, der König wäre – in den deutschen Landen."

Da saß er in seinem zerrissenen, schmutzigen Hemd, hielt die zerbrochene Scheibe Brot in beiden Händen – ein Bauer – einer, der für die Freiheit seines Landes alles wagte – sich selbst. Dem Reimser, der ihm am nächsten stand, reichte er die eine Hälfte seiner Scheibe Brot. „Da, nimm – oder magst du von einem – der einen totschlug – nichts nehmen?"

Schweigend griff der Meister zu.

DER BAUER UNTERM KREUZ

Der Reimser nahm den Bauern mit hinüber in seine Bauhütte. Da lag er nun auf einer Bank, müde, aber doch hellwach. Der Reimser hatte die Felle des Gerbers Meinold auf das harte Holz geworfen. Er blieb neben dem Bauern stehen, steckte die Fackel in die Wand, daß sie ihr flackerndes Licht auf das Gesicht des Mannes warf. Klar waren diese Züge, nichts Verstecktes darin zu lesen und nichts Hinterhältiges. Und doch trug dieser Mann an seinem Hemd Blut – fremdes Blut.

„Mußt nicht denken, Bauer, wir hätten die ganzen Jahre hier in Naumburg mit Saufen und Schlafen verbracht – auch wir haben gearbeitet. Auch wir haben uns mit Leben und Tod auseinandergesetzt – wenn es dabei auch nicht so gewalttätig herging.“

„Glaube es wohl, Meister – aber wer hilft nun unsereinem – wer hilft mir? Gut. Ich habe die Tat auf mich genommen. Ich habe nicht gezögert und habe mich nicht gescheut, da ich sah, wir kommen im guten nicht hin – auch ist Krieg, den wir freilich nicht angezettelt haben. Aber, Meister, es bleibt doch bestehen, ich habe mitgeholfen, einen Menschen vom Leben zum Tode zu bringen. Reden wir nicht vom Pfaffenkönig, wie er uns geringe Leute um Judaslohn verraten hat – einen Menschen, Meister, den habe ich mit erschlagen. Ich habe nicht Angst vor den Gerichten der Menschen – aber ich habe doch gegen den Herrn gefrevelt. Nicht aus Mordlust, nicht aus Beutegier – gleichviel, ich habe sein Gebot, nach dem ich nicht töten darf, mit Füßen getreten. Und wo ist ein Wort, wo ist ein Mensch, der mir hilft, wenn's da innen brennt und zerrt und anklagt und verteidigen will? Gehe ich zu den Pfaffen, dann gibt es zweierlei Arten, auf die ich beichten könnte. Treffe ich einen, der noch vom Pfaffenkönig beschenkt worden ist, der sagt mir: noch zehnmal mehr als gewiß ist mir das höllische Fegefeuer. Der sagt mir: nichts hilft mir mehr auf Erden – schon bei lebendigem Leibe bin ich ein Verdammter – den Fall gesetzt, daß er das Geheimnis des Beichtens wahrt und mich nicht greifen und aufs Rad flechten läßt. Finde ich aber cinen, der noch der staufischen Partei anhängt und auch noch auf den Konradin wartet, oder einen in der freien Stadt, einen, der selbst dem Pfaffenkönig alles Üble wünschte, wohl, der wird Gottes Segen für mich und meine Kindeskinder erbitten und mich frei und ledig aller Sünden sprechen. Laßt, Meister, keinen Einwand, wir haben es doch selbst erfahren – und jeder der Beichtiger sagt mir dann, er allein ist von der Wahrhaftigkeit

Gottes erleuchtet. Wo ist denn – frage ich dich – da die Wahrheit?"

„In der Reue", so sagte ihm der Reimser, „liegt die Wahrheit nicht." Doch der Bauer sprach weiter und beachtete nicht seinen Einwand.

„Mich hat's fortgetrieben. Weg von zu Hause, wo ich noch in der Hütte ein Schaf hatte. Weg von der Ebene, wo die Sonne allabendlich in das salzige Wasser taucht – die grünen Marschen – die Erde, fast schwarz und schwer – es ist ein schönes Stück Land, du kannst's mir glauben – und der Blick geht weit – der Atem wird nicht eng – bis, der Teufel soll sie holen, die Amtsleute kamen und Zins um Zins von uns forderten. Haben wir nicht schon genug und übergenug für die Herren gearbeitet – aber mehr – mehr – immer mehr – das geht, solange es geht, und dann – dann ging es eben eines Tages nicht mehr weiter.

Ich habe geglaubt, Meister, es ist eine große Sache, eine gerechte Sache, für die Freiheit des Landes alles daranzusetzen – aber dann sitzen sie da und trinken. ‚Die Herren sollen versaufen!' Das grölen sie dazu. Ist es denn wirklich so, daß die größten Taten beim Weine vollbracht werden? Und wenn dann Männer hingegangen sind – und es getan haben, dann wissen die beim Weine nichts damit anzufangen. Aber ich glaube es nicht – ich will es nicht glauben! Darum hat es mich weggetrieben, daß ich es den Leuten, die da beim Wein oder sonstwo selbstzufrieden sitzen, ins Ohr schreie: Er ist tot! Jetzt kann es anders werden, wenn wir selbst es ändern! Dann, Meister, wäre das auch für mich die einzige Rettung vor Gott – und doch habe ich Angst, daß alles umsonst war – und nichts kann mir die Angst nehmen."

Der Reimser sah dem Bauern in die Augen. Ihm schien, als wäre ihr tiefes Grau ein Stück vom Meer, aus dessen Bereich der Bauer kam.

„Du hast dein Brot mit mir geteilt. Komm, ich will etwas anderes mit dir teilen – den Glauben an die Menschen, die vor Gott keine zerknirschten Sünder sind, die frei zu ihm aufsehen sollen – nimm eine Fackel und komm mit!"

„Wohin? Jetzt in der Nacht?"

„In den Dom!"

Der Bauer stand langsam von der Bank auf, legte die Felle beiseite, sah kurz zum Meister hin, der sich mit der Fackel zu schaffen machte, wendete ihm den Rücken, zog sein abgetragenes Hemd mit einer scheuen Geste oben am Hals zusammen.

„Ich kann nicht –"

Der Reimser hatte mit beiden Fackeln Feuer gefangen.

„Bauer", sagte er. Nichts weiter. Doch der andere rührte sich nicht.

„Bauer", sagte er noch einmal eindringlich. Da wandte der Mann sich langsam um.

„Bauer", sagte der Reimser zum dritten Male und sah seinem Gast lang in die Augen; der wich dem Blick nicht aus. „Du kannst es!" Er reichte ihm eine Fackel. Und der Bauer nahm sie, ging schweigend hinter ihm her. Der gefrorene Boden knirschte leise unter ihren Füßen. Die schwere Tür des Domes ächzte in ihren Angeln, als ob sie unwillig darüber wäre, sich mitten in der Nacht bewegen zu müssen. Mit der Hand deutete der Reimser zum Chor im Osten, wies hinauf zum Gewölbe des Schiffes. „Das haben sie vor zweihundert Jahren begonnen", und er wandte sich nach der Westseite, „das sollen wir vollenden."

Dem Bauern zitterte die Fackel in der Hand. Es mochte vor Kälte sein oder vor Müdigkeit vom langen Weg. Der Meister bemerkte es nicht. Er ging einige Schritte voran, bis dorthin, wo der Boden des neuen Baus, des Westchors, um einige Stufen erhöht über dem Boden des Kirchenschiffes lag. Er hob den Arm mit der Fackel, daß der Lichtschein tiefer in den Raum fiel.

„Sieh dir den Chor genau an."

„Es wird ein heiliger Raum." Ehrfurcht und Scheu klang in der Stimme seines Begleiters.

„Ja, es wird ein Raum für Gott und für Menschen. Hier an die Wände bringe ich Bildwerke…"

„… Von Heiligen!"

„Nein!" Ruhig sagte es der Reimser, als spräche er von einer alltäglichen Sache. „Es werden Bildwerke von gewöhnlichen Menschen. Sogar von solchen Menschen – die ich hasse. Aber ich weiß noch nicht, ob ich es zum letzten aushalten kann – weißt du, Bauer, wenn der Haß übermächtig wird, dann habe ich Angst, daß meine Gestalten unwahr werden – und ich will doch noch mehr aussagen – als nur Haß." – Der Reimser deutete zu den Wänden des Chorraumes, zeigte die Stellen, wo die Bildwerke ihren Platz finden sollten. Dann ging er voran, dem Ausgang zu. Wie der Bauer noch einmal zurücksah, schien es ihm, als sei der gesamte Raum eigens für diese Bildwerke der Stifter geschaffen. Und während der Meister schon die Tür öffnete, blickte der Bauer noch einmal zum Ostchor, dorthin, wo oben vom Gewölbe das Triumphkreuz herabhing. Aber kniete nicht nieder. „Herr", flüsterte er, „Herr Gott, sieh mich an. Ich bin in dein Haus getreten – und du hast mich nicht gestraft – sieh meine Hände – aber du hast mich nicht verdammt. Du – hast mich – nicht – verdammt?" Wieder knarrte die Tür schwerfällig. Der Bauer ging neben dem Baumeister zurück zur Hütte. Er sprach vor sich hin, als führe er sein Zwiegespräch mit Gott fort, wie er die Worte bedächtig setzte: „Wer an einer Kirche baut – der schmückt seine Seele – wer ein Haus – für Gott – miterrichtet – der wird auch bei Gott wohnen – auch – wenn er mit Schuld beladen ist –"

„Bauer, bevor du weiter mußt – und du mußt noch vor Tag weiter, hier läuft ständig ein neugieriger Dominikaner aus Erfurt herum, der braucht dich nicht zu sehen –, vorher aber sollst du alles über das Werk wissen. Bist du zu müde?"

Der Mann in dem groben Hemd winkte ab. So setzte sich der Reimser neben den Bauern auf die Holzbank. Leise knisterte die brennende Fackel.

„Du hast eben den Chor gesehen, so wie er fast vollendet ist. Wenn dann die Bildwerke dorthin gebracht sein werden, beschließen wir den Raum, wie es allerorten üblich ist und wie es die Regel vorschreibt, mit einem Lettner. Und siehe, Bauer, wenn du nicht gekommen wärest, dann hätte ich blind herumtasten müssen, dann hätte ich nicht gewußt, wie ich meinem Lettner die Form geben soll. Eins habe ich heute erkannt, als ich mit dir im Dom war – mein Lettner wird anders als die üblichen. – Du hattest Furcht, in das Haus Gottes zu treten?"

„Ja, du weißt, warum."

„Und ich sage dir, Bauer, auch der Schuldige soll keine Furcht haben, vor das Angesicht Gottes zu treten. Wer vor meinem Lettner stehen wird – dem soll Gott selbst in seinem Sohn begegnen. Glaubst du, daß es recht ist, dir Christus als unerreichbar vorzurücken? Hoch oben im Triumphbogen? Ich sage, es ist nicht recht! Jesus selbst hat sich mitten in das Volk gestellt, und seine Worte gelten den Armen und den Geringen, den Schwachen und den Bedrückten. Und wir wollten es wagen, ihn in eine gewaltsame Unnahbarkeit zu stellen, die er selbst niemals gewollt hat? Als du mit deiner Fackel so allein in dem Raum des Domes standest, sah ich – dir gegenüber – den Gekreuzigten – und ich sah, wie er in seinem Tode sich auch über dich erbarmte – und ich sah, wie du unter seinen am Kreuz ausgebreiteten Armen hindurchschreiten durftest."

Nicht einen Blick wandte der Bauer von dem Reimser. Es war dem Manne in dem groben, befleckten Hemd so feierlich, als wäre er noch in dem Gotteshaus.

„Ja, so habe ich dich gesehen, Bauer: Du standest unter den ausgebreiteten Armen des Gottessohnes. Und er wußte alles von dir. Er sah deine Hände – und er sah, was sie getan haben. Siehe, es galt, die Gerechtigkeit zu wahren vor den Übergriffen zügelloser Herren. Einer, Bauer, ist aus der Welt. Aber noch viele treiben ihr lästerliches Wesen mit dem Volke, schlimmer als zuvor. Dem entgegentreten – nicht allein mit dem Schwert und dem Geschrei nach Vergeltung, nach Blut – mit dem Wort, das, Bauer, ist mein Auftrag – und ich nehme den Auftrag und bringe das Wort in den Stein, daß sie es vor Augen haben. Heute, morgen – und später..."

„Ich habe noch eine Bitte, Meister. Zeig mir nur eins deiner Bildwerke, die in dem Chore stehen sollen."

Der Reimser zögerte, schüttelte den Kopf. „Nein, du sollst nicht nur eins von mir hingestellt bekommen. Geh hin – und sieh selbst – alle. So wie sie bis jetzt bereitet sind." Er reichte seinem Gast die Fackel, wies auf den Zugang zu dem gesonderten Raum in der Bauhütte, blieb allein im Dunkel auf der Holzbank sitzen und sann.

Der Bauer hatte die Fackel gelöscht, als er zurück zum Reimser kam und sich neben ihn setzte. Eine Weile saß er stumm, vorgebeugt, das Gesicht in beide Hände gelegt.

„Als ich zwei Tage vor dem Achtundzwanzigsten des Januars wegzog, ging ich zu dem Ältesten im Rate der freien Bauernschaft. Und als ob der wüßte, was mein Anteil im Kampfe sein würde, sah er mich lange prüfend an. Sein Gesicht legte sich in strenge Falten, die steil über der Nase anstiegen und tief in der Stirn standen. Die Augenbrauen zog er bis dicht zu den Augen herab. Ich weiß noch, Meister, wie sein Blick bohrte: Gilt dein Weg nur der Sache? Fast ängstlich, wie mir schien, wandte er seinen forschenden Blick nicht von mir ab. Er forderte Klarheit vor mir selbst: Ist dein Denken frei von allem persönlichen Haß? Ich mußte meine Augen vor seinem prüfenden Blick niederschlagen – ich konnte sein ehrwürdiges, richtendes Gesicht nicht länger ansehen. ‚Nein, Vater im Rat', sagte ich ihm, ohne aufzuschauen, ‚nein, ich gehe nicht ohne Haß! Ich kann auch darum niemanden um Verzeihung bitten – weißt du, wie das frißt, wenn der Haß dir fast den Atem schneidet – der Haß gegen die, die besser sein wollen, als sie sind? Was ist denn so ein gräflicher Amtmann dieses Pfaffenkönigs, frage ich dich, Vater im Rat, daß er es wagen kann, ungestraft mein

Weib zu schänden? Steigt nicht vom Pferde, wie er da vor meine Hütte kommt, deutet mit der Peitsche zur Tür. »Wer ist das Weib?« fragt er mich und leckt sich mit der Zunge über die Lippen und den Bart wie ein Wolfshund, der den Geifer nicht halten kann. Und wie ich ihm Bescheid gebe, lacht er – daß ihm das Lachen im Halse steckengeblieben wäre – und fragt mich: »Bauer, weißt du, wie schön dein Weib ist?« Als ich ihm auf seine widerliche Rede nicht antworte, da hebt er sich im Sattel, wendet sich zu seinen vier, fünf Begleitern. »Dieser Mensch da«, und er weist mit dem Peitschenstiel auf mich, »dieses Schafsgesicht von einem Bauern weiß nicht die Gottesgabe einer prächtigen Frau zu schätzen. Vorwärts, werte Herren! Schafft sie her, ich will sie zu mir aufs Pferd setzen!« Vier Kerle sitzen wie die Teufel ab, packen sie. Und was soll ich dir noch weiter sagen, Vater im Rat' – weißt du, Meister, ich konnte den Alten immer noch nicht ansehen – aber ich habe ihm gesagt, daß ich an dem Tage angefangen habe zu hassen – ich kann mir nicht anders helfen." – Der Bauer blickte fragend in das Gesicht des Reimsers, doch er konnte in der Dunkelheit seine Züge nicht erkennen. So redete er weiter. „Ich kenne nicht die Geschichte der Menschen, die du da in Stein gehauen hast, Meister, und ich brauche sie auch nicht zu wissen. – Höre, das sind doch Menschen, wie ich ihnen auch begegnet bin. Dieser Alte – Sizzo hast du auf seinen Schild geschrieben – hat das bohrende Fragen in seinem Gesicht wie der Alte im Rat unserer freien Bauernschaft. Woher weißt du das, Baumeister?"

„Ich kenne deinen Haß, Bauer", antwortete der Reimser einfach, „es gibt auch noch andere, die den gleichen Haß tragen. Was fragst du da, ob alles, was du tust, nur um der Sache willen geschieht. Du hast es getan, weil sie dir an deinem Leibe, an dem, was dir zugehörte, Schaden zufügten. Und wenn du dich umsiehst, dann wirst du viele finden, die Gleiches erfuhren. Und von wem erfuhren sie es? Immer von den gleichen – von solchen Leuten wie der Herr Timo, der andere totschlägt, wenn er eine Ohrfeige bekommt." – Der Reimser stand auf, redete lauter in die Dunkelheit hinein, als wollte er mit seiner Stimme die Ohren von unsichtbaren Zuhörern erreichen. „O ja, ich werde euch das Gesicht des Herrn Timo zeigen, wie es wirklich aussieht – und ihr werdet selbst kommen und es euch ansehen müssen – ihr werdet darüber erschrecken – weil es aber das Bild eines Menschen ist, von dem ihr wißt, daß er vor zweihundert Jahren lebte, werdet ihr euch beruhigen – und ihr werdet sagen: ‚Ja, damals, da waren das wirklich solche Menschen. Heute aber sind wir weit, so weit darüber hinaus – wir sind gerechter geworden, besser geworden', und ihr werdet, noch ehe ihr wieder zu Hause seid, euren Schrecken vergessen haben – werdet auf die Jagd gehen. Aber es werden auch andere kommen und sehen, die anderen, die euch hassen, die werden auch erschrecken. Und sie werden ihren Schrecken nicht vergessen. Sie sollen daran das Wesen der Herren erkennen." Er wandte sich mit einer fast bittenden Bewegung an den Bauern. „Meinst du, ob sie es erkennen – ob sie es verstehen?"

„Sie werden wohl ihre Zeit dazu brauchen, Baumeister." Als es heller Tag geworden war, deutete nichts mehr in der Bauhütte auf den nächtlichen Besuch hin. Und doch – einer hatte beobachtet, daß der Reimser diese Nacht nicht allein gewesen war. Der unermüdliche Dominikaner Eilhart. Der tat nur seine Pflicht, als er nach Erfurt darüber berichtete, und er fühlte sich dabei als der gerechte Diener des Herrn.

MARA

Valentin hatte fast weiße Lippen bekommen; auch aus seinem Gesicht war alles Blut gewichen. Zum Teufel, daß er einen so üblen Griff tun mußte! Wollte rasch zuspringen, als zwei Bauleute mit einem groben Klotz von Kalkstein nicht zuwege kamen, den sie zur Bauhütte wälzen wollten, und geriet mit der linken Hand so ungeschickt darunter, daß sie gequetscht wurde. Übel sah die geschundene Hand aus, und niemand unter den Steinmetzen verstand sich auf ordentliche Behandlung. Rupert wußte Rat, erinnerte sich an eine Frau, die weit um Naumburg herum als heilkundig galt. Man sagte von ihr, sie wisse Bescheid bei Schäden aller Art, und die Frauen riefen sie, wenn sie Kinder erwarteten.

Der Reimser in seiner Werkstatt wurde auf das Reden vor der Bauhütte aufmerksam. Eine Frauenstimme hörte er darunter, angenehm klang sie. Und jetzt lachte sie, als ob sie gewiß sei, mit ihrem Lachen anderen den Kummer nehmen zu können.

Sorglich reinigte sie die Hand, verband sie mit sauberem Leinen. Die Fröhlichkeit der heilkundigen Frau ließ Valentin einen Teil seines Schmerzes vergessen. Nicht lange, so sagte sie ihm, dann würde die Quetschung wieder verheilt sein. Die Knochen wären nicht verletzt. Sie schickte sich zum Gehen an. Längst hatten die anderen Bauleute sich wieder der Arbeit zugewendet. Eine Stimme hielt die Frau zurück.

„Wer bist du?“

Sie trat einen halben Schritt vor, erkannte in dem Mann, der die Frage an sie richtete, den Baumeister aus Mainz, den die Leute den Reimser nannten und über den sie sich die merkwürdigsten Dinge berichteten. „Man nennt mich Mara“, antwortete sie ihm ohne Verlegenheit, „und ich bin überall zu finden, wo man mich braucht. Verstehe mich auf Krankheiten, sei's beim Menschen, sei's beim Vieh. Ich kenne die Kräuter, die guten, kräftigenden und die schlechten, vergiftenden.“

„Mara, weißt du, daß du sehr schön bist?“

„Ich – Meister – Ihr verwirrt mich – ich kenne wohl meine Kräuter –“

„Ja, du bist schön, weil du fröhlich bist. Und alle Fröhlichkeit ist schön.“

„Seid Ihr denn nicht fröhlich?“

„Mara – ich muß es wieder lernen, fröhlich zu werden. Es ist auch eine Kunst – aber man kann müde dabei werden.“

„Ihr dürft aber doch nicht müde sein! Ihr habt Euer Werk, Eure Aufgabe!“

„Ja, Kind, eine entsetzliche Aufgabe. Du siehst mich erschrocken an. Ja, diese Aufgabe ist entsetzlich, denn sie verlangt alles von mir, verstehst du, es ist nur noch das Werk da – es löscht den Menschen aus – aber es ist auch eine schöne Aufgabe.“

„Ich verstehe Euch nicht. Ihr sagt in einem Satz entsetzlich und zugleich schön?“

„Frage nicht, Mara – vielleicht später könnte ich es dir erklären – wenn du magst, nicht jetzt – nein, ich kann nicht – Mara, ich danke dir, daß du gekommen bist – daß ich deine Fröhlichkeit sehen durfte.“ Er nahm ihre Hände, beugte sich darüber, als ob er sein Gesicht in ihnen vergraben wollte.

„Was ist Euch, Meister?“ Sie erschrak über seine Bewegung.

„Sprich nichts, Kind. Es ist gut, daß du da bist. Ich will dich nur anschauen, deine Gesichtszüge genau erforschen, wie sie so fröhlich sein können. Ich will dir dabei etwas erzählen, hör zu: Es war vor etlichen Jahren, als ich in Amiens als ganz Junger unter den erfahrenen französischen Baumeistern lernte, in den Stein zu dringen, ihm Form zu geben. Ich sah ihre Bildwerke. O ja, sie haben schon so manches verstanden; dem Auge gefiel es wohl. Aber mag sein, es war mein eigener Unverstand, ich fand auch dabei Verlogenheit und Schmeichelei. Das, so fragte ich mich erschrocken, ist der Mensch? Und als ich mich unter den Männern und Frauen in der Stadt umsah, fand ich, das war der Mensch nicht. Noch nicht in seiner ganzen Wahrhaftigkeit. Nur ein Teil wahr – das andere – erlogen. Ich erinnere mich an ein Gespräch mit einem alten waldensischen

Bruder, der damals aus der peinlichen Befragung der Inquisition davongekommen war, einer von wenigen. Er war als Krieger und später als Mönch weit in Frankreich, Spanien und Deutschland herumgekommen und galt als verständiger, viele sagten weiser und gelehrter Mann. Mich schlugen die Zweifel: Vielleicht hatten die alten Meister doch recht, und es war Frevel, ihre Formen zu verwerfen. Ich bat den Alten, mir zu raten, und ich glaube, er hat mich verstanden. Er wußte mir zu antworten und sagte: ‚Wenn du das bildest, was du in deinem Inneren schaust, und es wird dir auch nur durch einen Menschen, durch seine Erscheinung bestätigt, dann bist du auf dem rechten Wege zur Wahrheit. Aber du mußt wissen: Dieser Weg führt nicht zu den Fürstenhöfen.‘ Ja, Mara, man wird es wahrscheinlich sehr übel vermerken, daß ich für meine Gestalten um Christus am Lettner und für die Figuren, vor allem der Männer unter den Stiftern, keine ‚erlauchten‘ Köpfe als Vorbilder genommen habe und nicht solche von Gelehrten und Geistlichen. Aber – nein, Mara, ich will dir nichts erzählen von der Kälte und der Leere, die mich nach jedem Gespräch mit diesen erlauchten und gelehrten Herren überkamen – heute nichts davon. Heute bin ich fröhlich und kann schaffen, denn du hast mir die Fröhlichkeit gebracht, und du hast mir die Bestätigung gegeben, daß der alte Mann in Amiens mir recht geantwortet hat. Du bist gekommen – genauso lachend und voll froher Sicherheit, wie damals die Regelindis zu ihrem Hermann aus Polen zur Hochzeit kam. So und nicht anders muß sie neben ihrem Mann am Altar ihr strahlendes Ja gesprochen haben; mit der gleichen Freudigkeit, mit der du kamst, dem Steinmetz zu helfen!“

Die Frau verstand den Meister nicht, wollte ihn fragen, doch der Reimser sprach weiter: „Mara, ich habe das Bild von einer Frau entworfen, in dem ich schon deine Fröhlichkeit vorweggenommen habe, noch bevor ich dich kannte. Diese Regelindis meißelt jetzt der Meister Heinrich, der Magdeburger.“

Mara trat einen Schritt zurück. Erschrecken zeigte sich auf ihrem Gesicht, Unwillen. Die eben noch fröhlich lachenden Augen blitzten den Meister zornig an. „Warum verspottet Ihr mich? Glaubt Ihr, ich wüßte nicht, daß die Regelindis die Tochter eines Herzogs war? Wie sollte ich einer Herzogin gleichen?“

Behutsam lächelte der Reimser. „Ich habe lange mit einer Fürstin zu Tische gesessen. Ja. Und ihr Gesicht war schön. Sehr schön. – Sie mag dir gleichen, wie der Herbst dem Frühling gleicht. Das eine erfüllt uns mit Wehmut, das andere mit Freude – und beides ist schön. – Aber die Freude ist stärker. Und du bist fröhlich, denn du gehörst zu den Stärkeren, zu denen, die noch dasein werden, wenn es keine Fürstinnen mehr gibt.“

„Was müssen das für Bildwerke sein, wer die einmal ansehen wird –“

„Du sollst sie sehen! Jetzt gleich!“

„Meister, Ihr erschreckt mich. Hat sie doch wohl noch niemand vor mir gesehen, außer denen, die mit Euch arbeiten – nicht einmal der Bischof!“

Es schien, als sei ihre ganze Fröhlichkeit in den Meister gefahren. „Komm!“ Er faßte sie bei der Hand. „Du hast mich beschenkt und mir lange zugehört. Jetzt will ich dir die Gegengabe reichen.“

Valentin fand nun viel Zeit, über mancherlei Dinge nachzudenken, da er mit seiner verletzten Hand nicht schaffen konnte. Teufel auch, die Hand war daran schuld. Gut war es, wie die Frau die brennenden Stellen mit geübter Hand abgriff und mit ihren Salben kühlte; doch es gefiel ihm ganz und gar nicht, wie der Reimser das Wort an sie richtete, daß sie nicht ein Auge von ihm ließ und jetzt sogar mit ihm in die Bauhütte ging. Was, Valentin, wollte er sich fragen, geht dich das an. Doch gleichzeitig wurde er mit Erschrecken inne, daß es bereits zu spät war, wenn er solche Fragen stellte. Und darum gefiel es ihm wirklich nicht, daß die Frau so lange mit dem Reimser bei den Stifterfiguren blieb.

Schlecht, wenn ein Steinmetz wartet. Wenn der Meißel ruhen muß, kann der Mann ruhelos werden.

Und Valentin wartete. Valentin wurde ruhelos, mürrisch. Weil die Hand noch nicht so weit gehorchte, daß sie den Meißel führen konnte – warten. Wie das nagte. Warten. Die heilkundige Mara wollte in der zweiten Hälfte des Monats kommen und nach seiner Hand sehen. Warten. Und wenn sie kommt – wozu das Warten? Dann wird der Reimser sie wieder in die Hütte nehmen. Wie das erstemal. Lange, sehr lange war sie damals mit dem Meister dort zusammen gewesen. Auch damals hatte er schon gewartet. Ein böses Warten, ein lauerndes Warten. Wem sollte er von den Gedanken erzählen, die ihm bei diesem Warten kamen?

Der Reimser mußte wohl schon in Mainz bekannt gewesen sein durch seine Kunst, mit der er es verstand, Menschen lebenswahr in Stein zu bringen. Er hatte gehört, wie sie einmal in der Braustube des Klotzhans von diesem Lettner am Mainzer Dom erzählten, von den Verdammten und den Seligen. Da sollte doch unter diesen Verdammten eine nicht übel anzusehende Frau sein – ihre wohligen Formen wären durch den Faltenwurf eher bloßgelegt als bedeckt – eine Freude sei es, zu sehen, wie sie ihre rechte Schulter zeige, wie sie die gefalteten Hände vor die üppige Brust lege, wie sie das rechte Bein so gestellt habe, daß man das runde Knie genau erkenne. Die Naumburger Steinmetzen hätten damals die Geschichte viel belacht, als sich ein hochwohllöblicher Edelmann darüber beschwert hatte. Er war mit dem dringenden Ansinnen in die Kanzlei des Erzbischofs von Mainz gekommen, es solle diese Figur aus der Reihe der Verdammten herausgenommen werden – oder sie müsse zumindest einen anderen Kopf bekommen. Sie gliche, so hatte er ausgesagt, seiner ehrsamen Ehefrau bis – nun, bis eben auf dieses runde Knie. Als jedoch das Domkapitel das Erwägen, ob man die Figur ändern sollte, von dem Hinterlegen einer nicht kleinen Summe abhängig machen wollte, da hatte dieser edle Mann Bedenken über seine Bedenken bekommen. Und er hatte es den geistlichen Herren geradezu gesagt, daß ihm seine Frau – nein, die Frau aus Stein – so kostbar denn nicht wäre.

Ja, Valentin hatte damals kräftig mitgelacht, sich wie die anderen vor Vergnügen auf die Schenkel geschlagen – doch damals hatte er auch ohne Arbeitspause seinen Meißel gehandhabt. Gleichviel, ob die Leute in der Stube des Klotzhans die Geschichte reichlich aufgebauscht hatten, um den neuen Meister aus Mainz recht herauszustreichen, heute hätte Valentin nicht darüber gelacht und sich über den dümmlichen Edelmann belustigt. Heute überlegte er: Der Reimser muß doch einen Blick haben, dem Körper und Hülle eins sind. Neid kam in Valentin hoch. Schauder schüttelte ihn. Dann muß dieser Meister doch ein Mensch voller Sündhaftigkeit sein. Und was ist dann seine Kunst?

ANKLÄGER

„Herr Bischof, ich komme in Eile – ich bin –"

„Gott zum Gruß, Bruder Sergius, ich bitte Euch, setzt Euch. Kein Ding ist so eilig, daß man es nicht im Sitzen vorbringen könnte."

„Ehrwürden, ich bin fassungslos – ich bin –"

Bischof Dietrich musterte den Mann aus seinem Domkapitel, der nun atemlos vor ihm saß. Zweifellos ein kühnes, zwingendes Gesicht mit den dichten schwarzen Augenbrauen und der hohen Stirn. Dem Bischof entging dabei jedoch nicht der ein wenig hochmütige Zug um den Mund. Das ganze Gesicht beherrschten die dunklen Augen, in denen das Glühen des Eiferers stand.

„Faßt Euch, Bruder Sergius, und berichtet im Zusammenhang."

„Ehrwürden, ich sah es selbst, sah es mit meinen eigenen

Augen – es ist ungeheuerlich – es ist schandbar!" Sergius hielt inne und blickte den Bischof eindringlich an. Er senkte seine Stimme, daß sie leise und dunkel klang. „Es ist – Gotteslästerung."

Dietrich lehnte sich gemäß seiner Gewohnheit zurück, zog die Schultern nach oben, ließ sie langsam wieder sinken. „Das ist ein schweres Wort, Gotteslästerung. Wen klagt Ihr dessen an?"

Sergius sprang von seinem Stuhl auf, trat dicht vor den Bischof, seine Augen glommen eifernd, seine Stimme wurde um einen Deut dunkler. „Den Mann, den sie den Reimser nennen!"

Dietrich beugte sich vor. „Meinen Baumeister?" Seine Frage klang scharf.

„Ja, Ehrwürden."

Dietrich stand heftig auf und ging zum Fenster. Er drehte dem Raum den Rücken. Lange dauerte es, bis er sich wieder zu Sergius umwandte. „Ihr sagtet Gotteslästerung?"

„Ja, ja, gewiß, ja, so sagte ich. Ich sah es mit meinen eigenen Augen! Ich – er hat eine Frau – allein zu sich in die Bauhütte genommen – dorthin, wo an den Figuren für unseren allerheiligsten Raum, den neuen Chor, gearbeitet wird."

Dietrich verschränkte die Arme auf seinem Rücken. „Der Meister hat mein Vertrauen, Bruder Sergius. Er arbeitet in meinem Auftrag. Ich bin weder gewillt, ihn zu verdächtigen noch ihn um eines Geredes willen anzuklagen."

Sergius wollte beleidigt auffahren. Der Bischof wertete seinen Bericht als Gerede! Doch er beherrschte sich. Wie sagte Dietrich? „Der Meister hat mein Vertrauen." Wenn dieser Reimser schon so weit beim Bischof vorgedrungen ist, dann war diese offene Anklage mit der Gotteslästerung ungeschickt, dumm. Dann muß sie verwischt werden, und es gilt, auf etwas anderes zu kommen, dieses Vertrauen zu zerbröckeln. Wahrlich, Vertrauen ist eine große Sache, eine gute Sache. Aber nicht immer groß und gut genug, um nicht doch zum Scheitern gebracht zu werden. „Ehrwürden, ich sagte, eine Frau, die sich Mara nennt, ist eine große, eine üble Gefahr für Euren Meister. Euer Meister ist ein begnadeter Künstler, berufen, uns bedeutende, edle Werke zu bereiten. Aber ich sage Euch, Ehrwürden, und ich stehe mit dieser Meinung zusammen mit den Brüdern des Kapitels, diese Frau verleitet den Meister – unseren lieben Meister. Und darum erscheint es uns dringlich, daß man das Treiben dieser Frau in Eurem Bistum nicht mehr dulde. Ich weiß mich mit den Brüdern einig, wenn ich Euch sage, daß es notwendig ist, diese Mara wegen Unzucht zu bestrafen."

„Habt Ihr bei Eurem Eifer bedacht, ob diese Unzucht auch erwiesen ist?"

„Ehrwürden, ich war nicht mit in der Bauhütte. Ist es denn nicht genug und übergenug, wenn diese Frau, die sich Mara nennt, länger als eine Stunde darinnen verweilte?"

„Und ich sage Euch, Bruder Sergius, nichts ist damit erwiesen!"

Sergius richtete seinen Blick verständnislos auf den Bischof, der Mund stand ihm dabei leicht offen. „Ihr meint, Ehrwürden – ach, das ist doch unausdenkbar." – Einen Augenblick sah Sergius nach oben, als könne er von der schwarzdunklen Holzdecke einen guten Gedanken ablesen, wie er den Bischof zu überzeugen vermöchte. „Aber bedenkt", fuhr er geschmeidig fort, wiegte bedächtig seinen Kopf, seinen Worten größeren Nachdruck zu verleihen, „bedenkt, es ist nicht allein die Gefahr der gotteslästerlichen Unzucht – wo hat der Meister sie hingenommen – ich wollte sagen, bis wohin ist dieses zudringliche Weib ihm nachgegangen – wie eine läufige Hindin? In seine Bauhütte. Seid Ihr schon einmal dort gewesen?"

Dietrich schwieg. Der Bruder Sergius ist ein Eiferer. Eifer ist gut und nützlich – aber er darf auch nicht unheilig sein.

„Nein, ich weiß, Ehrwürden, Ihr seid nicht dort gewesen. Niemand von uns wird hineingelassen. Sie arbeiten in dieser

Bauhütte höchst geheimnisvoll an Eurem Auftrag. Ist es dann nicht um so mehr verwunderlich, wenn eine Frau dort drin gewesen ist und alles gesehen hat. Eine Frau, die mit ihrer Heilkunst zweifelhafte Dinge treiben mag. Spricht man nicht schon von ketzerischen Umtrieben unter diesen Bauleuten? Wer weiß es denn, ob diese Frau sie nicht mit schandbaren Reden aufstachelt. Und wer will Euch davor bewahren, daß sie den neuen Steinwerken nicht auch solche heillosen ketzerischen Gedanken einfügen. Nun, die besagte Frau hat diese Arbeiten alle gesehen – wir aber haben sie nicht gesehen – und Ihr, Ehrwürden, habt sie auch nicht gesehen. Man muß, so denken die Brüder und ich, darum diese Frau, die sich Mara nennt, holen und fragen, was sie dort in der Bauhütte getrieben und gesehen hat. Bedenkt wohl, Ehrwürden, es sind zweierlei Dinge, auf die wir dabei achten sollten. Das eine ist, daß wir sorgen müssen, daß nicht ihr übles, unzüchtiges Beispiel die Sitten der Bürger der Stadt verderbe. Das andere Ding aber, Ehrwürden, ist, daß nicht der Ungeist einer falschen Lehre auch hier die Gemüter der Menschen verwirre. Wenn diese Bauhütte nun der Ursprung für auch nur eins dieser Übel ist, dann dürfen wir nicht unbeteiligt dabei zusehen, daß uns alle nicht der Vorwurf treffe, wir wären laue Diener des Herrn gewesen. Wir hätten dort mit gefalteten Händen gesessen, wo es gegolten hätte, mit heiligem Zorn die Natter zu zertreten, die sich in unserem eigenen Hause festsetzen will!" Erwartungsvoll holte Sergius den Atem tief ein. Dietrich hob seine Hand. „So geht, seht, daß Ihr diese Mara herbeibringt. Ich will mit ihr sprechen. Verständigt den Vorleser Gunzelin, er soll mit dem Schreibgerät kommen, wenn es gilt, ein Protokoll für die Inquisition anzufertigen. Ihr selbst, Bruder Sergius, werdet die Fragen stellen. Benachrichtigt auch die anderen Brüder des Domkapitels, wenn diese Frau gekommen ist."

Und Sergius ging, Mara zu holen.

Er fand sie in einem der niedrigen Häuser, die sich in der

Nähe des Domes dicht an den Boden duckten. Schon einige Schritte vor dem Hause hörte er herzliches, helles Lachen. Sergius klopfte nicht erst an die Tür. Ungefragt trat er ein, stand im Raum, sah sich um. Halbdunkel war. Das schmale Fenster hatten sie verhängt, daß das Licht sich nur durch die Ritzen hereinstehlen konnte. Zwei Frauen erkannte er. Schweigend sahen sie ihn an. Das fröhliche Lachen war verstummt. „Pax vobiscum", sagte Sergius und schlug das Zeichen des Kreuzes. Die Frauen verharrten in ihrem Schweigen, neigten nur die Köpfe, den Gruß des Geistlichen zu erwidern. Sergius trat einen Schritt weiter in den Raum hinein, auf Mara zu. „Was treibst du hier?"

„Diese Frau schickte nach mir. Sie wird noch auf die Nacht niederkommen. Sie bat mich, bei ihr zu bleiben, bis die Zeit da ist."

„Das wird nicht gehen. Du kommst sogleich mit mir! Bischof Dietrich wünscht mit dir zu sprechen."

Die junge Frau stöhnte kläglich auf, faßte Mara bei der Hand. „Verlaß mich nicht!"

Mara strich ihr sachte über die Hand, sah dem Sergius dabei ins Gesicht. „Nein, ich verlasse dich nicht. Sagt dem Herrn Bischof, daß ich nicht kommen kann."

In die Augen des Bruder Sergius stieg das eifernde Glimmen. „Du stellst dich gegen ein Wort des Bischofs? Du weigerst dich, mit mir, der ich in seinem Auftrage komme, zu gehen?"

Die junge Frau ließ Maras Hand nicht los. „Ich habe Angst! Verlaß mich nicht!"

Mara wandte sich zu Sergius. Hochaufgerichtet stand sie, daß der Mann zu ihr aufsehen mußte. „Ihr seht, ich darf nicht kommen!"

Sergius wischte mit der Hand durch die Luft, als hätte er eine Motte gegriffen. „Gegen das Wort des Bischofs solltest du lieber kein anderes stellen – höre, ich sage dir jetzt noch einmal dringlich, komm sogleich mit mir!"

„Ehrwürdigster Bruder, seht Ihr denn nicht, wollt Ihr

nicht sehen? Es wäre eine Sünde gegen Gott, sollte ich die Frau, die mich in ihrer Not rief, jetzt allein lassen. Kann das der Wunsch des Bischofs sein?"

„Du willst gutwillig nicht? – Wohlan..." Sergius packte die Frau am Arm über dem Ellbogen mit festem Griff. Nah stand die Frau vor dem Mann, sah ihm ins Gesicht, daß seine Augen nicht ausweichen konnten. Ihre Stimme klang dunkel und hart, unwillig.

„Gewalt? Wo Ihr nicht überzeugen könnt, braucht Ihr Gewalt? Geht weg zu Eurem Bischof, sagt ihm, ich komme, wenn ich darf. Aber jetzt darf ich nicht. Des rufe ich die Heilige Mutter Gottes zum Zeugen an! Sagt dem Herrn Bischof, ich wäre zu einem Werk voll Verantwortung bestellt: einem Menschen zum Leben zu verhelfen. Betet für uns, ehrwürdiger Bruder, daß es wohl vollbracht werde – und laßt uns jetzt allein, daß ich meine Arbeit vorbereiten kann. Geht, und betet zu Gott, daß es ein gesundes Kindlein wird."

Längst hatte Sergius ihren Arm losgelassen. Seine Augen gingen während ihrer Worte unstet hin und her. Ausweichen mußte er ihrem Blick. Da kam er mit Gewalt – und diese Frau bat ihn, für sie zu beten. Er kam mit einem Befehl – und die Frau befahl ihm. Er verwunderte sich über sich selber. Wer war diese Frau, daß sie das wagte? War sie wirklich eine unzüchtige Dirne, die der Stadt verwiesen werden muß? Warum hat er sie dann nicht einfach gegriffen und aus dem Hause geschleift bis hin vor den Bischof? Sie sagte ihm so voller Sicherheit: „Ich komme, wenn ich darf." Woher nahm die Frau, die sich Mara nannte, diese Sicherheit?

Er schlug das Zeichen des Kreuzes, verneigte sich kaum merklich gegen die beiden Frauen, grüßte „Pax vobiscum", strengte sich an, die Tür von außen nicht zu laut zuzuschlagen. Er wird dem Bischof von dieser für ihn nicht rühmlichen Begegnung nichts berichten. Er wird ihm sagen, er hätte sie nicht ausfindig machen können; doch durch eine

Frau, die sie kennt, hätte er sie wissen lassen, sie solle zum Bischof kommen.

Und Bruder Sergius wußte, sie würde kommen.

Noch am Abend verrichtete Mara in dem Hause, das sich fast ängstlich an den Boden duckte, ihre Arbeit. Sie säuberte das Kindlein sorgfältig und versah die Mutter mit stärkenden Getränken. Dann legte sie sich ihr breites, schweres schwarzes Tuch um die Schultern, machte sich auf, zum Bischof zu gehen. Sie fragte sich nicht, was der Bischof wohl für ein Anliegen an sie haben könnte von solcher Dringlichkeit, daß er sogar einen Bruder des Kapitels nach ihr schickte; sie überdachte, ob sie auch alles dort in dem Hause in rechter Ordnung zurückließ, daß dem Kinde und der Mutter kein Schaden geschehe. So trat sie vor den Bischof.

„Ihr habt mich rufen lassen, ehrwürdigster, gnädigster Herr Bischof", sie küßte den Saum seines weiten granatroten Mantels, „nehmt es nicht als Ungehorsam, daß ich nicht sogleich herbeilief – war in einem wichtigen Werke befangen. Es galt, einem Kindlein zum Leben zu verhelfen. Gott hat es gesegnet – es ist gesund, laßt mich mein Ausbleiben darum nicht entgelten."

Dietrich winkte Mara, sich aus ihrer gebeugten Haltung aufzurichten und zurückzutreten. Jetzt erst sah sie sich im Raum um und bemerkte die anderen Menschen. Da stand zur Seite der Bruder Sergius, der sie so gewalttätig holen wollte, mit ihm zusammen noch andere Brüder und ihnen gegenüber mit einem dicken Buch und einem Griffel in den Händen wohl der Vorleser und Schreiber des Bischofs. Und alle blickten zu ihr hin. Eine jähe Blutwelle ließ ihr Gesicht heiß und rot werden. Es setzten sich der Bischof, der Vorleser und die Brüder des Kapitels. Sie als einzige stand in dem hohen Raum wie eine Angeklagte. Sie blickte sich suchend und fragend um. Doch da war kein Platz für sie zum Sitzen. In das Schweigen hinein bedeutete Bischof Dietrich dem Sergius, seine Fragen vorzubringen.

Und Sergius sprach. „Diese Frau hier nennt sich Mara.

Wir haben sie im Auftrag unseres Herrn Bischofs herkommen lassen, damit sie sich vor der hohen Geistlichkeit selbst verantworte. Wir haben nicht mehr die Geduld, ihr unziemliches Treiben länger mit anzusehen. Diese Frau, die sich Mara nennt, steht unter dem Verdacht, Hurerei mit dem Baumeister an unserem Dom, dem Reimser, zu treiben und ihn mit ihrem gotteslästerlichen Tun von seinem hohen Werke in Gedanken, in Worten und in Taten abzuziehen. Erlaubt, daß ich ihr einige Fragen stelle, ihre Schuld zu erweisen."

Dietrich neigte stumm seinen Kopf, ließ dabei Mara nicht aus den Augen. Was für ein fröhliches Leuchten stand in dem Gesicht dieser Frau. Selbst bei dieser schweren Anklage war es nicht erloschen. Wohl zog sich ihr Mund scharf zusammen; doch in ihren Augen stand noch immer dieser strahlende Glanz einer innerlichen Fröhlichkeit, der den Bischof wieder und wieder zu ihr hinsehen ließ. Wird ihre innerliche Fröhlichkeit auch den übelsten Fragen standhalten? Dietrich wünschte es. Und er sann, wie schön es wäre.

Sergius fragte: „Du leugnest nicht, daß du zu dem Reimser gegangen bist?"

„Nein, ehrwürdiger Bruder."

„Du leugnest nicht, daß du mit ihm in der Bauhütte warst?"

„Nein, ehrwürdiger Bruder."

„Du leugnest nicht, daß du dort mit ihm eine lange Zeit über bliebst – allein?"

„Nein, ehrwürdiger Bruder."

Vorleser Gunzelin kritzelte in sein Buch seine Anmerkungen: Dreimal sagte die Frau, die sich Mara nennt, nein. Mit diesem Nein, zu drei Malen wiederholt, sollte alles erwiesen sein. Gunzelin schlug sein Buch zu. Unter das letzte Nein hatte er sein Schuldig geschrieben.

„Haltet ein, Bruder Sergius." Dietrich stand auf. „Glaubt Ihr, so eine Schuld zu erweisen? Fragt sie, warum sie zu dem Baumeister gegangen ist!"

Mit einer geschickten Bewegung verbarg Sergius seinen Unwillen über die Unterbrechung. Noch zwei, drei Fragen, und er hätte erreicht, daß diese Frau sich vor den versammelten Brüdern schuldig bekannt hätte, der Hurerei überführt.

„Bist du des öfteren bei dem Meister gewesen?“ fragte er weiter.

„Ja, ehrwürdiger Bruder.“

„Warst du dort jedesmal allein mit ihm?“

„Ja, ehrwürdiger Bruder.“

„Genug!“ Mit einer kurzen Handbewegung forderte Dietrich den Bruder Sergius auf, sich zurück auf seinen Platz unter den übrigen Brüdern zu setzen. Der Bischof blickte lange auf Mara. Die Frau aber sah ihn nicht an. In weite Ferne schaute sie, als stände sie nicht mitten unter ihren Richtern, die zusammengekommen waren, ihre Sünden zu beurteilen.

„Ich frage dich, Mara, warum bist du zu dem Meister gegangen?“ Groß stand der Bischof in seinem weiten Mantel vor ihr. Seine Stimme drängte nicht und bohrte nicht und eiferte nicht, seine Stimme fragte nur, ohne Mißklang. „Antworte mir, Mara, wenn du kannst, wenn du niemandem dabei weh tust.“

Mara streifte mit einem kurzen Blick die versammelten Brüder und den Vorleser Gunzelin. So genau beobachtete Dietrich die Frau, daß er ihren Blick verstand. Er bedeutete den Männern, sein Arbeitszimmer zu verlassen. Wie sie ihm, ihren Dank zu bezeigen, den Saum seines Gewandes küssen wollte, wies er sie zurück.

„Ich weiß nicht, ehrwürdigster, gnädigster Herr Bischof, ob ich dem Meister damit weh tue – doch ich weiß mich frei von aller Schuld, der ich hier angeklagt bin. Darum will ich Euch antworten, warum ich zu dem Meister ging.“ Nachdenklich sah sie zum Fenster. Nun wird sie sprechen müssen. Sie wird ihm alles sagen müssen, von dem sie glaubte, es wäre ihr ureigenstes Geheimnis – aber es war ihr merkwürdig zumute, sie fühlte, da sie vor dem Bischof stand, keine Scheu, und das Reden fiel ihr nicht schwer. „Als ich den Reimser das erstemal sah – das war, als mich einige Bauleute zum Domplatz gerufen hatten, um einem unter ihnen eine Wunde zu versehen –, da bewunderte ich den Meister. Das also ist der berühmte Mann, von dem allerorten die Rede geht, er verstände sich so außergewöhnlich auf die Kunst, Steine zu behauen, daß man vermeinen möchte, lebendige Menschen statt Steine vor sich zu haben – und ich stand in achtungsvoller Entfernung von ihm. Da rief er mich heran, und er sprach mit mir. Und während seiner Worte wurde ich mit Erschrecken inne, daß diesem Manne wohl aller äußerer Ruhm und alle glänzende Ehre nichts bedeuten – und ich sah ihn bei all seiner Kunst – oder gerade mit seiner Kunst – einsam – und ich hatte Mitleid mit ihm. Noch mehr sah ich: daß dieser Mann mit seiner Arbeit zugrunde gehen muß, wenn da niemand ist, der ihm hilft. Und ich wußte von dem Augenblicke an, da er die ersten Worte an mich richtete, es ist an mir, ihm zu helfen. So ging ich wieder und wieder hin zur Bauhütte am Dom – weil ich jetzt weiß, der Meister kann ohne mich nicht arbeiten. Ich weiß, er braucht einen fröhlichen Menschen um sich, er braucht mein Lachen, daß ihn der schwere Ernst der Steine nicht erdrückt."

Leise sagte es Dietrich, als spräche er mit sich selbst: „Ich verstehe den Meister. Ich verstehe den Meister." Er ließ seine Blicke ihr Gesicht umfangen, sein Atem ging schwer. „Es ist nicht leicht, was du da auf dich genommen hast, Mara, es ist ein Opfer. Aber ich achte dein Opfer, weil ich auch dich verstehe. Ich habe gefürchtet, du hättest aus Eitelkeit gehandelt oder aus Ichliebe, weil es dir schmeicheln könnte, von so einem gottbegnadeten Mann gern gesehen zu sein – ich habe sogar Schlimmeres gefürchtet, daß es zutreffen könnte, was Bruder Sergius als Verdacht aussprach."

„Ihr glaubt es nicht?" unterbrach sie ihn.

„Ich weiß es."

„Ihr – Ihr – wißt – das? Woher?“

„Ich sehe deine Augen, Kind.“

„Dann müßt Ihr doch auch wissen, daß es mehr wurde als Opfer – es wurde Glück!“

Dietrich sah lange auf die Frau. Glück, wiederholte er in Gedanken, Glück. Du wirst jeden Augenblick deines Glückes bezahlen müssen, Zug um Zug. Und niemand wird dasein, der dir beistehen kann. Auch ich nicht. Auch wenn ich es wollte, könnte ich es nicht. Nicht die Macht eines Bischofs würde dazu ausreichen. Nichts sagte er der Frau von seinen Gedanken. Er fragte sie: „Mara, was sahst du bei dem Meister?“

„Ist das nicht Verrat, ehrwürdigster, gnädiger Herr Bischof?“

„Verrat? An wem?“

„Ihr wißt es – am Reimser.“

Dietrich wandte sich ab, ging schweigend durch seinen Raum, maß die Schritte genau ab. Zum Fenster und wieder zurück – zum Fenster und wieder zurück. Mara trat ihm in den Weg, unterbrach seinen schweigenden Gang. Ein Gefühl hoher Zuversicht hatte sie erfaßt. Vielleicht war es ihr bestimmt, als erste dem Bischof von den neuen Bildwerken zu berichten. Nein, nicht vielleicht, es mußte so sein. Und wenn es so war, dann durfte sie sich nicht kleinmütig zeigen, dann mußte sie so sprechen, wie an ihrer Stelle der Reimser gesprochen hätte. Dietrich erkannte, daß die Frau jetzt etwas sagen wollte; er schob ihr einen Schemel heran, setzte sich nicht weitab davon.

„Ich sah dort in der Bauhütte – aber Ihr dürft nicht erschrecken, wenn ich Euch das so deute –, wie der Reimser die Sündhaftigkeit unserer Zeit tief erkannt hat – und er schämt sich nicht, sie in den Stein zu schreiben. Oh, ehrwürdigster, gnädigster Herr Bischof, glaubt mir, als ich zuerst vor diesen Bildwerken stand, fürchtete ich mich. Es war mir, als sei ich Herren von heute begegnet. Da hat er alle Züge offen an den Tag gelegt. Ihre Ohnmacht, ihren

Haß, ihren Dünkel, ihren Hochmut, ihre Falschheit. Einer versenkt sich in träumerische Abgeschiedenheit, die kaum noch etwas vom Leben weiß; gerade so, als zehre sich dieser Hermann in sehnsüchtigen Liedern an eine ferne Geliebte auf. Daneben stellt er den brutalen, jähzornigen, zu allen Gewalttaten fähigen Mann mit dem feisten Kinn und der aufgeworfenen Unterlippe, mit dem Ansatz von Fettsäcken unter seinen Augen. Einer, der seiner eigenen Macht zuliebe andere mit kaltem Herzen und berechnenden Augen zertreten kann wie dieser Ekkehard. Und der Reimser weiß um den Grafen, dem in seiner eigenen Haut zu eng wird, daß er sich das Wams am Halse aufreißen muß. Wie der seine Leute geschunden haben wird, daß sie für ihn mehr Früchte und noch mehr Früchte aus der Erde herausholen, daß er davon mehr als genug verzehren kann, bis er so viel Fett an seinem Leibe ansetzte, daß der Atem ihm schwerfällt. Wie ängstlich er Ausschau hält, daß ihm nichts von dem Seinen abgehe. Neben diesen vollen Kämpen Dietrich hat der Reimser einen Mann gestellt, der mich sehr traurig stimmte. Und ich konnte mich der Gedanken bei seinem Anblick nicht erwehren: Wie sein Mund sich in den Winkeln so schmerzlich nach unten zieht, war es mir, als klage dieser Wilhelm seine – unsere – ganze Zeit an. Mir schien es, als wolle der Meister mit diesem Manne weinen, mit einem von den Herren, der das Übel erkannt hat, aber doch zu müde ist, die Hände dagegen zu wenden. Sehr deutlich hat dann auch der Reimser einen gezeigt, um den eine ganze Menschheit weinen könnte, daß solche Männer ‚Herren' waren. Wer ist denn dieser Timo? Ein völlig haltloser Mensch, der jedoch erwartet, daß sich alles und jeder nach ihm richtet. Tritt ihm aber einer entgegen, dann ist er der Beleidigte. Ehrwürdigster, gnädigster Herr Bischof, Ihr werdet es sehen, wie der Meister die eitle, aufgeblähte Dummheit solcher Herren, die nicht einmal Herr über sich selbst sein können, so klar in den Stein zeichnet, so schmerzhaft klar – nein, das ist kein Verrat, wenn ich Euch meine Gedanken zu diesen Steinbildern sagte – denn über ein kurzes werdet Ihr selbst sie auch sehen – und täglich seht Ihr doch auch das Wesen und Treiben der Herren, die bei aller Hoffart doch Menschen sind und vor Gott nichts als Menschen bleiben – und darum wohl auch von Gott nicht weggewiesen werden. Und als solche sündhaften Menschen sollen sie in der Kirche stehen – belastet mit allem Äußeren – aber doch – Gottes Kinder. Ihr wißt es, ehrwürdigster, gnädigster Herr Bischof, ich war oft bei dem Meister, und so hat er mir alles in seiner Arbeit gewiesen. Und so habe ich Euch berichtet. Aber es sind da noch vier Frauen – ich bitte Euch, erlaßt mir, von ihnen zu sprechen."

Als Mara vom Bischof ging, sah sie Sergius nicht, wie er hastig von der Tür zurückwich und den dunklen Gang entlangschlurfte. Sie hörte ihn auch nicht. Sie war verwirrt. Viele Dinge, die ihr Herz bewegten, hatte sie dem Bischof gesagt. Und vieles hatte sie ihm nicht gesagt. Aber sie fühlte, daß dieser Mann auch um das wußte, was sie ihm verschwiegen hatte: daß sie den Meister liebte von dem Augenblick an, da sie seine Stimme gehört hatte. Wie sagte der Bischof? „Es ist ein Opfer. Ich weiß es." Und doch hatte sie bei jeder Begegnung tiefe Freude empfunden – auch wenn die Bitternis danebenstand, daß sie ihr Glück vor jedem verstecken mußte. Nun hatte der Bischof gesagt: „Ich weiß es." Er wußte das, was sie für das Geheimste hielt, das je auf Erden geschehen. Furcht überkam sie. Wenn der Bischof das alles weiß, dann wird er sie doch verdammen. Warum hat er sie dann heute nicht verdammt? Sie wußte sich keine Antwort, und ihre Furcht wuchs.

Sergius saß an diesem Abend noch lange mit dem Vorleser Gunzelin zusammen. Sie sprachen darüber, wie auffällig es gewesen war, daß der Bischof sie alle weggeschickt hatte. Allein war er mit dieser Frau geblieben. Allein. Die beiden Männer blickten sich aufmerksam in die Gesichter. Der eine belauerte den anderen. Doch sie verstanden sich.

Vier Frauen sah der Reimser vor sich. Vier Begegnungen. Viermal stellte er sich selbst die Forderung, Zeugnis über diese Begegnungen abzulegen. Er hatte den Bischof für den nächsten Tag gebeten, die vollendeten Figuren der Stifter, so wie er sie mit seinen Mitarbeitern in den Stein gebracht hatte, zu begutachten, ob sie nun im Westchor Aufstellung finden könnten. Erst dann konnte er darangehen, dem Lettner, der diesen Chor abschließen sollte, die Form zu geben, wie sie ihm seit langem im Inneren vorschwebte. Fremde Augen würden morgen zum ersten Male auf seinem Werke ruhen. Nur zwei Menschen hatten bisher alles gesehen, im Entwurf oder im Stein. Der Bauer und Mara. Doch das waren keine Fremden, sie galten ihm zum Werke gehörig. Morgen also würden die anderen auch seine vier Begegnungen mit den Fingern greifen können. Sie würden ihre Augen abschätzend zusammenkneifen. Sergius würde abwägend seine Augenbrauen in die Stirn schieben. Der Vorleser Gunzelin würde die Unterlippe einziehen und mit den Zähnen darauf nagen. Und Bischof Dietrich würde vor den vier Frauen stehen. Er würde nach seiner Gewohnheit zunächst schweigen. Er würde wortlos von einem Bildwerk zum anderen treten. Von der glücklichen Frau – Regelindis, zu der liebenden Frau – Uta, zu der leidenden Frau – Gerburg, zu der trauernden Frau – Gepa.

Der Reimser war müde. Nicht nur die Hände hatten bei der Arbeit alles getan, die Seele hatte das Letzte hergegeben. Er saß in seiner Bauhütte auf der Bank, wo einstens der Bauer aus Friesland gelegen hatte, rückte die Fackel in der Wand zurecht, schlug die Bibel auf und las.

„Und ich sage euch, so einer auf ein Weib sieht, sie zu begehren, der hat schon im Herzen mit ihr die Ehe gebrochen.“

Er blickte auf und sann. Die Fackel begann zu blaken. Er beachtete es nicht. Er sah auf seine Werke aus Stein. Er sah auf seine Uta. Morgen also werden sie kommen und ihr Urteil sprechen. Sie werden geifern: „Das ist Sünde, das ist Frevel, das ist Entweihung! So können nur Augen der heißesten Liebe sehen, so hat diese Uta noch niemand gesehen, dieser hochgeschlagene Kragen, dieser faltenreiche Mantel, der auch die rechte Hand und den Arm bedeckt, das alles ist Lug und Trug und Blendwerk des Teufels. Wir sehen nur das Gesicht und die Augen, und das ist Liebe, Liebe ohne Grenzen; diese Uta ist unverhüllt. Sie steht vor uns in aller Hüllenlosigkeit da, und der sie uns so enthüllt hat, ist vom Bösen getrieben, vom Fluch des Fleisches, von der Gier nach Lust!" Und sie werden sich umsehen:

Wer ist diese Frau?

Und es wird sein Geheimnis bleiben; denn er wird zu niemandem mehr von seiner Liebe zu dieser einen Frau sprechen.

„Und ich sage euch, so einer auf ein Weib sieht, sie zu begehren, der hat schon im Herzen mit ihr die Ehe gebrochen."

Habe ich die Frau, deren Standbild ich Uta nannte, angesehen, sie zu begehren? Das leise Knistern der Fackeln erstickte, die blakende Flamme erlosch.

Der Reimser schlief über der Bibel bei seinem Werke ein. Traumgestalten umfingen ihn:

Mara und Valentin, der Steinmetz, treten zu ihm.

„Valentin, du wirst nun bald ein schmuckes, liebreizendes Weib heimführen. Bist du mir gram, daß Mara mich liebt?"

Doch Valentin ist voll fröhlicher Zuversicht. „Meister, ich Euch gram? Ihr habt das Leben meiner Mara erhöht, Ihr habt sie und mich gelehrt, daß es die Kräfte des Inneren sind, die den Ausschlag geben, ob einer zu seinem Werk taugt oder nicht."

„Und jetzt gehst du an ein neues Kunstwerk, Valentin, denn die Ehe ist ein Kunstwerk, und sie ist das schwerste Kunstwerk, und darum unterliegt sie den strengsten Gesetzen der Kunst, und das strengste Gesetz der Kunst heißt Wahrheit und Liebe –. Mara, ich bin des Ehebruchs angeklagt."

Mara erschrickt. „Meister, Ihr seid angeklagt..."

„... des Ehebruchs mit Uta."

„Mit unserer Uta, deren Bildwerk im Dom aufgestellt werden soll?"

„Bischof Dietrich führt die Anklage wider mich. Die Anklage soll hier erhoben werden – in diesem Raume – vor allem Volk."

Mara tritt bestürzt einen Schritt zurück. „Vor allem Volk?"

„Der Bischof wünscht es so."

Valentin fährt sich mit der Hand an den Hals, nimmt sie höher und streicht nachdenklich über sein Haar. „Eure Hand sollte doch den Dom schmücken."

„Der Bischof hat mir das Weiterarbeiten verboten, bis ich von der Anklage gereinigt bin."

Valentin streicht sich noch immer über das Haar. „Und wenn – Ihr von der Anklage nicht gereinigt werdet?"

„Dann bleibt das Werk ungetan, denn es gibt keinen außer mir, der es vollenden könnte."

Maras Augen leuchten stolz auf. „Es lebt eine gewaltige Kraft und ein großer Glaube in Euch."

Drei harte Schläge von außen gegen die Brettertür lassen Mara zusammenschrecken. Der Reimser winkt Valentin, zu öffnen. Herein tritt der Bischof. Dicht hinter ihm folgt Markgraf Ekkehard von Meißen. Mit einigem Abstand nach ihm kommt Frau Uta in den Raum. Nach ihr drängt das Volk herein, daß der Raum zu eng wird und die Tür offenstehen bleiben muß, denn die draußen geblieben sind, wollen wenigstens auch hören, wenn ihnen schon die Sicht versperrt ist. Anders sehen die Gesichter der Menschen heute aus als am Peter-und-Pauls-Tage beim Bärenmahl und beim Tanz. Ungehalten und zornig, beinah drohend. Sie treten schweigend bis in die äußersten Winkel der Bauhütte.

Kein froher Zuruf hellt die Gesichter auf. Mit einer kurzen Handbewegung deutet Bischof Dietrich an, daß er sprechen will. „Wir sind hierhergekommen, um Anklage zu führen. Die Anklage richtet sich gegen den Baumeister am Dom, den Reimser, und gegen die Frau Uta von Ballenstedt. Beide besagten Personen sind des Ehebruchs angeklagt. Kläger ist der Markgraf Ekkehard von Meißen, der Gemahl der Frau Uta. Die Klage wird von mir, als dem Beauftragten der Kirche, geführt."

Einige Leute stoßen sich an, flüstern. Schweigen wird ihnen bedeutet.

„Ich führe die Klage vor aller Öffentlichkeit. Ich habe dem Baumeister das weitere Arbeiten am Dom untersagt und habe angeordnet, daß das Bildwerk der Frau Uta nicht im Dom aufgestellt werden soll."

Rupert steht unter den Steinmetzen, will auffahren, doch Valentin hält ihn am Arm fest.

„Ich habe gewartet, das Bildwerk zertrümmern zu lassen, bis die Angeklagten gehört sind und bis sich ihre Schuld erwiesen hat. Wird die Unschuld der Angeklagten nicht erwiesen, werde ich das Werk mit eigener Hand zerschlagen. Der Meister wird außer Landes gewiesen, er mag sich wenden, wohin er will."

Da, einer hat es gerufen, Meinold, der Gerber, andere stimmen ein: „Nein! Nein! Er muß bei uns bleiben!"

Mit einer Handbewegung wischt Dietrich diese Zwischenrufe weg. „Markgraf Ekkehard, erhebt Eure Anklage und begründet sie."

Mit mürrisch abweisendem Gesicht weist der Angesprochene zu dem Reimser. „Fragt den Baumeister."

Der sitzt müde auf seiner Bank und kann nicht sprechen, nicht einmal den Versuch macht er. Auch auf den Vorwurf des Bischofs: „Euer Schweigen verbessert Eure Lage nicht" antwortet der Reimser nichts.

So wendet Dietrich sich an Frau Uta. Sie soll aussagen. Draußen werden sie unruhig. Sie können nichts verstehen, denn ihre leise, tiefe Stimme dringt nicht weit. „Wenn mein Gemahl die Anklage erhebt, wird sie zu Recht bestehen; denn ich glaube, er tut nie etwas, was nicht zu Recht besteht."

Wie sich der Bischof an Ekkehard wendet, er möchte nun seine Anklage begründen, zieht der seine Mundwinkel nach unten, überlegt, sagt: „Ich will mich an nichts erinnern. Meinetwegen. Ich vergebe alles."

Dietrich reckt sich hoch auf. Sehr verweisend klingt seine Stimme: „Markgraf Ekkehard von Meißen! Wir sind hier nicht versammelt, Sünden zu vergeben, das könnt Ihr nicht! Das kann nur Gott, und er erwirkt es durch uns, seine berufenen Vertreter. Wir sind hier versammelt, zu Gericht zu sitzen! Nun wohl, Ihr habt angeklagt. Ich verlange von Euch, daß Ihr für Eure Anklage einsteht. Frau Uta hat erklärt, daß Ihr nie Unrecht tut. Somit besteht auch die Klage zu Recht! Frau Uta, ich frage Euch also vor Gott und allem Volk: Fühlt Ihr Euch der wider Euch erhobenen Anklage schuldig?"

Die Frau sieht sich suchend im Raume um. Aber da ist niemand, der an ihre Seite tritt, der für sie spricht, denn der Reimser sitzt auf seiner Bank und hat das Gesicht in den Händen vergraben und rührt und regt sich nicht. Ungeduldig tritt Ekkehard von einem Fuß auf den anderen. In dem verschlossenen Gesicht des Bischofs ist nichts zu lesen. Und das Volk schweigt abwartend.

„Ich fühle mich schuldig!"

Von draußen kommt Unruhe unter die Menge. Doch niemand wagt ein lautes Wort, denn jetzt gibt der Bischof dem Bruder Sergius einen Wink. Der reicht ihm einen Hammer.

„Die Angeklagte hat sich selbst gerichtet. Das Urteil ist gesprochen!"

Sogar die Steinmetzen machen dem Bischof ehrerbietig Platz, bis er dicht vor dem Bildwerk zu stehen kommt. Langsam hebt er den Hammer, bedacht setzt er seine Worte:

„Ich stehe hier nicht im eigenen Auftrage. Ich stehe hier in einem höheren Auftrage. Und in diesem höheren Auftrage werde ich jetzt dieses Werk vor allem Volke zertrümmern!"

Und er erhebt die Hand zum Schlage, langsam, zögernd.

„Halt! Niemand berühre mein Werk!"

Als hätte es nur dieses Anrufes bedurft, sinkt die Hand vor dem Steinbild. „Wer", fragt der Bischof mühsam, mit schwerer Stimme, „will es wagen, mich daran zu hindern?"

„Ich! Der Meister des Naumburger Domes!"

„Der Meister des Naumburger Domes seid Ihr gewesen!"

„Die Verhandlung ist noch nicht zu Ende, denn ich, der Hauptangeklagte, bin noch nicht gehört!"

„Ihr habt vorhin geschwiegen, als Ihr gefragt wurdet. Seid Ihr jetzt bereit zu antworten?"

„Ja."

Der Gerber Meinold flüstert befriedigt vor sich hin: „Das wäre ja auch noch schöner gewesen, wenn er wieder geschwiegen hätte. Manchmal verstehe sogar ich den Reimser nicht."

„Hört, ehrenwerter Herr Bischof, was ich Euch sage. Ihr habt vor meinem Werk gestanden und wolltet es zertrümmern. Ihr konntet es nicht. Stimmt es, daß Ihr nicht imstande gewesen seid, zuzuschlagen? Ihr hättet nicht zuschlagen können, auch wenn ich nicht gleich halt gerufen hätte!"

Langsam und mit großem Ernst sagt es Dietrich: „Ich hätte nicht zuschlagen können!"

„Habt ihr gehört, habt ihr gehört!" flüstern die drinnen denen draußen zu, „er hat es nicht zerschlagen können. Niemand wird es zerschlagen können!"

„Ihr seid hier zusammengekommen, mich zu richten – ihr seid gekommen, meine Werke zu richten, denn meine Werke und ich sind eins. Ich aber sage euch, ihr seid alle viel zu mild.

Und so bekenne ich, angesichts der von euch erhobenen Anklage habe ich mich dem strengsten Richter gestellt: mir selbst. Denn als Beauftragter in der hohen Kunst, Menschen zu gestalten, muß ich mich dem härtesten Gericht unterwerfen, dem Gericht vor mir selbst." Und wie der Reimser jetzt als Angeklagter in seiner eigenen Werkstatt vor seinen Klägern steht und wie er jetzt spricht, ist es, als hätte er vergessen, daß sich andere Menschen im Raume befinden.

„Es müssen sich alle verbrennen, die etwas Großes vollbringen wollen. Es müssen alle Leid tragen, in deren Hände ein großes Werk gelegt wird. Auch ich trug die Qual – doch es bleibt nicht bei der Qual, denn über allem leuchtet das Werk, das uns erfüllt und zu dem wir berufen sind. Wir alle. Jeder mit seiner Kraft. Und in das Werk leuchtet das Erbarmen, leuchtet die Fröhlichkeit und die Liebe – und diese Fröhlichkeit ist auch mir geschenkt worden. Nur so konnte ich das Werk schaffen. Aus meiner Liebe zu dieser Frau erwuchs das Werk. Ihr habt mich doch in der Einsamkeit gelassen. Ja, ihr habt Achtung vor mir – aber das reicht nicht aus, man muß den Künstler und sein Werk lieben, wenn man Werke von ihm haben will. Und lieben heißt seine Gesetze verstehen. Und das Gesetz für ihn heißt: Der Auftrag Gottes ist auf ihn mit größerer Strenge gelegt als auf andere. Und es wird mehr von ihm verlangt als von anderen. Und um diese Strenge zu ertragen, ist er mit hohen Mächten ausgestattet – nicht für sich, sondern für euch, für euch erträgt er diese Strenge. Und in diese Strenge und Einsamkeit gelangen nur wenige, sie hat mein Alleinsein durchbrochen und kam zu mir, denn sie hat mich doch geliebt – ein Menschenkind hat mich geliebt. Sie hat segnend die Hände auf mein Haupt gelegt und das Leid genommen. Ein Menschenkind hat mich geliebt. Nun bitte ich euch, mich zu richten."

Mit beiden Händen umfaßt Dietrich seinen Bischofsstab. „Sprecht, Frau Uta, fühlt Ihr Euch der Sünde schuldig, deren man Euch anklagt?" Er bedeutet Ekkehard, der erregt aufspringen will, Schweigen. Alle Augen sind jetzt auf die Frau gerichtet. Streng und eindringlich sieht sie der Bischof an. „Antwortet mir nun, bekennt Ihr Euch schuldig?"

„Nein!" entgegnet sie. Nichts weiter.

„Wie das? Ihr spracht Euch vorhin selbst schuldig – und habt den Meister doch geliebt – und jetzt sagt Ihr nein?"

„Wenn Ihr Ohren habt zu hören, dann müssen Euch die Worte des Meisters alles gesagt haben. Und ich glaubte, solange Ihr im dunkeln gingt, sei ich schuldig. Jetzt aber müßt Ihr durch die Einsicht erleuchtet sein, jetzt kann ich sagen, ich bin nicht schuldig. Ja, ich habe ihn geliebt – und ich werde ihn bis ans Ende lieben –"

„Dann", Dietrich ruft es scharf und schneidend, „seid Ihr doch schuldig!"

„Ist meine Liebe Sünde, Bischof? –"

„Die Liebe ist das heiligste Geschenk Gottes an die Menschen – die Liebe des reinen Herzens ist keine Sünde – nur wer unreinen Herzens liebt, sündigt."

„Ich tat alles, was Liebe tun muß, um einem Menschen zu helfen, und ich habe doch nichts getan, denn ich mußte ihm doch weltenferne sein. Wer unter euch will es wagen, mich der Sünde zu zeihen! Einer durfte es wagen, und der eine hat nur seine Knie vor mir gebeugt. Wer seid ihr alle, daß ihr es wagt, mich anzuklagen! Nicht ich stehe vor euch als Angeklagte. Ich klage an. Ich erhebe große Anklage! Denn ihr habt immer nur gefordert, doch ihr habt nichts gegeben. Ihr habt auf den Meister einen großen Auftrag gelegt, der ihn erdrückt hätte, nur eine Macht konnte diesen Auftrag bezwingen: die Macht der Seele. Seiner Seele, in der alle Fröhlichkeit Gottes klingt. Habt ihr seine Seele gespeist, da er hungrig war? Ihr habt ihn in seinem ganzen Kummer verlassen. Nur anklagen, nur hassen, nur verdammen könnt ihr. Ich sehe Zeiten kommen, da nur eins eure Seele beherrschen wird: die Lieblosigkeit. Der Lieblosigkeit folgt der Eigennutz, jeder wird nur seinen Vorteil suchen und über den anderen hinweggehen. Aber wir müssen doch von der Macht der Seele leben, die der verkündet hat, den ihr jetzt anklagt. Euch klage ich der Lieblosigkeit an – er, den ihr anklagt, nahm euch nichts. Er hat euch nur beschenkt, und wir sind alle durch ihn reich geworden – aber ihr kennt nur euch – und ihr wollt nur das Werk besitzen – und den lebenden Schöpfer vergiftet ihr mit der Anklage – und es ist niemand unter euch, der Erbarmen kennt."

Beide Hände hebt der Bischof, als wolle er das Volk beschwichtigen, das unruhig geworden ist. „Kommt zu Euch, Frau Uta!"

Da sieht ihn die Frau an. „Warum habt Ihr der Anklage stattgegeben?"

Dietrich schlingt beide Hände ineinander. „Bevor wir das Werk dem allgemeinen Volk überantworten, muß erwiesen sein, daß es auch vom geringsten Verdacht gereinigt ist – und je reiner es in unserem Sinne ist, um so gewaltiger wird es in aller Schönheit wirken."

Sie nimmt ihren Blick von seinem Gesicht nicht weg. „Laßt ab von den großen Worten, wenn Ihr nur das Werk preist. Es ist nur eins nötig, daß Ihr Eure Lieblosigkeit in Liebe wandelt und daß Ihr den Lebenden liebt. Wenn wir die Werke besitzen wollen, müssen wir opfern – und so ist meiner Liebe die höchste Gnade zuteil geworden – sie wurde Opfer – Opfer für euch alle – Opfer für das Werk, das allen gehören soll. Er hat mein Opfer zu leuchtender Schönheit erhöht, damit Ihr froh sein solltet – und so hat er das Leid in Schönheit gewandelt – denn alles Leid soll Freude werden, jubelnde Freude!"

In das lange, feierliche Schweigen spricht Dietrich langsam, tastend. Er spricht nicht laut. Er ist ergriffen.

„Wer sie für schuldig bekennt, der hebe seinen Arm!"

Einer sieht den anderen an, und niemand hebt seinen Arm –

Valentin rüttelte den Reimser an der Schulter. Der fuhr hoch, schreckte auf aus schwerem Traum.

„Meister, der Bischof naht mit den Brüdern – das Werk zu besehen!“ Und mißbilligend, mehr für sich, setzte der Steinmetz hinzu: „Warum habt Ihr auch wieder bis spät in die Nacht hinein gearbeitet, daß Euch der Schlaf in der Werkstatt überkommt! Wie soll einer bei so strenger Arbeit auf frohe Gedanken kommen!“

Durch die offene Tür der Bauhütte flutete Morgensonne. Ein trat der Bischof in seinem roten, weiten Mantel, es folgten ihm der Vorleser Gunzelin, Sergius und die anderen Brüder des Domkapitels. Der Reimser schlug die Bibel zu, über der er in der Nacht eingeschlafen war, legte sie beiseite auf die Bank, warf Felle darüber. Nicht erlaubt war es dem Laien, die Heilige Schrift in der Landessprache zu lesen.

DAS GESICHT DES MENSCHEN

Der Reimser hatte seine Werkstatt so eingerichtet, daß er die Steinbilder auf hohe Sockel stellen konnte. Er brauchte für das endgültige Ausmeißeln den Blickwinkel auf seine Figuren genauso, wie der Beschauer sie im Dome ansehen würde. Von unten schräg aufwärts. Hier nun standen die Stifter ausgehauen in Stein und schauten über die zur Kritik hergebetenen Männer hinweg. Jeder Stifter in sich selbst abgeschlossen, und jeder trug sein eigenes Gesicht, als hätte er dem Meister in seiner Werkstatt Porträt gesessen.

Dietrich winkte ab, als sein Vorleser Gunzelin ihm etwas zuflüstern wollte. Er bedeutete auch den Brüdern des Domkapitels, sie sollten ihn nicht stören. Er wollte den ersten Eindruck von diesem Werk ganz in sich auffangen, ohne von irgend jemandem beeinflußt zu werden. Die Worte dieser Frau, die sich Mara nannte, fielen ihm ein und bedrängten ihn: „Ich sah, wie der Meister die Sündhaftigkeit unserer Zeit tief erkannte – und ich fürchtete mich.“ Es ist wahr. Und diese Frau hat recht gesehen. Sie hat ihn bei ihrem

Bericht nicht belogen. Dietrich fühlte Genugtuung darüber. Er hat sich also nicht getäuscht, als er ihr Gesicht sah. Es war ein offenes Gesicht und ein schönes. Was hat sie gesagt? „Sündhaftigkeit." Dietrich besah langsam ein Steinbild nach dem anderen. Beschaute sie eingehend, und seine Genugtuung schwand. Und auch seine Freude. Neid kam in ihm hoch. Da hat dieser Reimser mit seinen Mitarbeitern Menschen in den Stein gebracht, so körperlich, so wirklich, wie er, Dietrich, sie noch nie und nirgends vor Augen bekommen hat. Es ist, als hätte der Meister ihnen seine Seele mitgegeben, so lebendig stehen sie da – so unerhört lebensnahe. Und was hat er, Dietrich von Naumburg, in seinem Leben geleistet, vergleichbar diesem hier?

Er hat gegen seine Widersacher im Jahre des Herrn 1245 das Bistum Naumburg gewonnen; gegen alle seine Widersacher, zu denen auch dieser Magister Peter gehörte, der gelehrte Mann, der Dominikaner, der in Paris studiert hat. Als der Vorgänger gestorben war, der Bischof Engelhard, hat er, Dietrich, sich auf den Bischofsstuhl gesetzt. Wenn auch die Brüder des Domkapitels diesen Magister bereits gewählt hatten, so hat er, Dietrich, doch gesiegt.

Hier aber steht Uta. Hochmütig, scheu, zaghaft, unnahbar, stolz, schön. Lebendig im Stein.

Einen Dreck hat er gewonnen. Wäre nicht der Markgraf Heinrich von Meißen gewesen, sein Halbbruder, säße er kaum hier in Naumburg. Der hat eingegriffen, der hat ihm das Bistum zugereicht, der hat sich die Brüder vom Domkapitel gekauft. Doch dann, ein Jahr später, hat er da nicht einen geschickten Zug getan? Er bekannte sich in aller Offenheit zu dem damals mächtigsten Mann in Deutschland, zu dem Erzbischof von Mainz, Sifrid von Eppenstein. Als der vom Konzil zu Lyon nach Mainz zurückgekehrt war und daranging, sein Versprechen gegenüber dem vierten Innozenz wahr zu machen, als er den Heinrich Raspe zum König gegen den Staufer machte, da hielt er, Dietrich, seine Stunde für gekommen. Und er reiste nach Veitshöchheim, um den neuen König mit zu krönen. Und er war des guten Glaubens: Jetzt also, bereits nach einem Jahr als Bischof, wird er ein nicht ungewichtiges Wort sprechen, wenn sie Politik in Deutschland treiben. Denn siehe, es gab etliche Herren, die der Einladung des Mainzer Erzbischofs nicht gefolgt waren. Also wird die Arbeit nur größer werden, je weniger Leute ihre Finger darin haben – und auch lohnender. Wenige waren es erst um den Erzbischof, die der Sache des Papstes treu dienten. Und Dietrich glaubte: Er ist einer unter ihnen, einer von denen, die ausgewählt sind, durch den Mund des von ihnen eingesetzten Königs zu regieren.

Sieh hin, Dietrich, das da ist Ekkehard, der Gemahl der Uta. Das ist die Leistung des anderen. Dieses Gesicht. Brutal, hart, auch zynisch, satt, geil, hochfahrend zeichnete es der Meister. So sah der Reimser das Gesicht eines Herrn. „Und ich fürchtete mich", hatte diese Mara gesagt. Bei Sankt Peter und Sankt Paul, nicht viel Ritterliches im guten Sinne konnte man aus den Zügen dieses Mannes entnehmen. Die nackte Gewalt stand darin. „Ich sah, wie der Meister die Sündhaftigkeit der Zeit erkannte", hatte Mara gesagt. Das also vermochte der andere: den Menschen, die vor seinen Steinbildern standen, sie zu betrachten, die Dinge so zu sagen, wie er sie sah. Und er sagte sie so eindringlich, bis die anderen sie auch so sahen. Eben diese Sündhaftigkeit. Und was war gegen diese klare Sprache seine Politik?

Kläglich war sie, jämmerlich. Wenige sind es, das Land zu regieren. Und er glaubte, einer von ihnen zu sein? Nichts als ein kleiner Bischof mit einem geringen Stückchen Land war er, der höher hinaus gewollt hatte und am Ende wieder stand, wo er angefangen hatte. Als dieser von ihm mit gewählte König Heinrich Raspe nach nicht einem Jahr starb, war er mit seinem Mitregieren gescheitert, noch bevor er es begonnen hatte.

Da stand Dietmar aus dem Hause der Billunger, angeklagt des versuchten Mordes an seinem Kaiser, dem Salier, dem dritten Heinrich, ausgelöscht im Juli des Jahres 1048 durch ein Gottesgericht. Dietrich sah lange hin, nicht ohne einen leisen Verdruß. So erkannte der Reimser das Wesen dieses Grafen: Machtgier treibt ihn und prellt ihn immer weiter vor, bis er unwiderruflich allein ist und niemanden aus der Menge des Volks hinter sich hat. Darum ist der Ausdruck einer unumstößlichen Einsamkeit in seine Augen geschrieben. Eine Einsamkeit, die trostlos ist, weil es aus ihr keine Erlösung gibt; denn dieser Mensch muß schweigen. Er muß sich verbergen. Und das Schweigen ist sichtbar geworden: Dietmar hebt seinen Schild, und der Rand bedeckt seinen Mund.

Dietrich ging weiter, suchte in seinem Gedächtnis, was er aufzuweisen hätte. Zählte nicht wenigstens das Jahr 1247? Da griff er alle die alten Pläne wieder frisch auf. Sieh doch, Sifrid von Eppenstein hatte sich ja auch nicht kleinkriegen lassen und brachte es fertig, einen neuen König zu finden. Das war seine Überlegung im Jahre 1247: Wollen sehen, ob wir nicht doch zu den wenigen, die da regieren, gehören! Und er gab sein Ja zur Wahl des Wilhelm von Holland als König gegen den Staufer.

Wie prüfend, abwägend, anklagend und verurteilend dieser Sizzo über ihn hinwegsah!

Das Jahr 1247 zählte nicht. Er selbst ließ es nicht gelten gegen das da, was der Reimser hinstellte. Und der Neid auf die Leistung des anderen blieb. Doch halt. Er hat sich ja nicht nur um politische Dinge gekümmert. Zugegeben, er besaß darin keine allzu glückliche Hand. Er hat aber einen Sendbrief an alle geschrieben. Darin hat er den großen Plan entworfen: „So haben wir beschlossen, das ganze Werk zu vollenden, und nehmen Tote wie Lebende, die uns ihre Almosen gespendet haben und noch spenden werden, in die allgemeine Gebetsbrüderschaft auf." Alle ließ er es wissen, daß er darangehen wollte, die Bauarbeiten am Dome wiederaufzunehmen. Und seine besondere Idee stand ihm dabei greifbar vor Augen: Er wird an seinen Dom auch einen

Westchor bauen lassen, und dahinein wird er die Bildwerke der Stifter des Domes bringen.

Er verschränkte seine Arme, sah hinauf zu Frau Regelindis. Sie lächelte. Jung, lebensgierig, reizend.

Nicht einmal das stimmte; es war nicht seine Idee. Er war erst daraufgekommen, sich einen Westchor für seinen Dom zu wünschen, als er das Gotteshaus in Mainz gesehen hatte, an dem der Sifrid von Eppenstein bauen ließ. Und den Plan, in diesen Chor keine Heiligen zu stellen, sondern Bildwerke der Stifter, hatte ihm der Meister vorgeschlagen, der dort an dem heiligen Martin gearbeitet hatte und den er daraufhin aufgefordert hatte, zu ihm nach Naumburg zu kommen. Nein, auch eine eigene Bauidee konnte er nicht als Gegengewicht gleichwertig neben die Leistung des anderen setzen.

Dietrich ging weiter durch die Werkstatt, blieb stehen vor Timo, diesem tückischen, hinterhältigen, mürrischen, kindischen Burschen. Was ist das für ein unheimlicher Meister, den er sich hierhergeholt hat! Wie der sich in den Zügen der Menschen auskennt, und wie der das Geschaute wiedergeben kann! Ohne Verzerrung, ohne Übertreibung, ohne Falsch. Und Dietrich quälte sich weiter ab, was er wohl dagegenzustellen hätte.

Ja, das: Er versuchte, noch heute, mit viel Überlegen, das Volk, die geringen Leute in Naumburg, auf seine Seite zu bringen, sie für sich zu gewinnen. Er hatte ihnen doch sogar damals den Bären nicht verweigert, und er hielt es seitdem so; jedes Jahr bekommen die Leute in der Stadt ihren Bären mit Fell und Klauen. Sie sollten sehen, ihr Bischof liebt die Menschen und will, daß sie fröhlich sind.

Es geschah nicht aus Menschenliebe, daß er ihnen das Fest am Peter-und-Pauls-Tage nicht verweigerte. Er machte sich selbst nichts vor. Nein, als so übermäßig menschenfreundlich konnte er nicht gelten. Wenn er aber daran dachte, welch ein Ende der Arnold von Selenhofen genommen hatte, so erschien ihm das Opfer eines Bären in jedem Jahr noch gering. Besser, sie fraßen den Bären, als daß sie ihren Bischof totschlugen. Nein, auch sein Bemühen um das Volk zählte nicht. Er wußte es klar, es war im Grunde nur die Sorge um sich selbst.

Und er wußte auch das: Es sind keine ungefährlichen Leute in den Städten. Sie fangen an, sich mächtig zu fühlen, und sie reißen auch ihr Maul danach auf. Er war unterrichtet, wie die in den Städten am Rhein sich zu einem Bund zusammengeschlossen haben, wie sie sich ihrer Kraft bewußt wurden, daß sie in einer Tagsatzung von Mainz aus frech erklären konnten: „Wir richten unseren dringlichen Ruf an alle wahlberechtigten Fürsten und bitten sie ernstlich, sie möchten sich zum Wohle des ganzen Reichs zur Wahl auf eine Person einigen, auf daß nicht durch Zwiespalt das heilige Werk des Friedens gestört werde. Sollte sich aber auch angesichts unserer ernsthaften und aufrichtigen Bitte und Vermahnung eine Doppelwahl ergeben, so beschließen wir, keinem der beiden Könige die Treue zu schwören, keinem unsere Abgaben zuzubringen und keinem Dienste zu leisten."

Und doch wurden zwei Könige gewählt: einer von der englischen Insel und einer von der spanischen Halbinsel – der Bruder des englischen Königs, Heinrichs des Dritten, Richard von Cornwallis, und Alfons der Zehnte von Kastilien, den sie den Weisen nannten.

Er, Dietrich, hatte für keinen der beiden seine Stimme gegeben, obwohl der Erzbischof von Köln ihn aufgefordert hatte, für Richard von Cornwallis zu stimmen, obwohl der Erzbischof von Trier ihm nahegelegt hatte, Alfons von Kastilien zu wählen.

Er, Dietrich, hielt es auch nicht mit denen, die voll Hoffnung und Zuversicht auf den kleinen Konradin, den letzten Staufer, warteten.

Er hat sich damit abgefunden: Er, Dietrich von Naumburg, wird nicht einer von denen sein, einer von den Auserwählten, die das Reich regieren. Er schrieb einen neuen

Ablaß aus; von diesem Ertrag bezahlte er seine Bauleute. Und er bezahlte sie nicht schlecht. Der Ablaß hatte ihm genügend eingebracht. Es blieb ihm nun, da er wußte, daß er durch große Taten in der Politik nicht in die Unsterblichkeit eingehen würde, der Ehrgeiz, seinen Neubau am Dom so wachsen zu sehen und zu fördern, daß dieses Werk einmal von ihm sprechen würde, eindrucksvoller, als es vielleicht ein guter politischer Schachzug erreicht hätte.

Aufmerksam und lange besah er sich die vier Frauengestalten, von denen ihm Mara nichts berichtet hatte. Und er, der sich bisher alles aus seinem Leben vorhielt, voll Neid mit dem Werke des anderen vergleichend, fand, daß er wenig dagegenzusetzen hatte, über das man einmal sprechen würde. Nein, es war nichts, was er dagegenzusetzen hatte. Doch hier, angesichts der trauernden Frau, der Gepa, wich der Neid der Bewunderung. Gewiß, er hat an Frauen nicht vorbeigesehen, besonders in der Zeit, da er noch nicht Bischof war. Aber auch in Naumburg und bei seinem Besuch in Mainz hat er seine Augen nicht verdeckt, wenn eine Frau zu ihm trat. Er hat bei Frauen gelegen, und er hat sich an ihnen erfreut. Nie aber hat er in ihrer Gegenwart eine scheue Ehrfurcht gefühlt. Nie hat sich seine Einschätzung über die gemeinen Leute darum geändert, wenn er mit einem geringen Mädchen zusammen schlief. Er sah an und nahm, wie es ihm gefiel. Was muß dieser Reimser für Augen haben! Der sah das alles an den Frauen, was er hinnahm, ohne es besonders zu beachten: ihren Stolz, ihre Mütterlichkeit, ihre Scheu, ihre Schönheit. So nur konnten Augen der Liebe sehen. Das war es. Das war das, was dieser Meister ihm voraus hatte. Dieser Steinmetz liebte die Menschen. Darum auch waren die geringen Leute in der Stadt diesem Manne herzlich zugetan. Sergius hatte ihm davon erzählt. Ein Gerber, dieser habgierige Mensch Meinold, der bei ihm stets nur auf Gewinn aus war, den er darum mit Recht sehr knapp hielt, dieser Mann hatte dem Reimser sogar Felle geschenkt. Ja, geschenkt! Unverständlich diese Leute, nie würde es dem Gerber einfallen, ihm, dem Bischof, etwas zu schenken. Mitten unter diesen also lebte der Meister. Ins Bischofshaus kam er nur dann, wenn er gerufen wurde. Ging er aber, Dietrich, in die Stadt, sich den Leuten zu zeigen, sich beliebt zu machen, sich vor ihnen freundlich zu geben, dann blieben sie in achtungsvoller Entfernung vor ihm stehen, gafften, wenn er das Wort an sie richtete, als sei er ein sehr fremdes, sehr merkwürdiges Wunder. Eine Wand stand zwischen ihnen. Und er wußte, er besaß die Liebe nicht, diese unsichtbare Wand niederzureißen. Nein, er liebte diese Leute nicht so wie sein Meister. Und er würde sie auch nie in seinem Leben so lieben.

Mit weiten Augen bewunderte er uneingeschränkt das Werk des Meisters, erkannte, daß die Liebe diesem Mann die klaren Augen gab und die sicheren Hände, ein wahres Gesicht vom Menschen zu schaffen. Und jetzt, da er die Regungen seines Neides verwunden hatte, fühlte er Freude, Freude darüber; bestätigten doch diese beseelten Steinfiguren sein Urteil, das er damals in Mainz gefunden hatte: „Wir können noch Großes von Euch erwarten." Nun also stand das Werk hier, und Dietrich wußte trotz seines Neides, den er über die Leistung des anderen so quälend empfand: Das ist das Große, das er von diesem Mann erwartet hat.

Er verhehlte es sich jedoch nicht: Er wird um dieses Werkes willen sich noch manches Unerfreuliche sagen lassen müssen; denn eine so klare Schau über alle Züge im Gesicht des Menschen ist nicht allein schön – sie ist auch gefährlich. Eben weil dieses Sündhafte, von dem die Frau Mara gesprochen hatte, sehr offen darinsteht. Welcher Herr und Fürst läßt es sich gern sagen, daß er sündhaft sei. Gleichviel, mit welchen Reden sie ihm auch immer kommen mögen, er hat das Werk hier gewünscht; nun es da ist, wird er acht darauf geben. Noch ist der Meister mit seiner Arbeit nicht zu Ende. Er soll noch den Lettner ausführen. Schade wäre es, wenn sie ihm aus dieser Sündhaftigkeit einen Strick drehen würden und ihn bei der Inquisition anzeigten. Er kannte die engherzigen Brüder seines Domkapitels. Ja, es wird nicht leicht werden, vor allen lieben Brüdern, vor der gesamten Geistlichkeit, auch vor den Augen Roms, neben diesen Bildwerken zu stehen und zu sagen, ich habe sie so in Auftrag gegeben. Und dabei zu wissen, ich habe sie so nicht in Auftrag gegeben. Aber darauf kommt es jetzt nicht mehr an. So, wie diese Figuren nun einmal gemeißelt wurden, sind sie gut. Er findet sie gut. Es sind keine Zerrbilder, es sind Menschen. Und auch er wird dadurch seinen Ruhm haben. Er will seinen Ruhm haben. Er ist der Bauherr. Ohne seine Zustimmung soll niemand den Bau antasten.

Dietrich sah sich um, aus den Gesichtern seiner Begleiter zu lesen, was sie über das neue Werk dachten. Er las aus ihren Zügen vorsichtige Zurückhaltung, Ablehnen, Gleichgültigkeit, zaghaftes Zustimmen. Ein Gedanke kam ihm, ließ ihn zufrieden lächeln. Ja, er würde nicht in diesem Jahre und auch nicht in den nächsten Jahren dem Drängen des Domkapitels nachgeben. Er würde noch nicht zustimmen. Er würde den Dominikanern nicht die Erlaubnis geben, sich im Bereiche seines Bistums anzusiedeln. Er würde ruhiger schlafen, wenn er diejenigen, die vor allem die Inquisition in den Händen haben, nicht in direkter Nachbarschaft sitzen wußte. Dann brauchen auch die Brüder des Domkapitels einen weiteren Weg, wenn sie seinen Meister der Inquisition anzeigen wollen.

Dietrich ging auf den Reimser zu. „Seht Ihr“, redete er ihn vertraulich an, und nur der Meister verstand, was er meinte, „ich habe doch recht gehabt, damals in Mainz!“ Und laut sagte er, sehr förmlich: „Ich bitte Euch, kommt morgen zu mir, mein Vorleser Gunzelin wird angewiesen, Euch eine geziemende Vergütung für Eure gehabte Mühe und Arbeit auszuhändigen.“

Als ihm der Reimser danken wollte, unterbrach er ihn. „Laßt das“, sagte er, und seine Stimme klang heller als sonst.

„Ihr sollt Euch nicht bedanken. Wir werden es noch begreifen müssen, daß wir es sind, die Euch den Dank schulden." Er hörte sehr wohl, wie Sergius dem Vorleser Gunzelin zuflüsterte: „Das hätte der Magister Peter nicht gesagt." Und er hörte auch, wie Sergius flüsternd hinzusetzte: „Der hätte sich auch damals mit der Frau, dieser Mara, nicht so lange zusammengesetzt!" Und er wurde jäh aus seiner Hochstimmung herausgerissen. Weiß der Teufel, das war ein Fehler gewesen, ein unverzeihlicher Fehler! Allein mit dieser Frau, die den anderen als eine Hure galt! Aber er wird den anderen die Freude nicht lassen, daß er einen falschen Zug getan hat. Er wird diesen falschen Zug begradigen. Und er beruhigte sich bei dem Gedanken: Ja, er wird diesen falschen Zug begradigen. Und er wandte sich noch einmal an den Reimser: „Ihr könnt morgen schon damit beginnen, die Figuren in den Dom zu bringen. Ich bin mit allem einverstanden." Er betonte das „ich" und lächelte dabei den Brüdern seines Domkapitels zu. Und die Brüder lächelten zurück.

Rupert sah dieses Lächeln, und er wußte nicht, warum; aber doch war es so, er fühlte sich dabei unbehaglich.

DIE SILBERLINGE

„Nein, Rupert, das ist noch nicht das Letzte. Wohl, die Gesichter der Steinbilder sind klar, fast zu klar. Ich merkte, wie Sergius die Augen zusammenkniff und dem Gunzelin einen Wink gab, vor dem Bild der trauernden Gepa. ‚Soll das die Bibel sein?' zischte er dem anderen zu. Der Gunzelin nickte. ‚Das ist die neue Art.' – ‚Neu und dreist!' erwiderte ihm der Sergius mit einem vorsichtigen Blick auf den Bischof."

„Und was hat Dietrich gesagt?" fragte Rupert den Meister.

„Er versteht von der Kunst viel."

„Genug?" fragte Rupert noch einmal.

„Ich sagte viel, mag sein, es ist genug. Er ist ein außergewöhnlicher Mann mit weitem Geist. Ich habe unter einigen Bischöfen gearbeitet und habe viele kennengelernt. Bei vielen aber, fand ich, fehlt der weite Blick, der mehr umfaßt als einen Bischofssitz. Als er aus der Bauhütte ging, sagte er mir: ‚Beeilt Euch mit dem Lettner. Ich bin alt, und mir bleibt nicht mehr viel Zeit zum Warten. Doch ich erwarte mir viel.'"

In seiner Werkstatt in der Bauhütte hatte sich der Reimser einige Holzplatten zurechtgelegt, in der er die Entwürfe für den Lettnerschmuck eingeritzt hatte. Er nahm jede Platte einzeln auf, betrachtete sie eingehend. Dabei sprach er weiter zu Rupert, der ihm einer seiner Vertrautesten bei der Arbeit geworden war: „Ob der Bischof daran dachte, daß auf den Lettner jeden Tag die Augen von Schmieden, von Schustern, von Tuchscherern, von Wollschlägern, von Gerbern, von Webern und von Bauern sehen werden – ob er daran dachte, daß sie doch auch die Leidensgeschichte – den Verrat – das Opfer – für uns – für alle – verstehen müssen – das, Rupert, weiß ich vom Bischof nicht. Aber ich denke daran. Weißt du, Rupert, wenn wir uns jetzt wieder an Reliefwerken versuchen, so meine ich, müßten wir noch mehr aussagen, als es uns bei den einzelnen Freifiguren gelang. Da ging es mir besonders um die Gesichter – um jedes einzelne Gesicht – so wie sie mir auch begegneten – die Menschen. Doch wir dürfen nicht stehenbleiben beim einzelnen. Wir werden unweigerlich erstarren, finden wir nicht weiter. Mehr noch müssen wir ausdrücken können – im Bild – im Zusammenwirken von vielen Menschen. Und das Bild soll so aussagen, daß alle es lesen können – ach – um den Verrat, den Verrat, den Verrat – heute und damals – immer so – schändlich." Beide Hände schlug der Reimser vor sein Gesicht und stöhnte, als hätte er den Rupert neben sich vergessen. „Geh!" Er nahm die Hände vom Gesicht.

„Hol den Meister Heinrich herein, den Valentin und die anderen Steinmetzen! Wir wollen über den Plan für den Lettner sprechen.“

Und während Rupert ging, nahm der Reimser die Bibel, schlug sie auf.

Da ging einer von den zwölfen, der Judas Ischarioth genannt ward, zu den Hohenpriestern, und er sprach zu ihnen: Was wollt ihr mir geben, und ich will ihn euch verraten. Sie aber setzten ihm dreißig Silberlinge. Und von da an suchte er Gelegenheit, ihn zu verraten.

Einer geht hin und verrät seinen Herrn. Er geht mit der vorsätzlich gefaßten und reiflich in seinen Gedanken hin und her gewälzten Absicht. Er geht und übt Verrat an eben der Sache, der er sich selber verschrieben hatte. Er geht hin, nicht um einer Idee willen, nicht aus der Erkenntnis, daß die Sache, der er bisher selber anhing und diente, nicht gut sei. Er geht hin und fragt dabei: „Wieviel wird es mir einbringen?“ Er geht hin, nicht etwa aus Mannhaftigkeit, weil es gilt, eine große Tat zu vollbringen, oder aus Begierde nach Ruhm, durch eine solche Tat zu glänzen. Nein, er geht hin wie ein kleiner, dürrer Rechner, mit wohlabgemessenen Überlegungen: Ein Mensch, dessen Vertrauen ich neben elf anderen Männern auch besitze, ist einer gewissen Gruppe unserer Gesellschaft lästig. Diese Gruppe aber ist mächtig und einflußreich. Und – wer Einfluß hat und Macht, hat auch Geld. Was ist neben Einfluß, Macht, Geld – die Idee? Mein Herr, wahrlich, ist so gesehen ein armer Herr, und ich bin doch wohl ein rechter Tölpel. Denn, überlege ich's gerecht, was habe ich von dieser Idee? Sie höhnen uns, sie verfolgen uns, sie verstehen uns nicht, sie hören nicht und sie sehen nicht. Wohl, da sind einige, ja eine große Zahl, die meinem Herrn anhängen. Doch was sind das schon für Leute, was gelten sie? Fischer – kleine Leute. Geringe Leute. Armselige Leute. Haben die Einfluß?

Worauf? Haben die Macht? Worüber? Haben die Geld? Woher?

Wenn ich nun hingehe, den Hohenpriestern mich biete. Mich. Da ist mein Auge. Für euch soll es sehen. Hier, meine Ohren. Für euch sollen sie alles aufnehmen. Meine Worte, für eure Zwecke sollen sie dienlich sein. Meine Gedanken, euren Zielen sind sie unterstellt. Ich will als Begleiter, mitten unter den Begleitern meines Herrn, nur euch gehören. Ich bin einer unter seinesgleichen. Er richtet sein Wort liebenswürdig an mich wie an die anderen. Seine geheimsten Gedanken, wenn er sie ausspricht, sagt er auch mir. Jedes seiner Worte soll euch übermittelt werden. Streckt er seine Hand aus, das Brot auszuteilen, den Becher zu reichen, zu segnen, so sei jede Geste seiner Hand euch mitgeteilt. Ich bin um ihn. Tag und Nacht. Jeder Seufzer, den er im Dunkeln aushaucht, seine Begleiter taub wähnend im Schlaf, soll euch bekannt werden.

Der Hohepriester ist ein alter, verdrießlicher, bärtiger Mann mit breiten Säcken unter den Augen. Warum ist es ihm nicht vergönnt, sein Amt in Ruhe und Beschaulichkeit auszuüben? Wenn es nun jedoch einen Weg gibt, diesen Menschen, der das Volk sogar im heiligen Tempel aufwiegelt, beiseite zu bringen, ohne viel Aufhebens, ohne viel Mühewaltung, ohne viel Kosten, dann bringt her den Mann, der den Weg dazu wissen will.

Mit diesen beiden, dem Händler und dem Käufer, setzte sich der Reimser auseinander, rang um jeden Zug in den Gesichtern. Glauben soll man ihm auch noch nach Hunderten von Jahren, wie er den Verrat verachtet, diesen gemeinen, jämmerlichen, stinkenden Verkauf. Wie er den Käufer verabscheut, den alles berechnenden, alles bedenkenden.

Vier Begleiter wird er dem Käufer mitgeben; denn der ist von hohem Stande, er wird sich nicht ohne Berater in einen Handel einlassen, der ihm immerhin dreißig Silberlinge kosten soll. Man hat das Angebot wohl etliche Tage ausführlich durchleuchtet, auch die Kaufsumme festgesetzt, doch wie das bei einem rechten Kauf ist, die Ware des Händlers muß noch einmal so recht um und um gewendet werden, bevor der Käufer sich endgültig entschließt.

Schon hat der Händler sein Gewand über beide Arme gerafft, hat seine Knie gegen das Bein des Käufers gedrückt, hat den ganzen Leib zu einem hohlen, seinem Geschäftspartner zugewendeten Gefäß gekrümmt, voll gieriger Bereitschaft, den Kaufpreis zu empfangen. Klack, klack, schlagen die Münzen aufeinander. Die linke Hand des Käufers zählt sie in die rechte. Die rechte prüft nach. Und zögernd, ungern läßt sie die runden Silberstücke herabfallen in das zum Beutel gewordene Gewand des Händlers.

Diese beiden Hände des Hohenpriesters werden sehr deutlich sichtbar sein. Denn es ist gut, daß die Rechte nachprüft, was die Linke tut. Wohin sollte man in seinem Geschäftsgebaren kommen, verließe man diesen Grundsatz. Diese zählenden Hände und die runden Silberstücke werden im Blickpunkt stehen, und doch werden sie die gesamte Gruppe nicht aufdringlich beherrschen. Einen so plumpen Handgriff braucht der Reimser nicht anzuwenden. Was gesagt werden muß, wird in aller Deutlichkeit angegeben – aber nicht grob und auch nicht verworren, mit versteckten Anspielungen.

Mit dem Zeigefinger berührt einer der Begleiter die rechte Schulter des hohenpriesterlichen Käufers. Der wendet etwas ungehalten, aber doch aufmerksam seinen Kopf und lauscht dem dreisten Flüsterer, der seinen Mund nahe an das Ohr des Hohenpriesters bringt. Mißtrauen steigt in das Gesicht des Käufers, Unsicherheit. Die weit offenen Augen sehen auf von dem Geldzählen, die Augenbrauen ziehen sich unwillig zusammen. Scheußliche Gesichte plagen den Käufer; das Übelste, was ihm sein Geld einbringen könnte, wäre möglich: die Ware taugt nicht. Da drüben, hinter dem Rücken des Händlers, stecken zwei der anderen Begleiter ihre Köpfe flüsternd zusammen. Und inmitten dieser argwöhnischen, sich ins Ohr zischelnden Menschen steht das Gesicht des Verräters. Ein junges Gesicht. Angst blickt aus seinen Augen, nackte Angst. Werden die Männer, denen er alles ausliefern will, den Handel noch in letzter Minute rückgängig machen? Werden sie die Summe kürzen wollen? Er läßt die Augen nicht von dem Gesicht des Hohenpriesters, als gälte es, von ihm die Entscheidung über sein Leben abzulesen. Die gierige, erwartende Spannung läßt ihn seinen Mund aufreißen, daß von den Nasenflügeln herab zu den Mundwinkeln zwei steile, scharfe Falten stehen.

Ich werde doch mit ihm zusammen an einem Tische sitzen. Glaubt mir, ich werde mit ihm und den anderen gemeinsam speisen; ich werde euch nicht übervorteilen. Ich werde bei meinem Handel bleiben. Mir: die Silberstücke. Euch: Er.

Als es nun Abend worden, setzte er sich zu Tische mit seinen zwölf Jüngern. Und da sie aßen, sprach er: „Wahrlich, sage ich euch, einer unter euch wird mich verraten." Da wurden sie sehr betrübt und fingen an ein jeglicher für sich, zu sagen: „Herr, bin ich's?" Er aber antwortete und sprach: „Der die Hand mit mir in die Schüssel tunket, derselbige wird mich verraten. Des Menschen Sohn gehet zwar dahin, wie von ihm geschrieben ist; wehe aber dem Menschen, durch welchen des Menschen Sohn wird verraten werden; es wäre ihm besser, daß derselbige Mensch nicht geboren wäre." Judas aber, der ihn verraten hat, antwortete und sprach: „Bin ich's, Rabbi?"
Und er sprach zu ihm: „Du hast's gesagt."

Fünf Jünger wird der Reimser um den Tisch des Herrn setzen. Gewiß, dieser Plan war gegen jede Regel. Alle, die bisher den Herrn beim Mahle im Kreise seiner Jünger im Steine bildlich vor Augen brachten, wie es etwa der Steinmetz in Italien in seinem Relief an der Fassade des Domes von Modena vor mehr als hundert Jahren tat, hielten sich an die Zahl der zwölf Jünger. Er wird diesen Brauch durchbrechen, er muß ihn überwinden. Denn er will in der verdichteten Schau auch hier den Verrat eindringlich vor Augen rücken. Bei dieser seiner Aussage, so wie sie ihm vorschwebt, kann er auf eine Vielzahl von Personen verzichten. Zu sehr belasten würden sie ihm die Klarheit seines Anliegens.

Die Mitarbeiter murrten, waren unzufrieden. Valentin meinte: „Man soll doch um einer Aussage willen nicht die Form brechen. Die alten Meister haben es über mehr als hundert Jahre so gehalten. Warum soll es in Naumburg aufgegeben werden?" Sogar Heinrich, der Magdeburger Meister, wurde unwillig. „Man wird uns für unfähig halten, eine Tischrunde von dreizehn Männern in einem Reliefwerk zu versammeln."

„Und doch sage ich euch, die Form ist nicht zerbrochen! Wohl, wenn ihr auf Zahlen seht und mit den Fingern die Anzahl der Köpfe nachrechnet, so müßt ihr zur Unstimmigkeit kommen. Mehr aber als eine Fingerrechnerei gilt mir das Ganze. Die Form darf uns nie ein Zwang werden; daß wir uns doch hüten, nur um der Form Genüge zu tun, den Sinn zu verwischen." Der Reimser wies, ihnen seine Meinung deutlich zu machen, mit dem Finger auf die Holzplatte, in die der Entwurf eingeschnitten und geritzt war.

Zur Rechten neben dem Herrn sitzt Johannes, und er wird der einzige in der Runde sein, der des Essens nicht achthat. Beide Hände hält er vor die Brust gepreßt. Dumpfe, vorausschauende Angst liegt in seinen Augen, doch gleichzeitig auch gläubige Hingabe. Denn er liebt seinen Herrn. Neben ihm an der Tischecke sitzt Petrus. Mit sichtlichem Wohlbehagen steckt er seinen Bissen in den Mund. Andreas, zur Linken des Herrn, wird mit beiden Händen den Krug ansetzen zu einem tiefen Schluck. Jakobus, am entgegengesetzten Ende des Tisches, soll die Tischdecke vor sich raffen und, während er nach dem Fische greift, seinen Blick aus der Runde herausrichten und zum Gebet heben. Allein, vorgesetzt an eine Seite des Tisches, dem Herrn gegenüber, taucht einer die Rechte in die Schüssel: Judas. Mitten auf dem Tisch wird sie stehen. So in den Blickpunkt gerückt wie die Silberlinge in den ausgebreiteten Armen des Judas, als es um den Verkauf ging. Zwei nur werden in dieser Runde der sechs sein, die unbekümmert und fast fröhlich das Brot kauen und den Wein schlürfen: Petrus und Andreas. Sie geben sich dem Essen hin wie Landarbeiter, die nach einem Tag voll schwerer Mühsal den Leib stärken. Der Blick des Herrn ist ins Unendliche gerichtet. Und jetzt reicht er dem Mann, der ihn verraten wird, über den Tisch hinweg den Bissen. Gleichzeitig hält er mit der Linken den weiten Ärmel zurück, daß er nicht in die Schüssel hänge, in die Judas seine Hand taucht. So ist der Herr, zeigte der Reimser seinen Mitarbeitern auf dem Entwurf für die Abendmahlgruppe: Er überschaut das Unendliche und hält Zwiesprache mit seinem Vater, daß er seine Hand über alle breite – und gleichzeitig sorgt er, daß sein Ärmel nicht einem Menschen lästig sei. Lästig nicht einmal dem Manne, der ihn verraten wird. Nein, der Reimser trat nicht weiter über die Form hinaus. Auch er hielt es so: Der Verräter sitzt allein, gekennzeichnet schon durch seinen Platz abseits von den anderen. Sein Gesicht wird der Beschauer nicht sehen. Er als einziger wendet denen, die das Bildwerk betrachten, den Rücken.

Die Szene hat sich gewandelt. An die Stelle der Schüssel, der Silberlinge tritt das Schwert. Groß und aufdringlich. Gewalt herrscht. Der Verrat ist da.

Da kam Judas, einer von den zwölfen, und mit ihm eine große Schar mit Schwertern und Stangen, die von den Hohenpriestern und von den Ältesten des Volks gesandt war.

Aber der ihn verriet, der hatte ihnen ein Zeichen gegeben und gesagt: „Welchen ich küssen werde, der ist's, den

greifet." Und alsbald trat er zu Jesu und sprach: „Sei gegrüßet, Rabbi."
Und er küßte ihn.
Jesus aber sprach zu ihm: „Freund, wozu bist du kommen?" Da traten sie hinzu und legten die Hände an Jesum und griffen ihn. Und siehe, einer von denen, welche mit Jesus waren, streckte seine Hand aus und zog sein Schwert aus und schlug des Hohenpriesters Knecht und hieb ihm ein Ohr ab. Da sprach Jesus zu ihm: „Stecke dein Schwert an seinen Ort, denn alle, die das Schwert nehmen, werden durchs Schwert umkommen. Oder meinst du, daß ich meinen Vater nicht bitten könne, daß er mir jetzt mehr denn zwölf Legionen Engel zuschicke? Wie würden dann die Schriften erfüllet werden? Es muß also geschehen."

In derselben Stunde sprach Jesus zu den Scharen: „Ihr seid gleich wie zu einem Mörder ausgegangen mit Schwertern und Stangen, mich zu greifen: bin ich doch täglich bei euch im Tempel gesessen und habe gelehrt, und ihr habt mich nicht gegriffen. Aber das ist alles geschehen, damit die Schriften der Propheten erfüllet würden."

Da verließen ihn alle seine Jünger und flohen davon.

„Höre, Reimser, ist das nicht ein vermessenes Wagnis, alle diese Vorgänge auf einem Steinbild zusammenzubringen, auf gedrängtem Raum?" fragte Heinrich, der Magdeburger, unsicher. Der Reimser blickte auf, sah ihn kurz an, schaute wieder auf die Holzplatte mit seinem Entwurf, dachte an seinen Reiter, den heiligen Martin zu Pferde. Damals war ihm die Bewegung wohl glaubwürdig gelungen. Warum sollte es ihm hier nicht gelingen? Er nahm die Holzplatte hoch, daß alle, die in der Werkstatt um ihn standen, sehen konnten.

„Ja, wir brauchen Bewegung für fünf Vorgänge. Achtet auf den einen: Judas verrät den Herrn. Wie bei der Geldauszählung beugt er seinen Oberkörper vor. Jetzt aber sind die Hände nicht mehr unter seinem Gewand verborgen. Die Linke legt er voll ausgebreitet dem Herrn gegen die Brust. Und fast mit der gleichen Haltung, wie er das Geldzählen beobachtete, drückt er sein Gesicht gegen das des Herrn zum Kuß. Der andere Vorgang aber: Hart neben der Hand des Verräters setzt die des Knechtes zum packenden Griff an. So soll sie sich im Gewand verkrallen: wie eine Katzenpranke. Und sein Gesicht beleuchtet der Fackelträger in seinem Rücken."

Valentin fragte: „Wollt Ihr das Gesicht in den Stein bringen?"

„Warum nicht?"

„Meister, verzeiht mir, aber ich finde sein Gesicht widerlich – da steht doch die nackte Lust drin, die sich daran ergötzt, einem anderen Menschen Gewalt anzutun."

„Ja, eben das habe ich selbst gesehen." Der Reimser schwieg eine Weile. Erwartungsvoll sahen die Steinmetze auf ihn. Doch er deutete nur auf den dritten Vorgang, drängte die anderen Gedanken zurück. „Da steht der gleiche Petrus, der sich beim Abendmahl so gut auf die vollen Bissen verstand. Er versteht auch das Schwert zu handhaben. Mit beiden Händen hat er den Griff gepackt. Zum wuchtigen Schlage läßt er den ganzen Körper mitgehen. In die Knie sackt der andere, der Knecht, getroffen am Ohr. Auch das ist Gewalt. Ja. Doch in sein Gesicht mußte ich etwas anderes schreiben als in das des Knechtes, der den Herrn greift. So wie es doch auch ein anderes Ding ist, wenn der friesische Bauer den Pfaffenkönig schlug – und wenn der Marburger Konrad Menschen auf den Scheiterhaufen trieb..." Jäh brach er ab, deutete auf den Entwurf. „Dies aber ist der vierte Vorgang. Man wird ihn kaum wahrnehmen. Zwischen den beiden Händen, der verräterischen des Judas und der gewalttätigen des Knechts, bewegt sich als einziges an der Gestalt des Herrn seine rechte Hand. Sie wird nicht ausgestreckt zum Gegenschlag. Sie richtet nicht den Verräter und rechtet nicht mit dem groben Knecht. Sie weist nur das Schwert zurück. Nichts weiter.

Und schließlich der letzte Vorgang: die Jünger fliehen. Einer, der hinter Petrus steht, wendet seinem Herrn den Rücken. Entsetzen zeichnet sein Gesicht und Angst. Ein Mensch, der seine Sache aufgegeben hat und vor allem, was noch mit ihr zusammenhängen kann, in blinder Hast davonläuft."

Valentin wischte mit der rechten Hand über seinen linken Handrücken, als störe ihn dort etwas. In seiner langsamen, bedenklichen Art brachte er vor: „Ihr habt dem Verrat – dem Judas – eine Menge Platz eingeräumt, Meister. Sechs große Reliefs habt Ihr wohl vorgesehen. Und drei davon für den Verrat. Warum habt Ihr das so ausgesucht?"

„Weil ich die Welt voll von Verrat fand."

„Und wie ist der ganze Plan für den Lettner?" wollte Heinrich wissen.

Mit einer Handbewegung forderte der Reimser Rupert auf, zu sprechen. Statt vieler Worte nahm der die Holzplatten und legte sie nebeneinander auf den Boden der Bauhütte. Die Mitte des Lettners deutete er mit zwei fast rechtwinklig zueinander stehenden Dreiecksschenkeln an. In dem abgeschrägten Raum, anschließend an den linken Schenkel, paßte er den Entwurf mit der Auseinandersetzung zwischen der Magd und Petrus ein. Der gleiche Petrus, der so herzhaft an der Tafel beim Essen zugegriffen und bei der Gefangennahme das Schwert so haarscharf treffend geführt hat, zittert jetzt ängstlich und feig vor einem dummdreisten, häßlichen, dicklichen Mädchen. Und lügt. Daneben, nach links, legte Rupert sorgfältig die Tafeln mit dem Schwertstreich, der Geldauszählung, dem Abendmahl. Er suchte für die rechte Seite den Entwurf für den abgeschrägten Raum, entsprechend dem mit Petrus und der Magd, fügte ihn an. Da stehen zwei von den Knechten, die in der Nacht des Verrates mit Schwertern und Stangen ausgezogen waren; sie beraten, wie wohl die Sache auslaufen wird.

Daneben brachte Rupert die Holzplatte mit dem Entwurf für den Vorgang beim Landpfleger Pilatus. Nur das Gesicht Jesu war bis jetzt deutlich eingeritzt.

Valentin sah sehr aufmerksam hin, stellte mit vergleichendem Blick fest: Es hat fast den gleichen abgeklärten Ausdruck wie beim Abendmahl und wie dann bei der Gefangennahme. Und doch anders. Es ist gezeichnet. Gezeichnet mit der letzten Erhabenheit, die ein Mensch erreichen kann, wenn er sagt: „Es ist vollbracht." Woher kennt der Reimser das, fragte sich Valentin staunend, das läßt sich nicht erfinden, das muß einer gesehen haben. Viel muß der Meister gesehen haben.

Angedeutet sind die anderen Figuren, aber noch nicht endgültig festgelegt in ihrer Stellung. Es bedarf genauer Erwägung, drei Gruppen zu verdichten: das Volk in der höchsten Erregung beim Schrei: „Sein Blut komme über uns und unsere Kinder!" und der wütend anklagende Hohepriester und der Landpfleger, der zum Festigen seines Ansehens einen Kübel Wasser brauchte, seine Hände zu waschen, vor aller Augen. Die beiden nach rechts anschließenden Tafeln waren noch nicht zum Entwurf zurechtgeschnitten. Mit einer knappen Handbewegung wies der Reimser darauf: „Das Vorletzte wird das Geißeln sein, das Letzte das Tragen des Kreuzes."

„Was kommt unter den Giebel?" wollte Heinrich wissen. „Dem Plan nach sind die Schenkel des Dreiecks weit ausladend und lassen viel Raum."

„Die Kreuzblume." Rupert kratzte sie mit einem Stock in den Boden.

„Ja – und dann unterhalb dieser giebelüberzogenen Fläche mit der Kreuzblume kommen wohl die Türen hin, seitlich rechts und links – so etwa wie hier beim Lettner zum Ostchor?" fragte Meister Heinrich weiter.

„Nein!" Der Reimser nahm Rupert den Stock aus der Hand. „Eine Tür soll her. In die Mitte." Von der Spitze des Dreiecks, die Kreuzblume in zwei gleiche Hälften zerschneidend, fällte er die Senkrechte, und er zog die Dreiecksschenkel aus, im Bruch senkrecht, parallel zur Mittelgeraden. Die beiden außenstehenden Senkrechten verband er mit der mittleren durch zwei Spitzbogen, die den Raum für die Kreuzblume unter dem Giebel nach unten abschlossen.

„Das da wird meine Tür."

„Wozu die Unterbrechung der Türöffnung durch den Balken in der Mitte?" fragte Heinrich.

Der Reimser blickte kurz zu ihm auf. In seinen Augenwinkeln stand ein frohes, kaum wahrnehmbares Lächeln. Er dachte an den Bauern aus Friesland, wie der mit ihm im nachtdunklen Dom gestanden hatte. Er wollte dem Magdeburger Meister sagen, was er damals gesehen hatte: den Bauern unterm Kreuz, wußte aber nicht recht, wie er das verständlich in Worte bringen sollte, packte wieder den Stock, zog unter den Raum für die Kreuzrose einen waagerechten Strich, auf die Mittelachse gesetzt. Mit dem Ende des Stockes blieb er dort, wo unter den beiden zusammenschwingenden Spitzbogen sich die Balken trafen.

„Hier wird das Haupt des Gekreuzigten sich nach rechts neigen."

Valentin trat einen Schritt zurück. „Meister, ich verstehe Euch nicht – ich begreife nichts."

Rupert schüttelte den Kopf, sah verständnislos drein. „Der gesamte Plan ist mir klar und verständlich – nur – was soll der Mittelbalken in der Tür?" Auch Heinrich schüttelte bedächtig seinen Kopf und schwieg.

Dem Rupert antwortete der Reimser: „Dieser senkrechte Mittelbalken ist der lange Arm des Kreuzes. Der Arm, an den die Füße Jesu genagelt wurden."

„Dann", Valentin sprach es langsam aus, zögernd, fast widerwillig, „wenn ich die Zeichnung recht verstehe – hat das Kreuz nur drei Arme?" Er wandte sich um.

„Das Ketzerkreuz." Einer hatte es geflüstert. Auch der Reimser hat es gehört.

„Ihr sagt ‚das Ketzerkreuz'? Es ist das Kreuz, wie ich es sehe. Die drei Arme – und an jedem einzelnen der drei ein Nagel im Fleische des Gekreuzigten – an den Händen – in beiden Füßen. Das Kreuz hat keinen Arm für sein Haupt gehabt, daß er es daran lehnen konnte – sein Haupt sank herab. Was soll ich Überflüssiges an das Kreuz bringen?"

„Hat aber nicht der Papst diese Form des Kreuzes allen Künstlern verboten?" gab Valentin zu bedenken.

„Es ist nicht das erstemal – und es wird wohl auch nicht das letztemal bleiben, daß die Kunst sich über Verbote setzt – wenn sie dazu berechtigt ist." Sehr sachlich sagte es der Reimser, nicht überheblich.

„Was aber berechtigt sie dazu?" fragte Rupert.

Nachdenklich sah der Reimser seine Mitarbeiter an. Die Wahrheit! wollte er ihnen antworten. Was aber sollten sie mit dem Begriff anfangen, wenn sich für sie nichts Greifbares damit verband – wenn sie erst fragen mußten. Und wenn er ihnen sagt, was er alles erfahren hat, warum er nur ein dreiarmiges Kreuz meißeln wird – meißeln muß, ist es vielleicht eine große Gefahr. Gefahr ums Leben derer, die mit ihm arbeiten. „Hört, Leute", fragte er zurückhaltend, „habt ihr Angst?"

Rupert bewegte lebhaft beide Hände, als wolle er die anderen auffordern, mit ihm zusammen ein eiliges Nein zu rufen. Der schmale, blonde Valentin kniff die Lippen zusammen, unwillig. „Angst? Wovor?"

„Ein dreiarmiges Kreuz zu meißeln." Er wehrte ab. Sie sollten ihn nicht unterbrechen. „Auf der Erde wird das Kreuz stehen. Nicht erhöht. Es soll nicht vom Gewölbe herabhängen. Es soll unmittelbar vom Steinboden aus, wo es jeder erreichen kann, aufgerichtet werden."

Einer warf ein, leise, fast scheu, ungewohnt gegen die sonst laute Art der Steinmetzen: „Soweit ich denken kann, haben sie das noch nie gemacht. Ich kenne keine Kirche, in der die Kreuzigung auf die Erde heruntergestellt wurde."

Behutsam sprach der Reimser, langsam, die Worte abwägend: „Wurde damals das Kreuz nicht auch auf der Erde errichtet? Wollen wir es wagen, den Bericht zu verfälschen? Damals stand das Kreuz in der Reichweite der Menschen – sehr greifbar. Sollen wir es vom Gewölbe des Domes herabhängen lassen?“ Er sah seine Mitarbeiter lange an, mit ernsten, fast traurigen Augen. Fragte noch einmal, überlegend, ruhig, wie es seine Gewohnheit war: „Fürchtet ihr euch, mit mir so zu arbeiten, wie es vor uns noch niemand ausgeführt hat?“

„Und wenn ich mich fürchte“, fragte Rupert, heiser vor innerer Erregung, „werdet Ihr mich dann wegschicken, Meister?“

„Ich werde dich nicht wegweisen. Doch wenn du glaubst, du kannst dann nicht mehr hier arbeiten, magst du gehen, wohin du willst. Ich werde dich nicht hindern.“

„Willst du vor Angst weglaufen? Ein Steinmetz Angst? Hö?“ Valentins Stimme klang herausfordernd.

„Weil ich nicht weiß, ob wir wirklich das Recht haben, wider ein Verbot zu arbeiten“, hielt ihm Rupert entgegen.

„Hört, es geht mir nicht darum, wie der Rupert sagt, wider ein Verbot zu arbeiten. Es geht mir um die Wahrhaftigkeit und Richtigkeit meiner Aussage. Dabei halte ich mich an die reinen Worte der Bibel.“ Wie sich einige seiner Leute erschrocken ansahen, wurde sich der Reimser bewußt: Auch wenn ich es ihnen jetzt erklären werde, mag es unter meinen Mitarbeitern welche geben, die mich darum für einen Ketzer halten. „Ich weiß, wir Laien dürfen die Bibel nicht lesen. Es ist verboten. Aber ihr sollt es doch wissen. Ich habe sie gelesen.“ Er beachtete nicht, wie Valentin den Meister Heinrich anstieß und wie Rupert sich mit beiden Händen an den Hals fuhr. Er sah die Männer an, fragend, auffordernd. „Wägt nun ab, jeder bei sich selbst, ob ihr auch an der neuen Arbeit in unserer Gemeinschaft in der Bauhütte bleiben könnt.“

Sorgfältig legte Rupert die Holzplatten mit den Entwürfen übereinander. Und die Steinmetzen gingen aus der Bauhütte, sich zu bedenken.

DAHIN – DAHER

Ich, der Steinmetz Valentin, gehe hin, weil es nötig ist, weil alles, was er uns gewiesen hat, nicht erlaubt ist. Ich gehe hin und spreche – denn er hat die Bibel gelesen. Und es ist doch verboten. Ich gehe hin, weil ich nicht mehr mit ihm zusammen arbeiten kann – mit einem, der mich in Zweifel bringt. Ich gehe zum Bischof und berichte ihm, was ich in der Bauhütte gehört habe, alles, was ich weiß – um das Seelenheil der anderen willen, die mit ihm jeden Tag zusammen sind – und – nein, das nicht, weil die Frau damals in der Hütte bei ihm war, lange Zeit, daran denke ich nicht mehr. Ich gehe zum Bischof, weil – er nicht weiterarbeiten soll. Ja, er soll die Steine nicht mehr so zurechtschlagen, daß er rechtschaffenen Menschen den Kopf damit durcheinanderbringt. In Mainz schon haben seine Bildwerke die Leute verwirrt – und hier hat der Bischof die Stifterfiguren gesehen und ein bedenkliches Gesicht dazu gemacht. Wenn er aber von dem neuen Vorhaben hört – von dem dreiarmigen Kreuz, dann soll er nicht nur ein bedenkliches Gesicht ziehen. Ob es recht ist – wenn ich hingehe? Ja doch! Er soll nicht die Menschen alle in seine Gewalt bringen wie diese eine Frau – Mara. Darum muß der Plan verhindert werden – der Bischof soll es untersagen.

„Gnädigster Herr Bischof, ich weiß die Worte nicht klug zu setzen – Steine kann ich wohl recht behauen."

„Du wolltest meinem Vorleser Gunzelin dein Anliegen nicht mitteilen. Du hättest Wichtiges zu sagen, für den Dombau wichtig, und wolltest nur mit mir allein reden.

Nun, ich habe die Brüder des Kapitels und meinen Vorleser weggeschickt. Sprich ohne Umschweife."

Ich hätte mich erst noch bedenken sollen, einen Tag noch. Warum faltet der Bischof die Hände über seinem Leib, als ob er den Leib festhalten wollte – oder seine Hände. Wie soll ich anfangen?

„Gnädigster Herr Bischof, wenn ein Steinmetz die Bibel liest, was geschieht mit ihm?"

„Das, Steinmetz, läßt sich nicht in einem Satz beantworten. Man wird ein Auge auf ihn haben müssen, man wird ihn streng prüfen."

„Gnädigster Herr Bischof, wenn ein Steinmetz ein Kreuz mit drei Armen in Stein bringt, was geschieht dann mit ihm?"

„Steinmetz, du hast merkwürdige Fragen. Auch das läßt sich nicht gleich entscheiden. Worauf soll's hinaus?"

„Gnädigster Herr Bischof, wenn ein Steinmetz gegen alle bisherigen Regeln arbeitet – ist es dann nicht besser – er sollte gar nicht arbeiten?"

Dietrich nahm seine Hände aus der Verschränkung. „Wen meinst du, Steinmetz?"

Soll ich nicht besser schweigen, soll ich nicht besser gehen? Der Bischof hat so eindringliche, gerade Augen – das habe ich bisher nicht gewußt. Ich kann ihnen nicht ausweichen. „Den Meister!" Wollte ich es sagen? Ich habe es gesagt. Ich habe gesagt, den Meister, meinen Meister.

„Und er liest die Bibel? Woher weißt du das?"

„Gnädigster Herr Bischof, er hat es uns, allen Steinmetzen, selbst gesagt. Und darum bin ich gekommen. Wie es in der Bauhütte steht, sollt Ihr wissen. Sagt, gnädigster Herr Bischof, ist das dreiarmige Kreuz nicht das Ketzerkreuz – und ist es schon einmal dagewesen, das Kreuz ohne weiteres auf die Erde zu stellen – als Tür? Und hat er Euch gefragt, welche Bilder zum Lettner gehören sollen? Da nimmt er eine einzelne Gruppe nur mit der Geldauszählung an den Judas. Und wie ich ihn frage, warum er den

Platz dafür verwendet, für ein Bild, auf dem die Menschen von dem Gelde fast erdrückt werden, da sagte er mir: ‚Das habe ich selbst gesehen.' Später, als nicht alle dabei waren, habe ich ihn noch einmal gefragt und wollte wissen, was er damit meinte, was er selbst gesehen hätte, da antwortete er mir: ‚Das ist schon lange her, damals war ich in Mainz, bevor mich der Bischof hierherholte, und ich habe gesehen, wie sie einen König kauften.' – ‚Den Heinrich Raspe?' fragte ich. Er nickte nur, redete weiter: ‚Dann haben sie wieder einen König gekauft, den Wilhelm von Holland – aber die ihn gekauft haben, die haben den Preis nicht selber bezahlt – gezahlt haben immer die anderen, die vielen, über die bei so einer Königskrönung nicht gesprochen wird.' Und der Reimser fragte mich, ob ich mir wohl recht vorstellen könne, wie so ein Haufen Geldstücke aufeinanderklingt. Gnädigster Herr Bischof, und jetzt ist er dabei, in gotteslästerlicher Weise Geldstücke in Stein zu bringen, so greifbar, daß es einen in den Fingern juckt, sie nachzuzählen."

„Das ist doch nicht Unrecht, Steinmetz. Es kann uns sogar wohlgefällig sein, das Übel selbst dem einfachen Mann deutlich sichtbar zu machen."

„Gnädigster Herr Bischof, darf ich noch ein Wort sagen. Er hat ja noch viel mehr Dinge geredet, hat nicht nur über tote Könige gesprochen." Valentin verlor nun alle Scheu. „Er redete von den Lebenden – den beiden Königen, die jetzt gleichzeitig über unser Land gesetzt sind –, und dabei ging es wieder um Geld. Er sagte es uns so, als wären in Wahrheit die Erzbischöfe die Könige, die Erzbischöfe, die das Wahlgeld bekommen hätten."

„Was soll's, Steinmetz, das ist uns bekannt, leider, es ist im ganzen Reiche bekannt."

„Und dann, gnädigster Herr Bischof, wußte er noch von einem Lied, aus seinen Mainzer Tagen. Ein Sänger soll es ihm dort beigebracht haben. Angesagt hat er es uns – und ich habe es mir wohl gemerkt –, wenn Ihr es hören wollt, ich weiß es auswendig!" Er wartete in seinem Eifer nicht erst die Antwort Dietrichs ab, suchte die Reime in der Erinnerung zusammen, wußte sie ohne Stocken vorzubringen:

„‚Dahin, daher‘ galt nie so viel in deutschen Landen.
Wer jetzt ‚dahin, daher‘ nicht kann, der wird im Spiel betrogen.
Sonst gab es Könige, die nicht ‚dahin, daher‘ verstanden:
Jetzt haben sie die Kunst heraus: Schnell um ein Eck gebogen!
Es hätten sonst die großen Herren nimmermehr gelogen um Leute und um Land.
Nun ist den meisten nur zu wohl ‚dahin, daher‘ bekannt!“

Valentin staunte, als er den Bischof ansah. Dietrich lächelte. „Der von der Vogelweide ist doch nicht umzubringen. Nun setzt er schon seit etlichen Jahren seine Füße nicht mehr über die Erde. Aber seine Lieder sind immer noch da. Höre, Steinmetz, das brauchst du dir nicht zu merken. Schönere hat er gedichtet – Liebeslieder.“

Da spricht der Bischof nun von Liebesliedern, dachte Valentin, und er scheint sich darin sehr gut auszukennen. Nicht wissen konnte er, welch bedrückende Erinnerung in dem Bischof aufstieg. Damals in Mainz hatte auch einer ein Lied von Walther von der Vogelweide gesungen – und es war auch so ein übles, freches Machwerk. Was, zum Teufel, hatte er, Dietrich, damals überlegt, geht denn einen Dichter, einen Minnesänger, die Politik an. Was hat sich so einer in Dinge zu mischen, die nur die Kirche angehen. Aber doch mußte er vor sich selber zugeben – heute wie damals, im Grunde waren die Worte so unrecht nicht gesetzt. Widerwillig mußte er es zugeben.

Valentin meinte: Vielleicht habe ich dem Bischof zu unklar über all das Bedenkliche um den Meister berichtet, vielleicht muß ich noch ein deutlicheres Wort dazubringen. „Seht, gnädigster Herr Bischof, es ist doch wohl sehr selten, daß ein Steinmetzmeister allein ein Bildwerk für den Verrat um die dreißig Silberlinge nimmt. Und der Reimser sagte uns dabei: ‚Nicht schwer ist es für uns heute, dem Judas einen wahrhaftigen Ausdruck zu geben, daß man schon seinem Gesichte den Verrat ansieht – einige Fürsten und Bischöfe haben es uns ja anschaulich genug vorgemacht.'"

„Das sagte dein Meister?"

„Ja, gnädigster Herr Bischof, das und noch manches andere. Und vieles hörte sich an, als könnte es auch ein – einer – ein Mensch – warum soll ich's nicht sagen, ein – ein Ketzer so sprechen."

„Soll es darauf hinaus, Steinmetz? Du glaubst, ich hätte mir einen waldensischen Bruder hergeholt?"

„Gnädigster Herr Bischof, ich bin nur ein geringer Steinmetz, und ich denke nur so weit, wie ich sehe – und wie ich höre. Und das habe ich Euch vermeldet. Aber – ich kann dort in der Bauhütte nicht weiterarbeiten – und bitte um mein Handgeld."

Als der Vorleser Gunzelin dem Valentin einige Geldstücke auf Anweisung des Bischofs in die Hand auszählte, fragte er den Steinmetz: „Glaubst du gewiß, daß dein Meister ein waldensischer Bruder ist?"

„Ich – weiß es nicht", antwortete Valentin und wunderte sich, ob er denn so laut gesprochen habe.

„Dann muß es erwiesen werden", meinte Gunzelin ohne Betonung zu ihm. Und bei sich fügte er hinzu: Dann ist es nötig, zu erkunden, wie weit Bruder Eilhart, der Dominikaner, mit seinem Nachforschen über die Vergangenheit des Meisters gekommen ist, und dann wird es wohl auch nötig werden, den gelehrten Magister Peter, der in Paris studierte, aus seinem Erfurter Kloster herkommen zu lassen, daß er an Ort und Stelle alles überprüfe. Gunzelin sah nicht unfreundlich auf den Steinmetz. Seine Gedanken waren weit weg. Er, Gunzelin, wird es noch besser machen. Er wird selbst nach Erfurt reisen, und den Eilhart wird er woanders hinschicken. Ja, so wird er es handhaben, er wird den Eilhart zum Papst schicken; sie sollen dort wissen, was hier geschieht. Die Geldstücke, die er sich von dem Handgeld einbehalten hat, wird er dem Eilhart mitgeben, daß der ungehindert und schnell reisen kann.

Valentin war aus der Gemeinschaft der Bauhütte gegangen. Rupert, Meister Heinrich und die anderen blieben mit dem Reimser am Werk. Und das Werk wuchs. Es blieben jedoch auch bei Bischof Dietrich die Bedenken über den von ihm bestellten Baumeister zurück, geschürt durch den Bericht des Valentin, wachgehalten mit Hinweisen des Vorlesers Gunzelin und Andeutungen des Bruders Sergius. Er wird es zulassen müssen, wohl sogar befürworten müssen, daß man dem Baumeister einige Fragen vorlegt. Er soll aber erst seine Arbeit zu Ende bringen. Er hat ihn hergeholt, er bezahlt ihn, also hat er auch die Verantwortung. Dann will er selbst die abgeschlossene Arbeit sehen, bevor sie über den Meister ein Urteil sprechen. Aber er wird seinen Kapitelbrüdern doch ein Zugeständnis machen müssen. Dietrich schloß die Augen, sah Mara vor sich, jung, reizend, lachend.

DIE VERSUCHUNG

Rupert lief erregt zum Reimser. Der arbeitete an der Kreuzigungsgruppe in dem abgesonderten Raum der Bauhütte. „Es sind da zwei vornehme Herren gekommen, wie sie sagen aus Frankreich, vom König dort!"

Jäh drehte sich der Reimser um, den Meißel in der Hand. „Aus Frankreich?" Er legte den Meißel weg. „Aus Frankreich! Sie sollen hier hereinkommen!"

Erstaunt blickte Rupert auf den Meister. So freudig hatte er ihn lange nicht gesehen. Es wunderte Rupert, daß der Reimser die Fremden in seiner Werkstatt sprechen wollte.

Und er schien auch gar nicht daran zu denken, die neuen Bildwerke mit Sacktüchern zu verhängen. Wie Rupert danach griff, sie dem Meister zuzureichen, schüttelte der den Kopf, wies die Sacktücher zurück. „Nein, nichts verhängen!“ Rupert ging hin, die Herren aus Frankreich hereinzubitten.

Der Marquis Armand Jean de Feuquières zog die Augenbrauen hoch. Sie sollten in die Werkstatt? Sie, die Gesandten des Königs, des neunten Ludwigs. Im Dom hätte der Meister sie begrüßen sollen. Besser wäre das gewesen, ihnen angemessener. „Seltsamer Gedanke, uns hier in die Werkstatt zu führen“, äußerte er zu seinem Begleiter, dem Grafen Galcone de Trevoux.

„Er wollte uns vielleicht ehren; denn die Werkstatt in der Bauhütte darf sonst kaum einer betreten. So halten es die Baumeister alle. Auch bei uns.“

„So wird es sein.“ Armand Jean gefiel es, wie der andere die Sache ansah. Gewinnend, höflich begrüßten beide den Meister. Er ist ein alter Mann, überlegte Galcone, und es wird nicht leicht mit ihm werden. Er wird eigensinnig und harthörig sein, so wie es das Alter mit sich bringt. Doch hat er schnelle und leichte Bewegungen an sich, stellte er fest, als sich der Reimser vor ihnen zum Gruß verneigte.

„Ich danke Euch, werte Herren, daß Ihr mich mit Eurem Besuch ehrt. Verzeiht, daß ich Euch nicht in einen besseren Raum führen konnte; es ist mein bester, zu dem sonst niemand außer dem Bischof Zutritt hatte und außer denen, die mit mir arbeiten.“

Galcone, der jüngere und behendere der beiden, neigte anerkennend seinen Kopf, blickte kurz zu Armand Jean. Sieh da, ich habe doch wieder recht gehabt. Höflich, vollendet in der Form erwiderte er dem Reimser: „Wir danken für diese Auszeichnung. Es ist auch unser König und Herr, den Ihr so in unserer Person ehrt.“

„Was führt die Herren hierher?“

Galcone lächelte jungenhaft, und ein leiser Anklang von fröhlichem Übermut geriet in seine Stimme. „Reims läßt Euch grüßen, und alle, die Ihr in Eurer Zeit dort geliebt habt!“

Der Reimser wiegte sinnend seinen Kopf. Reims. Ja. Viele Jahre waren seit diesen Tagen hingegangen. Nicht nur die Maria aus Stein war dort. Madeleine, das Weberkind. Jetzt aber schien es ihm nicht an der Zeit, sich an seine Liebe zu diesem scheuen, reizenden Mädchen zu erinnern. Es galt herauszuhören, wohinaus die Gesandten wollten. Etwas zurückhaltend erwiderte er: „Ja, Reims und die Kathedrale. Das waren schöne, sonnige Tage!“

„Wir sind über Mainz gekommen“, Armand Jean fand es der Mühe wert, dem Meister zu zeigen, daß sie sein Werk wohl beobachteten und kannten, „und haben den Reiter dort gesehen, den heiligen Martin, den Eure Hand geschaffen.“

„Wie fandet Ihr ihn?“

Galcone sprach jetzt mit herzlicher Wärme: „Ich muß es Euch sagen. Ich war von diesem Bildwerk überwältigt. Und ich fühlte, dieser Reiter ist entstanden aus der großen, unbegrenzten Seele seines Schöpfers, in der Hohes lebt und Edles. Und ich freute mich darauf, Euch bald selbst zu sehen.“

Genug der Höflichkeiten, fand Armand Jean. Kommen wir zu der Sache, um die wir auf die weite Reise gingen. Er beachtete nicht Galcone, der ihm durch Gesten bedeuten wollte, er sollte noch abwarten. Nicht jetzt. Gerade jetzt nicht schon sprechen!

„Wir haben uns eines Sonderauftrages zu entledigen“, sagte Armand Jean sachlich, sehr sachlich. „Unser gnädigster König und Herr, der neunte Ludwig, hat Eure Arbeiten an der Kathedrale, an seiner Krönungskathedrale, nicht vergessen. Er hat in Mainz und auch in Naumburg Eure Arbeiten mit Aufmerksamkeit verfolgt. Unser König und Herr fragt an, ob Ihr unter den ehrenvollsten Bedingungen zu uns nach Frankreich kommen wollt! Große Aufgaben warten auf Euch!"

Ebenso sachlich fragte der Reimser: „Wie lauten die Bedingungen?"

Armand Jean gab ihm Bescheid: „Unser König und Herr bietet Euch das Dreifache dessen, was Ihr hier erhaltet. Er bietet Euch dazu ein eigenes Haus aus Stein und eigene Knechte, die Euch allein dienen sollen. Ihr seid Euer eigener Herr, führt alle Werke nach Eurer eigenen Wahl aus – und", hier zögerte der Marquis etwas, das letzte Angebot kam ihm ärgerlich vor. Er selbst hatte es nie erreicht. Trotz seiner Verdienste im Krieg gegen die ketzerischen Albigenser. Und dieser nun, der Fremde, der nichts weiter war als ein gewöhnlicher Steinmetz, der sollte das alles so ohne weiteres einstecken. „Und – Ihr sollt jederzeit freien Zutritt zum König haben."

Stark beeindruckt blickte der Reimser die beiden Herren an. Da hatte also der neunte Ludwig seine Gesandten zu ihm geschickt, und sie wollten ihn in Frankreich haben. In Reims, in der Krönungsstadt. Und es wird alles so sein, wie es war. Die Kathedrale Notre-Dame mit ihren weiten Pforten und der schönen Fassade im Westen. Und auch die Bauhütte wird noch am Domplatz an ihrer Stelle stehen, und die Meißelschläge werden in den Stein klingen.

„Die Bedingungen sind sehr ehrenvoll. Frankreich hat es von jeher verstanden, die Künstler zu ehren."

Weit mächtiger dehnt sich der Bau der Kathedrale in Reims als der des Naumburger Gotteshauses. Ja, sie brauchen dort Arbeiten, Steinbilder, die neben denen des Meisters der Reimser Heimsuchung bestehen können.

„Ihr braucht Euch nicht sofort zu entscheiden."

Der Meister ging durch den Raum, langsam, überlegend. Dann wird es keine Auseinandersetzung um ein dreiarmiges Kreuz geben – es mag dort leichter sein – und auch weniger Leute mögen ihn dort beobachten. Er kann also dem Streit mit guten Gründen aus dem Wege gehen, dem Streit um sein dreiarmiges Kreuz. Und es dürfte schwerlich hier in Naumburg einen geben, der ihm nachsagen könnte, er wäre feige gewesen, hätte sich vor der Vollendung seiner Aufgabe davongestohlen, gerade als es galt, zu zeigen, was an seiner Kunst daran war. Denn, das dürfte wohl einem jeden einleuchten: Ein Königsruf geht vor einen bischöflichen Auftrag. Der Reimser hielt im Schreiten inne, blieb stehen vor seinen Bildwerken, zugehörig zur Kreuzigung, vor Johannes und Jesus am Kreuz. Blickte lange auf den am Kreuze. Dieser Tage hatte er die letzte Hand an dieses Werk gelegt; das Gesicht des Gottessohnes war in Stein gebracht. Noch aber stand seine Gruppe nicht vollendet. Noch eins fehlte: Maria. Er sagte es leise vor sich hin: „Maria." Er sprach zu den Herren, noch mit dem Blick zu dem am Kreuze: „Ich kann Euch den Bescheid sofort erteilen." Langsam entfernte er sich von dem Standbild, kehrte zu den beiden Gesandten aus Frankreich zurück.

„Nein!" Galcone rief es hastig. „Bitte nicht! Es wäre ein übereilter Entschluß, wie er auch immer lauten sollte. Bedenkt Euch bis morgen. Ihr sollt nichts zu bereuen haben." Beide Herren verbeugten sich leicht. Sie wollten gehen. Sie werden bis morgen warten. In der Nacht sinnt ein Mensch über ein königliches Angebot anders als am hellen, lichten Tage. Galcone wußte es gut. Galcone war ehrgeizig. Er mochte nicht mit leeren Händen zu seinem König und Herrn zurückkehren.

Unvermittelt fragte der Reimser die Gesandten: „Wollt Ihr das neue Werk sehen?"

Armand Jean nickte zustimmend. „Wir bitten darum." Es wird auch den König interessieren, über die neuen Bildwerke einen guten Bericht durch glaubwürdige Augenzeugen zu bekommen. Ob es zutrifft mit der Ketzerei? Armand Jean wollte nicht so recht daran glauben. Ein unüberlegter Junge war dieser Naumburger Steinmetz nicht. Er wird nicht das, was verboten ist, öffentlich ausschmükken. Mit etwas überlegenem Lächeln trat der Marquis

Armand Jean auf die neuen Bildwerke zu. Er hatte bisher während der Unterredung noch kein Auge darauf gerichtet. Gewiß, wenn sein König und Herr ihn hierher den weiten Weg reisen ließ, dann mußte an den Arbeiten dieses Mannes schon etwas dran sein. Und er selbst mußte dies wohl zugeben – auch wenn dieser hier – leider – nur ein geringer Mensch war, von gemeiner Herkunft, ohne Rang und Namen. Nun also ja, dieser Meister ist darangegangen, den Mann am Kreuze in Stein zu bilden. Das haben andere vor ihm auch schon getan – und es war dem Marquis nicht immer wohl dabei, wenn er diese Bildwerke sah. Es war schändlich, wie sie damals den Herrn ans Kreuz brachten. Genauso schändlich mußte doch der denken, der das da in greifbarer Körperlichkeit noch einmal werden ließ. Als wäre er dabeigewesen.

Armand Jean stand vor dem Gekreuzigten, schaute. Begriff. Ja, dieser Mensch in seiner schäbigen Leinenjacke, der ihn und den Grafen Galcone in seiner Werkstatt empfangen hatte, war wirklich dabei. Er war es selber, der die Nägel einschlug – in die Hände, diese schönen, schmalen Hände mit den schlanken Fingern – in die Füße, in das Fleisch über dem Spann. Und dabei war dieser Steinmetz dem da am Kreuze innerlich nähergekommen als manch einer, der in einer abgeschlossenen Klause Buch auf Buch über den Gekreuzigten schrieb, näher als streitende und rechthaberische Doktoren. War es einem von diesen Herren gelungen, auch nur um die Breite eines Fingernagels in das Wesen des Mannes am Kreuze vorzudringen? Der Marquis ließ in dem Augenblicke, da er vor dem Bildwerk des Gekreuzigten stand, alles, was ihm an Auslegungen über diesen Vorgang bekannt war, im Gedächtnis vorbeiziehen. Nicht eine Schrift hat ihm auch nur einen Schattenriß über das Wirkliche an dem Menschen am Kreuze gegeben. Er, der Marquis, hat sich darum auch mehr um die Politik gekümmert als um die Spitzfindigkeiten der Theologen. Und manchmal war ihm gar ihr ganzes Gehabe um den da am

Kreuze als eine Erfindung vorgekommen. Dann allerdings plagte ihn hinterher starke Reue, und er gab nach solchen Zeiten der Anfechtung einen großen Teil seiner Einkünfte aus der Staatskasse an die Kirche in Reims ab. Als Bußgeld. Der Herr möge ihm seine sündigen Gedanken verzeihen! Hier aber in Naumburg, in dieser Werkstatt erschien alles anders. Hier kam ihm ein Gedanke an Erfindungen überhaupt nicht. Hier war der Gekreuzigte. Sein Leib mit dem Lendenschurz, mit der blutenden Wunde in der linken Seite. Sein Haupt mit der Dornenkrone. Und dieses Gesicht ließ den Marquis Armand Jean alle theoretischen Abhandlungen vergessen. Da war es gesagt. Alles das, was ihm, Armand Jean, durch keine Auslegung offenbar wurde, stand vor ihm, beängstigend körperlich geworden. Das Sterben, dieses schwere Sterben am Kreuz. Nichts von der Qual und nichts von dem Grauen war weggelogen. Und nicht die peinigende Einsamkeit, die den Menschen aufschreien ließ: „Mein Gott, warum hast du mich verlassen!"

Jäh erkannte es der Marquis: Dieser Mensch da am Kreuze, das ist nicht seinesgleichen. Das ist der Kopf eines Mannes, der ihm um eine ganze Welt entfernt ist. Schmerzhaft deutlich wurde ihm das bewußt, wie er gleichzeitig an das Gesicht des Reiters aus dem Bamberger Dome denken mußte. So ein Vorbild hätte sich der Meister hier in Naumburg nehmen sollen, ein fürstliches – eben, wie man sich ein fürstliches wünschte. Aber dieser hier? Nein, es lag nichts Ritterliches über der ganzen Erscheinung. Der Blick in diesen gebrochenen Augen sprach von Mutlosigkeit und Verlassenheit. Der Mund stand offen, schon im Sterben entstellt. Häßlich sah das Gesicht aus. Der Marquis fand es jämmerlich. Ein geringer Mann, ein gemeiner Mann.

Der Marquis fand es nicht jämmerlich. Welch ein Mut, dieses Gesicht in den Stein zu hauen. Bloß. Ohne alle Schmeichelei. Seht her, das ist er. Ein Zimmermann. Ein geringer Mann, ein gemeiner Mann. Einer von uns, einer von uns Geringen. Ja, seht ihn euch an, er ist kein Messias für die Reichen und die Edlen. Es ist eine Lüge, wenn ihr ihn für die Bevorzugten beschlagnahmen wollt. Und ihr seid die Lügner. Er ist gekommen zu denen, die da in Mühsal und in Trübsal befangen sind. Zu den Geringen unter den Menschen, zu den Verachteten, zu den Getretenen, zu den Unterdrückten, zu den Letzten. Und diese Letzten werden bei ihm zu den Ersten. Nein, er ist nicht jämmerlich, dieser Jesus am Kreuz; so, wie ihn der Reimser hier in den Stein gebracht hat, muß etwas um ihn gewesen sein. Und dieses Etwas wurde dem Marquis angesichts des Steinbildes deutlich. Dieser am Kreuz war nicht für die Erlauchten und die Großen unter den Menschen vom Herrn geopfert worden. Das Opfer galt den anderen. Zu denen auch der Marquis nicht gehörte. Galt den kleinen Leuten, den Fischern, den Bauern, den Webern. Eben – diesen Letzten. Den Armand Jean verwunderte nicht das dreiarmige Kreuz. Ja, er bemerkte es nicht einmal, so sehr fesselte dieses Gesicht alle seine Aufmerksamkeit. Wahrlich, es war kein schöner, kein beseligender Gekreuzigter, den der Steinmetz hier geschaffen hatte. Dieses Gesicht wird ihn, Armand Jean, noch hart bedrängen; und im Grunde verdroß ihn die Offenheit des Baumeisters etwas, mit der er dreist aussprach, für wen der am Kreuz hingeschieden ist. In dieser Offenheit lebte auch Stolz, ein tiefgefühlter, großer Stolz. Und Armand Jean konnte nicht ausweichen, er mußte es vor sich selber zugeben: Es liegt etwas Wahres in dieser Gestalt. Er sagte es hinüber zu dem Grafen Galcone, der in einiger Entfernung von ihm stand, sprach in seinem schnellen Französisch: „Höre, mein Freund Galcone, dieses Bildwerk des Gekreuzigten ist nicht ungefährlich. Es geht eine große Gewalt von ihm aus. Es bewegt einem nicht nur den Verstand, es greift ans Herz.“

Galcone, erstaunt, ein wenig befremdet, so bewegt hatte er den Marquis noch nicht gesehen, meinte: „Gefährlich, sagst du? Ich würde sagen: neuartig und darum sehr reizvoll. Gefährlich? Das halte ich für übertrieben. Aber es stimmt schon, er versteht wirklich viel von seinem Handwerk."

Armand Jean sagte nichts darauf. In das Schweigen hinein redete der Meister, deutete auf das Steinbild des Johannes. „Diesen da arbeitete nach meinem Entwurf und mit ein paar Handgriffen von mir unterstützt mein treuer Helfer. Der Rupert. Er wird bald Meister sein."

Prüfend besah Armand Jean die Figur. Und es entging ihm nicht. Auch in diesem Steinwerke lebt das Gefährliche, dieses Neue, das einen packt und innerlich nicht wieder losläßt. Zum Teufel, auch dieses Gesicht ist, warum soll er sich selbst etwas anderes vorreden, nicht von hohem Adel, so wie es wünschenswert sein könnte. Daran ändert auch nichts das kunstvoll gefaltete lange Gewand, davon verwischen auch die reichgelockten, bis auf die Schulter wallenden Haare nichts. Dieser Johannes ist ein einfacher Mensch mit einem kurzen, dicklichen Gesicht und einem Ausdruck von wildem, ungezügeltem Schmerz in den Augen. Ja, er kam von dem Vergleich nicht los, wenn er dagegen an das Gesicht des heiligen Georg dachte, an diesen edlen, ritterlichen Kopf in Bamberg, dann wurde ihm das Herausfordernde, das Gefährliche in den beiden Gestalten der Kreuzigungsgruppe erst recht deutlich. Niemals würde der Bamberger Reiter einen so hemmungslosen Schmerz zur Schau tragen. Immer würde er sich gleichbleiben: der unnahbare Herr. Was aber war mit diesem Johannes hier? Ein tölpelhafter Bauer stand da. Und weinte. Und klagte an.

Der Wunsch kam in Armand Jean auf, er möchte auch die Figur sehen, die noch fehlt. Die Maria. Wenigstens den Entwurf möchte er sehen, den Entwurf, nach dem dann, wenn der Meister sie nach Reims begleitet, seine Mitarbeiter meißeln werden. Anders müßte sie werden als alle die Frauengestalten unter den Stiftern, die er im Dom hat stehen sehen, im neuen Westchor, anders, wenn diese Maria auch innerlich zu der neuen Gruppe gehören soll. Er war neugierig, wie der Meister wohl das Gefährliche und das

Stolze bei dieser Frau macht. Ob er das kann? Er sagte von seinen Gedanken zu dem Reimser, sagte jedoch statt gefährlich – neuartig. Galcone lächelte dazu: Sieh an, er muß mir wieder recht geben, und er gebraucht dazu meine Worte. Ich habe es ja von Anfang an gesagt: neuartig. Der Reimser schüttelte bedauernd seinen Kopf, nein, es geht nicht, beim besten Willen nicht, er kann den Herren den Entwurf nicht zeigen, denn der Entwurf ist noch gar nicht da. Armand Jean zog ein bedenkliches Gesicht; das wird ihn hoffentlich nicht hindern, den Auftrag anzunehmen. Das darf ihn nicht hindern. Der Reimser begleitete die Gesandten bis hinaus auf den Domplatz. Galcone sagte: „Auf morgen!"

Da stand er nun. Es begann dunkel zu werden. So lange hatten die Besucher sich bei ihm aufgehalten. Zu spät, ins Bischofshaus zu gehen und dort bei Dietrich vorzusprechen, mit ihm alles zu beraten. Zu spät, mit den Meistern und mit Rupert zu reden; sie hatten für heute die Arbeit bereits niedergelegt. Zu spät, den Gerber Meinold aufzusuchen, der pflegte früh aufzustehen, das Tageslicht voll zu nutzen und zeitig schlafen zu gehen, die Fackeln zu sparen. Zu spät – auch heute würde Mara nicht zu ihm kommen. Mara. Schmerzhaft wurde ihm bewußt: Sie ist schon eine ganze Zeit lang weggeblieben. Warum kam sie nicht, wenn er sie fragen wollte: ‚Mara, was meinst du, sag du es, soll ich gehen? Soll ich nach Reims gehen?' Er ging langsam, gedankenvoll in die Bauhütte zurück. Hier auf der Bank hatte sie immer so gern gesessen, hatte ihm zugeschaut, wenn er an den Figuren meißelte. Er hatte ihr dann die Felle umgelegt. Sie sollte nicht frieren. Die Abende fingen schon an, kühl zu werden. Er strich mit sachter Hand über die Felle. Wie schön wäre es, wenn sie jetzt hier säße. Wie gut wäre es, wenn sie zu ihm spräche. Und er überlegte, was sie ihm auf seine Frage antworten würde: ‚Mara, soll ich gehen?'

‚Vielleicht ist es besser, wenn du gehst.'

‚Du schickst mich weg?'

‚Ich schicke dich nicht weg – ich will, daß du immer bei mir bleibst!'

‚Und doch soll ich gehen?'

‚Auch wenn du gehst, werde ich da sein, wo du bist. Ich bin der Wind, der in deinem Haar spielt, ich bin jeder Hauch Luft, den du einatmest, ich bin jeder Fußbreit Boden, den du betrittst, ich bin der Stein, den du meißelst. Und wenn du in der Ferne bist – ganz leise bin ich mitgegangen.'

‚Mara, warum glaubst du, es sei besser, wenn ich den Auftrag annehme?'

‚Sie werden dich hier umbringen. Du weißt es doch selbst, du spürst es überall, wie sie dich umlauern, der Gunzelin und der Sergius – und vielleicht auch der Bischof.'

‚Du meinst, Mara, ich sollte ihnen alles hinwerfen, ihnen stolz sagen: Ich brauche euch nicht, euch alle nicht?'

‚Du kannst es tun; und niemand dürfte sich darüber beschweren.'

‚Und was wird aus dem Werk, Mara?'

‚Laß doch die anderen arbeiten. Was geht dich dann das Werk hier noch an! In Reims wirst du sein!'

‚Meine Maria wollte ich meißeln.'

‚Dann wird die Maria eben nicht gemeißelt!'

‚Dann wird die Maria nicht gemeißelt? Mara, was verlangst du? Mara, weißt du, was du sagst?'

Aber Mara war nicht da, zu antworten.

Am anderen Vormittag führte Rupert wieder die beiden Gesandten in die Bauhütte zum Reimser. Unterwegs hatte Galcone zuversichtlich zu dem Marquis gesagt: „Du wirst sehen, ich hatte recht, seine Entscheidung nicht gleich anzuhören. Jetzt wird er sich den Entschluß ordentlich bedacht haben."

Der Reimser begrüßte die beiden Herren unbefangen, redete zu ihnen höflich, aber bestimmt, ganz der gewandte Baumeister, der lange Jahre am Hofe des Kanzlers und Erzbischofs zugebracht hatte. „Ich bitte Euch, dem König und Eurem Herrn meine Ehrerbietung auszusprechen und meinen tiefsten Dank! Doch ich kann nicht kommen!“

Schweigend neigte der Marquis seinen Kopf, enttäuscht. Darum die weite Reise. Er kommt nicht. Aber, seltsam, er wunderte sich über sich selbst, er spürte keinen Ärger. Er dachte daran, wie der Meister gestern still vor seine Arbeit getreten war, gleichsam als wollte er anfragen, ob die Steinwerke es erlauben. Und über diesen Gedanken fand er keine ärgerliche Entgegnung. Im Grunde hatte er es schon gestern so im Gefühl gehabt, der da wird nicht kommen. Er war nach dieser ersten Unterredung nicht so zuversichtlich gewesen wie sein Begleiter, der Graf. Er sah zu Galcone, der hatte sein Gesicht weggewendet; so konnte er nicht erkennen, wie der die Absage aufnahm.

„Ich kann nicht kommen“, wiederholte der Reimser, da die Gesandten beide schwiegen. „Seid Ihr mir gram deswegen?“

„Nein!“ rief Armand Jean lebhaft. „Nein, wir sind es nicht. Wir haben hohe Achtung vor Euch und vor Eurer Kunst.“

„Ich danke Euch dafür“, sagte der Meister einfach.

Galcone war es, der noch einmal fragte: „Ist Euer Entschluß unabänderlich?“ Er konnte es noch nicht fassen, daß er mit leeren Händen nach Hause gehen sollte, wollte sich vergewissern: Vielleicht will der andere sich nur bitten lassen, will sich noch wertvoller machen.

Mit großem Ernst sah der Reimser auf die beiden Männer. „Ja, mein Entschluß ist unabänderlich.“

Beide Herren verbeugten sich leicht. Sie wollten gehen. Ihr Auftrag war durchgeführt. Gescheitert. Sie werden ihrem König und Herrn Bericht erstatten, und er wird dabei den Kopf mit den langen, dunklen Locken hin und her wiegen und „schade“ sagen, „schade, sehr schade“. Seine Krönungskathedrale war sein Lieblingsbauwerk. Die besten Steinmetzen und Bauleute ließ er aus aller Herren Ländern nach Reims kommen, dieses Steinhaus zu schmücken. Er wird es bedauern, daß er keinerlei Handhabe besitzt, diesem Steinmetz aus Naumburg die Weisung zu erteilen, unverzüglich her zu ihm zu reisen. Der Reimser beachtete nicht, daß die beiden Männer sich zum Gehen anschickten. Er meinte, er müßte sich noch deutlicher erklären. „Es waren schöne Tage in Reims. Ja. – An einem Nachmittage, als ich draußen hoch oben an der großen Rose gearbeitet hatte, stieg ich in den Glockenstuhl. War ganz allein. Und ich ärgerte mich, daß die Glocken so stumm dahingen. Ich wollte, daß sie auch mir ihren Ton anvertrauen sollten. Ich nahm den Klöppel, führte ihn an die Glockenwand. Ganz behutsam; denn ich durfte doch nicht läuten! Aber ich wollte mich mit der Glocke unterhalten. Doch der Ton schwoll gewaltig und war voll Macht. Und die Leute unten liefen zusammen, zu ergründen, wer da oben wohl läutete. Denn das Große hören alle Menschen. Auch wenn es leise ankommt! Und so sagt Eurem König und Herrn, daß er das Große vernähme, auch wenn er es nicht besäße! Denn das Große hat seine eigenen Gesetze – und das oberste dieser Gesetze heißt die höhere Verantwortung und die höhere Pflicht." Er sah die beiden französischen Gesandten forschend an. Sie blickten ernst auf ihn. Sie schienen ihn zu verstehen. „Ich bin nicht groß, edle Herren, bin nur ein kleines, geringes Werkzeug. Aber auch ich muß den Gesetzen gehorchen, die in uns leben. Ich muß hier zu Ende arbeiten, was ich hier begonnen."

Der Reimser blickte ihnen lange nach, bis sie den Domplatz überquert hatten, bis sie nicht mehr zu sehen waren. Er blieb in der offenen Tür seiner Bauhütte stehen. Sah ins Leere, sah Mara. Wünschte, daß sie käme, damit er sie fragen könnte: „Glaubst du noch an mich? Glaubst du, daß das Werk werden wird?" Aber sie kam nicht. Und doch war keine Traurigkeit in ihm, vielmehr eine freudige Erwartung: Wenn sie so lange gesäumt hat, dann wird sie unterwegs gewesen sein; vielleicht hat man sie in irgendein Dorf in der Saaleniederung gerufen, und sie hat dort einem Kind zum Leben verholfen. Nun aber wird sie bald kommen. Sie muß kommen! Rupert reichte ihm das verlangte Pergament zu. Jetzt wird er den Entwurf für die Maria schaffen! Er wird wieder wie in Mainz Pergament dazu benutzen und sich nicht mit den Holztafeln abplagen. Jetzt wird es sich zeigen, wie er geträumt hat. Ob er stark genug geträumt hat, kühn genug. Jetzt soll der Traum greifbar hingestellt werden. Und es wird sein Leben werden, das er da auf das Pergament bringt. Zug um Zug. Es wird eine harte Arbeit werden. Es wird die Arbeit werden, um die er gelebt hat. „Glaubst du, Mara, daß das Werk gelingen wird? Antworte doch, Mara, antworte!"

DIE KLUGEN SACHKENNER

Bischof Dietrich hatte sich nicht länger weigern können. Er mußte den Brüdern seines Domkapitels Zugeständnisse machen, um sich selbst zu sichern. Er hatte nachgegeben und Mara nach Erfurt geschickt. Erfurt, so tröstete er sich selbst, ist nicht der Scheiterhaufen. Und jetzt mußte er wieder nachgeben. Er mußte ihnen allen Kenntnis von einem Hinweis aus Rom geben, einem Hinweis, der es vielleicht nach sich ziehen kann, daß man seinem Baumeister einige Fragen stellen muß. Einige Fragen stellen, so beruhigte er sich selbst, ist noch lange kein hochnotpeinliches Verhör. Vielleicht können wir es auch unter uns bereinigen. Zunächst einmal soll der Baumeister draußen bleiben, in seiner Bauhütte. Man darf ihn nicht stören. Er soll arbeiten.

„Liebe Brüder, ich habe euch zusammengerufen, weil mir nicht ungewichtige Beschwerde über unseren Meister zugetragen wurde. Beschwerde aus Rom, die wir ernst, sehr ernst prüfen müssen; denn es soll niemanden um den Papst geben, der uns hier in Naumburg der Leichtfertigkeit überführe. Es gilt abzuwägen, ob die Bildwerke des Meisters in unserem Gotteshause verbleiben sollen oder ob sie als

Blendwerk der Hölle und als trauriges Zeugnis menschlicher Überheblichkeit in Stücke geschlagen und vernichtet werden sollen."

„Hat man den Meister mit geladen, daß er uns Rede und Antwort steht?"

Dietrich antwortete nicht sogleich, bedachte sich; er wird ihnen nichts von seinen Gedanken erklären, sagte einfach: „Ja, aber er kommt nicht."

Einer der Brüder entgegnete sogleich: „Sieh an, er kommt nicht. Ein Zeichen, daß er sich schuldig fühlt; er fürchtet sich, mit uns über sein Werk zu sprechen."

Dietrich verteidigte den Meister, verteidigte sich: „Laßt uns jetzt nicht die Gründe für sein Fernbleiben untersuchen, man könnte es auch geziemende Achtung vor der Geistlichkeit nennen."

Sergius widersprach: „Ich sehe nichts dabei, was auf Achtung schließen lassen könnte – vielmehr sehe ich Ungehorsam."

Dietrich wies Sergius zurecht. „Verlieren wir uns doch nicht in Nichtigkeiten, daß wir nicht das Wichtige darüber vergessen. Im Dom und in seiner Werkstatt ist der Meister bereit, uns seine Arbeit zu zeigen", fügte er hinzu, den anderen zu beschwichtigen.

„Hochwürden – laßt Ihr Euch von so einem Vorschriften machen?" Sergius sprach so, als wäre er sehr entsetzt.

„Ich achte ihn, und ich achte seine Gründe. Durch seine Fertigkeit ist auch er berufen, uns Gott nahezubringen."

„Hochwürden, Ihr erschreckt mich! Berufen! Das kann doch nicht im Ernst Eure Meinung sein? Wer anders als die Kirche, wir, ihre Vertreter, sind dazu berufen!"

Mit beiden Händen beschrieb Dietrich eine weite Bewegung, unterbrach das heftige Reden des Sergius.

„Es ist meine Ansicht, daß Gott nicht nur sichtbarlich wird durch das Priesteramt." Er beobachtete jedes Gesicht der Männer, die da um ihn herum in seinem Arbeitszimmer Platz genommen hatten. Zum Teufel, ja, es stimmte, auch heute noch hätten sie lieber den Magister Peter als ihren Bischof gehabt, den Dominikaner. Sie saßen da und warteten darauf, daß er sich eine Blöße geben würde. Ja, und auch das stimmte, es war damals nicht sehr geschickt von ihm gewesen mit dieser Frau, mit dieser Mara. Aber sie sollen vergebens warten, er wird nicht ein zweites Mal ungeschickt sein. Und diese eine Ungeschicklichkeit ließ sich – allen Heiligen sei Dank! – verwischen. Eine Ungeschicklichkeit allein fiel noch nicht entscheidend ins Gewicht. Er redete weiter: „Doch es ist jetzt nicht unsere Aufgabe, Streitgespräche über die Berufung eines jeden einzelnen zu führen. Vernehmt, was man uns aus Rom geschrieben hat, was man uns in der Sache des Meisters vorhält.“ Dietrich stand auf, durchmaß mit weiten Schritten den Raum.

Schweigend saßen die Männer auf den harten Holzstühlen, die Hände über dem Leib verschränkt oder nachdenklich unter das Kinn geschoben. In ihren Gesichtern stand abwartendes Zurückhalten. Da haben wir es. Eine Beschwerde aus Rom. Wohl nicht zu Unrecht. Wie kann dieser Bischof Dietrich aber auch so eine Arbeit in Auftrag geben: in den neuen Westchor keine Heiligen zu stellen, sondern einfach – Menschen, sündhafte Menschen. Wohl, sie haben erst durch ihre Stiftungen den Bau ermöglicht. Aber war es richtig, Bildwerke von ihnen im Chor aufzustellen, alles Herkömmliche dabei nicht zu beachten? Gut, daß Rom seine Augen überall Ausschau halten läßt. Gut, daß es Menschen gibt, die über alles und jedes an die Kirche berichten. So kann Rom nichts entgehen. Die kleinen Dinge nicht und auch nicht die großen Belange. Also auch nicht dieser Dombau in Naumburg, die ärgerlichen Figuren im Westchor. Da, seht her, jetzt läuft der Dietrich erregt in seinem Arbeitszimmer auf und ab. Wird er dem Meister recht geben, wird er seine Auffassung teilen, es sei nicht falsch, den lebendigen Menschen, wie er uns heute begegnet, in das Licht der Kirche zu stellen? Das ist kein leichtes Ding, in das der Bischof sich da verwickelt hat. Muß er nicht Rom recht geben, daß diese offenherzige Darstellung des Menschlichen die fromme Andacht der Gemeinde stört? Doch die Bedenken um die Figuren der Stifter sollen noch nicht das Ausschlaggebende sein. Auch der Lettner soll Anlaß geben zu schwerwiegenden Bedenken. Man spricht sogar schon von einem dreiarmigen Kreuz! Und das ausgerechnet in Naumburg, mitten in der Stadt, mitten in der heiligsten Stätte – ein Ketzerkreuz!

Sehr sachlich, fast hörte es sich teilnahmslos an, legte der Bischof den Brüdern aus dem Domkapitel die Beschwerden aus Rom dar. „Der Verweis und die ernsthafte Vermahnung richten sich ausschließlich gegen den von uns bestellten Meister. Ihn selbst betrachtet man sehr kritisch. Er steht im Verdacht, schon in Frankreich sich den Waldensern angenähert, später in Mainz mit Ketzern Verbindung gehalten und schließlich heute in Naumburg ketzerische Gedanken zum Ausdruck gebracht zu haben. Seine Arbeiten sieht man sehr mißtrauisch an. Man sagt: Die Art, wie hier Menschen in ihrer Leiblichkeit dargestellt seien, verletze die Grenzen des guten Geschmacks. Der Sinnlichkeit sei hier im Allerheiligsten eine Stätte errichtet, wie sie schamloser nicht erfunden werden könne. Noch übler wurde der Lettner beurteilt: hier trete der ketzerische Geist am deutlichsten zutage. Schon die Komposition sei verwerflich, die Art, wie das Abendmahl ausgeführt ist, sei so nicht zugelassen. Man erkenne daraus, daß der Meister zwei Berichte in eins zusammengefaßt habe, den des Evangelisten Johannes und den des Evangelisten Matthäus. Johannes sagt: ‚Der ist's, dem ich den Bissen eintauche und gebe.' Matthäus sagt: ‚Der die Hand mit mir in die Schüssel tunket, der wird mich verraten.' Auf seinem Relief tauche Judas die Hand in die Schüssel und Jesus reiche ihm den Bissen. Man argwöhnt, der Meister habe die Bibel gelesen, habe sie etwa so gelesen, wie es Papst Innozenz der Dritte vor etwa sechzig Jahren verboten hat; man argwöhnt, er habe sie in der Landessprache gelesen. Denn Latein kann er nicht lesen und nicht verstehen. Ich kann mich des Gedankens nicht erwehren, ich glaube, es ist ein Mensch beauftragt worden, ich weiß nicht, von wem, in Rom so über den Meister zu sprechen. Uns hat man nun anheimgestellt, das Werk genau zu überprüfen, und man überläßt es uns, mit den Bildwerken zu verfahren, wie es uns am nützlichsten erscheint. Nun Eure Meinung, Brüder!“

Sergius sprach sogleich, eilig und heftig: „Ich fordere, diese schandbaren Bildwerke aus dem Dom zu entfernen und in aller Genauigkeit zu zerschlagen, daß nie ein Mensch sie jemals wieder zusammensetzen kann!“ Und er überlegte dabei, wie gut es doch gewesen war, daß der Gunzelin dem Dominikaner genügend Handgeld mit auf die Reise nach Rom gegeben hatte. Eilhart war also dort gut angekommen, und er hatte auch die Worte so, wie er, Sergius, sie ihm eingegeben hatte, vorgetragen.

Zögernd äußerte sich Gunzelin. „Ich meine, man sollte sich gründlich bedenken, so rasch und ohne reifliche Überlegung ein Werk, das in langen Jahren gewachsen ist, zu zerschlagen.“

„Halt, Bruder Bedenklichkeit“, fuhr ihm Sergius ins Wort, „weißt du, was das heißt? Das ist Lauheit, das ist Ausweichen. Das ist der Anfang, dem Krebsgeschwür der Irrlehre Raum zu geben. Ehrwürden“, Sergius unterstrich mit Nachdruck seine vorhin rasch hingeworfenen Worte, „ich trete für ein entschlossenes Handeln ein, wie man es in Rom von uns – und nicht zuletzt von Euch selbst, Ehrwürden – erwartet. Beseitigt die Bildwerke!“

„Recht gesprochen, Bruder Sergius, beseitigen bedeutet noch nicht zerstören. Wenn Ihr die Figuren vielleicht auf Euren Hausboden bringt, Herr Bischof, unter das Dach, so sind sie den Augen der Gemeinde entzogen. Wir aber haben unser Gewissen nicht mit Beschwernis beladen. Wir haben den Wünschen der hohen Geistlichkeit in Rom entsprochen – wir haben aber auch dem Meister nicht Schaden zugefügt – Schaden am Leibe.“

Sergius konnte auch in seinem sachlich klingenden Tonfall den überheblichen Spott schwer verbergen, wie er dem Vorleser Gunzelin erwiderte: „Du kommst dir recht geschickt vor, wenn du nach beiden Seiten schielst. Hast aber dabei eins vergessen: Wenn wir die Bildwerke so entfernen lassen, wird man uns leicht überall verlachen können. Und in den Gassen werden sie Spottlieder auf uns singen. Und den Reimser werden sie als einen feiern, vor dem sogar Bischof Dietrich Angst haben muß, daß er seine Bildwerke auf den Boden bringen läßt. Sie werden sagen, darum stellen wir die Steine beiseite, weil wir die Wahrheit nicht vertragen können – und gemerkt haben wir alles erst nach Jahren!" Und Sergius wiederholte noch einmal: „Ich sage mit allem Nachdruck, zerschlagt das unvernünftige Bildwerk. Laßt dann das gemeine Volk ruhig darum jammern. Am anderen Tage schon werden sie es über einen Bären oder einen anderen Braten vergessen haben!"

Während des Wortwechsels zwischen Sergius und Gunzelin war Dietrich zum Fenster getreten, schaute lange hinaus, hin zum Dom. Er konnte unten auf dem Platz vor der Bauhütte die Arbeiten beobachten. Da lagen noch die rohen, ungefügen Steine in mächtigen Blöcken. Dietrich sann: Nun kommt da ein Mensch und ist imstande, diesem groben Klotz eine Seele zu geben, daß er den Beschauer aufrührt – und schon sind auch die klugen Sachverständigen da – und eifern. Jäh wandte sich Dietrich vom Fenster ab, den Brüdern zu.

„Kennt Ihr die Figuren?"

Die Männer sahen sich an, zögerten mit einer Antwort, rückten ungemütlich auf den Stühlen, nahmen die Arme aus der Verschränkung. Wie plötzlich der Bischof die Frage stellte, so daß keine Möglichkeit blieb, auszuweichen. Kennen wir die Figuren? Zweifellos, wir haben sie betrachtet. Ein-, zweimal. Kennen? Ja, wir kennen wohl die Einwände gegen das Werk. Doch wissen wir auch um das Werk selbst? Warum mußte Dietrich diese Frage stellen?

Jetzt, nachdem wir schon eine geraume Weile über diese Arbeiten gesprochen haben. Was meint der Bischof, will er damit sagen, wir sprächen über Dinge, die wir nicht einmal kennen? Wenn das zutrifft, dann steht der Bischof auf der Seite des Meisters; dann – nicht auszudenken, daß er nicht mit Rom übereinstimmt, dann werden wir uns einen guten Sachkenner herholen müssen, der uns die Werke kennenlernen hilft.

Darum also kam der gelehrte Magister Peter nach Naumburg.

Er ging sogleich, ohne zu rasten, mit allem Staub vom Ritt von Erfurt her in den Dom. Verweilte dort eine nicht allzulange Zeit. Sprach mit den Steinmetzen, die im Raume noch an der Arbeit waren, kein Wort. Trat sehr aufrecht, hager und steif zwischen Sergius und Gunzelin von einem Steinbild zum anderen. Stellte sich selbst die Leiter an die Figuren. Stieß mit seinem spitzen, rotbärtigen Kinn fast in den Stein. Fuhr mit den bleichen, knochigen Fingern die Linien der Gesichter und Gewänder nach. Krähte seine Meinung mit knarriger, hoher Stimme, daß es durch das ganze Haus hallte. Schritt, stets streng aufrecht, ohne sich umzusehen, aus dem Dom in das nahe Haus des Bischofs. Langte beim Essen kräftig zu. Fand etwas Zeit dazwischen für wendige, belehrsame Worte, hier sprach er nur Latein. Lobte die Speisen, beanstandete mit etwas gewollt witzigen Bemerkungen den sauren Naumburger Wein. Ruhte nach einem kurzen Nachtischgespräch mit dem Bischof in dem für ihn eingeräumten Gästezimmer bis in den späten Nachmittag. Verlangte dann nach dem Meister. Der gelehrte Magister Peter zog die Mundwinkel herab bei dem Gedanken, jetzt mit einem ungebildeten Steinmetz sprechen zu müssen. Und wenn der auch ein Meister seines Faches sein mag, er wird sich nicht einmal lateinisch mit ihm verständigen können. Aber er wird ihn zunächst beiseite nehmen und allein mit ihm sprechen. Vielleicht ist er ein gefügiger Bursche und erklärt sich bereit, an seinen Arbeiten gewisse

Dinge, die ihm, dem Magister Peter, bedenklich erscheinen, zu ändern. Dann, der Magister Peter belächelte diese nicht üblen Gedanken beifällig, kann er den Brüdern des Domkapitels das abgeschlossene Ergebnis vorlegen: Seht, dieser Naumburger Steinmetz ist mit allen Vorschlägen einverstanden. Dann wird er, Peter, es nicht unterlassen, über diese geschickte Verhandlung zu seinem Ruhme nach Rom zu berichten. Oder aber dieser Steinmetz zeigt sich als ein halsstarriger Kerl, ablehnend gegenüber allen seinen guten Vorschlägen, dann wird er nach Rom berichten: Er, der Magister Peter, trug wesentlich dazu bei, einen verstockten Ketzer dem gerechten Gericht zu überliefern. Auch dieser Verlauf der Dinge wird ihm nicht zum Schaden gereichen. Wie dem auch sei, Rom wird auf alle Fälle auf ihn, Peter, aufmerksam werden, wohlwollend aufmerksam werden. Er wird diesen Meister als seine Figur schieben, wie er ihn braucht – und solange er ihn braucht. Und er wird ihn so lange brauchen – bis er mit dieser Figur den Dietrich an die Wand gespielt hat. Bis es heißt: Bischof Peter von Naumburg. Allerdings durfte er dabei die Brüder des Domkapitels nicht außer acht lassen. Das Domkapitel hatte auch mit Gewicht bei der Berufung eines neuen Bischofs. Der Ruf mußte jedoch einstimmig erfolgen. Es bedeutete schon einen Schritt vorwärts, daß das Kapitel ihn hergeholt hatte, die neuen Werke des Meisters zu begutachten.

DAS VERHÖR

„Hört mich, Meister, nur ein kurzes Wort!"

„Was gibt's, Rupert, ist der Stein nicht gut?"

„Meister, am Stein fehlt's nicht. Ich kam wegen anderer Dinge."

„Bist du krank?"

„Nein. Ich kam – nun – ich wollte – aber Ihr dürft mich

nicht schelten. Ich habe eine Bitte – nein, das stimmt auch nicht. Ich – Meister – ich habe Angst."

„Rupert, du bist heiß, dein Gesicht ist rot."

„Ich bin nicht krank, rede nicht im Fieber. Bin rasch gelaufen. Meister, ich weiß nicht, wie ich's Euch sagen soll. Man will Euch – flieht! Meister, seht, daß Ihr hier wegkommt! Sogleich!"

„Was soll das, Rupert?"

„Meister, hört: Ihr wißt, ich bin noch bei der Arbeit am Distellaub vom Lettnerkapitell. Wie ich da oben auf der Leiter stehe, kommen Menschen unten ins Haus herein. Sie redeten heftig und laut, daß ich jedes Wort verstehen konnte. Einige von den Leuten um den Bischof haben sich einen gelehrten Magister von den Dominikanern aus Erfurt geholt. Meister, der hat Eure Figuren angeschaut, so wie ein Pferdehändler einem Gaul ins Maul sieht, wie die Zähne darin sitzen. Meister, es klang schlimm, was er dabei fand. Er sagte, es sei zu erweisen, daß hier ein Ketzer arbeitet."

„Darum soll ich fliehen?"

„Meister, versteht Ihr denn nicht? Sie werden zu Euch hierherkommen, sie werden Euch holen, sie werden Euch hochnotpeinlich befragen – sie werden Euch foltern."

„Wenn Gott es zuläßt – ja."

„Das heißt Gott versuchen!"

„Rupert, du ratest mir, ich soll fliehen?"

„Ja, Meister! Ja! Ja!"

„Du ratest mir, ich soll mein Werk verlassen? Ich soll alles, woran ich jahrelang arbeitete, verraten?"

„Ich glaubte, Ihr könntet Euch noch vor – vor der – der Inquisition retten!"

„Wovor soll ich denn fliehen? Ich habe nichts zu verbergen. Was ich sagen mußte, ist zu sehen – es ist gesagt."

„Ihr seid so sicher, Meister – und wenn sie Euch nun anklagen – und einer Schuld überführen?"

„Glaubst du denn, daß ich schuldig bin?"

„Ich, Meister? Was liegt denn an mir! Der Bischof wird es glauben, das ganze Domkapitel – und Rom."

„Und da meinst du es auch!"

„Ich habe doch mit Euch gearbeitet."

„Da glaubst du, du weißt es besser als die gelehrten geistlichen Herren?"

„Ja! Ich weiß es – Ihr seid kein Schuldiger – Ihr könnt nicht schuldig sein – – sonst wäre das Werk nicht geraten!"

„Noch ist es nicht beendet."

„Aber im Entwurf habt Ihr doch die Gestalt der Maria schon festgelegt!"

„Den Entwurf überdenke ich schon seit den Tagen von Reims – ja, er ist da, doch ich weiß nicht, ob das Steinbild mir danach gelingen wird."

„Aber Ihr habt doch die Uta so wunderbar ..."

„Das ist keine Maria – verstehst du, Rupert, eine Maria, die Mutter Gottes, muß ganz anders sein."

Rupert störte den Meister nicht im Nachsinnen. „Höre", begann der Reimser nach einer Weile, „ich bin eingeladen worden, nach Meißen. Ich soll für den Dom dort Bildwerke schaffen, wenn ich hier die Arbeit abgeschlossen habe."

„Meister, das ist ein Fingerzeig! So eilt Euch doch, hinzukommen. Jetzt! Zur Stunde noch! Dann untersteht Ihr nicht mehr diesen Leuten hier."

„Ich gehe nicht nach Meißen! Frage mich nicht, warum, aber ich gehe nicht! Doch sie sollen dort ihre Steinbilder haben, nach unserem Entwurf. Und ich würde es gern sehen, wenn du als verantwortlicher Meister nach Meißen gingest, das Werk dort in unserer Art zu beginnen."

„Ich? Nach Meißen? Als Meister?"

„Wenn ich ihn darum bitte, dann bestätigt dich unser Bauherr, der Bischof, als Meister."

Der Magister Peter hatte es sich überlegt. Der Reimser sollte nicht zu ihm geholt werden, er selbst wollte zu ihm gehen, sehen, mit wem er in seiner Werkstatt zusammen arbeitete. Und wie der Fremde ohne Gruß in die Werkstatt trat, wußte der Reimser: Dieser Mann also ist der Magister aus Erfurt. Und dieser Mensch ist gekommen, ihn zu verurteilen, ihn und seine Arbeit. Er bedeutete Rupert, sich zu entfernen. Es sollte dieser Mann nicht über ihn erzählen können, er fürchte sich, allein mit einem Dominikaner zu sprechen. Zögernd, ungern ging Rupert. Nichts fühlte er als Furcht. Furcht vor diesem Unbegreiflichen, das sie Inquisition nennen – und von dem sie sagen: Gott selber spräche daraus. Und doch sah er, Rupert, nur solche Menschen wie den Magister Peter, der ihm vorhin im Dome einem Pferdehändler gleichkam. Und diese Furcht erstickte die Freude über den Auftrag, daß er nach Meißen sollte, verwischte den Stolz über das Vertrauen, mit dem ihn der Reimser so ehrte.

„Ihr nennt Euch Meister?"

„Man nennt mich so, Magister Peter."

„Ihr bekennt aber doch, daß Ihr der Meister dieser Figuren hier in unserem Dome seid?"

Er sagt „in unserem Dome", als sei er hier schon zu Hause, verwunderte sich der Reimser, antwortete jedoch ohne Zögern: „Ja, nach meinen Angaben sind die Steinbilder im Westchor und am Lettner, der eben diesen Chor abschließt, entstanden."

„Bis weit hinein nach Frankreich und nach dem Süden geht die Kunde von Euren Werken, doch niemand hört im Zusammenhang damit Euren Namen. Habt Ihr Ursache, Euren Namen geheimzuhalten?"

Der Reimser schwieg.

„Es gibt viele, die ihr Leben darum geben würden, wenn sie die sichere Gewißheit hätten, daß ihr Name den Späteren im Gedächtnis bleibt. Es gibt viele, die ihr Vermögen darum hingeben. Ich kenne aber wenige, die ihr Werk wichtig vor ihrem Namen halten. Euer Grund muß ein zwingender sein."

„Ja, Magister Peter, das mag sein. Die vielen, die Ihr da nennt, das alles sind Herren, Fürsten, Ritter – aber keine Steinmetzen. Uns nennt man heute schon nach unseren Werken. Oder wißt Ihr es anders vom Meister der Reimser Heimsuchung, vom Meister der Bamberger Adamspforte, vom Meister der Bamberger Maria und des Reiters – und das sind nur drei von den vielen, die am Steine arbeiten. Das Werk gilt uns herrlich vor dem Namen – nicht der Name herrlich vor dem Werke."

„Meister, Ihr wißt, wir haben Einwände gegen Euer Werk hier am Dom. Wir könnten Eure Arbeit vernichten und sie dem Hammer überliefern. Doch wir schätzen die Kunstwerke – wenn sie aus einem reinen Herzen kommen. Wenn Ihr Euch bereit findet, an Eurem Werke einige uns dringlich erscheinende Änderungen zu treffen, so bieten wir Euch höchsten Ruhm. Euer Name wird in allen unseren gelehrten Schriften über die gesamte christliche Welt verbreitet werden. Ihr bedenkt Euch? Ihr zögert? Meister, versteht mich recht, Euer Name soll, wo immer der Machtbereich unserer Kirche ist, mit Hochachtung und Anerkennung ausgesprochen werden – und Ihr werdet unter dem besonderen Schutz des Ordens der Dominikaner stehen – Ihr werdet keine Not zu leiden brauchen."

„Ich soll meine Arbeit verwerfen?"

„Ihr übertreibt. Geringfügige Änderungen, sagte ich."

„Dann ist die ganze Arbeit nichts wert – wenn sie geändert werden muß!"

„Nicht doch, Meister, nicht doch, eine Kleinigkeit, Kleinigkeiten. Etwa das Kreuz an der Lettnerpforte. Es bedarf gewiß nur einiger geschickter Handgriffe, den Eindruck zu beseitigen, Ihr hättet hier etwa ein dreiarmiges Kreuz aufgestellt, das habt Ihr doch gewißlich nicht?"

„Nicht weiter! Ich will von Euren Änderungen nichts mehr wissen. Ich schaffe für dieses Haus nur noch ein Bildwerk – Maria. Alles andere bleibt, wie es aus meiner Werkstatt in den Dom kam!"

„Ihr vergeßt Euch! Ihr vergeßt, daß es um Euren Namen geht!"

„Nein, Magister, nein. Es geht hier um ganz andere Dinge als um meinen erbärmlichen Namen. Zu Euch, der Ihr hierhergekommen seid, mich zu verhören, will ich davon sprechen. Ihr sollt nicht sagen, Ihr hättet mich verstockt oder wortkarg gefunden. Es geht darum, zu beweisen, ob es richtig ist, wenn das Volk von mir sagt: ‚Der versteht uns!' Das ist nicht mit einem Wort getan. Und das kann der nicht ermessen, der sorgsam auf seinen Namen achtet. Ich glaube, heute weiß ich, warum es auf mich gelegt wurde, die Gesetze, nach denen der Stein behandelt werden muß, verstehen zu lernen. Nicht darum, mich selbst vor aller Welt zu preisen. Der Auftrag muß anders heißen. Nicht der Auftrag eines Fürsten oder eines Geistlichen. So muß der Auftrag Gottes heißen: Lasse das Volk herein, die geringen Leute, die da die Großen unter der Sonne gemein nennen, lasse die herein, die wissen, was es heißt: Arbeit – die wissen, was es heißt: Mühsal. Sie sind in Wahrheit Gottes liebe Kinder! Glaubt nicht, Magister, daß dieser Auftrag ein bequemer ist. Er ist der härteste, der einem Menschen gestellt werden kann. Denn von dem Augenblick an, da ich diesen Auftrag erkannte, sah ich, daß ich selbst dabei nichts zu gelten habe. Wenn es mir gelingt, mit meiner Arbeit an die Seele der Menschen zu rühren, die Gott seine lieben Kinder heißt, was, Magister Peter, soll da noch mein Name?"

Er ist im Alter schwatzhaft geworden und redet pathetisch daher, überlegte der Magister Peter. Damit mag er wohl einem Gerber imponieren oder einer Dienstmagd, aber mir nicht. Dazu werden wir selbst, wenn es uns nötig erscheint, noch viel pathetischer. Laut sagte er: „Ihr wollt also nichts ändern?"

„Nein! Nichts!"

„Dann kann ich es mir nicht schenken, Euch vor dem Bischof und den Brüdern des Domkapitels einige Fragen zu stellen."

„Ich werde Euch alles wahrheitsgetreu beantworten."

Wie der Reimser knapp hinter dem Magister Peter hinüber aus seiner Bauhütte in das Haus des Bischofs ging, dachte er: Ich hätte dem Jungen, dem Rupert, doch sagen sollen, warum ich nicht nach Meißen gehe. Weil ich zu alt bin. Eh, was lüge ich da noch vor mir selber. Das ist es nicht allein. Ich will in Meißen nicht einer alten Frau begegnen – der schon zwei Ehemänner weggestorben sind und die nun mit ihrem Kinde, dem Friedrich, nach Meißen zu ihren Anverwandten geflohen ist. Nein, und wäre sie auch hier in Naumburg, die Babenbergerin, ich wüßte nicht mehr, wie ich mit ihr zu reden hätte, ich habe zu lange nicht mehr an den Tischen von Fürsten gesessen, ich habe ihre Gespräche, die sie bei Tische führen, hassen gelernt, und nicht nur ihre Gespräche.

Im Kapitelsaal hatten sich alle Brüder des Domkapitels um den Bischof Dietrich versammelt. Der Reimser blickte vor sich hin auf den Boden. Er wollte die zufriedene und höhnische Miene des Vorlesers Gunzelin nicht sehen und nicht die eifernden Blicke des Bruders Sergius. Er sah auch nicht auf, als ihn der Magister Peter fragte: „Antwortet mir ohne Leugnen, eingedenk, daß jedes falsche Wort Euch in ewige Verdammnis bringt: Welches Verhältnis habt Ihr zu der Frau, die sich Mara nennt?"

Ich soll ein Geständnis ablegen. Da steht ihr nun alle beisammen, und ihr erwartet lüstern eine der alltäglichen Geschichten. Ihr denkt, der alte Kater ist um ein junges Kätzchen gestrichen. Und jetzt braucht es nur einen wohlgezielten Steinwurf, dem Kater das Gesicht zu zerschlagen. Sie werden mit teuflisch ausgeklügelter Wissenschaft Fallstricke legen. Jetzt, bei seiner Antwort, blickte er dem Magister ins Gesicht. „Hochgelehrter Magister Peter, Ihr könnt alles, was ich Euch noch nicht gesagt habe, aus meiner Arbeit ablesen. Geht hin und seht Euch das Steinbild an, das nach meinem Entwurf für die Frau Regelindis steht."

„Ich erachte die Antwort nicht als ausreichend."

Bischof Dietrich trat ungehalten mit dem Fuße auf. Abgetan war diese Geschichte. Er will nichts mehr darüber hören. Er hat sie nach Erfurt geschickt, und damit ist es genug. Soll der Magister Peter sie doch dort fragen. Seinetwegen sie verhören. Ein hochnotpeinliches Verhör ist noch lange nicht der Scheiterhaufen. Den Gunzelin rief er sich heran, sprach kurz mit ihm. Gunzelin wandte sich an den Magister: „Der Bischof bedeutet Euch, alle Fragen um diese Frau Euch und uns zu ersparen. Der Bischof kennt die Frau, und er kennt auch alle Vorgänge um sie. Der Bischof ist der Ansicht, daß alle Fragen, ihre Person betreffend, nicht hierhergehören."

Magister Peter wollte auffahren: Ich verhöre hier, und ich habe zu befinden, was zu fragen ist, niemand sonst! Der Magister lehnte seine knochigen weißen Finger mit den Spitzen gegeneinander: „Ich höre und achte den Wunsch des Bischofs in dieser Angelegenheit. Ich komme zu meiner anderen Frage. Meister aus Naumburg, antwortet mir in voller Wahrheit: Haltet Ihr die Waldenser für boni homines?" Gönnerhaft lächelnd wiederholte er: „Seht Ihr die Waldenser für gute Menschen an?"

„Hochgelehrter Magister Peter, sagte nicht Jesus dem reichen Jüngling, als der ihn mit ‚guter Meister' ansprach: ‚Was fragst du mich um das Gute? Einer ist gut, nämlich Gott.'"

Sogleich auf die Antwort unterbreitete Magister Peter die nächste Frage, daß der Reimser keine Zeit fand, sich zu bedenken, war es richtig oder falsch, was er da gesagt hatte.

„Habt Ihr bei einem Waldenser gebeichtet?"

„Hochgelehrter Magister, ich habe versucht, bei jeder Beichte darauf zu sehen, daß ich zu einem würdigen Priester kam."

„Habt Ihr einmal bei den Waldensern das Abendmahl genommen?"

„Es war, wo immer ich mich aufhielt, mein Bestreben, das

heilige Mahl so zu nehmen, wie es der Herr selbst eingesetzt hat."

„Habt Ihr einem Waldenser Geld gegeben oder ihm sonst geholfen?"

„Wenn einer zu mir kam und ich sah, bei dem tut Hilfe not, Hilfe mit einem Stück Brot, einem Tuch oder einem Wort, da habe ich ihn weder vorher noch später gefragt, ob er denn ein Ketzer sei."

„Habt Ihr je den sogenannten Friedenskuß empfangen, wie er unter den Waldensern als Begrüßung üblich ist?"

„Wenn ich zu Fremden kam und zu Männern, die ich als ehrenwert achten konnte, mag es wohl vorgekommen sein, daß wir uns zum Gruße die Backen küßten. Aber ich traf die gleichen Männer auch in der Kirche bei der Messe. Wer will um eines Kusses willen einen Menschen als Ketzer ansprechen?"

„Das Fragen steht Euch hier nicht zu. Ich frage! Ihr habt vorhin ein Wort aus der Bibel angeführt. Habt Ihr von einem Waldenser die Evangelien und Epistel gelernt?"

„Als ich Abschied nahm von meinem früheren Auftraggeber, dem Erzbischof Sifrid von Mainz, da gab er mir als Anerkennung für die Arbeit am Lettner zum Martinchor eine Bibel, wie sie einer seiner Mönche ins Deutsche übertragen hat. So kann ich die Heilige Schrift für mich verständlich lesen. Das Buch liegt drüben in der Bauhütte."

„Es soll hergeholt werden. Ich will es sehen, bevor ich weiterfrage", bestimmte der Magister. Und als hätte Gunzelin nur auf diesen Wink gewartet, eilte er aus dem Raume, das Buch in der Bauhütte zu suchen. So hastig, wie er gegangen war, kam er wieder, reichte dem Magister Peter das Buch zu. Der blätterte es um und um, besah es aufmerksam, schüttelte seinen Kopf. „Ich finde keinen Vermerk, der darauf hindeutet, daß der Erzbischof zu Mainz Euch wirklich die Bibel geschenkt hat. Wen könnt Ihr als glaubwürdigen Zeugen nennen, der es sah, der weiß, daß der Erzbischof Euch dieses Buch gab?"

„Andreas von Sale, seinen Sekretär“, erwiderte der Reimser.

„Ei je, da habt Ihr Euch freilich einen bedenklichen Zeugen ausgesucht. Wißt Ihr nicht, daß dieser Mensch, nicht lange danach, als Ihr Mainz verlassen habt, die Kirche verraten hat und zum Kaiser gelaufen ist? Wen also könnt Ihr als Euren Zeugen besser nennen? Diesen Menschen, von dem Ihr uns sagtet, anerkennen wir nicht.“

Etwas ratlos blickte der Reimser auf den Bischof, zuckte die Schultern. „Ich weiß keinen, denn es war sonst niemand weiter dabei.“

„Schreibt das auf“, forderte der Magister von Gunzelin, „er weiß niemanden – das ist schon verdächtig.“

„Reicht mir doch einmal die Bibel herüber.“ Dietrich beugte sich vor, griff mit beiden Händen nach dem Buche.

„Schreibt weiter auf“, wandte sich der Magister an Gunzelin, „es ist fraglich, ob dieses Buch in der Tat vom Mainzer Erzbischof herstammt.“

Kaum merklich lächelnd, gab Bischof Dietrich dem Magister das Buch zurück. Nicht einmal aufgeschlagen hatte er es. „Ihr habt nur darinnen geblättert“, meinte er zu Magister Peter, „vergaßt wohl dabei auf den Einband zu achten. Seht hin, da unten in der rechten Ecke erkenne ich deutlich das Zeichen des Mainzer Erzbischofs: den Löwen mit dem schwingenden Schweif – und der Schweif endet in dem Kopf einer Schlange.“

„Dann –“, einen Augenblick war Magister Peter verwirrt, „mag das schon so sein, daß dieses Buch dem Mainzer Erzbischof zugehörte – damit ist jedoch noch nicht gesagt, daß er es lesen darf, daß ein Steinmetz es besitzen darf.“ Er wandte sich zu Gunzelin: „Schreibt auf: Das Gebot des Papstes Innozenz III. übertreten – es darf kein Laie die Bibel in der Landessprache lesen oder besitzen.“

„Schreibt das nicht, Gunzelin“, Dietrich sprach laut und scharf dazwischen, „schreibt das nicht so, es ist nicht vollständig. Schreibt: Die Synode zu Tarragona im Jahre des

Herrn 1234 besagte ausdrücklich, der Bischof darf das Lesen und den Besitz der Bibel genehmigen. Ich habe es genehmigt!"

Der Magister wollte sich gegen den Eingriff in sein Verhör wehren. Doch was sollte er sagen. Der Einwand war sachlich richtig. Schade, einen offeneren Beweis für Ketzerei hätte er sich nicht wünschen können. Aus der Hand geschlagen. Und er fragte weiter, die Frage, die er sich als die letzte aufgespart hatte. An der kann sich der Mann verfangen.

„Was haltet Ihr von der waldensischen Lehre?"

Geht er auf die Frage ein, dann zeigt er, er weiß Bescheid mit den Lehrsätzen der Waldenser, also muß er auch ein waldensischer Bruder sein, denn diese Leute weihen nur ihresgleichen in ihre Geheimnisse ein.

Freimütig antwortete der Reimser: „Magister, für mich gilt einzig die Lehre, wie ich sie in der Bibel finde."

„Das sagen die Waldenser auch. Sie behaupten, sie seien die einzigen, die das Wort nach seiner wahrhaftigen Bedeutung auslegen und die auch wahrheitsgetreu danach leben." Dieser Mensch hat nicht dumm geantwortet, also müssen wir die Frage variieren, bei allen Heiligen, ja, er hatte es sich leichter vorgestellt. „Kennt Ihr die Ziele der Waldenser?"

„Wenn Ihr mich nach den Zielen meiner Arbeit fragtet, so könnte ich Euch darüber aussagen – doch was soll ich Euch die Ziele der Waldenser deuten – Ihr wißt sie gewiß besser als ich."

Es fragte jedoch der Magister Peter nicht nach den Arbeiten im Chor und am Lettner. Er fragte nichts mehr. Er spürte, mit einem Schlag konnte er nichts ausrichten. Es mußte gebohrt werden, mit viel Geduld. Wenn auch der Meister ihm nichts gestanden hatte und wenn auch das Verhör nicht zur Anklage ausreichte, so war doch eins erreicht. Mißtrauen war da. Solange aber Bischof Dietrich selbst nicht zu den Anklägern trat, konnte der Meister schwerlich in Gewahrsam genommen und den Richtern der

Inquisition übergeben werden. Doch dazu berechtigte ihn, den Magister Peter, das nun einmal erwachte Mißtrauen: er selbst wird fortan den Meister überwachen. „Ich möchte Euch als Bauherrn bitten", so wandte er sich an Dietrich, „mir die Erlaubnis zu geben, daß ich, wann immer ich komme, Zutritt zur Bauhütte habe. Und Ihr möchtet anordnen, daß mir der Baumeister Einblick in jede Arbeit gewährt. So nur könnt Ihr, kann die Kirche vor großem Schaden bewahrt bleiben, da Euer Meister doch die Absicht hat, noch an einem Werke zu arbeiten."

Ohne auf den beschwichtigenden Wink Dietrichs zu achten, fuhr der Reimser empört auf: „Ich bin gewohnt, ohne Aufpasser zu schaffen – und wenn ich jetzt die Arbeit beginne – meine Maria – mein Leben lang bereitete ich mich darauf vor – dann muß ich frei gestalten können, ohne daß einer hinter meinem Rücken steht und sich darüber aufhält, wie ich die Gewandfalten zurechtlege, wie ich die Linien im Gesicht ziehe. Jedes Wort von einem, der nichts davon versteht und mir aufsieht, wird das Werk nur hemmen, solange ich daran arbeite." Er sah in seiner Erregung nicht das beleidigte Gesicht des Magisters. Er, der gelehrte Mann, der in Paris studiert hat, er soll nichts von der Arbeit am Stein verstehen? Das wagte ihm ein Gott allein weiß woher gekommener Mensch, ein der Ketzerei verdächtiger Mensch vor dem versammelten Domkapitel zu sagen! „Ich muß gestalten können, wie ich es in meinem Inneren sehe, ohne daß mir jemand etwas dabei einredet."

Dietrich stand auf, trat vor den Reimser, ließ dabei den Magister nicht aus den Augen. Er sprach ungewöhnlich laut. „Ihr gestaltet so, wie Ihr es immer tatet: Ihr gestaltet, wie Ihr müßt."

„Ja, wie ich muß!"

Magister Peter horchte auf. Was für eine Sprache führte der Dietrich mit diesem Baumeister, als sei der einer, der geachtet werden müsse. „Wie nun", fragte er ungeduldig, „steht Ihr zu meinem Antrag?"

„Ihr mögt kommen", gab der Bischof ihm höflich Bescheid, „wenn sich die Zeit findet. Und ich bitte Euch, daß Ihr dann jedesmal bei mir vorsprecht. Ich möchte zusammen mit Euch zum Meister in die Bauhütte gehen."

Der Magister verbarg seinen Unmut, antwortete achtungsvoll: „Ich weiß, Bischof, welchen Dank ich Euch dafür schulde."

Magister Peter ritt zurück nach Erfurt. Nicht so erfolgreich, wie er anfangs geglaubt hatte, jedoch durchaus nicht mutlos. Nein, die Zeit in Naumburg schien ihm nicht verloren. Wenn es schließlich doch gelingt, und es muß gelingen, zu erweisen, daß dieser Meister ein übler Ketzer ist, dann wird auch Bischof Dietrich ein unmöglicher Mann. Wenn er, Magister Peter, diesen Meister seiner Schuld überführt hat, dann dürfte es ein Unding sein, daß Dietrich, der einen solchen Mann offensichtlich begünstigt, weiter Bischof bleibt. Dann wird es nicht schwer werden, sich von Rom als Bischof Peter von Naumburg bestätigen zu lassen. So wird es kommen: In seinem neuen, diesem letzten Kunstwerk, dieser Maria, wird der Meister sich verraten. Ruhig wurde er. Die Zeit, die der Steinmetz an seiner Maria arbeiten wird, kann er getrost in Erfurt abwarten. Er wird nicht eher nach Naumburg kommen, bis ihn Sergius wissen läßt, daß die Maria von der Bauhütte in den Dom gebracht wurde. Dann aber wird er sich mit dem Ritt auf Naumburg beeilen.

Er trieb sein Pferd an. Ein guter Gedanke war ihm gekommen. Wie vorsorglich war es doch von Bischof Dietrich gewesen, die Frau Mara nach Erfurt zu schicken, in die schützenden Hände des Dominikanerordens. Ja, so hatte dieser Dietrich sich von allem Verdacht gereinigt, diese Frau sei eine Hure. Magister Peter lächelte. Heute noch wird sie von ihm hochnotpeinlich befragt werden, über alles, über den Bischof und über den Meister. Und sie wird das antworten, was er hören will.

Nach diesem Verhör folgte eine Zeit tiefer Niedergeschlagenheit. Der Reimser wich allen Menschen aus, vergrub sich in sich selbst. Saß Tag um Tag in dem äußersten Raum seiner Bauhütte. Er rührte nicht eine Hand. Er sah nicht auf die Arbeit seiner Leute. Er aß nichts. Er versäumte die Messe. Er ging nicht zur Beichte. Er saß da, sehr allein. Und es war niemand unter den Bauleuten, der es gewagt hätte, den Reimser anzustoßen, ihm zuzurufen: „Na he, du, Meister." Der eine oder der andere schüttelte wohl den Kopf, aber sie achteten ihren Meister zu sehr, als daß sie über sein Verhalten dumme Bemerkungen gemacht hätten. Und sie gewöhnten sich daran, daß er sich nicht um sie kümmerte. So kümmerten sie sich auch nicht weiter um ihn.

Ja, da saß er nun. War in Amiens gewesen und in Reims, in Mainz und in Naumburg. Er hat um sich geschaut, und er hat das Geschaute in den Stein gebracht. Er hat geglaubt, er wisse Bescheid um das Leiden der Menschen, um ihre Schmerzen, um ihr Kreuz. Er hat geglaubt, wenn er den Menschen ihr eigenes Gesicht vorhält, wenn er hinter den leeren Schein und die hohle Aufgeblasenheit sieht und wenn er durch seine Werke die anderen auch dahintersehen läßt, wenn es ihm gelänge, durch seine Werke die Menschen zu ergreifen, dann müssen sie doch ablassen von der Unlauterkeit, von der Falschheit. Er hat geglaubt, wer sein Werk sieht und wer sein Werk versteht, der kann gar nicht mehr üblen Dingen nachgehen. Er hat geglaubt, wer sein Werk versteht und liebt, der muß ein anderer Mensch werden, ein besserer. Er hat mit jeder Faser seines Seins geglaubt, Gott selbst habe ihm diesen Auftrag auferlegt, durch seine Kunst die Menschen zum Guten zu wandeln. Und er hat sich das Arbeiten sauer werden lassen. Gott weiß es, er hat streng geprüft und hat verworfen, was er für seine Arbeit nicht brauchen konnte. Und er hat dabei das Alte, das Hergebrachte verworfen. Er hat mit sich selbst gekämpft, und er ist sich selbst der schlimmste Gegner gewesen. Und dieser Kampf war noch nicht zu Ende. Zweifel war in ihm und auch Furcht. Vielleicht gab Gott doch den anderen recht, den Herren, den Fürsten. Gab ihnen so recht, wie er ihnen alle Macht auf Erden gegeben hatte. Und wenn es so war, wenn Gott und das Recht und die Herren auf einer Seite standen, dann war alles falsch gewesen, was er angefangen hatte. Dann war jeder Meißelschlag in den Stein eitel gewesen. Ganz eitel. Dann war die gesamte Arbeit seines Lebens ein nichtiges Machwerk; dann war Gott nicht in seinen Werken. Dann konnte Gott nicht in seinen Werken sein – wenn er bei den anderen war – wenn er die anderen segnete. Dann war er gottlos – die Arbeit gottlos – verworfen.

Furcht kroch ihn an. Lähmende, widerwärtige Furcht. Und er konnte sich an nichts mehr erinnern, was auf diesem Verhör gewesen. Gesagtes und Gedachtes schob sich durcheinander und verwirrte ihn. Warum, plagte er sich mit seinen Gedanken ab, haben sie mich dann nach diesem Verhör nicht sogleich ergriffen. Warum, wenn ich ihnen verdächtig bin, liefern sie mich dann nicht einem Gericht aus. Warum schweigen sie jetzt. Warum ist alles so geblieben, wie es vorher war. Und er wußte: Es ist nicht so geblieben. Er fühlte: Es ist nichts zu sehen, es ist nichts zu hören, es ist nichts zu greifen – und doch ist es da. Die Inquisition. Irgendwo und von irgendwelchen Herren, die er nicht kennt, die aber ihn sehr wohl zu kennen glauben, von irgendwelchen Herren also wird über ihn verhandelt. Und er kann dazu nichts sprechen. Nicht ein einziges Wort. Er kann nur dasitzen und warten, was sie über ihn beschließen werden. Er muß warten, bis sie herausgefunden haben, wie sie ihn treffen können – denn sie wollen ihn treffen. Das wußte er. Da saß er nun, Baumeister zu Naumburg, furchtsam und sehr allein. Eine große Leere war in ihm, eine niederdrükkende, verzehrende Leere. Und kein Gedanke kam ihm, nicht ein Gedanke, wie er Herr werden könne über die Furcht und über den Zweifel. Nur ein Satz, ein einziger Satz fand Platz in seinem Hirn: „Langsam, doch sicheren Schrittes, naht sich aus dem Ungewissen das rächende Schicksal.“ Das waren die Worte, die der Waldenser Nicola ihm damals in Reims gesagt hatte, und der hatte damit gemeint, daß die Sieger über die Ketzer in Frankreich wohl achthaben sollten auf die Rächer, die da kommen würden. Wie aber, wenn es doch nicht so war, wenn nicht die Ketzer gerächt werden würden, wenn der Satz auf ihn, den Baumeister, zutraf? Langsam, doch sicheren Schrittes, naht sich aus dem Ungewissen das rächende Schicksal. Hat er, der Reimser, denn nicht allen herkömmlichen Gesetzen der Bildhauerkunst hohngesprochen? Hat er denn nicht hinter die eitle Maske der Herren gegriffen, hat er sie nicht nackt gezeigt? Hat er denn nicht in Frankreich schon der Sache der waldensischen Brüder zugeschworen? Langsam, doch sicheren Schrittes, naht sich aus dem Ungewissen das rächende Schicksal. Aus diesem Ungewissen wird die Inquisition auf ihn zukommen. Die Richter werden vor ihm stehen. Und er wird gefragt werden: Du Mensch, der du warst in Amiens, in Reims, in Mainz, in Naumburg – bereust du? Und änderst du nicht doch dein Werk? Wenigstens so, daß aus dem dreiarmigen Kreuz ein vierarmiges wird? Bereust du Mensch, daß du anfingst, an der alleinigen Kirche zu zweifeln? – Damals aber habe ich voll guten Glaubens den Brüdern zugeschworen, und wir fanden die Lehre des Waldus gerecht und glaubten, Gott selbst hätte sie gesegnet: Es soll jeder Geistliche um seinen eigenen Unterhalt selbst graben. Und doch wußtest du Mensch auch damals, als du mit den waldensischen Brüdern in Reims zusammen warst: Es ist ein Unterfangen gegen das Gesetz. Und das Gesetz gibt die Kirche. Und die Kirche ist Gottes. Also, Mensch, war dein Beginnen auch gegen Gott – und darum mußtest du am Ende scheitern. Denn wer sich gegen Gott stellt, der wird scheitern. Und er wird aufschreien:

Woher, Inquisitionsrichter, woher willst du wissen, wo Gott ist?

Und die Furcht vor dem Ungewissen wich nicht, und der Zweifel schlug ihn. Da, ein Gedanke sprang ihn an. Laßt mich zu einem Menschen gehen, zu einem einzigen Menschen, vor dem ich alles, alles aussprechen kann. Mara. Er wird nicht kommen als der große Meister und nicht als der sichere Mann. Er wird zu ihr gehen als ein hilfloser, gehetzter, zerrissener Mensch. Er will sein Gesicht an ihre Wange legen. Er will weinen. Er will bei einem Menschen weinen können. Er dachte nicht daran, daß sie seit längerer Zeit nicht mehr zu ihm in die Bauhütte gekommen war. Und er überlegte auch nicht, daß, wenn er sie träfe, sie ihn vielleicht wegweisen würde – daß sie vielleicht gar nicht mehr an ihn dachte und darum nicht gekommen war. Er ging und wußte nicht, wo er sie finden sollte. Er wußte nur, daß er sie finden mußte. Und wie er darüber grübelte, dämmerte in ihm ein Erinnern, bis es ins klare Bewußtsein rückte, das wurde im Verhör gesagt. Ja. „Der Bischof kennt die Frau – und er kennt auch alle Vorgänge um sie.“ Wenn also der Bischof selbst um die Frau wußte, dann mußte er auch wissen, wo sie war. Dann mußte er wissen, warum sie nicht zu ihm kam. Und er, der Reimser, wird ihn fragen. Jetzt gleich. Und so ging er, wie er war, mit ungeordneten Haaren und mit der staubigen Leinenjacke zum Haus des Bischofs. Er überlegte nicht einen Augenblick, daß es gegen die Ordnung war, vor dem Herrn Bischof ungerufen zu erscheinen. Und er bedachte auch nicht, daß es unhöflich und ungeziemend sein könnte, so unordentlich vor den Herrn Bischof zu treten.

Vor dem Haus des Bischofs geriet ihm der Vorleser Gunzelin in den Weg, rief ihn an: „Wo wollt ihr hin, Meister?“ Der Reimser sah kurz auf, antwortete geradezu: „Zum Bischof!“ Gunzelin besah den Mann, wie der da vor ihm stand: atemlos, unordentlich, aufgeregt. So hatte er ihn noch nie gesehen. Er kannte ihn lediglich als den abwägenden, ruhigen, sicheren Meister. Auch bei dem Verhör war er nicht unsicher erschienen. Und das hatte ihn, Gunzelin, im Grunde recht verdrossen. Wieviel befriedigender wäre es doch gewesen, zu sehen, wie ein Mensch niederbricht, wie einer die Macht über seine Sinne verliert. Nun also stand dieser Mann vor ihm, offensichtlich innerlich aufgerührt. Es reizte den Vorleser Gunzelin, herauszubekommen, warum dieser ihm unverständliche Mensch so atemlos, so erregt war. „Zum Bischof?" wiederholte er langsam, sah überlegend die Außenmauer des Bischofshauses auf und ab. Es war die frühe Nachmittagsstunde, und der Bischof schlief. Der Bischof pflegte um die Zeit so tief zu schlafen, daß auch kein lautes Sprechen unter seinem Fenster ihn aufstörte. Und Gunzelin sagte: „Ich weiß, der Bischof ist jetzt nicht zu erreichen." Und er setzte hinzu, als er den anderen aufhorchen sah: „Er ist nicht da." Das war keine Lüge. Gott weiß, es ist richtig, wenn er schläft, ist er nicht da. Er ließ den Reimser nicht zum Überlegen kommen. „Was", redete er mich weicher, freundlicher Stimme auf ihn ein, „bedrückt Euch so, werter Meister? Ich wundere mich, Euch so besorgt zu sehen. Ich habe es nicht gern, wenn Ihr unzufrieden seid, weil ich weiß, daß das unseren Herrn Bischof bekümmern würde. Gewiß läßt sich das Übel, das Euch bedrückt, aus der Welt schaffen. Sicher kann ich Euch raten." Und mit drängender, höflich besorgter Bestimmtheit lud er den Reimser ein, in das Haus zu treten, zu ihm in seine Studierstube zu kommen. Und der Reimser ließ sich bereden, ging mit. Er fühlte sich in diesem einfachen Raume mit den kahlen Wänden und dem nackten Steinfußboden nicht unbehaglich. Er merkte, daß er ruhiger wurde, und er hörte dem anderen mit mehr Aufmerksamkeit zu. Er suchte aus dem Gesicht des Gunzelin herauszulesen, welche Absicht hinter seinen Worten liegen könnte. Er wollte sich selbst beweisen, daß er recht hat, diesem Vorleser gegenüber vorsichtig zu sein. Er forschte genau in den Zügen des anderen, aber er konnte nichts Feindseliges entdecken. Er achtete auf den Klang der Stimme, aber auch das verriet ihm nicht, was er bestätigt haben wollte. Vielleicht, so sagte er sich, habe ich vor mir selbst manches übertrieben, habe manche Leute zu meinen Widersachern gerechnet, die doch im Grunde auf meiner Seite stehen – oder mir wenigstens nicht entgegenstehen. Warum denn soll dieser Vorleser Gunzelin, der Vertraute des Bischofs, zu den widrigen Menschen gehören. Warum denn soll alles gelogen sein, was er sagt: „Hört, werter Meister, es besorgt mich aufrichtig. Seit Tagen schon, so habe ich mir sagen lassen, vernachlässigt Ihr die Arbeit. Was ist mit Euch, seid Ihr krank?" Der Reimser brachte ein mattes Lächeln in sein Gesicht, schüttelte den Kopf. „Nun, krank nicht an Gebrechen des Körpers – vielleicht betrübt etwas Eure Seele. Und eine derartige Trübsal kann sich auch zur Krankheit auswachsen. Ich weiß, Ihr seid lange nicht zur Beichte gegangen, vielleicht würde das Euch erleichtern. Wartet, ich will Euch den Bruder Sergius holen."

Der Reimser winkte ab. „Nein, das ist es nicht. Ich habe seit meiner letzten Beichte, bevor ich zum Magister Peter geholt wurde, nichts Neues zu sagen. Ich habe nach diesem Tage nicht einen Finger gerührt, hört Ihr, nicht einen Finger. Ich habe nicht einen Menschen gesprochen."

„Aber vielleicht habt Ihr in Gedanken etwas getan", unterbrach ihn Gunzelin.

„Ich habe über vielerlei Dinge nachgedacht, das ist wahr."

„Nun also, seht", lebhaft fiel ihm Gunzelin ins Wort, „das muß ausgesprochen werden, dann seid Ihr davon befreit."

Der Reimser sah nachdenklich vor sich hin, schwieg.

Gunzelin fragte: „Und Euer Nachdenken hat Euch gehindert zu arbeiten?"

Der Meister blickte dem Frager gerade ins Gesicht. „Und wenn es so ist?"

Gunzelin wiegte den Kopf. „Dann könnt Ihr nicht weiterarbeiten?"

Erstaunt sah der Reimser ihn an. „Habe ich das gesagt?“

Gunzelin lächelte gewinnend. „Ihr habt es nicht so ausgedrückt. Aber ich habe es so verstanden.“

„Ja“, der Reimser nickte, „Ihr habt mich nicht verstanden.“ Und er redete weiter, redete, als ob ihn in seinem Inneren etwas drängte, das zu sagen, was er besser verschwiegen hätte. „Ihr habt mich nicht verstanden. Ist es so schwer, einen Menschen zu verstehen? Ja, es muß wohl schwer sein, denn jeder sieht doch zuerst sich selbst, bevor er auf den anderen achtet. Und auf den anderen achten, das heißt noch lange nicht, ihn zu verstehen. Ihr habt an alles gedacht. Ihr habt die feinsten Rezepte, nach denen ihr einen gebratenen Pfau in vollem Federschmuck auf die Tafel bringen könnt. Ihr besitzt die genauesten Waagen, mit denen ihr jedes noch so geringe Maß an Gold wiegen könnt. Ihr versteht es, das Eisen so härten zu lassen, daß daraus fast unverletzliche Panzerhemden hergestellt werden können. Und ihr versteht es, das gleiche Eisen noch besser bearbeiten zu lassen, daß es zu noch schärferen Schwertern geschmiedet werden kann. Und so können auch diese neuesten, unverletzlich erscheinenden Panzerhemden zerschnitten werden. Ja, ihr habt an alles gedacht, ihr versteht es, Pferde zu züchten, stark genug, daß sie Männer mit schweren Schilden zu tragen vermögen. Ihr laßt Gerber und Kürschner immer neue, schönere Pelze arbeiten...“

„Was soll das, Meister?“

Die Zwischenfrage ließ den Reimser innehalten. Schwunglos, müde setzte er seine Worte. „Ja, ihr habt an alles gedacht. Nur nicht an...“

„An was?“ fragte Gunzelin. Es klang höflich, gewinnend.

„An Gott.“

Gunzelin meisterte seine Überraschung, gewann für sich Zeit zum Überlegen mit der Frage: „Wie meint Ihr das?“

„Und nicht an den Menschen.“

„Wir hätten nicht an Gott gedacht – und nicht an den Menschen?“ Gunzelin war zutiefst erschrocken. Er stand von seinem Schemel auf, alles in ihm sträubte sich dagegen, dem Meister recht zu geben. Haben wir wirklich nicht an Gott gedacht, wir Menschen im Zeitalter der Staufer? Haben wir nicht Gott die herrlichsten Stätten auf Erden errichtet, die prachtvollsten Kathedralen? Wer will es wagen, zu behaupten, Gott hätte hier kein Heim? Er, Gunzelin, wollte nicht tiefer denken, wollte es nicht gehört haben, diesen Satz: wir haben nicht an Gott *und* den Menschen gedacht, diesen schlimmen Satz: wir haben über uns selbst Gott und den Menschen vergessen. Der Vorleser brachte es über sich, zu lächeln. „Wolltet Ihr das dem Bischof sagen? Dann ist es gut, wenn er es nicht gehört hat?“

Der Reimser deutete sich das Lächeln auf seine Weise. Vielleicht sah dieser Vorleser auch, daß manches nicht so war, wie es sein könnte. Und vielleicht hatten diesem Mann seine Bildwerke dazu geholfen, das zu erkennen. Und wenn seine Bildwerke auch nur einen Menschen einen Schritt weitergebracht haben, dann war doch nichts vergebens gewesen, nicht die Mühe, nicht die Qual und nicht die Furcht. „Nein“, der Reimser erwiderte sein Lächeln, „ich wollte ihn etwas anderes fragen.“

Gunzelin trat einen Schritt auf ihn zu. „Und mir wollt Ihr Euch nicht anvertrauen?“

Der Reimser atmete tief. Ein Trotz gegen sich selber, gegen das heimliche Mißtrauen kam in ihm auf. Und er ließ im raschen Abwägen für sich selbst nur zwei Möglichkeiten: entweder seine Werke sind von Gott, dann hat er den Menschen gewonnen, und er kann ihm vertrauen. Oder aber sein Werk ist leer, dann steht er außerhalb der menschlichen Gemeinschaft, und es ist nichts anderes da als Mißtrauen.

„Ich wollte fragen, warum Mara nicht mehr in den Dom kommt“, sagte er einfach.

Gunzelin stand noch immer, lächelte noch immer: „Ich glaube, das kann ich Euch auch sagen.“

Der Reimser sah ihn an, gespannt, erwartungsvoll.

„Sie ist in Erfurt." Gunzelin sagte es sehr sachlich.

Der andere verstand nicht, zuckte mit den Schultern.

„Was soll sie dort?"

Gunzelin verbesserte sich. „Sie war in Erfurt." Setzte hinzu: „Sie ist bei den Brüdern des Ordens der Dominikaner gewesen." Ergänzte: „Sie ist sehr gewissenhaft gefragt worden." Fügte an: „Sie hat geschwiegen – verstockt – bis zuletzt."

Da begriff der Reimser. Der Mund stand ihm offen, seine Augen weiteten sich. Er saß mit stumpfen Sinnen da, als hätte er einen harten Schlag über den Kopf bekommen. Er sah den Mann vor sich an. Er hatte die Augen weit aufgerissen. Grauen schüttelte ihn. Er mußte stammeln. „Das – das – ist – es – das Gericht. Mara – Mara – meine Schuld – Mara –" Es war ihm, als wäre es sein Körper, der sich unter der Folter gewunden. Es brannte in ihm, als wären seine Glieder ausgerenkt und zerbrochen. Es war, als wäre er selbst in den Händen der Inquisition. Unentrinnbar.

Und Gunzelin stand vor ihm, besah ihn aufmerksam. So also sieht ein Mann aus, wenn er die Gewalt über seine Sinne verliert.

ASCHE

Der Reimser blickte sich um. Erkannte langsam die vertrauten Dinge in seiner Bauhütte. Er lag auf einer Bank. Jemand hatte Felle über ihn gebreitet. Dieselben Felle, mit denen er einmal den Bauern aus Friesland zugedeckt hatte. Den Bauern? War es nicht Mara, die er so eingehüllt hatte, daß sie gut schlafen sollte? Mara. Er schloß die Augen. Gleich wird sie kommen, wird ihm über die Haare streichen, wird ihn auslachen, daß er so lange schlief. Aber er hat ja gar nicht geschlafen. Er hat immer nur an sie gedacht und dabei gearbeitet. Und die Arbeit wurde gut. Wer sagt es, daß die Arbeit gut war? Nein, er hat nicht an Mara gedacht. Da war ein anderes Gesicht. Uta. Ein so unnahbares Gesicht. Nein, er hat die Felle nicht für Mara bereitgelegt, Gertrude kam. Endlich kam sie wieder. Und er streichelte ihr schönes, strenges Gesicht. Aber sogleich fuhr der Kaplan dazwischen, dieser Antonius, der griff sich die Frau und schlug ihr derb auf den Hintern. Und sie, Gertrude, sie lachte dazu, gurrte mit ihrer tiefen Stimme. „Wie brutal, wie schön." Erzbischof Sifrid drängte den Kaplan beiseite, hielt ihm das Kreuz hin, das große silberne Kreuz, das er immer auf der Brust trug. Und Antonius mußte niederknien. Sifrid beugte sich über den knienden Mann, suchte die Frau Gertrude auf den Mund zu küssen. Nicht Sifrid war es – der Magister Peter stand da. Und der Magister hatte kein Kreuz in der Hand. Er hielt die Folterzange. Und es war nicht Gertrude. Mara lag da vor ihm. Mit ausgerenkten Gliedern.

Und der Mann in der Bauhütte schrie laut. Krümmte sich, biß in die Felle, das Schreien zu ersticken. Wimmerte. Schlug sich vor die Stirn, die Gedanken zu betäuben. Aber die Gedanken blieben. Die schneidenden Gedanken: Meine Schuld! Meine alleinige Schuld! Ich, ich selbst habe Mara umgebracht. Meine liebe Mara. Er lachte gellend. Nein! Er hat sie nicht umgebracht. Das hat er nicht gewollt.

Gott hat sie umgebracht!

Und der Mensch auf der Holzbank ballte drohend die Fäuste. Du, du hast mir alles zerstört! Jeden Menschen, den ich liebgehabt habe, den hast du mir genommen! In Reims den Nicola. Du hast ihn umkommen lassen. Hat dieser Nicola nicht auf deine Gebote vertraut? Du hast ihn so geleitet, daß er umkommen mußte! In Mainz, die Gertrude, du hast sie aus meinen Augen geführt. Den alten Johannes, du hast ihn zugrunde gerichtet! Den Valentin, du hast ihn zum Verräter gemacht! Den Bauern aus Friesland, du läßt ihn verfolgen, daß er keine Ruhe findet! Mara, was hast du mit Mara getan! Warum, Gott, hast du sie gestraft, warum gerade Mara! Oh, wenn du so groß bist, so allmächtig, dann nimm mich doch! Zerschlage mir jedes Glied einzeln! Gib die Mara wieder! Gib mir meine Mara wieder!

Aber Gott schwieg.

Und nichts konnte zurückgenommen werden. Mara war auf der Folter unter den Händen des Magisters Peter im Auftrage der Inquisition gestorben. Das blieb bestehen. Und alles andere blieb bestehen: Die Inquisition änderte ihre Methoden nicht. Bischof Dietrich zelebrierte an hohen Feiertagen in der üblichen Weise die Messe. Die Bauleute gingen wie gewöhnlich Tag um Tag zum Dom. Der Gerber Meinold braute scharfen Sud von Eicheln und Kiefernrinden, gerbte seine Felle ordentlich wie immer, handelte mit allen Fremden, die in die Stadt kamen, daß er nicht allein auf den Bischof angewiesen sei. Der Klotzhans bereitete nach seinem alten Rezept den Pflaumenbranntwein und den Met. Es war, als sei nichts geschehen in Naumburg. Menschen kamen zur Welt, Menschen starben, Menschen liebten sich, Menschen arbeiteten, aßen, tranken.

Rupert wußte nicht ein noch aus. Wohl war er nun vom Bischof als Meister bestätigt, und er konnte nach Meißen gehen, wann immer er wollte. Aber er zögerte. Er wartete noch auf das Wort des Reimsers. Er mußte ihn doch endlich rufen, daß er ihm nach alter Sitte den Abschied gebe. Doch Tag um Tag verstrich, und niemand rief den Rupert. So ging er denn ungerufen hin zum Reimser.

Der aber erkannte ihn nicht.

Rupert erschrak tief. Stand hilflos in der Bauhütte herum, hörte die wirren Worte des anderen. Und er wußte nicht, was er tun sollte. Er schloß die Tür von innen, schob den Riegel vor, setzte sich hin, dachte nach. Der Meister darf nicht allein bleiben. Auf keinen Fall darf er allein bleiben. Es muß einer dasein, der bei ihm wacht, der ihm zu essen gibt und zu trinken, der Stunde um Stunde auf ihn achtet. Ja, einer muß sich um ihn kümmern. Er, Rupert, kann es nicht. Er hat seinen Auftrag. Er soll nach Meißen. Wer dann unter den Steinmetzen sonst? Und wenn sie den Meister auslachen, wenn sie höhnisch über ihn sprechen werden? Nein, ich will das nicht haben. Wer dann? Er müßte zum Bischof gehen, der soll einen Geistlichen schicken. Ja, so würde es gehen. Was haben die denn sonst weiter dort zu tun im Bischofshaus. Sollen sie sich doch einmal nützlich beschäftigen. Halt. Rupert preßte die Lippen zusammen, das wäre nicht ungefährlich. Wer weiß, wie so ein Geistlicher die Worte des Meisters zurechtdreht. Am Ende liefert der ihn gar noch der Inquisition aus. Zum Verhör sind diese Leute ja schon dagewesen. Nein, ich bin mein ganzes Leben lang ein ehrlicher Steinmetz gewesen und will es auch bis zu meinem Tode bleiben. Ich will nicht schuld daran sein, daß sie den Meister von hier wegholen nach Erfurt. Und ich will auch nicht, daß sie in der Stadt über ihn schwatzen und mit Fingern auf ihn zeigen. Rupert saß auf der Bank. Der Reimser war eingeschlafen. Der Steinmetz sah in die abgezehrten Züge. Er müßte essen. Daß es Gott erbarme, wie mager er geworden ist. Rupert stand leise auf, öffnete vorsichtig die Tür, lief geradenwegs zum Klotzhans.

„Ein Hühnchen willst du haben, gut gebraten soll es sein? Hoho, Rupert, bist du so vornehm geworden – oder hast du gestohlen?“ Der Wirt Klotzhans stemmte beide Hände in seine Hüften, beäugte den Steinmetz mißtrauisch. Rupert beachtete den Spott des anderen nicht. Ernst und schnell redete er auf ihn ein. „In ein paar Tagen krieg' ich vom Bischof mein Handgeld. Bis dahin –“

„Bis dahin soll ich's wohl zu den Maßen an Branntwein und Met rechnen, die du noch nicht bezahlt hast, he?“

„Ich werde nichts mehr trinken. Aber morgen brauche ich ein Stück Schweinebraten – kräftig im Fleisch und nicht zu fett!“

Klotzhans staunte, sah Rupert kopfschüttelnd an. „Da willst du wohl sehr fromm werden, wenn du nicht mehr trinken willst?“

„Meine Sache, Klotzhans, sieh du zu, daß das Hähnchen anständig gebraten wird.“

„Du glaubst doch nicht – ich werde –"

„Du wirst – oder", Rupert lächelte verschmitzt, „willst du, daß heute abend alle Steinmetzen beim Tannwirt sitzen?"

„Daß dich der Teufel frikassiere! So schlecht bist du?"

„So schlecht bist du! Daß ich dir erst drohen muß, bevor du glaubst, ich zahle, was ich schuldig bin."

„Also du zahlst. Wann?"

„In fünf Tagen."

„Alles?"

„Wenn der Schweinebraten morgen nicht zu schlecht ist, meinetwegen alles."

Beim Rupfen wunderte sich die Magd Ina. Was ist das für ein Steinmetz; er will nicht mehr trinken, weil er Hühner essen will und Schweinebraten. Großer Gott, was sind die Männer sonderbar, und ich kenne nicht wenige, die weniger essen, weil sie ihren Lohn lieber mit Pflaumenbranntwein versaufen.

Der Reimser nahm schweigend, was Rupert ihm reichte. Aß mechanisch. Dankte nicht. Rupert wartete auf keinen Dank, räumte die Speisereste weg, blieb in der Hütte. Der Meister beachtete ihn nicht. Er sprach nichts. Er sah vor sich hin ins Leere.

Anderntags brachte Rupert den Schweinebraten, brachte auch Met. Und so sorgte er für den Reimser Tag um Tag. Und jeden Tag war es das gleiche. Der Reimser saß stumpf da, gleichgültig gegenüber allem, was um ihn vorging; manchmal mußte Rupert ihm das Essen aufzwingen. Wenn ihn einer der Bauleute fragte, was er denn immer bei dem Meister zu schaffen habe und wie es komme, daß man schon lange Zeit den Meister nicht auf dem Bauplatz gesehen habe, dann antwortete Rupert:

„Er arbeitet an der Maria und will nicht gestört werden." Während er das so hinsagte, würgte es ihm in der Kehle, die Tränen wollten ihm in die Augen kommen, als er überdachte, wie es in Wahrheit um den Reimser stand. Dieser

Mann, der sonst, ohne zu feiern, mit seinem Meißel den Stein bearbeitet hatte, der so gewissenhaft seine Entwürfe aufs Pergament gebracht hatte, der mit seinen Gedanken unablässig beim Werke gewesen war, saß nun teilnahmslos, dumpf vor sich hin brütend in der Bauhütte. Und das Werk schien ihm ferngerückt, daß er nicht einmal aufstand, sich den Entwurf für die Maria zu holen und anzusehen und anzuweisen, ein anderer solle sie in Stein hauen. Es sah für Rupert aus, als hätte der Meister vergessen, daß das Werk noch nicht beendet war. Vergebens grübelte der Steinmetz, warum es mit dem Reimser so gekommen war und wer ihn so zugerichtet hatte.

„Rupert", rief der Reimser ihn eines Tages mit schwerer Stimme an, „warum bist du hier?" Er spricht wieder! Freudig erschrocken zuckte Rupert zusammen. Er hat mich erkannt! Er bemühte sich, leise und behutsam zu reden: „Meister, ich bin – ich habe –"

„Warum bist du nicht in Meißen", unterbrach ihn der Reimser, „so geh doch nur, geh, geh, geh! Die anderen haben mich doch auch alle allein gelassen. Überall ist es so gewesen, in Reims, in Mainz, hier auch. Geh doch nur! Hörst du, Rupert, geh endlich, du hast zu tun in Meißen."

„Und Ihr, habt Ihr nichts zu tun?"

„Ich?" Der Reimser sah den anderen starr an. „Ich habe sehr viel getan. Ich habe einen Menschen, der Mara hieß, umgebracht. Ja, Rupert, das habe ich getan."

Rupert wich dem Blick nicht aus. „Sagt, was Ihr wollt, Meister, ich will Euch alles glauben, das aber habt Ihr nicht getan!"

„Mara ist tot! Weil sie bei mir in der Bauhütte war. Ich, ja, ich, ich habe sie an die Inquisition ausgeliefert."

Und Rupert begriff. „Das galt Euch. Euch wollten sie so treffen. Und haben sie Euch nicht getroffen?"

„Was redest du zusammen, Rupert, geh weg. Geh nach Meißen, arbeite dort."

„Und was wird hier?" In seiner Not fiel dem Steinmetz

ein Ausweg ein, wie er den Meister aufrütteln könne. „Und wer soll hier die Maria schaffen?“

Der Reimser horchte auf, hob den Kopf, sann nach. „Maria“, sagte er langsam, zögernd vor sich hin. „Maria.“ Und er sah Rupert scharf an. Unter dem Blick wurde Rupert verwirrt. „Du also willst die Maria meißeln?“ Die Frage verwirrte Rupert noch mehr. Daran hatte er in seinem Leben nicht gedacht. Nicht einen Augenblick hatte er mit dem Gedanken gespielt, er werde die Maria meißeln. Nur als der Meister von der Arbeit in Meißen sprach, da war es ihm eingekommen: So könnte ich den Meister an sein Werk erinnern. Denn er glaubte es nicht und wollte es nicht glauben, daß der Reimser die Fähigkeit verloren habe, je wieder so arbeiten zu können wie früher. Und unter dem forschenden Blick des Meisters konnte er nicht lügen. „Nein, das steht mir nicht zu!“

„Was willst du dann noch hier? Ich sage dir, geh und stör mich nicht!“

Betreten stand Rupert da. Er konnte dem anderen doch nicht sagen: Ich habe dich gefüttert, als du am Verhungern warst. Ich habe dich zugedeckt, als die Nacht kalt wurde. Ich habe dir zu trinken gegeben. Und wenn ich nicht bleibe, wirst du wieder vor dich hin brüten, wirst verkommen. Er konnte dem Meister doch nicht sagen: Ich gehe nicht, bis du nicht den Meißel wieder zur Hand genommen und mit der Maria angefangen hast. Und wenn du mir fluchst – ich gehe nicht.

Des anderen Tages legte Rupert den Entwurf für die Maria auf den Tisch. Der Reimser sah kurz hin, kniff die Lippen zusammen, blickte böse auf Rupert. „Bist du der Teufel? Ei, wie geschickt verstehst du, einen Menschen zu quälen.“

Rupert lief mit hochrotem Kopf aus der Hütte. Das schlimme Wort hatte ihn im Innersten getroffen. Er weinte. Was habe ich ihm alle Tage geholfen. Alles und jedes habe ich ihm abgenommen. Er brauchte nur zu essen und zu trinken. Und er hat sich nicht einmal bedankt. Nicht ein gutes Wort hat er für mich gehabt. Wenn er mit mir redete, sagte er nur, ich solle gehen. Gut! Dann gehe ich eben! Soll er sehen, wer ihn so bedient wie ich.

Und siehe da, als er sich umschaute, fand er sich auf dem Wege zum Klotzhans. Und wie es ihm zur Gewohnheit geworden war, trat er in die Küche. „Was hast du heute für mich?" fragte er die Magd Ina. Gut gelaunt kam Klotzhans auf ihn zu. Wirklich, der Steinmetz hatte ihn damals nicht belogen. Er hatte alles rechtlich bezahlt.

„Das Lieblingsgericht des Herrn Rupert!"

„Ein Hühnchen!"

Beglückt sagte es Rupert, als hätte er den Braten geschenkt bekommen. Er drängte die Magd Ina, daß sie die Speise schnell in die tönerne Schüssel lege. Klotzhans schüttelte den Kopf. Ein merkwürdiger Mensch, daß er nicht gleich hier in seiner Stube aß. Er schien doch solche Eile zu haben, den Braten zu kosten.

In seiner Freude hatte Rupert den Ärger vergessen. Was wird der Meister sagen, ein Hühnchen!

Als er in die Hütte zurückkam, sah er, daß der Reimser das Pergament vom Tisch genommen haben mußte. Der Tisch war leer. Er erschrak. Was hat er mit dem Blatt gemacht? Der Reimser, wie er merkte, was der andere suchte, lächelte listig. „Ich habe den Entwurf versteckt. Ich will ihn nicht sehen. Du sollst ihn mir nicht wieder auf den Tisch legen!"

Und Rupert wagte nichts zu sagen. Er wußte jetzt auch nicht viel damit anzufangen, als der Meister sich für das leckre Mahl bedankte. Sollte er sich freuen, oder sollte er sich nicht freuen? Er getraute sich nicht, noch einmal die Rede auf den Entwurf zu bringen.

Einige Tage später fing der Reimser selbst an, von dem Entwurf zu sprechen. „Du hast geschlafen, Rupert, ja, ja, du hast gut geschlafen. Diese Nacht habe ich das Pergament mit dem Entwurf für die Maria verbrannt. Weißt du, ich habe es in die Fackel gehalten. Es wollte schlecht Feuer fangen. Aber ich war sehr geduldig. So geduldig wie du mit mir. Und ich habe die Asche mit den Fingern zerrieben, bis alles feiner Staub wurde. Ganz feiner Staub."

„Ein schlechter Spaß! Und ein schlechter Vergleich!" Rupert ärgerte sich bitter. Sah den Reimser nicht an.

„Ja", sagte der andere, „ich mußte den Entwurf verbrennen, er war schlecht." Rupert horchte auf. Die Stimme des Meisters hatte einen anderen Klang als sonst, wenn er mit ihm schalt. „Du kannst es nicht wissen, Rupert, daß es nicht stimmte. Der Schmerz ist anders."

Ruperte atmete hoch auf, fragte gespannt: „Und werdet Ihr nun den neuen Entwurf – und das Steinbild danach arbeiten?"

„Nein. Ich kann nicht."

„Ihr müßt es!"

„Du weißt nicht, was du von mir verlangst."

„Sie wird Mara gleichen."

„Schweig!"

Rupert schwieg nicht. „Und sie wird mehr werden."

„Mehr?" Der Reimser sah erstaunt auf. „Mehr?"

„Mehr als Schmerz."

Der Meister schüttelte den Kopf. „Das kann ich nicht. Der Schmerz ist das Letzte."

Rupert widersprach. „Der Schmerz kann das Letzte nicht sein."

„Was dann?"

Rupert schwieg.

„Du weißt es nicht – und du verlangst, ich soll es wissen?"

„Ja, Ihr wißt es. Ihr habt den Schmerz überwunden."

Der Reimser sah ihn lange an. „Das sagst du? Gerade du?"

Rupert blickte seinen Meister frei an. „Ihr werdet doch arbeiten", sagte er einfach.

Der Reimser schwieg. Und Rupert war glücklich bei

seinem Schweigen. Er hat nicht widersprochen. Er ist nicht zornig aufgebraust.

Und doch wurde er tief enttäuscht. Der Reimser verlangte nicht nach dem Ritzstift und nicht nach Pergament für einen Entwurf, nicht an diesem Tag und auch nicht am nächsten Tag. Er brachte auch nicht noch einmal die Rede auf das Steinbild der Maria, das bei der Kreuzigungsgruppe noch fehlte. Es war, als hätte er das Gespräch vergessen.

DIE ANDEREN

Irgend jemand hatte es unter die Leute gebracht: „Der Reimser ist todkrank!"

Gunzelin, der Vorleser, war bei Dietrich im Arbeitsraum, als die Worte hereingeweht wurden: „Der Reimser ist todkrank." Gunzelin schnaufte hörbar, sah in das Pergament, aus dem er eben von der Gerichtssitzung über den letzten Staufer, den Konradin in Neapel, dem Bischof vorgelesen hatte. Sah krampfhaft hinein, als stände darin ein Wort zu seiner Entlastung. Er ist der letzte gewesen, mit dem der Reimser hier im Bischofshause gesprochen hatte.

„Was habt Ihr damals noch mit ihm gesprochen, und was hat er gesagt?" fragte Dietrich.

Was hat er gesagt? Gunzelin dachte angestrengt nach. Er hat gesagt: ‚Wir haben Gott vergessen und den Menschen.' Das kann ich ihm doch nicht so wiederholen. Ich muß es umändern. Es muß anders ausgedrückt werden. Aber der Satz hatte sich in seinem Gehirn festgefressen, und gegen seinen Willen antwortete er: „Er hat gesagt, wir hätten Gott vergessen und den Menschen."

Dietrich stand müde auf. „So", meinte er, „so." Und er war mit seinen Gedanken sehr weit weg. Auch Gunzelin stand auf. Rollte das Pergament zusammen. Suchte nach einem guten Grund, daß er jetzt gehen könnte. Es war ihm sehr unbehaglich. Er sah den Meister, wie der vor ihm auf dem Schemel gesessen hatte: verfallen, grau, von Sinnen. Sicherlich würde Dietrich jetzt noch mehr fragen. Es wäre nicht schön, wenn er darüber sprechen müßte, wie er den Mann dazu gebracht hatte, daß der so geworden war – so grau – so von Sinnen. Er wollte nicht darüber sprechen. Er sagte zu dem Bischof: „Ich möchte die Nachricht über den Reimser nachprüfen. Erlaubt mir, daß ich in die Bauhütte gehe.“

Dietrich nickte bestätigend. Er hätte zu allem anderen genauso abwesend genickt. Er hatte nicht hingehört. Er beachtete kaum, daß der andere ging. Er stand allein in seinem Arbeitsraum. Er, der Bischof Dietrich, der dritte seines Namens, war sehr müde. Alles erschien ihm mit einem Schlage sinnlos. Dazu der Kampf. Dazu die täglichen Reibereien mit dem Domkapitel. Dazu seine ständige Weigerung, das Ansiedeln der Dominikaner in Naumburg zu erlauben. Dazu alle seine Anstrengungen, daß das Werk nicht gestört werde. Dazu: daß das Werk nun nicht beendet wird. Sein Werk, das er hergewünscht hatte. Das Werk. Das Werk. Nun war es ihm aus der Hand geschlagen.

Ihr habt an alles gedacht – nur nicht an Gott und an den Menschen.

Dietrich setzte sich hin, schlaff, unbischöflich. Er fühlte sich sehr alt. Das also war es. Nicht an Gott gedacht. Nicht an den Menschen gedacht. Er brachte in sich keinen Widerspruch gegen diesen Vorwurf auf. Er erkannte tief unten in seinem Bewußtsein: So war es! Er sah es schlagartig, hell: So war er! Nicht an Gott gedacht. Nicht an den Menschen gedacht. Gedacht an sich. An nichts anderes als an sich. An seine Sicherheit: daher war er menschenfreundlich zu den gemeinen Leuten in Naumburg, die er tief verachtete – an seinen Ruhm: daher brauchte er das Werk im Dom. Nun ihm dieser eine Mensch, der ihm allein diesen Ruhm zubereiten konnte, genommen werden sollte, brach seine Selbstsicherheit zusammen, seine Gewißheit, daß er seinen Ruhm haben wird. Er wird seinen Ruhm nicht haben – denn das Werk wird nun nicht vollendet werden.

Was soll er jetzt anfangen?

Wozu soll er noch gegen das Domkapitel kämpfen? Sie werden ihn doch überdauern. Und sie werden es doch durchsetzen, daß die Dominikaner hierherkommen und siedeln. Wozu noch gegen den Magister Peter angehen? Soll er doch den Bischofssitz haben. Er wird ihm den Bischofsstab vor die Füße schmeißen. Da, heb ihn auf, den Bettel! Mir hat er nichts genützt. Ich habe keinen Ruhm damit gewonnen. Er wird ihm sein Bistum genauso verächtlich hinwerfen, wie er ihm die Frau zugeworfen hat. Darum hat er die Frau hingeschickt nach Erfurt, daß er das Gerede ersticke, dieses schmutzige Gerede, in dem er, der Bischof, und diese Frau, Mara, in einem Satz genannt wurden. Nur darum? Der Mann im Bischofshaus blickte trübe vor sich hin. Nicht nur darum. Es war noch etwas anderes. Das Gerede stimmte. Er und die Frau in einem Atemzug genannt. Es hätte ihm geschmeckt. Es hätte ihm nicht geschmeckt. Sie wäre gezwungen gekommen. Sie hätte, auch wenn sie ihm gefügig gewesen wäre, in ihren Gedanken den anderen umarmt. Darum war es gut, daß er sie nach Erfurt geschickt hatte.

Er glaubte es sich selber nicht, daß es gut war. Feige war er gewesen und erbärmlich. Und es war Selbstbetrug, wenn er sich sehr einsichtig vorgekommen war. Nicht darum hatte er sie weggeschickt, weil sie sich ihm niemals mit freudigem Willen geschenkt hätte, sondern weil er vor Gunzelin, vor Sergius, vor dem Domkapitel und, zum Teufel, auch das, ja, vor diesem Magister Peter unverdächtig dastehen wollte.

So oder so – er hat den Reimser betrogen. Er hat ihm das Leben zerschlagen, daß der andere jetzt in seiner Bauhütte auf den Tod daniederlag. Er hat nicht achtgegeben auf den Menschen. Er hat nur an das Werk, nicht an Gott gedacht. Darum strafte ihn Gott. Er legte seine Hand auf das Werk, daß es nicht vollendet werden sollte.

Halt! Dietrich stand auf, nicht mehr schlaff, jetzt Bischof. Ich will es gutmachen! Ich kann es gutmachen. Es ist noch nicht zu spät. „Gunzelin!“ Er rief den Vorleser zurück. Gunzelin bedauerte, daß er das Haus noch nicht verlassen hatte, kam langsam, widerstrebend. „Gunzelin! Reite sofort nach Erfurt und bring die Frau Mara her!“

Gunzelin schluckte, druckste, brachte heraus: „Das geht nicht mehr – zu spät.“

Dietrich packte den Mann bei beiden Schultern, wütete: „Warum hat man mir das nicht gesagt? Das habe ich nicht befohlen!“ Dietrich schrie: „Ihr Gesindel! Ihr verdreht mir meine Anordnungen im Munde! Pack! Verfluchtes Pack!“

Gunzelin verbeugte sich geschmeidig. „Ich möchte jetzt gehen, nachsehen, wie es um den Reimser bestellt ist.“

„Nein!“ Jäh hatte Dietrich seine Stimme wieder in seine Gewalt gebracht. Leise sprach er jetzt, beängstigend leise: „Nein, Ihr geht nicht.“

Gunzelin wiegte seinen Kopf, sagte nichts. Er fürchtete, jedes Wort könnte einen neuen Ausbruch heraufbeschwören.

„Ich werde selbst gehen, nach dem Abendgebet.“

Gunzelin verbeugte sich wieder, entfernte sich. Leise setzte er seine Füße voreinander, hoffte dabei angstvoll, daß er nicht zurückgerufen werde, wandte sich noch einmal vor dem Türvorhang um, verbeugte sich schweigend. Nur beim Schritt aus dem Raume knirschte der Sand etwas unter seinen Füßen. Dietrich verzog sein Gesicht bei dem Mißklang, als hätte ihn ein Schmerz geschnitten.

Lüge, alles Lüge, was er dem anderen vorgeschrien hatte. Er habe das nicht befohlen. Gewiß, er hat es nicht so befohlen. Aber er hat gewußt, daß es so kommen würde. Er hat es von dem Augenblick an gewußt, da der Sergius und der Gunzelin nach der Besichtigung der Stifterfiguren in der Werkstatt des Reimsers sich zugeflüstert hatten: „Der Magister Peter hätte sich nicht mit dieser Frau so lange zusammengesetzt." Er hat es nicht nur gewußt – er hat es so gewollt.

Und jetzt, da es eingetroffen ist, bist du zu feige, dafür zu zeugen? höhnte er sich selbst. Jetzt sitzt du schlaff und fett wie eine alte Strunze und greinst über dein Unglück. Greinst darüber, daß du nicht noch schnell alles verwischen kannst, was du selbst eingeleitet hast; daß du nicht noch schnell dein Wort zurücknehmen kannst. Zu spät. Deine Schuld, Dietrich von Naumburg, deine sehr große Schuld!

Was – soll ich tun?

Gehe hin, geh hin zu dem Mann in der Bauhütte, zu dem Mann, auf dessen Hand in diesem deinem Arbeitszimmer einmal Sonnenstrahlen gefallen sind. Gehe hin – nicht als Herr – nicht als Bischof – gehe hin, du Mensch Dietrich, gehe hin und bekenne. Ich will, daß du wahrheitsgetreu vor ihm bist. Gehe hin und frage ihn, ob er dir verzeihen kann. Gehe hin ohne deinen Bischofsmantel.

Aber – meinen Bischofsstab laß mich mitnehmen – wenn ich auf der Straße Leuten begegne – könnten sie mich ohne Mantel nicht erkennen – dann sollen sie wenigstens durch den Stab wissen – wer ich bin.

Die Worte wehten in Naumburg durch die Gassen. Drangen in die Hütten, krochen in die Werkstätten, sprangen die Menschen an. „Der Reimser ist todkrank!" Und leise, tückisch schleppte der Satz nach: „Die Pfaffen haben ihn so zugerichtet." Ein jäher Schreck packte die Leute. Der Gerber Meinold dachte nach, sah sich in seiner Werkstatt um. Ich muß ihm helfen. Ich, ja. An mir liegt es, wenn er stirbt. Er wird frieren. Er nahm die Felle zur Hand, die er für die bischöfliche Kammer bereitet hatte. Andere Felle hatte er im Augenblick nicht auf Vorrat. Er hatte alles sonst gut verkauft. Meinold wiegte den Kopf. Ein Bärenfell, ein einziges Bärenfell, heilige Mutter Gottes, du wirst mich nicht verdammen, wenn ich's dem Bischof – stehle. Hier, sieh hin, es liegen noch genug andere da. Ich nehme ja auch nicht das größte. Der Dietrich wird es gar nicht merken, und wenn er es merkt, dann sage ich ihm, es war ein räudiges Fell, Ungeziefer saß darin. Den Reimser wird's wärmen. Ja, wenn einer auf den Tod krank liegt, dann braucht er Wärme, das Leben noch zu halten. Meinold wartete, bis es anfing, dunkel zu werden. Eher wollte er nicht gehen. Es könnte doch sein, daß ein Späher ihn beobachten würde. Am Abend werden die Gassen leer sein.

Hol's der Teufel, die Gassen waren nicht leer. Auffallend viele Menschen liefen draußen umher. Dem Gerber wurde unbehaglich. Hatte er sich denn heute am Tage vor irgend jemandem verraten, durch einen Blick, durch eine Geste? Für den Diebstahl konnte er in den Turm kommen. Er versuchte in der Dämmerung die Menschen zu erkennen. Er konnte nichts Genaues ausmachen. Es mochten Bauern sein. Was aber wollten die zu dieser Stunde noch hier im Inneren der Stadt suchen? Es konnten ebensogut auch Späher sein, die sich ärmlich gekleidet hatten. Das unbehagliche Gefühl warnte den Gerber. Kehr um, geh nach Hause. Doch schon war der andere Gedanke wieder da. Ich muß ihm helfen. Ich, ja. Und er ging weiter, sah sich dabei achtsam um, merkte, die Leute in der Gasse liefen in der gleichen Richtung wie er. Jetzt aber hatte er sich endgültig zu dem Entschluß durchgerungen, seinen Weg unter allen Umständen voranzugehen. Und sollte er das Fell mit der blanken Faust verteidigen müssen. Er wechselte es von der rechten auf die linke Schulter. Lief.

Es rüttelte an der Tür zur Bauhütte. Der Reimser ging hin, er war allein, den Rupert hatte er weggeschickt. Ein Bauer stand da, etwas verlegen, mit einem Korb. Als er den Baumeister vor sich stehen sah, zog ein ganz leises Lächeln über seine des Lächelns ungewohnten Züge. „Gott sei Dank! Es geht dir wieder besser!“ Und er wiederholte: „Nicht wahr, es geht besser!“

Der Reimser schaute verwundert, zog den anderen in die Hütte. „Woher weißt du ...“ Die Tür wurde zurückgestoßen; zwei Frauen kamen herein, Bauernfrauen, mit einem

Korb Äpfel, den sie zusammen hergeschleppt hatten. Gleichzeitig riefen sie: „Da ist er ja! Er lebt noch!“ Und sie füllten den Raum mit ihren lärmenden, frohen Worten. Es kamen noch andere. Es kamen immer mehr. Es kamen die kleinen Leute. Niemand hatte sich mit dem Nachbarn verabredet, und doch waren alle fast gleichzeitig gegangen. Und jeder von ihnen hatte sich zu Hause umgesehen, was er Nützliches besäße und dem Reimser bringen könnte. Jedem war, als er das Gerücht hörte, irgendein Wort eingefallen, das der Reimser ihm einmal gesagt hatte. Und jeder meinte: Mit mir war er besonders vertraut. Er soll nicht denken, daß ich nur in guten Tagen an seinem Tisch sitzen mag, wenn er seine Geschichten erzählt, von Reims oder von Mainz, oder wenn er uns seine Bildwerke deutet. So waren sie nun gekommen und standen in der Bauhütte, etwas verlegen, etwas bestürzt, daß sie so viele waren, da jeder doch geglaubt hatte, er allein wäre durch das Abenddämmern hierhergeschlichen. Doch in all diese bestürzte Verlegenheit mischte sich die Freude: Er liegt nicht auf den Tod danieder! Und sie ließen ihre Scheu beiseite, lachten, schwatzten, fühlten sich froh bewegt über ihre Tat, spürten eine warme Sicherheit wachsen: Man war nicht allein, brauchte das Ungewöhnliche nicht allein zu bestehen.

Inmitten der lebhaft lärmenden Menschen stand der Reimser. Ein Gefühl der tiefen Beschämung kam ihn an. Er erkannte hinter der anfänglichen leisen Scheu und der jetzt breiten Betulichkeit, dem jetzt selbstverständlichen und lauten Gehabe seiner Besucher ein anderes: Diese Leute, so wie sie da in ihren armseligen und abgeschabten Kleidern standen, mit ihren geringen und doch so kostbaren Gaben in den Händen, waren aus Liebe gekommen. Sie glaubten an ihn, an ihn und an seine Arbeit: daß er im Grunde für sie arbeite. Und was war? Er hatte das Werk unvollendet stehenlassen. Er hatte nicht seinen Glauben gegen den Glauben der anderen gesetzt und nicht seine Liebe gegen die Liebe der anderen. Er hatte sich in sich selbst eingeschlossen.

Er hatte sich in sich selbst vergraben. Und er war nicht mehr imstande zu arbeiten. Er hatte niemanden zu sich eingelassen. Er hatte sich in seinen Schmerz verkrallt und hatte über seinem Schmerz die anderen nicht mehr hören wollen. Er hatte niemanden gerufen. Er hatte den Rupert nur widerwillig um sich geduldet. Er war nicht zu den anderen gegangen. Er war dabeigewesen, sich selbst in seinem übergroßen Schmerz zu zerfleischen. Er war im Begriff gewesen, sich selbst fallenzulassen. Und nun waren die anderen gekommen. Standen da. Schauten auf ihn. Sie waren einfach da und sagten mit ihrer Anwesenheit hier in seiner Bauhütte: Du gehörst zu uns. Sagten: Wir gehören hierher. Und doch machten sie keine großen Worte, redeten darüber überhaupt nicht. Sie waren einfach da. Einer fragte: „Wo ist denn die Maria?" Ein anderer fragte: „Hast du einen Entwurf?" Ein dritter fragte: „Können wir es sehen?"

Meinold hätte draußen auf der Gasse vor Schreck fast geschrien? Narrte ihn der Teufel? Das konnte doch nicht sein! Nein, gewiß ein Spuk! Er sah schärfer hin. Dieser Mann vor ihm in der abenddunklen Gasse konnte doch bei allen Heiligen nicht der Bischof sein! Meinold legte sich das Bärenfell auf der anderen Schulter zurecht. Nein, dieser Mann da trug keinen Bischofsmantel. Er ging in einem einfachen grauen Überwurf, soweit er das erkennen konnte. Und doch, Meinold lief rascher, sah näher hin, heilige Mutter Gottes, steh mir bei! Er ist es. Er trägt den Stab, den hohen Bischofsstab.

Meinold trat leiser auf, lief weiter hinter dem anderen her. Wünschte heiß, daß der sich nicht umsehe. Bei Sankt Peter und Paul, ein Bischof darf sich doch auf der Straße nicht umschauen! Meinold verhielt den Atem. Wie war das möglich? Der Bischof nahm genau den Weg, den er, Meinold, nehmen wollte: er ging zur Bauhütte. Der Gerber blieb stehen, beobachtet den Bischof von weitem. Ja, jetzt trat er in die Hütte ein.

Da stehst du nun, Gerber Meinold. Du bist kein armer Mann, du bist kein reicher Mann. Du hast aus deiner Arbeit das Beste gemacht, was du machen konntest; du hast immer gutes Leder bereitet und gute Felle gegerbt. Du hast dir einmal eine Heiligenfigur in deine Werkstatt stellen wollen, weil du glaubtest, der Segen käme dir dadurch ins Haus. Du meintest, der Segen sähe etwa so aus, daß der Bischof dir deine Arbeit angemessen der Mühe lohnen würde.

Du hast dir keine Heiligenfigur in deine Werkstatt gestellt, weil ein anderer dir aus deiner Betäubung geholfen hat. Und du bist wach geworden und hast die Geschäfte mit dem Bischof nicht mehr für das Erstrebenswerteste in deinem Leben gehalten. Du hast dir einen Gehilfen genommen und noch einen. Und du hast weiter, wie gewohnt, das Leder gut bereitet und die Felle gut gegerbt. Du hast allerdings nicht immer das beste Leder in die bischöfliche Kammer gegeben, und auch nicht immer die besten Felle. Du hast auch unter anderen mit dem Tannwirt deine Geschäfte gemacht, daß er deine Ware an seine Gäste weiterhandele. Damals, als die beiden Franzosen da waren, hat der ihnen schönes, weiches Leder für neue Pferdesättel aus deiner Werkstatt verkauft.

Nein, du hast kein Verlangen mehr gehabt, ein Heiligenbild in deiner Werkstatt aufzustellen. Auch aus dem anderen Grunde nicht, den der Reimser einmal vor dir ausgebreitet hatte, der nichts mit Geschäften zu tun hatte.

Du hast, bei Sankt Peter und Paul, ja, du hast hart mit dir ringen müssen, bevor du es gewagt hast, die Heiligen nicht mehr im Gebet anzurufen. Aber das alles kannst du dem Reimser nicht so glatt hinsagen; denn es ist kein glatter Weg gewesen.

Da stehst du nun mit deinem Bärenfell über der Schulter. Eben weil du nicht das alles so glatt hinsagen kannst, hast du das Bärenfell genommen und wolltest es dem anderen stillschweigend hinlegen.

Nun war der Bischof dort.

Meinold stand eine Weile, wartete unschlüssig. Kehrte um. Ging nach Hause. Morgen, ja, morgen in aller Herrgottsfrühe wird er hingehen und nachholen, was er heute nicht mehr tun konnte.

Schöne Gedanken, gute Gedanken, menschenfreundliche Gedanken hatten den Bischof Dietrich auf seinem Gang zur Bauhütte bewegt. Nun er sich entschlossen hatte, aus seinem Hause zu gehen ohne Mantel, im bloßen grauen Überwurf, fühlte er sich erwartungsvoll bewegt. Ja, so wird es werden: Er wird freundliche Worte finden für diesen Mann in der Bauhütte. Und er wird dabei auch sich selbst beruhigen. Er wird dem anderen danken für die lange, mühevolle Arbeit. Ja. Und er wird auch – Gott will es – er wird ihm auch sagen, daß er, sein Bischof, für ihn – mit ihm – traurig ist. Er wird sagen – daß eine Schuld da ist. Ja. Er wird – so muß es wohl werden – auch sagen, daß es – seine – des Bischofs Schuld ist. Er war sehr wahrheitsgetreu mit sich selbst auf diesem Gang zur Bauhütte. Er sprach den Satz halblaut vor sich hin, wie um den Klang seiner Worte zu prüfen: „Reimser, dein Bischof kommt zu dir, du mögest ihm verzeihen." Er meinte es ehrlich vor sich selber. Und die Tränen stiegen ihm in die Augen.

„Ich bereue."

Mit seinem Bischofsstab schlug er gegen die Brettertür der Bauhütte. Er wunderte sich über den Lärm dort drin. Furcht kam ihn an: der, dem sein Weg galt, möchte nicht mehr sein. Und die Leute dort drinnen könnten schon um sein Ende lärmen.

Es wurde geöffnet.

Betreten sahen die Bauern und Handwerker um den Reimser sich in die Gesichter. Sie kamen sich vor wie ertappte Sünder, fielen auf die Knie vor dem Bischof. Der fröhliche, breite, behagliche Lärm war verstummt.

Vor dieser schweigenden Wand stand Dietrich, stand in der offenen Tür, den Bischofsstab in der Hand. Er stand sehr aufrecht und sehr fremd vor diesen Menschen. Er überlegte, daß es doch nicht richtig gewesen war – daß er den weiten, roten Bischofsmantel zu Hause gelassen hatte. Dietrich suchte nach Worten. Er fand Worte: die alten hergebrachten Formeln des Segens, die Aufforderung an die Leute, aufzustehen, die Frage an den Reimser, wie sein Befinden sei.

Ehrerbietig gemessen antwortete ihm der Reimser: „Diese hier haben mir geholfen." Es klang ruhig und bescheiden, wie er das so ohne jede Betonung hinsagte.

Den Bischof traf es wie eine Anklage. Diese hier haben mir geholfen – aber nicht du. Du hast bei Wein und Braten und Weihrauch in deinem großen Steinhaus gesessen. Du warst sehr fern – obwohl du nur einige Schritte über den Domplatz zu setzen brauchtest. „Diese hier haben mir geholfen." Dietrich wollte sich vor dieser Anklage verteidigen. „Ihr hättet nach mir rufen lassen sollen." Es klang matt. Dietrich selbst kam es lahm vor.

Ehrerbietig und bescheiden entgegnete der Reimser: „Ich konnte niemanden mehr rufen."

Die Bauern und Handwerker standen steif, unbehaglich, lauschten aufmerksam, machten keine Anstalten, den Raum zu verlassen.

„Jetzt aber geht es Euch doch besser", meinte Dietrich, und seine Stimme klang liebenswürdig.

Der Reimser nickte. „Ja, es mag sein."

Die Bauern und Handwerker betrachteten den Bischof zurückhaltend, warteten auf seine Worte.

Dietrich nahm den Bischofsstab von der rechten Hand in die linke, wechselte ihn wieder in die rechte. „Ich werde Euch Wein schicken und Essen. Ja, und einige Bärenfelle zu Eurer Bequemlichkeit – wenn Ihr hier in der Bauhütte bleiben wollt. Ihr könnt auch zu mir hinüber in mein Haus kommen. Ich werde dann einen Raum herrichten lassen. Es soll Euch in meinem Hause an nichts fehlen."

Ein schönes Angebot. Ein hochherziges Angebot. Der

Steinmetz wird eingeladen, als Gast im Hause des Bischofs zu sein.

Die Bauern und Handwerker flüsterten untereinander. „Ein guter Bischof, ein gnädiger Bischof. Er hat es eben nicht gewußt, wie es dem Reimser ging, sonst wäre er gewiß eher gekommen. Wahrlich, ein guter Herr, der Bischof."

Dietrich hörte, was sie flüsterten, verstand die Worte. Freude darüber stieg nicht in ihm auf. Erbärmlich kam er sich vor, alt, verbraucht, schlaff. Er hätte sich jetzt sehr gern gesetzt, nach diesem Weg über den Domplatz. Lachhaft, daß ein so kurzer Weg ihn körperlich derart ermüdete. Aber es wäre ein Unding gewesen, hätte er sich jetzt vor all diesen Leuten auf die niedrige Bank hier in der Bauhütte gesetzt. Es ging nicht, er mußte stehen. Es war nicht der Weg, der ihn müde gemacht hatte; er wußte, es war etwas anderes. Er hatte so vieles hier gesagt – und er hatte nichts gesagt. Er hatte dem anderen Braten und Wein und ein Ruhelager geboten. Und dazu hatten die Leute geflüstert: „Ein guter Herr, ein gnädiger Herr."

Er hatte nicht gesagt: Reimser – vergib.

Das hatte er nicht gewagt, aus Angst, was dann die Leute gesagt hätten.

Er möchte sich jetzt sehr gern setzen. Er ist müde. Mechanisch spricht er die Worte des Segens zum Abschied. Da knien sie wieder vor ihm. Er hebt den Bischofsstab. Er segnet. Und geht. „Unser guter Bischof", flüstern sie. Er zuckt zusammen, bleibt stehen. Seine Unzulänglichkeit wird ihm voll bewußt. Umkehren! Umkehren! Und rufen: „Ich bin es nicht wert, euer Bischof zu sein!" Er setzt seine Schritte sehr langsam voran, einen Fuß vor den anderen, als hinge an jedem Fuß ein Klotz Eisen. Er geht über den Domplatz zurück in sein großes Steinhaus. Er schließt sich in seine Studierstube ein. Er steht mitten im Raume wie ein Fremder. Er weiß, der Mann wird nicht in sein Haus kommen. Die anderen sind bei ihm.

Mit geziemender Ehrerbietung hatte der Reimser den Bischof wissen lassen, daß er gedächte, in der Bauhütte zu bleiben. Nur hier, so glaube er, könne er die Arbeit recht überdenken. Noch am Abend hatte er Rupert mit dem Bescheid zum Bischofshaus geschickt.

Und diese Entschuldigung war kein leeres Gerede.

Am anderen Morgen nahm der Reimser den Kasten mit dem silbernen Werkzeug, stellte ihn vor sich hin auf den Tisch, öffnete ihn, griff den Meißel heraus und prüfte seine Schärfe. Und wie er sein Werkzeug so in der Hand hielt, spürte er eine ganz leise, behutsam heraufkommende Freude im Vorgefühl auf die Stunde, da er seinen Meißel wieder an den Stein setzen wird. Etwas scheu betrachtete er das so lange unberührt liegengelassene Gerät, strich mit den Fingern tastend über das glatte Metall. Er war sehr stolz gewesen, gerade auf diesen silbernen Meißel, er hatte ihn wertgehalten als seinen kostbarsten Besitz – und er war ihm mehr gewesen als nur Besitz. Mit diesem Meißel hatte er damals als erste Arbeit den heiligen Martin zu Pferde geschaffen. Mit diesem Meißel hatte er all sein Ringen um die Frau dort in Mainz, die Fürstin, in den Stein gegraben. Und als er erkannt hatte, daß jedes einzelne ihrer Worte Lüge gewesen war und jeder Blick Betrug, da hatte er ihr Geschenk, eben diesen Meißel, nicht weggeworfen, er hatte weiter damit gearbeitet. Hatte hier in Naumburg seinen Haß gegen die Fürsten gemeißelt, hatte den Verrat gemeißelt, hatte seine Angst gemeißelt, seinen Zweifel und seinen Glauben – und auch seine Liebe. Und immer war es ihm bei der Arbeit gewesen, als sei dieser Meißel ein Stück von ihm.

Nun wird er mit diesem Werkzeug seine Maria meißeln, wie er sie seit seinen Tagen der Lehre in Frankreich erträumt hat. Reims stand in der Erinnerung vor ihm auf, die Kathedrale Notre-Dame, die Maria der Heimsuchung. Und er erkannte hellsichtig, er ist immer auf der Suche gewesen, einmal noch eine solche Frauengestalt zu schaffen. Und alles, was er bisher in den Stein gemeißelt hat, war Vorbereitung für diese seine Aussage. Leid war auf diesem Wege und bittere Einsamkeit. So wird er nicht anders können und auch seiner Maria diesen Schmerz um die Einsamkeit mitgeben müssen. Und die Erkenntnis war auf seinem Wege: Die Einsamkeit mit ihrem Schmerz ist das Letzte nicht. Eins führt darüber hinaus: die Hingabe für andere. Und es gehörte zu dieser Erkenntnis, auch das genügt noch nicht. Mehr wird von dem gefordert, der nicht verworfen werden will: das Hineinwachsen in die Gemeinschaft derer, die guten Willens sind. Und er erkannte: Dieses sein letztes Werk wird die Maria der Leute werden, die gestern vor dem Bischof bei ihm in der Bauhütte gewesen sind – und die um ihn und um die Arbeit besorgt waren. Auch das muß er in seiner Maria den Menschen greifbar vor Augen bringen, daß sie es verstehen. So wird diese Maria als erste und einzige seiner Figuren sich zu denen wenden, die vor ihr stehen werden. Sie wird die Menschen ansehen. Und sie wird die Menschen einladen, teilzunehmen an ihrem tiefen Schmerz. Aber sie wird sie nicht nur auffordern, ihren Kummer mit zu tragen, sie wird zum Kreuz weisen, zu dem, der durch sein Opfer das Leben der Menschen zu hoffnungsvollem Fröhlichsein erheben wollte. So wird sie auch zur Freude auffordern.

Der Reimser ließ das Werkzeug offen auf dem Tisch liegen und ging zum erstenmal seit langer Zeit wieder durch die Gassen von Naumburg. Beim Klotzhans schaute er in die Stube, trat ein. „Deine Hühnchen waren gut", sagte er ihm munter.

„Meine was?"

„Deine Hühnchen."

„Ja, was weißt denn du von meinem Braten?"

Der Reimser schüttelte den Kopf, wunderte sich über das Staunen des anderen. „Ich habe sie doch jeden Tag gegessen."

„Du?" Dem Klotzhans blieb der Mund offenstehen. „Du?" sagte er noch einmal, setzte hinzu: „Und ich habe gedacht – der Rupert –"

„Was ist mit Rupert?" unterbrach der Reimser.

„Er hat doch – von seinem Handgeld –"

Jetzt erst begriff der Reimser.

Klotzhans sah sich um; nein, es war niemand in seiner Stube, er brauchte nicht zu flüstern, er konnte das, was ihn bewegte, ungehindert sagen: „Jetzt haben sie ihn also doch umgebracht. Er war der Letzte."

„Wer?" fragte der Reimser abwesend, er überdachte, was Rupert für ihn getan hatte.

„Ei, wer, wer – der, von dem heute alle Welt spricht, der Konradin. Sie haben ihm den Kopf abgeschlagen."

Der Reimser zuckte mit den Schultern. Seine Stimme klang schwer, als er fragte: „Alle Welt? Welche Welt? Spricht die Welt auch davon, daß sie eine Frau umgebracht haben?"

„Er war der letzte Staufer, zählte erst etwa sechzehn Jahre."

„Sie war noch jung, sehr jung."

„Hör doch, Reimser, er war der Enkel des Kaisers, viele Menschen haben auf ihn gewartet."

„Ein Mann, ein alter Mann hat sie sehr liebgehabt."

„Richter waren zusammengekommen, berühmte Leute. Sie verhandelten darüber, ob sein Zug nach Italien, durch den er das Land seines Großvaters erobern wollte, Landesverrat war oder eine Heldentat."

„Wäre sie eine Geliebte des Bischofs gewesen – sie hätten wohl ihre Finger davongelassen – aus Angst vor dem Bischof – aber was ich sage, das ist ja ein Unding – denn welcher Bischof dürfte wohl eine Geliebte haben, nicht wahr, Klotzhans?"

„Ja, was redest du, Reimser, ich sage dir, hätte er seinen Zug siegreich zu Ende geführt, dann wäre es die Heldentat gewesen – sie hätten nichts anderes behaupten dürfen, denn er hätte dann die Macht gehabt. Nun haben die anderen die Macht – und so haben sie auch Recht. Nun ist er der Schuldige."

„Was sprichst du von Schuld. Das war: Sie hat diesem Mann geholfen, daß er arbeiten konnte, daß er überhaupt leben konnte."

„In Neapel haben sie ihn aufs Schafott gebracht."

„Aber sie haben eine Schuld daraus gemacht. Auf der Folter sollte sie gestehen."

„Und seine letzten Worte waren: ‚Meine Mutter, was habe ich dir getan.'"

„Weißt du das so genau, Klotzhans, daß das seine letzten Worte waren? Ja, man hat es so berichtet – dann muß es wohl so gewesen sein. Er zählte ja zu den Großen. Dann ist er verpflichtet, noch im Sterben den Menschen ein Wort zu hinterlassen. Gleichviel was für eins, ein heldisches oder ein rührendes, wenn es nur gut erfunden ist, die Leute werden es schon fressen." Der Reimser brach ab, sah Klotzhans an. Nach langem Schweigen sagte er: „Weißt du, was die Frau unter der Folter als letztes Wort gesagt haben mag? Du weißt es nicht. Niemand weiß es." Er richtete sich hoch auf, redete laut, als stände er vor vielen Menschen. „Aber ich werde es euch sagen. Ich werde euch sagen, was ihr letztes Wort war. Ihr sollt es alle sehen – und alle, die es sehen werden, die meine Maria sehen werden, die sollen es mir glauben – die müssen es mir glauben!" Und er ging.

In seiner Bauhütte auf dem Tisch lag der Meißel neben dem anderen Gerät aus Silber, neben dem Ritzstift, dem Maßstab, dem Proportionszirkel. Der Reimser sah darauf. Ja, mit diesem seinem Werkzeug wird er die Maria meißeln.

Oh, du eitler Steinmetz. Reimser, bist du wirklich immer noch so selbstgefällig?

Ich bin nicht eitel und selbstgefällig, wenn ich mir mein Werkzeug ansehe. Ich bin willig zum Arbeiten.

Und brauchst dazu einen silbernen Meißel?

Er ist mir doch lieb geworden – und ich bin an ihn gewöhnt.

Du gefällst dir selbst bei deinen empfindsamen Betrachtungen, was alles du mit diesem Meißel geschaffen hast – und das ist nicht eitel? Willst du so an deine Arbeit gehen? An deine Arbeit – mit der du alles von dir bekennen wolltest?

Der Reimser atmete tief, rief Rupert heran. Der freute sich, das Werkzeug auf dem Tisch zu sehen; freute sich, daß der Reimser den Meißel in der Hand hielt.

„Rupert", redete der Meister ihn an, „du kannst jetzt nach Meißen gehen – und bleibe dort unserer Sache treu." Er legte während seiner Worte das Werkzeug in den Kasten zurück, langsam, als streichele er jedes einzelne Stück. Bedächtig klappte er den Holzdeckel zu. Er nahm den Kasten vom Tisch, gab ihn Rupert in die Hände. „Das nimmst du mit", bestimmte er.

Rupert blickte ihn aus großen Augen erschrocken an. „Ich, nein – nein –" Er wußte, wie lieb dem Reimser das Werkzeug war.

„Laß, sprich nicht mehr darüber", wehrte der Reimser ab. Und wie ihm Rupert bewegt danken wollte, entgegnete er ihm: „Ich habe zu danken."

Und Rupert ging nach Meißen, ging mit der beruhigenden Gewißheit: Jetzt arbeitet der Reimser.

Man ließ den Meister in Ruhe, und das Werk wuchs unter seinen Händen.

Magister Peter stachelte diese Ruhe. Warum, zum Teufel, kam keine Botschaft aus Naumburg. Warum schwieg Gunzelin? Warum schwieg Sergius? Was ging in Naumburg vor sich? Er wollte es wissen. Darum ließ er sich ein Pferd satteln und ritt ungerufen nach Naumburg.

Er meldete sich nicht, wie er versprochen hatte, beim Bischof an, daß er mit ihm zusammen in die Bauhütte gehe. Er ging allein zum Reimser. Spätnachmittag war. Auf dem Domplatz räumten noch einige Handlanger die Geräte beiseite. Sonst arbeitete niemand mehr. Auch aus der Bauhütte war kein Arbeitsgeräusch zu hören.

Magister Peter trat ein, fand den Reimser allein. „Wo ist die Maria?" fragte er statt eines Grußes.

„Dort", antwortete der Reimser und zeigte zum Dom.

„Hä?" Verständnislos blickte der Dominikaner den Meister an.

„Im Dom, ja", sagte der Reimser. „Heute am Tage haben wir sie hingebracht."

„Ich muß sie sehen!" fuhr der Magister auf.

„Der Dom ist nicht verschlossen", meinte der Reimser.

„Und Ihr kommt mit!" verlangte Magister Peter.

„Wozu?" wollte der Meister wissen.

„Der Ordnung wegen – oder wollt Ihr mir Euer Werk nicht zeigen?" fragte der Magister lauernd.

„Ob ich es Euch zeige oder nicht zeige, ist im Grunde gleich – Ihr werdet es darum nicht anders sehen, als Ihr es Euch vorgenommen habt." Es war nicht herausfordernd gesagt, aber es klang wie eine Herausforderung, und der Magister faßte es auch so auf. „Glaubt Ihr, daß ich Euch bitte?" fragte Peter.

„Ich komme", sagte der Reimser und schnitt so dem anderen alle weiteren Worte darüber ab.

Auf ihrem Sockel im Dom an der Lettnerpforte stand die trauernde Maria. Der Schmerz verzerrte ihr Gesicht. Ihre Hände sprachen von diesem Schmerz, ihr ganzer Körper. Und doch war sie ergreifend schön. Innigkeit lag über ihrer Gestalt und auch Mütterlichkeit. Mit ihrer linken Hand wies sie hin zu dem am Kreuz. Die rechte griff zu ihrem Herzen. Und das weite, schwere Tuch war ihr in der gleichen Art über den Kopf gelegt wie der Maria der Reimser Heimsuchung. Es lag über ihren Schultern, und es hing auch so faltig herab bis zu den Füßen.

Magister Peter betrachtete aufmerksam die Hände der

Maria. Erschrak. Trat, den Mund in der Erregung etwas offen, weiter von der Figur zurück. Aber auch in der Entfernung blieb es. Er ging wieder heran, sah lange hin. Es blieb. Es war ausgehauen in Stein. „Da haben wir es“, sagte er laut, „so habe ich es mir gedacht. Genau so.“

Gewiß hatte er es so nicht gedacht. Nein, er war gar nicht sicher gewesen, ob sich der Meister in seinem letzten Werk verraten würde, er selbst hätte auch nicht angeben können, wie er sich das gedacht hatte. Nun aber sah er es, und er sagte es: „Aha, sie weist also mit ihrer Linken zum Gekreuzigten, und sie hält ihre Rechte vor ihren Leib gebreitet – abwehrend. Das ist sehr deutlich, mein lieber Meister“, sagte er fast fröhlich. Und er dachte dabei an den Papst, an den vierten Clemens. Er wußte, er hatte durch seinen Eifer bei der Ketzerverfolgung die Aufmerksamkeit des Papstes auf sich gezogen. Er hatte zäh und unermüdlich Stein für Stein herbeigetragen und einen großen Berg der Anklage errichtet. Alles, was er greifen konnte, war ihm dabei zurechtgekommen. Den Gunzelin hatte er als Zuträger eingespannt, den Sergius – und auch den Bischof, denn siehe da, er selbst hatte ihm die Mara geschickt. Einen hübschen Bericht über ein umfassendes Geständnis dieser Frau hatte er nach Rom gesandt. Zwar hatte die Frau auf der Folter nichts gestanden, sie hatte nicht ein Wort gesagt, nur gestöhnt hatte sie und gejammert. Aber, um so besser, dann hatte er sich das Geständnis ohne jede Belastung so einrichten können, wie es am nützlichsten war. Er hatte gut gearbeitet, und er wußte, Rom würde es verstehen, die Arbeit zu schätzen und zu lohnen. Jetzt nun war der Tag gekommen. Er hatte den Schlußstein zu seinem Anklageberg in der Hand. Und der Schlußstein war diese Maria. „Ja“, sagte er zum Reimser, „das ist sehr deutlich, was Ihr Eure Maria da sagen laßt; es ist nichts Geringeres als das: Ihr sollt mich nicht anbeten. Ihr sollt hinsehen zu dem am Kreuze und diesen im Gebet anrufen. Mit anderen Worten, mein lieber Meister“, er redete ihn jetzt lächelnd mit „mein lieber Meister" an, der Reimser war ihm wirklich lieb geworden. Er war ihm der Schlüssel zum Bischofshaus geworden – Bischof Peter von Naumburg – wie stolz das klang – „es ist das, was die Waldenser sagen: Nur der Herr wird im Gebet verehrt, nicht die Heiligen!"

Ein Diener aus dem Bischofshaus war in den Dom eingetreten; er hatte den Auftrag bekommen, neue Kerzen aufzustecken. Leise und geschäftig hatte er sich an die Arbeit gemacht. Er huschte von Nische zu Nische. Peter beachtete ihn nicht, obwohl der Diener nicht weit von ihm hantierte. Der Diener hörte zu, was er sprach. Er war ein kleiner Mann, ein geringer Mann. Gewiß, er zählte nicht zu den hervorragenden Köpfen im Lande, er zählte nicht zu den Klugen und den Weisen und den Gelehrten. Aber er war ein treuer Diener im Gotteshause. Er putzte die Kerzenhalter aus, fegte den Steinboden, er säuberte die Heiligenbilder, er zündete die Kerzen an, zu allen Messen, an allen Feiertagen. Es gab kaum jemanden im Domkapitel, der etwas anderes zu ihm sagte als: „Hier hast du noch den Staub liegengelassen, diese Kerze brennt schief, fege den Teppich noch einmal." Er wußte, er war geringer als ein Mönch. Darum auch war er schweigsam geworden; aber er dachte über vieles nach und sah vieles. Er kannte diesen Menschen nicht, mit dem der Baumeister da vor den neuen Steinbildern stand. Jetzt aber, als er ihn reden hörte, das Werk sei ketzerisch, da konnte er nicht an sich halten, er rief diesem hageren Mann mit dem rotbäckigen Kinn zu: „Nicht doch! Ich sehe das nicht so! Glaubt Ihr, der Meister ist so plump, daß er eine so grobe äußere Geste braucht? Daß er in aller Öffentlichkeit sagt: ‚Seht her, ich bin ein Ketzer!' Ei, ich könnte Eure Vermutung auch umdrehen: Sie hält ihre rechte Hand nicht abwehrend, sie führt die Hand zu ihrem Herzen. Und sie weist zu dem Herrn Jesus am Kreuz. Und was bedeutet das? Ich kann es Euch sagen!" Und mit einer ruhigen Bestimmtheit wies der Diener auf die Steinfigur, als sei sie sein Werk.

„Das sagt die Maria: Seht ihn an und seht auf mich. Solchen Schmerz trage ich um ihn. Sieben Schwerter durchbohren darum mein Herz. Ich weiß, was Leid ist. Und darum könnt ihr getrost zu mir rufen. Ich kann euch helfen, euer Leid zu tragen. – Seht, Herr", der Diener lächelte dem hageren Mann zu, „so habe ich schon mit ihr gesprochen, vorhin, wie ich den Kalkstaub wegfegte, der noch liegengeblieben war, als sie das Steinbild hereingebracht hatten."

Der Magister Peter lächelte auch. Im Inneren machte er sich lustig über den schwatzhaften Diener. Aber der Mann schien fest im rechten Glauben zu sein, daß er das Gefährliche gar nicht sah, sicher gar nichts davon wußte. Er war nicht aufgelegt, ihn zurechtzuweisen, daß es doch sehr ungehörig war, ihm, dem gelehrten Magister, über den Mund zu fahren. Er war in Siegerstimmung, und darum machte es ihm Spaß, leutselig zu sein. „Na", rief er ihm zu, „das sieht ja nun recht festlich mit den Kerzen aus." Der Diener blickte ihn erstaunt an. War das eine Antwort auf seine Gedanken, die er dem anderen vorgetragen hatte? Peter ging auf den Diener zu, er wollte dem Reimser zeigen, was für ein bekannter Mann er doch war. „Weißt du auch, wer ich bin?" fragte er. Der Bediente schüttelte den Kopf, nein, er wußte es nicht. Peter nahm sich nicht die Zeit, darüber enttäuscht zu sein. „Dann will ich es dir sagen. Ich bin Magister Peter!" Das klang sehr stolz, es klang beinahe wie: Ich bin der Bischof von Naumburg. „So – aha", meinte der Diener, steckte weiter Kerzen. Peter gab es noch nicht auf, es war ihm vergnüglich, leutselig zu sein. „Und morgen ist hier Weihe, ja? Dazu die Kerzen."

Der Diener sah etwas erstaunt auf: merkwürdig, daß dieser Mensch sich nicht um die Tagesereignisse kümmerte. „Nein, wir lesen hier gleich eine Totenmesse."

Der versteckte Wunsch fuhr dem Magister mit der Frage heraus: „Bischof Dietrich ist gestorben?"

Der Diener schüttelte seinen Kopf, aber er dachte nicht

weiter über diesen Mann nach. Was ging es ihn denn im Grunde an, wenn der Mann unbegreifliche Dinge über das neue Werk sagte und dabei nicht einmal wußte, was der Tag brachte. Er war ja nur ein kleiner, geringer Diener. Er wird hier gleich die Kerzen entzünden, er wird noch einmal den Teppich überprüfen, ob dieser Besucher keinen Schmutzfleck darauf hinterlassen hat, und er wird von einem entfernten Winkel aus zusehen, wie Bischof Dietrich die Totenmesse zelebriert. So antwortete er gleichmütig: „Die Messe wird für den Papst gehalten." Er bemerkte nicht das betroffene Gesicht des Magisters, er schwatzte weiter, freute sich etwas, daß er einen getroffen hatte, dem es noch eine Neuigkeit war und dem er seine Vermutungen mitteilen konnte. „Der Papst hat doch kein Wort dagegengehalten, als sie den Konradin vom Leben zum Tode gebracht haben. Da hat ihn dann eben das Gewissen geplagt. Wißt Ihr", redete er vertraulich auf den anderen ein, „so was kann einen nämlich umbringen. Man hat Gesichte, man hört Stimmen; dann verliert man eben den Verstand und rennt sich den Schädel an irgendeiner Wand ein, weil man die Stimmen nicht mehr hören kann. Na, ich möchte das Geräusch ja auch nicht in meinen Ohren haben, wie es klingt, wenn das Henkbeil ins Leben schneidet."

Peter ließ den Diener stehen, und er ließ den Reimser stehen. Er ging wortlos aus dem Dom. Er war wie vor den Kopf geschlagen. Jetzt nun, da er alle Beweise in der Hand zu halten glaubte, war der Papst, den er mit so großer Mühe auf sich und auf Naumburg aufmerksam gemacht hatte, nicht mehr unter den Lebenden. Einen Schritt nur hätte es noch bedurft, einen Schritt – und er hätte auf dem Bischofsstuhl gesessen. „Hätte", sagte er vor sich hin, schnaufte. „Ich will nicht hätte – ich will haben." Er wird von vorn beginnen müssen, und es wird sehr mühselig werden, bis er den neuen Papst so weit gebracht haben wird wie den alten. Er wird Jahre brauchen, aber er wird nicht aufhören, es zu versuchen. Es war seine heilige Pflicht, die Ketzer auszurotten – und zu dieser Pflicht gehörte es wie nebenbei und selbstverständlich, daß er sich auch nach dem ihm zukommenden Platz drängte. Er wird reiten, nach Rom, er wird dort versuchen zu holen, was für ihn zu holen ist. Und er ritt.

Der Diener hatte alle Kerzen im Dom entzündet und war still gegangen. Feierliche Helle herrschte im Raum. Allein stand der Reimser vor seiner Arbeit. Er nahm Abschied von dem Werk. Jetzt, da er das letzte Stück davon aus den Händen gegeben hat, da es sich von ihm gelöst hat und von eigenem Leben erfüllt vor ihm stand, kamen in der erinnernden Schau alle die zu ihm, die mit im Werk einbeschlossen waren.

„Danken, gedenken, nie vergessen!" er sagte es laut, kniete nieder vor dem Gekreuzigten.

Und sie sind alle zugegen. Der Meister der Reimser Heimsuchung, sein Lehrer, beugt sich zu ihm, sagt: „Du hast es zwar nicht immer so gehalten, wie ich dich damals gemahnt habe. Weißt du noch? ‚Darum sah ich, daß nichts besser ist, denn daß ein Mensch fröhlich sei in seiner Arbeit.' Aber du hast dich darum bemüht."

Nicola kommt. Er lächelt siegesgewiß. „Ja, ich habe gesagt: ‚Langsam, doch sicheren Schrittes naht sich aus dem Dunkel das rächende Schicksal.' Ich habe gesagt, einmal werden die Ketzer gerächt werden. Du, Reimser, hast mit dabei geholfen."

Der alte Johannes steht da, stumm, überwältigt, schaut mit großen Augen, nickt zufrieden.

Der Bauer aus Friesland kniet neben ihm. Sein Weg war nicht umsonst. Er hat den Meister angestoßen. Um seinetwillen ist der Gekreuzigte des Reimsers nicht ins Unerreichbare gerückt. Das Kreuz ist auf dem Boden errichtet, greifbar nahe.

Und Mara schreitet in den Dom herein, spricht zu ihm: „Nun kannst du dich ausruhen. Du hast es geschafft. Und ich bin doch immer bei dir gewesen." Sie lächelt ihn an.

Die Kerzen flackern. Der Reimser richtet sich auf.

Nein, es gibt kein Ausruhen!

Rupert hat ihn gebeten, er möchte nach Meißen kommen. Er wird hingehen, raten, helfen, arbeiten.

Es gibt kein Ausruhen.

INHALTSVERZEICHNIS

ERSTER TEIL

ZWEITER TEIL

Kopf eines Auferstehenden aus dem Jüngsten Gericht
Mainz, Dom-Museum

Der heilige Martin (Der Bassenheimer Reiter)
Mainz, Dom-Museum

Relief der Seligen und Verdammten. Mainz, Dom-Museum

Grabplatte für den Mainzer Erzbischof Sifrid von Eppenstein
im Dom zu Mainz

Petrus. Kathedrale Reims, Nordportal

Petrus. Adamspforte, Bamberger Dom

Der Bamberger Reiter

Maria und Elisabeth. Heimsuchungsgruppe am mittleren Westportal der Kathedrale zu Reims

Maria aus der Heimsuchungsgruppe (Bamberg)

Der Naumburger Dom von Nordwesten

Ekkehard und Uta, von der Portalmitte des Lettners

Ekkehard

Uta

Dietmar

Sizzo

Hermann

Reglindis

Timo

Wilhelm von Camburg

Gerburg

Gepa

Dietrich

Das Abendmahl

Auszahlung der Silberlinge

Die Gefangennahme

Die Verleugnung

Die Wächter

Christus vor Pilatus

Maria

Die Kreuzigungsgruppe

Konsole neben dem Lettnerdurchgang

Schlußstein in der Apsis des Westchores